Lena Kiefer

WESTWELL

HEAVY & LIGHT

Traduzione di
Tania Spagnoli e Federico Zaniboni

GIUNTI

Titolo originale:
Westwell: Heavy & Light (# 1)

Questa è un'opera di fantasia. Ogni riferimento a fatti accaduti e a persone esistenti o realmente esistite è puramente casuale.

Realizzazione editoriale: Grand Publishing Hotel

www.giunti.it

Via Bolognese 165 – 50139 Firenze – Italia
Via G. B. Pirelli 30 – 20124 Milano – Italia

Prima edizione: settembre 2023

WESTWELL

HEAVY & LIGHT

A Steffi,
grazie per tutta la tua fiducia

Playlist

Westwell Theme – technokrates

Everything That Isn't Me – Lukas Graham

You Said You'd Grow Old With Me – Michael Schulte

Don't Kill My Vibe – Sigrid

Style – Taylor Swift

Tiny Riot – Sam Ryder

The One – Backstreet Boys

What Other People Say – Demi Lovato, Sam Fischer

Perfectly Imperfect – Declan J Donovan

Catch Me When I Fall – Ashlee Simpson

Save Me from the Monster in My Head – Welshly Arms

Love Story (Taylor's Version) – Taylor Swift

Beautifully Unfinished – Ella Henderson

Rewrite the Stars – Zac Efron, Zendaya

Marina del Rey – Lola Rhodes

Can't Help Falling in Love – Kina Grannis

Safest Place to Hide – Backstreet Boys

If I Could Fly – One Direction

Waking Up Slow (Piano Version) – Gabrielle Aplin

Falling Apart – Michael Schulte

Love is heavy and light, bright and dark,
hot and cold, sick and healthy,
asleep and awake –
it's everything except what it is!

William Shakespeare, *Romeo and Juliet*

1
Helena

Home is where the heart is.

Questo modo di dire mi era sempre sembrato insulso. Parole vuote, stampate su sdolcinati biglietti di San Valentino o tatuate in bella vista perché suonano bene anche se non significano nulla. Dopo essere stata mandata via di casa, però, mi resi conto che quella frase conteneva una grande verità. Ed ecco che, a distanza di due anni e mezzo, alla vista dello skyline di New York dal finestrino del taxi, in qualche modo la sentii mia. Non abbastanza per correre dal tatuatore più vicino. Ma per avvertire un nodo alla gola sì.

«Prima volta da queste parti?» mi chiese il tassista, strappandomi ai miei pensieri.

«No» risposi. «Sono nata e cresciuta a New York. Però sono stata via per un po'.» Metà della mia vita, almeno così mi sembrava.

In quel periodo avevo imparato cosa significava davvero "casa". O cosa si provava a doverla lasciare. Perché, finché ti trovi nel posto giusto, non senti quello strano nodo allo stomaco che ti dice: *Qui non puoi essere felice. Questo luogo non fa per te.*

L'uomo mi lanciò un'occhiata dallo specchietto retrovisore. «Allora è contenta di essere tornata?»

«Sì, contentissima.» Avevo atteso con ansia il giorno in cui avrei potuto finalmente rimettere piede a New York. Allo stesso tempo, però, avevo paura; perché, per quanto amassi quella città, la conoscevo solo con una persona: Valerie.

Come sarebbe stato senza di lei?

La domanda mi balenò in mente mentre attraversavamo il Robert F. Kennedy Bridge per entrare a Manhattan. Guardavo incantata fuori dal finestrino, proprio come la tipica turista per cui il tassista mi aveva scambiata. Osservai ogni singolo edificio che si stagliava intorno a noi lungo i canyon urbani, la gente vestita in modo super chic o trasandato, i chioschi degli hot dog, i venditori di giornali. E, a poco a poco, sentii qualcosa lacerarsi e allo stesso tempo rimarginarsi dentro di me. Era una ferita terribilmente profonda che non si sarebbe mai risanata del tutto. Perché al mio cuore mancava un pezzo, e sarebbe mancato per sempre. Ma almeno il resto era tornato a casa.

Dopo due incroci e tre semafori, imboccammo Park Avenue. A quell'ora, di domenica mattina, c'era meno traffico del solito, quindi nel giro di qualche minuto il tassista accostò a pochi metri di distanza dall'indirizzo indicato. Pagai la corsa con la carta di credito e lo ringraziai per avermi scaricato il bagaglio.

«Bentornata a New York.» Mi salutò con un cenno risalendo a bordo, prima di reimmergersi nell'interminabile flusso di auto gialle.

Diedi un'occhiata all'orologio, erano appena passate le dieci. Tempismo perfetto, proprio come avevo previsto. Aspirai ancora una volta l'aria fredda di febbraio, presi la valigia e mi avviai verso l'ingresso che ben conoscevo, con la sua tettoia scura sormontata dalla scritta 740 PARK AVENUE. Un giovane in giacca grigia e cravatta nera mi aprì la porta mentre mi avvicinavo. Nell'atrio fui accolta da un calore confortante.

«Buongiorno, signorina» mi salutò il portiere da dietro il bancone, con un sorriso cortese ma un po' distaccato.

«Buongiorno» ricambiai senza aggiungere altro, perché non l'avevo mai visto prima e ignoravo il suo nome. In passato conoscevo tutti coloro che lavoravano nel nostro condominio, ma due anni e mezzo sono tanti in una città come quella.

«Desidera qualcuno?» mi chiese alzando il telefono sul bancone.

Mi sforzai di non far trasparire il mio stupore per quella domanda. Evidentemente era stato assunto di recente, e inoltre io ero in anticipo di un giorno, quindi non potevo pretendere che mi riconoscesse. Per giunta il mio aspetto non era certo dei più consoni a quel contesto.

«I Weston» risposi con gentilezza.

«I Weston? Ha un appuntamento?» Riabbassò il ricevitore, chiaramente dubbioso. Fece scivolare lo sguardo sulla mia giacca di pelle e i miei jeans, quasi sospettasse che avessi un'arma nascosta con cui ricattare, rapire o perfino freddare la venerabile famiglia Weston. Avrei voluto dirgli proprio questo, ma in certi ambienti un umorismo del genere non era ritenuto appropriato. Dietro il bancone c'era un pulsante per chiamare la polizia, come quello delle banche. E io non volevo certo inaugurare la mia nuova vita a New York con un arresto.

«Sono Helena Weston.» Mi limitai a dire la verità. «La figlia.»

«La figlia?» domandò poco convinto.

«Sì, esatto.» Mi frugai in tasca con un sospiro ed estrassi il portafoglio per mostrargli la patente dello Stato di New York, su cui figurava una mia foto di tre anni prima. Riguardandola storsi il naso: quella frangetta era stata davvero una pessima idea.

Posai il documento sul bancone, indicando il mio nome. «Ho ancora bisogno di un appuntamento?»

L'espressione del portiere mutò di colpo. «Oh, la prego di scusarmi, signorina Weston, non avevo idea... Mi avevano detto che non sarebbe arrivata prima di domani.» *E magari non vestita così*, sembrava voler aggiungere la sua espressione stupita. Dopotutto a New York mi conoscevano esclusivamente con indosso abiti firmati e con acconciature da cinquecento dollari, invece della semplice treccia che portavo adesso.

«Non si preoccupi. Posso andare?»

«Ma certo» si affrettò a rispondere. «Devo annunciarla?»

«No» scossi la testa. «È una sorpresa.»

Per un attimo il portiere sembrò nuovamente assalito dal timore che fossi una killer professionista – e che l'indomani sarebbe finito sulle prime pagine dei giornali scandalistici. Poi però mi indicò la valigia.

«Vuole che mi occupi del suo bagaglio?»

«Non ce n'è bisogno, ci penso io.»

Lui annuì. «Allora le auguro una buona giornata, signorina Weston. Bentornata.»

«Grazie... A proposito, come si chiama?»

«Lionel, signorina.»

«Allora grazie, Lionel.» Sorrisi, presi la valigia e mi avviai verso uno dei due ascensori.

Non appena misi piede nella cabina con il pavimento di marmo e le finiture in mogano, che odorava di cera, profumo e un lieve aroma di sigaro come ai vecchi tempi, fui travolta da un'ondata di ricordi. Mi rividi il primo giorno di scuola, quando ero scesa mano nella mano con mio padre, che sprizzava orgoglio da tutti i pori. O a sedici anni, a pomiciare con Parker Harrison finché i Gregory del quarto piano non ci avevano interrotti. O ancora a cambiarmi in fretta e furia con Valerie, sempre lì in ascensore, per andare di nascosto a una festa a Brooklyn anziché a una cena di gala. E infine ricordai il momento in cui, tra quelle quattro anguste pareti, lei mi aveva confidato di aver incontrato l'amore della sua vita.

Il dolore sembrava volermi sopraffare e trascinarmi nell'abisso, ma inspirai profondamente ed espirai, cercando con tutte le mie forze di scacciarlo. Gioia, ecco cosa volevo provare. Gioia per la sorpresa che stavo per fare ai miei familiari durante il loro tradizionale brunch domenicale. O meglio, il *nostro* brunch. Perché adesso facevo di nuovo parte della famiglia. D'ora in poi ogni domenica avrei potuto sedermi al tavolo della sala da pranzo, gustare un ottimo caffè e litigare con mio fratello Lincoln per accaparrarmi l'ultimo croissant della *boulangerie* sulla Madison. Mi veniva l'acquolina in bocca solo a pensarci.

Arrivata al piano, raggiunsi l'unica porta del corridoio e suonai il campanello. Il nostro maggiordomo Vincent ci teneva tantissimo a non far aspettare un ospite fuori dalla soglia per più di dieci secondi, così iniziai lentamente a contare, come fosse un conto alla rovescia per l'inizio della mia nuova vita.

10, 9, 8, 7, 6, 5, 4, 3, 2, 1…

Non accadde nulla. Nemmeno pochi secondi o minuti dopo. Forse non avevo premuto abbastanza a lungo il pulsante? Oppure il papà e Lincoln stavano discutendo per l'ennesima volta di politica e Vincent non aveva sentito il campanello? Provai di nuovo, ma invano.

Un po' giù di morale, presi la chiave dalla borsa a tracolla e la infilai nella serratura. Anche nell'ampio ingresso dell'appartamento a due piani regnava il silenzio. Nessuna voce, nessun tintinnio di posate sui piatti. Tutto taceva.

«C'è nessuno?» domandai, salendo la scala curva e sentendomi un po' stupida. «Siete in casa?»

Finalmente udii un rumore al piano di sopra e, qualche istante dopo, sentii scendere qualcuno. Portava un paio di tacchi che picchiettavano leggeri sugli scalini.

«Helena?» esclamò mia madre meravigliata. «Che diavolo ci fai qui? Ti aspettavamo per domani.» Il suo accento britannico mi suonò subito familiare; logico, negli ultimi anni non avevo quasi sentito altro.

«Ciao, mamma.» Sorrisi. «Sorpresa! Ho pensato di arrivare un po' prima per non perdermi il brunch.»

E tuttavia, com'era evidente, non c'era nessun brunch, dal momento che il tavolo della sala da pranzo, visibile dalla doppia porta aperta, era completamente vuoto. Niente croissant, niente uova strapazzate fumanti, niente caffellatte. E anche l'abbigliamento di mia madre – tubino blu scuro, acconciatura impeccabile, tacchi alti – non si addiceva certo al nostro rito domenicale, in cui tutti ci sedevamo a tavola, eccezionalmente, in pigiama, tuta o vestaglia.

Avevo il morale a terra. Di questo passo, sarebbe finito in cantina.

«Come sei arrivata?» si informò mia madre, squadrandomi con aria severa.

«Ho preso un taxi» risposi sinceramente, capendo subito di aver commesso un errore.

«Un *taxi*?» La voce le divenne un po' più stridula. Sembrava a un passo da una crisi isterica. «Ti ha forse dato di volta il cervello? Cosa penserà la gente vedendoti scendere da un taxi qui davanti in pieno giorno?»

Feci un bel respiro. «In questa città chiunque prende il taxi, mamma.»

«Ma tu non sei una persona qualunque, Helena. Non vorrai mica che si pensi che sei incapace di comportarti come si deve.»

«Non mi ha visto nessuno» mormorai abbattuta. Avrei tanto voluto rispondere: *Non me ne può fregare di meno di quello che pensa la gente. E nemmeno a Valerie sarebbe importato*. Ma non era molto saggio mettersi a litigare con mia madre appena arrivata. Se ero tornata a casa, lo dovevo a lei. Quindi era meglio andarci piano, per non farla pentire della sua decisione. «Non ci ho pensato, mi dispiace. A Cambridge giravo tranquillamente in taxi.»

«New York non è Cambridge, tesoro. Dovresti saperlo.» Sospirò e, nel giro di cinque secondi, era di nuovo Blake Weston, l'energica padrona dell'impero fondato dagli antenati di mio padre. Sulle prime molti la ritenevano la classica moglie di un uomo d'affari, dedita ad allevargli i figli e a guardargli le spalle. Eppure bastava una mezz'ora con lei e la sua mente acuta per guarire da simili pregiudizi.

«Perché non c'è nessuno?» chiesi. «Di solito la domenica facciamo colazione tutti insieme.» Anche mio fratello maggiore, pur non abitando più lì da tempo, era sempre stato presente.

«Mi dispiace che tu sia arrivata prima apposta.» Finalmente mia madre mi si avvicinò per abbracciarmi, seppur di sfuggita. «Adesso però ho un impegno all'Associazione per la tutela dei beni culturali e tuo padre è a Washington per lavoro fino a martedì. Quindi oggi niente brunch.»

Solo oggi? A giudicare dalla sua espressione, non aveva detto tutta la verità. Ma forse negli ultimi mesi mi ero concentrata troppo sui segnali non verbali, le mimiche facciali e il linguaggio del corpo. D'altronde faceva tutto parte della preparazione del mio piano; quello che sarebbe dovuto iniziare proprio l'indomani.

«Okay, sarà per la prossima settimana, allora» dissi, cercando di decifrare la sua espressione. Niente da fare, ormai era impenetrabile. Solo per quanto riguardava il brunch, però: l'occhiata che scoccò alla mia lunga treccia castano scuro, infatti, era inequivocabile.

«Hai urgente bisogno di farti tagliare i capelli. Ti fisso subito un appuntamento da Cara per domani. E poi come ti sei conciata?» Storcendo la bocca, mi tastò la giacca, comprata qualche mese prima in un negozietto di Cambridge. Se avesse saputo che era di seconda mano, probabilmente sarebbe corsa subito a farsi un bagno nel disinfettante, e pace per l'Associazione per la tutela dei beni culturali.

«È vintage. Ultimamente va di moda in Inghilterra.»

«Sarà, ma non qui» puntualizzò. «Non voglio che nessuno ti veda in città vestita così. Falla sparire alla svelta, per favore.»

Neanche morta, pensai.

«Certo» risposi con un sorriso. «Be', dov'è Vincent? Vorrei salutarlo.»

«È a Chicago per un po', sua sorella è malata. Non sappiamo ancora quando tornerà. O *se* tornerà.»

Non ne avevo idea. Perché non me l'avevano detto? In fondo il maggiordomo faceva parte della famiglia.

«E il resto del personale?»

«Ha il giorno libero, pensavamo che non ci sarebbe stato nessuno a casa.» Mia madre prese la borsetta e il cappotto. «Ora devo andare. Per prima cosa vedi di disfare la valigia, okay? È bello riaverti con noi» concluse accarezzandomi la guancia, ma le sue parole sembravano sottintendere piuttosto: *Ti prego, non farmi rimpiangere di essermi imposta contro la volontà di tuo padre.* Lui avrebbe voluto che rimanessi in Inghilterra fino alla fine degli studi. O, ancora meglio, fino alla fine della mia vita.

Annuii, senza smettere di sorridere. Ma non appena la porta si richiuse alle sue spalle e io rimasi completamente sola nell'atrio, avvertii nello stomaco vuoto tutto il peso della delusione. Avevo immaginato il mio ritorno in modo molto diverso. Fin dal primo giorno in cui ero stata mandata in collegio in Inghilterra contro la mia volontà, non avevo smesso di pensare a quando mi avrebbero permesso di tornare. Non come una brava ragazza condannata all'inattività che aveva perso la sorella, bensì come una giovane donna determinata e desiderosa di riabilitare Valerie. Finalmente quel momento era giunto. Perché mi sembrava così terribile?

Raggiunsi le scale, feci per salire ma non posai il piede sul primo gradino. Al piano di sopra c'erano la mia stanza e quella di Valerie; ero terrorizzata al pensiero di entrarci e venire assalita dai ricordi. Una parte di me non desiderava altro: circondarsi delle sue cose e sentire di nuovo *la presenza* di mia sorella, la persona che era stata e quello che aveva rappresentato per me. E tuttavia prevalse la paura. Così mi allontanai dalle scale e andai nella zona giorno.

Non era cambiato molto dall'ultima volta. C'erano sempre gli stessi oggetti d'antiquariato, la carta da parati damascata, i divani Chesterfield in pelle, gli spessi tappeti e, naturalmente, fiori freschi ovunque. Il grande quadro in sala da pranzo era nuovo: una cupa scena di battaglia di qualche antico maestro. Conoscevo la passione dei miei genitori per le opere d'arte barocche; quanto a me, avevo gusti diametralmente opposti. Non per niente una visita al MoMA figurava nella mia lista delle cose da fare a New York. L'avevo scritta due anni prima, quando era chiaro che non sarei tornata negli Stati Uniti tanto presto.

I miei non mi avevano permesso di tornare nemmeno per Natale; avevano preferito che ci ritrovassimo tutti in Inghilterra. Angosciati com'erano che potessi fare la stessa fine di Valerie, cercavano in tutti i modi di tenermi lontana da questa città.

Ma poi in che senso "fare la sua fine"? Felice? Appagata? Innamorata? Perché si era sentita proprio così quando era morta.

Avvertii un altro nodo alla gola e cercai di farmi forza. Poi decisi di andarmene, visto che comunque non c'era nessuno. *Home is where the heart is?* In quel momento sembrava proprio di no, ma forse il mio cuore aveva solo bisogno di un po' di conforto e, una volta fuori, si sarebbe sentito meglio. In fondo la mia casa non era solo all'interno di quelle mura, ma anche all'esterno. La mia casa era New York City.

Mi riscossi e tornai di corsa in corridoio. Presi la borsa e mi diressi verso la porta.

Era proprio ora di prendere una boccata d'aria.

2
Jessiah

Quando uscii dall'acqua e posai la tavola, la spiaggia di Rockaway Beach era grigia e deserta. Mi accasciai sfinito sulla sabbia compatta, girandomi sulla schiena per riprendere fiato.

Quella mattina le onde erano state perfette: impetuose e imprevedibili – come piacevano a me –, ma anche molto impegnative. In quel periodo dell'anno l'oceano era gelido, e ogniqualvolta scivolavo dalla tavola mi sembrava di finire in un congelatore. Eppure andavo a fare surf non appena potevo. Certo, con la temperatura dell'acqua intorno ai cinque gradi era una merda, ma sempre meglio di niente. Per me l'esercizio fisico era puro ossigeno, e avrei preferito farmi amputare una gamba piuttosto che correre sul tapis roulant in palestra. E, sebbene non avessi abbastanza fantasia per immaginarmi sulla costa australiana, cavalcare le onde mi dava almeno un'illusione di libertà. E mi aiutava a non impazzire.

Rimasi disteso ancora per qualche minuto, finché non avvertii di nuovo la sensibilità nei muscoli e il bruciore nei polmoni non iniziò ad attenuarsi. Dopodiché mi rialzai, presi la tavola e andai al pick-up nero parcheggiato proprio dietro a un'auto della polizia ricoperta di neve. *Che te ne fai di una macchina così grande, Jess?*, mi sembrava di risentire la voce del mio amico Balthazar. *Insomma, siamo a New York*. Sì, appunto, pensavo. Mi ero comprato quel pick-up perché così, almeno, mi sembrava di potermela squagliare da quella maledetta città in qualsiasi momento. Era solo una pia illusione, ma spesso bastava a risollevarmi il morale.

Altri due surfisti avevano parcheggiato il camper nelle vicinanze e li salutai con un rapido cenno prima di legare la tavola sul retro e abbassarmi la cerniera della muta sulla schiena. Sfilai in fretta le braccia e la feci scendere lungo i fianchi, stringendo i denti mentre il vento gelido mi sferzava la pelle umida. Dio, quanto odiavo il freddo! L'avevo sempre odiato, anche se ero nato a New York. Chissà perché, i miei geni sembravano convinti che provenissi da un clima più caldo e non erano affatto disposti ad adattarsi alla situazione attuale.

Presi la felpa dal sedile del passeggero e mi calai il cappuccio sui capelli bagnati, poi afferrai i pantaloni della tuta. Mi rivestii alla svelta, con mano esperta, poi gettai la muta sul pianale e salii a bordo, sparando il riscaldamento al massimo. Per fortuna, arrivato in città mi sentii di nuovo in forze.

Domenica il traffico non era tremendo come al solito, ma ci impiegai comunque quasi un'ora per rientrare a Manhattan, soprattutto a causa di un ingorgo dovuto a un cantiere sul ponte di Williamsburg. Mi stavo giusto chiedendo se non fosse meglio passare per la Drive invece di seguire la strada più diretta, quando squillò il cellulare. Alla vista del nome sullo schermo, esitai un istante. Poi risposi.

«Ciao, Trish» salutai mia madre nel vivavoce. Non mi sarebbe mai venuto in mente di dirle «buongiorno». Dopotutto erano le nove passate di domenica. A quell'ora doveva aver già fatto dieci chilometri di jogging, pianificato tre nuovi progetti e forse licenziato di nuovo la sua assistente.

«Jess, dove sei?» mi domandò. *Niente saluti oggi.* Significava che era di cattivo umore e, con ogni probabilità, per causa mia. Nel corso degli anni avevo imparato alla perfezione la lingua di Trish Coldwell.

«Sto tornando dalla spiaggia.» Alzai gli occhi al cielo perché qualcuno dietro di me stava suonando il clacson all'impazzata. *Non è che se fai casino e rompi i coglioni agli altri vai più veloce, eh!* Che problemi aveva la gente in questa città?

«Perché me lo chiedi? Tutto bene con Eli?»

«Sì, sì, tuo fratello sta benone» rispose lei impaziente. «Ma ieri sera ho mandato Indigo da te con una selezione di vestiti e tu non c'eri.» Sembrava contrariata, come se fossi stato io a fissare un appuntamento con la sua assistente per poi darle buca. Tipico di Trish. Credeva che il mondo intero fosse al suo servizio.

«Magari la prossima volta avvisami prima» replicai senza nascondere l'irritazione. «E poi *ce li ho* i vestiti per stasera.»

«No che non li hai. È un'occasione particolarmente importante e ci saranno tutti. Non puoi presentarti con uno smoking che hai già indossato.»

Ah, certo, perché ovviamente i signori e le signore dell'alta società sapevano distinguere uno smoking nero da un altro – chissà poi come ci riuscivano. Forse scattavano foto di nascosto o prendevano nota dei dettagli, quasi fossero agenti segreti al servizio dei poveri. Insomma, il tipico passatempo di chi non ha niente di meglio da fare se non biasimare chi infrange il galateo. Stranamente, mentre ci pensavo, mi venne in mente un nome ben preciso. Anzi, no, in fondo non era affatto strano.

«Ci saranno proprio *tutti*?» chiesi. «Anche i Weston?» Mia madre si lasciò sfuggire un sibilo eloquente: quel semplice nome le dava sui nervi.

«Certo che no. O credi davvero che se ne starebbero lì ad

applaudirmi mentre ricevo il premio per il mio contributo alla cultura edilizia di New York?»

«Se la loro assenza desse adito a pettegolezzi, forse sì» risposi. In fondo per quella gente nulla era più importante del prestigio e della reputazione. Ma non l'avevo chiesto perché volessi evitare di incontrarli, non era mia intenzione – anche se ogni volta mi costringevano a fare i conti con ciò che avevo perso. In particolare la signora Weston, per via della somiglianza con sua figlia, mi ricordava sempre chi dovevo ringraziare per la morte di mio fratello.

Strinsi forte il volante. Perché Valerie non aveva scelto un altro ragazzo? Perché proprio Adam?

«Che vengano pure» ruggì mia madre. «Purché indossi uno smoking nuovo, non me ne può fregare di meno.»

«Va bene, come vuoi» mi arresi. «Passo prima da voi e mi cambio lì.» Almeno così avrei potuto vedere mio fratello minore, e la serata non sarebbe stata una completa perdita di tempo. «Trish, ora devo andare, ho un appuntamento e voglio passare da casa prima.»

«Un appuntamento per uno dei tuoi *progetti*?» domandò in tono di disapprovazione.

«Sì, esatto.» Ignorai la punta di sarcasmo nella sua voce. «È per un locale a SoHo.»

«Dove di preciso?»

«Sulla Sullivan Street, all'angolo con la Bleecker.»

«Ottima posizione» osservò. «Come hai fatto ad aggiudicartelo?»

«Come sempre.» Alzai le spalle, anche se lei ovviamente non poteva vedermi. «All'inaugurazione di Karma, lo scorso autunno, parlando con alcune persone, sono venuto a sapere che il proprietario aveva intenzione di cessare l'attività. Così ci siamo incontrati e alla fine ha accettato di darlo in affitto a due ragazze che vogliono aprire un bistrot vegano.»

Mia madre sospirò. «Che terribile spreco di talento» commentò. «Quand'è che sfrutterai le tue doti per qualcosa che valga davvero la pena? Sai che potrei farti avere qualsiasi posto in azienda, se solo volessi.»

Repressi un moto di stizza. Certo che lo sapevo, me lo ripeteva di continuo. E sapevo anche che la morte di Adam aveva trasformato quel suo desiderio in una specie di missione.

Ma per quanto mi sforzassi di tenere unita la famiglia, non riuscivo a decidermi. Un lavoro alla CW Buildings mi avrebbe ucciso, così come dover vivere in pianta stabile a New York.

«A che ora vuoi che arrivi stasera?» chiesi cambiando argomento. Non sarebbe servito a nulla spiegarle le mie ragioni. Ci avevo provato già troppe volte.

«Alle sette» rispose. «Sii puntuale, per favore. E vedi di andare dal barbiere, quella criniera da surfista è insopportabile!»

«Scordatelo. A dopo, Trish.»

Nonostante il mio rifiuto, lanciai comunque un'occhiata allo specchietto retrovisore, ma non ci trovai nulla da ridire. I miei capelli biondi, sebbene in quel momento un po' scompigliati dal vento e dall'acqua salata, erano molto più corti di quando ero tornato, due anni e mezzo prima. Non riuscivo nemmeno a legarli. Questa era una delle tante concessioni al ruolo che svolgevo qui, ma la mia disponibilità al sacrificio aveva dei limiti. Perciò mia madre avrebbe dovuto farsene una ragione.

Per fortuna, oltrepassato il ponte, il traffico si ridusse, permettendomi di riprendere la solita strada fino al West Village. Trovai un parcheggio libero proprio davanti a casa e lo interpretai come un buon segno per il resto della domenica. Mi aspettava una serata piuttosto noiosa, lo sapevo, ma almeno avevo ancora qualche ora libera a disposizione.

Salii al quarto piano, pregustandomi una bella doccia mentre infilavo la chiave nella serratura. Appena entrato mi tolsi i vestiti e li gettai con noncuranza sul pavimento. I sedili riscaldati dell'auto avevano fatto il loro dovere, ma un getto d'acqua calda era tutta un'altra cosa. Non a caso, nei freddi mesi invernali il boiler era il mio migliore amico.

Venti minuti dopo uscii da una nuvola di vapore e mi avvolsi un asciugamano intorno ai fianchi prima di andare in soggiorno. In realtà questa definizione non era del tutto appropriata, perché il mio loft era un open space. La cucina, con l'isola centrale e il bancone, era adiacente alla zona giorno, con l'ampio divano e un tavolo in rovere non trattato che poteva ospitare fino a otto persone. Una scala di ferro conduceva al soppalco, sorretto da travi d'acciaio e ricavato in fondo alla stanza alta cinque metri, nel quale si trovava il mio letto.

Mi diressi all'anta accanto al bagno per prendere gli indumenti puliti da una mensola. Come al solito, ignorai che quel vano – in realtà una cabina armadio, non un ripostiglio – era stipato di scatole di cartone. Avrei dovuto sistemare le cose di Adam già da un bel pezzo, eppure da tempo continuavo a tergiversare. Per l'esattezza da due anni e otto mesi, ovvero da quando mi ero trasferito nell'appartamento di mio fratello. Una volta, scherzando, mi aveva detto che, qualora fosse passato a miglior vita, avrei dovuto stabilirmici io, così mi sarei reso conto che potevo sentirmi a casa anche a New York. Alla sua morte avevo voluto esaudire quel desiderio.

Ciononostante, all'inizio mi era sembrato un grosso errore andare ad abitare nella casa che Adam aveva comprato per sé e arredato secondo il proprio gusto. Temevo di dover fare i conti ogni giorno con la sua scomparsa, per non parlare dei sensi di colpa, certo che ne sarei uscito distrutto. E così era stato. C'erano giorni in cui riuscivo a malapena a respirare, tanto il dolore mi soffocava. Allora andavo a correre, spesso senza osare rientrare a casa per ore. Ma poi capii che, in un certo senso, quel luogo mi riavvicinava ad Adam. Vivere dove lui aveva vissuto. Mangiare dove aveva mangiato. Dormire dove aveva dormito. Ristabiliva un contatto che in realtà non poteva più esserci. E, se anche mi faceva male, non mi lamentavo.

Sospirai cercando di pensare ad altro, mentre indossavo una felpa nera col cappuccio e un paio di jeans scuri, rimasti sul divano dal giorno prima. Poi gettai nel cesto della biancheria la roba sporca, sentendo lo stomaco brontolare quasi indignato. Non avevo più mangiato nulla dalla sera precedente; era ora di fare colazione prima di andare all'appuntamento a SoHo.

Presi dal frigorifero le uova, i pomodori e i cipollotti, poi accesi lo stereo e misi una delle playlist pop più rilassanti che avevo sul telefono. Dopodiché mi accinsi a strapazzare le uova in una delle ciotole di acciaio inossidabile, per poi condirle con sale e pepe. Ma prima ancora di tagliare i cipollotti ad anelli, squillò il telefono. Mi asciugai le mani e misi il vivavoce.

«'giorno, Thaz» salutai il mio amico con un sorriso. Conoscendolo, doveva essersi alzato dal letto da una decina di minuti. E non dal suo. «Allora, già sveglio?»

«Proprio così» annunciò Balthazar all'altro capo del filo, con un sonoro sbadiglio. «È stata una lunga nottata. Fammi indovinare, sei già stato in spiaggia.»

«Ci puoi giurare.»

«Hai notato che siamo in inverno, vero? Non proprio la stagione ideale per fare surf, a mio parere.»

Tagliai i pomodori a dadini.

«Ma dai, davvero?» chiesi sarcastico. «E io che pensavo di mettermi la muta solo perché fa tanto chic, mica perché la temperatura dell'acqua è di cinque gradi!»

Thaz scoppiò a ridere. «*Sorry*, non volevo rigirare il coltello nella piaga.»

«Non preoccuparti.» Versai di slancio le uova in padella. «Che c'è, bello? Immagino che non mi hai chiamato di domenica mattina perché senti la mia mancanza.»

«Oh, anche per quello, ma sono stato invitato a una festa stasera. E ho pensato che magari ti sarebbe piaciuto venire con me. Inaugurano un locale in centro. Ho lavorato per loro alla campagna pubblicitaria. Sarà figo.»

Abbassai un po' la fiamma e tenni d'occhio l'omelette. «Un locale? Quale?» Con ogni probabilità, uno di quelli per gente in vista, dove si va solo per farsi notare e sfoggiare il proprio costoso guardaroba.

Anche tu fai parte dell'upper class, mi rammentò la mia voce interiore.

Sì, ma non per scelta, ribattei caparbio. *E le ho provate tutte pur di cambiare.*

«Il Down Below, vicino al Church.»

«Il Church? Intendi l'ex steak house?» Il ristorante era chiuso da anni, nessuno l'aveva rilevato. Non c'era da stupirsi, dato che la posizione non era delle migliori. Non avrei consigliato a nessuno di aprire un locale lì.

«Sì, lo so… è un po' azzardato» osservò Thaz.

«Più che altro è una scelta suicida» puntualizzai.

«È per questo che voglio che tu venga.» Dalla sua voce intuii che stava sogghignando.

Alzai bonariamente gli occhi al cielo, capendo l'antifona. «Quindi non si tratta di un invito, ma di lavoro.»

«Un lavoro divertente» sottolineò Thaz. «L'idea è fantastica, Jess. Un posto ben curato, elegante, ma non troppo sofisticato. E i due ragazzi che lo gestiscono sono in gamba. Altrimenti non te lo chiederei.» Non era la prima volta che mi indirizzava verso qualche nuova location, spargendo in anticipo la voce del mio arrivo. Era una mossa di marketing bella e buona, perché tutti sapevano che la mia presenza a un'inaugurazione – di un ristorante, un bar o un club – significava che il posto era molto promettente. Vantaggi dell'essere il figlio di Christopher Coldwell, ma anche del lavoro degli ultimi due anni.

Sospirando, tolsi la padella dal fornello. «E cosa ottengo in cambio?»

«Drink gratis e la mia eterna gratitudine.»

«Quelli ce li ho già da tempo.»

«La mia eterna gratitudine non è mai abbastanza.»

Mi aveva già convinto, ma c'era l'altro impegno. «Stasera devo andare a una cerimonia di premiazione con mia madre» spiegai, girando l'omelette con mano esperta. «Probabilmente ne avrò fino alle dieci. Potrei raggiungerti dopo.»

Thaz emise un gemito di disapprovazione. «Per quanto tempo ancora devi fare da scorta a Trish? Cosa dice il tuo contratto al riguardo? Dubito che tu ne abbia firmato uno.»

Spensi il fornello. «Non preoccuparti.»

«Sì, invece. Hai sempre evitato quegli eventi come la peste, per la gente spocchiosa che li frequenta. Facevi di tutto pur di non andarci. E, se proprio ti costringevano, nove volte su dieci davi scandalo.»

Oh, sì, me lo ricordavo. E anche piuttosto chiaramente, ma adesso avevo ventitré anni, non più sedici, e sapevo tenere a bada il mio spirito ribelle.

«I tempi sono cambiati, Thaz. Sai bene perché lo faccio.»

«Lo so, ma non puoi accompagnare tua madre per sempre solo perché non vuoi che lo faccia qualcun altro.» Tutt'a un tratto era diventato molto serio.

«Sì, me ne rendo conto» replicai.

«Allora di' a Trish di andare a questi eventi noiosi da sola, d'ora in poi. I ricconi snob non apprezzano il tuo fascino. Ma io sì.»

All'udire queste parole, mi venne da ridere, ma mi trattenni. «Vedrò di andarmene il prima possibile, okay?»

«Okay. Ci vediamo stasera.»

«A dopo, bello.» Chiusi la telefonata e presi un piatto dalla mensola prima di sedermi al bancone. Lo stereo suonava *Everything That Isn't Me* di Lukas Graham.

Mai brano fu più azzeccato.

Mentre mangiavo l'omelette, allungai la mano verso la posta che giaceva intatta all'angolo del bancone. Separai le bollette dalle pubblicità inutili, poi, al vedere l'ultima busta, trasalii. Non fu il contenuto a mozzarmi il fiato, perché sembrava una semplice pubblicità di vini, bensì il nome sull'indirizzo: *Adam Coldwell.*

Era indirizzata a mio fratello.

Feci un profondo respiro, con il cuore che mi batteva dolorosamente tra le costole. Non era insolito che arrivasse ancora della posta destinata a lui. Anzi, dopo che mi ero trasferito era successo di continuo. Perciò una volta al mese controllavo le varie buste e inviavo email o lettere per informare i mittenti, soprattutto agenzie pubblicitarie, che mio fratello non era più in vita. Era una specie di rituale, un tormento ricorrente da cui speravo, invano, di ricavare un po' di sollievo. Negli ultimi mesi, però, non era più arrivato nulla per Adam, quindi avevo pensato che fosse finita. Che stupido.

Come se fosse mai potuta finire.

Accartocciai la lettera e la gettai il più lontano possibile, ma colpì il bordo del divano e ricadde sul cuscino, con il suo bianco brillante che spiccava sul verde scuro. Ebbi quasi l'impressione che quel maledetto pezzo di carta mi stesse fissando con aria di rimprovero. Così mi alzai e lo raccolsi per buttarlo nel cestino. Poi, più incupito che mai, tornai alla mia omelette, che tutt'a un tratto sapeva di cartone.

Dopo aver perso mio padre a quattordici anni, credevo di aver attraversato la fase più dura della mia vita. Mi ero sbagliato: alla morte di Adam mi ero sentito letteralmente mancare la terra sotto i piedi, con una veemenza mai provata prima. Forse perché era già la seconda persona cara che se ne andava troppo presto. O forse perché non ero stato al suo fianco per impedirgli di commettere quell'errore fatale. L'errore di innamorarsi della donna che lo aveva prima attirato nel suo mondo e poi trascinato in un abisso mortale.

Valerie Weston.

3
Helena

New York mi accolse con un vento gelido, ma non mi scomposi: il clima rigido era tipico di quel periodo dell'anno, e perfino quello mi era terribilmente mancato. Così, invece di rientrare, mi calai in testa il berretto e mi incamminai verso Central Park.

Dopo pochi secondi qualcuno accanto a me suonò il clacson e un altro rispose rincarando la dose. Schivai un dog sitter che teneva al guinzaglio una decina di cani, nessuno dei quali particolarmente ben addestrato. La cosa non mi diede fastidio, ma indispettì un'anziana che, indignata, non esitò a dirgliene quattro. Mi venne da sorridere. Per alcuni New York era troppo grande, troppo rumorosa, semplicemente troppo. Eppure a me piaceva. Amavo la possibilità di sentirmi completamente sola in mezzo alla folla. Così come il fatto che ogni cultura, nazionalità o personaggio eccentrico contribuisse alla diversità che rendeva questa città così vivace.

Cambridge era idilliaca, per molti il luogo ideale dove studiare, ma io non mi ci ero mai trovata bene. Ero cresciuta a New York, convinta che avrei potuto trascorrervi tutta la vita senza annoiarmi un solo giorno. Spesso in passato mi ero divertita a esplorarla, scoprendone gli angoli sconosciuti: i negozi più curiosi e i parchi nascosti, le piccole oasi che Manhattan sapeva offrire in mezzo ai suoi ritmi frenetici. E così mi ero innamorata ancor più della città.

Mentre gironzolavo nei pressi del Guggenheim Museum, sentii l'impulso di entrarci, ma poi preferii rimandare e attraversai la Quinta Avenue per addentrarmi nel polmone verde di Central Park. A dire il vero, in quel momento non era poi così verde: i prati erano ricoperti da un sottile manto di neve e gli alberi completamente spogli. Ben presto, però, tutto avrebbe cominciato a germogliare e a fiorire, e io non vedevo già l'ora di stendermi di nuovo sull'erba con Valerie…

Mi bloccai di colpo. Il dolore durò poco, ma la fitta fu abbastanza intensa da farmi boccheggiare. Non accadeva tanto spesso che il mio cervello mi giocasse brutti scherzi, come se mia sorella fosse ancora viva. Quasi tre anni dovrebbero essere sufficienti per elaborare la perdita di una persona… eppure per me non lo erano. Non erano mai abbastanza. Come potevo superarla, se ogni pensiero rivolto a Valerie era legato all'ignobile ingiustizia che aveva subito? Se il suo nome ridestava puntualmente in me il ricordo del disprezzo con cui la famiglia di Adam si riferiva a lei?

Manco a farlo apposta, scorsi in lontananza i grattacieli di Midtown, che svettavano imponenti in contrasto con gli eleganti palazzi dell'Upper East e del West Side. Secondo alcuni rappresentavano l'evoluzione urbana, il futuro di New York. Per me erano un vero e proprio sfregio e una sfrontata esibizione di ricchezza. Soprattutto l'edificio che si ergeva al centro, il più alto di tutti, ostentando la sua facciata bianca e splendente.

Dunque Coldwell House era stata terminata, nonostante gli sforzi dei miei genitori e di molti altri per impedirne la costruzione. Non c'era da stupirsi, Trish Coldwell ignorava sia le regole che la decenza e manipolava tutti a suo piacimento, come una malvagia regina dei ghiacci pronta a passare sul cadavere di chiunque. Non c'era nessuno che odiassi più di quella donna, dopo che aveva incolpato mia sorella della morte del figlio, ricorrendo a ogni mezzo possibile pur di convincere il resto del mondo. Ma se ne sarebbe pentita, poco ma sicuro. Perché io non ero come i miei genitori, che ritenevano indegno dei Weston parlare pubblicamente di Valerie. No, io avrei scoperto la verità e l'avrei gridata a gran voce, proprio come aveva fatto Trish con le sue menzogne. Avrei riabilitato Valerie. In fondo era per questo che ero tornata.

Per quel giorno, tuttavia, avevo in mente altro. Così mi limitai a fare il dito medio alla Coldwell House – a proposito, che nome ridicolo! – e mi inoltrai nel parco, oltre il lago ghiacciato, fino al Belvedere Castle, che tanto avevo amato da bambina. Da lì osservai la città per un po', prima di imboccare il sentiero verso l'uscita ovest. Giunta all'incrocio con l'Ottantaduesima strada, intirizzita com'ero, cambiai d'impulso programma e decisi di andare a trovare una persona. Invece di fare colazione alla Magnolia Bakery sulla Columbus, presi un caffè e un cappuccino d'asporto, insieme a qualche ciambella, al bar più vicino. Forse alla cassa mi mostrai un po' troppo raggiante, ma ero così contenta di risentire il tipico accento newyorchese. Probabilmente negli ultimi anni a Cambridge avevo preso un po' di accento british, ma ero certa che l'avrei perso, adesso che ero tornata a casa.

La mia meta, un anonimo edificio dai muri di cemento ormai anneriti dalle intemperie, si trovava a poche centinaia di metri da lì. Solo l'aura un po' minacciosa e le lettere nere a sinistra della porta annunciavano ai passanti la sua funzione: era il Dipartimento di polizia del ventesimo distretto di New York. Chiunque vi si recasse, di solito, aveva un problema con la legge o qualche altro motivo spiacevole. Io dovevo essere l'unica, entrando, a provare un formicolio di eccitazione nello stomaco.

Attraversai un ampio corridoio con il pavimento di linoleum macchiato e mi ritrovai nella sala principale. Sembrava una giornata tranquilla, perché, a parte alcuni funzionari in uniforme alle scrivanie, non c'era nessuno, eccetto un tizio in manette seduto su una panca dietro il divisorio. Posai il caffè e il sacchetto con le ciambelle sul bancone.

«Salve, vorrei fare una segnalazione» dissi al giovane agente lì seduto. Quando alzò lo sguardo, gli sorrisi.

«Riguarda una denuncia di scomparsa per Helena Weston. Volevo solo avvisarvi che è stata ritrovata.»

In quell'istante vidi spuntare una testa e una sedia girarsi di scatto nella mia direzione. La ragazza mi fissò incredula prima di alzarsi in piedi.

«Len?!» esclamò, fregandosene del fatto che tutti i presenti, compreso il tizio in manette, si erano voltati a guardarla. Poi uscì dallo sportello e mi abbracciò senza darmi il tempo di parlare.

«Che ci fai qui, tesoro? Pensavo che mi avresti chiamata dopo il tuo arrivo.»

La strinsi a mia volta più forte che potevo.

«Volevo farti una sorpresa» sorrisi quando mi lasciò andare. Almeno Malia sembrava felice di rivedermi.

«Be', ci sei riuscita.» Lanciò un'occhiata ai colleghi, poi indicò una porta. «Vieni, andiamo in sala pausa, non c'è nessuno al momento.»

«Puoi assentarti così?» In realtà volevo solo portarle un pensierino e salutarla; sapevo che era in servizio e che, probabilmente, non avrebbe avuto tempo per me.

«Certo, il mio comandante è un tipo tranquillo. E poi, come puoi vedere, oggi non c'è molto da fare.»

La seguii con esitazione dietro il bancone e attraverso due porte, finché non arrivammo in una sala senza finestre che aveva ben poco da offrire, tranne la macchina del caffè. Mentre spostava alcune riviste su un tavolino, Malia notò il mio sguardo indagatore.

«Che c'è?» chiese.

«Niente.» Scossi la testa con un sorriso. «Ti trovo benissimo, sai? L'uniforme ti dona.» Alla mia partenza da New York, Malia aveva appena iniziato l'addestramento. E adesso era già entrata in servizio.

Si voltò verso di me, fece un inchino e si sedette.

«Anche tu, Len, stai da Dio.» Si sporse in avanti per toccare la mia giacca di pelle. «Mi piace il tuo nuovo stile. Molto maturo.»

«Be', ho quasi tre anni in più rispetto all'ultima volta che ci siamo viste.» Allora ne avevo diciassette e, per lei, ero soprattutto la sorellina della sua migliore amica. La morte di Valerie, però, aveva cambiato le cose. Per tutto quel tempo eravamo rimaste in contatto, e di questo le ero molto grata. Non solo perché quasi nessun altro sembrava interessato a sapere come mi sentivo, ma anche perché Malia era una poliziotta e quindi aveva accesso a informazioni molto importanti per me.

«Già. Meno male che non ti sei tagliata i capelli come avevi minacciato di fare.» Sorrise.

«Per far venire un infarto a mia madre appena tornata a casa? No, non mi permetterei mai.» In passato avevo pensato spesso di cambiare taglio perché il solito mi aveva un po' stancato, ma col tempo avevo imparato ad apprezzare i miei lunghi boccoli castano scuro perché erano l'unica cosa che avevo in comune con Valerie. Io assomigliavo di più a mio padre, con gli occhi azzurri, il naso sottile e i lineamenti marcati, mentre mia sorella era il ritratto della mamma, in versione splendida principessa Disney dagli occhi scuri.

Malia frugò nel sacchetto, prese una ciambella e me la porse. «Cos'hanno detto i tuoi di questo ritorno anticipato?» domandò, addentandone una con la glassa rosa.

La mia era ricoperta di zuccherini. «Niente di che. Stamattina volevo presentarmi al brunch come *special guest*, ma purtroppo non c'è stato. Mamma aveva un impegno, papà è a Washington e Lincoln non l'ho ancora sentito.» Mio fratello viveva a pochi isolati di distanza, in uno degli altri appartamenti di famiglia.

«Quindi a loro sta bene che torni a vivere qui?» chiese Malia. Sapeva che avevo lottato a lungo, ma invano, per ottenerne il permesso. «Come mai hanno cambiato idea?»

Alzai le spalle. «A Natale ho parlato con mia mamma, le ho detto quanto mi mancasse New York e che ormai mi sembrava fosse passato abbastanza tempo da quello che era successo a Valerie. All'inizio non era molto entusiasta dell'idea, ma poi ha accettato, anche se a determinate condizioni.»

Malia inarcò le sopracciglia. «Determinate condizioni? Come se non te ne ponessero già abbastanza! La tua famiglia è fissata con le regole.»

«Sì, e adesso se ne sono aggiunte altre.» Gliele elencai: «Devo restare dai miei fino alla laurea, non posso frequentare nessuno che abbia avuto rapporti con Val – tranne te, ovviamente – e devo chiedere a loro il permesso di andare alle feste. Inoltre mi tocca partecipare a tutti gli eventi mondani che vogliono. In cambio posso studiare alla Columbia e vivere a New York».

«Benvenuta in convento» scherzò Malia. «Mi sa che d'ora in poi dovrò chiamarti suor Helena. Hai almeno il permesso di uscire con i ragazzi?»

Sorrisi. «A dire il vero pensavo di portarmi a casa il primo tizio incontrato per strada per scoparmelo mentre i miei sono giù in salotto a ricevere il sindaco. Dici che posso?»

«Uhm, siamo al limite.»

Scoppiammo a ridere, anche se in realtà c'era poco da scherzare. Purtroppo non avevo avuto altra scelta se non accettare le condizioni imposte dai miei genitori. E del resto, se fossi rimasta in Inghilterra, non avrei potuto fare nulla per riabilitare Valerie.

«Allora non pensi di chiamare il bellissimo Ian?» Le sopracciglia di Malia si rianimarono. «Sono quasi tre anni che ti aspetta, non credi che sarebbe il caso di avvisarlo del tuo ritorno?»

«Se davvero mi ha aspettato finora, vuol dire che ha qualche rotella fuori posto. Inoltre, per quanto ne so, adesso è sulla West Coast a studiare.» Scossi la testa.

Ian era il mio ex, il mio primo amore per così dire. Stavamo insieme da cinque mesi quando era morta Valerie – e la mia vita, per come l'avevo conosciuta, era finita. I miei genitori mi avevano spedito in Inghilterra in gran segreto, e da allora Ian era rimasto solo un contatto sullo smartphone. Ci eravamo sentiti per telefono qualche volta, ma non riusciva a reggere la mia amarezza, così lo avevo lasciato e, a poco a poco, dimenticato. «Nel frattempo i miei gusti sono un po' cambiati.»

Malia rise. «Ah sì? Quindi non ti piacciono più i bei ragazzi con le camicie ben stirate che tua madre sceglie per te?»

«A questa domanda posso rispondere solo con un categorico "Diavolo, no!". E in questo senso Cambridge è stata più che utile.» Risi anch'io e presi un'altra ciambella, mentre Malia continuava a scrutarmi.

«Len, davvero sei tornata soltanto perché ti mancava New York?» chiese infine. Immaginai dove volesse andare a parare;

non a caso, qualche mese prima, l'avevo convinta dall'Inghilterra a procurarmi informazioni sulle circostanze della morte di Adam e Valerie.

«In che senso?» replicai con aria innocente. «Questa è casa mia, quindi...» Mi interruppi perché un giovane agente era entrato a prendere un caffè. Salutò Malia, poi abbassò lo sguardo su di me con aria interessata.

«Ti serve qualcosa, Ramirez?» domandò la mia amica nello stesso tono con cui probabilmente torchiava gli spacciatori.

«Cosa? Ah, no, no.» Il poliziotto mi sorrise e se ne andò.

Malia mi guardò. «Non preoccuparti, non gli darò il tuo numero.»

«Peccato, pensavo che gli andasse di provare quella cosa con il sindaco» ironizzai, benché non fossi tanto in vena di scherzare.

Nemmeno Malia lo era. «Allora, si può sapere cos'hai in mente?» Sbuffò. «E per favore, non prendermi in giro, okay?»

Sospirai e mi arresi. Se volevo contare sull'amica di mia sorella, dovevo dirle la verità. «Voglio riscattare la reputazione di Valerie. E scoprire cos'è successo quella notte.»

«Lo sai cos'è successo» ribatté Malia. All'epoca si trovava all'estero e non aveva partecipato alla festa, ma ovviamente aveva letto il fascicolo. «Lo sanno tutti.»

Scossi la testa. «No, io so solo quello che c'era scritto sui giornali e sui verbali della polizia. Ovvero che i due hanno festeggiato il fidanzamento in una suite del Vanity Hotel, bevendo e sniffando cocaina, che mischiata alla lidocaina gli ha provocato un arresto cardiaco.» Feci un profondo respiro perché non riuscivo a parlarne senza infuriarmi. Anche con me stessa per non aver partecipato alla festa, restandomene invece a letto malata. Se solo avessi preso un po' di ibuprofene e ci fossi andata lo stesso… «So che sono tutti convinti che sia stata Valerie a portare la droga. Ma non aveva mai preso niente del genere, davvero. Non è colpa sua se lei e Adam sono morti.»

«Quindi cosa intendi fare adesso? Trovare il vero colpevole?»

«Proprio così. E poi dimostrerò a tutti che mia sorella è stata ingiustamente trascinata nel fango.»

Malia emise un sonoro sospiro, e io intuii cosa stava per dire. «Len, ascoltami. So che sei arrabbiata perché i Coldwell hanno diffuso quelle voci su Valerie, ma…»

La interruppi subito, con la voce ridotta a un sibilo.

«Hanno sostenuto che sia stata Valerie a traviarlo! Che abbia convinto Adam a prendere la roba! Ma è una stronzata!» Ricordavo perfettamente quello che Trish Coldwell aveva detto allora: *Ero contraria a questa relazione fin dall'inizio, perché sapevo che quella donna, con il suo stile di vita dissoluto, sarebbe stata la rovina di mio figlio. Adesso è morto, ed è tutta colpa sua.*

Ma non solo lei, anche il fratello di Adam, il patrigno e tutti i suoi amici le avevano dato manforte, popolando i talk show, i blog e i giornali con indiscrezioni sempre nuove su mia sorella, che la dipingevano come una sciocca scriteriata, una persona ossessionata dal lusso e dalle feste, che pensava solo a se stessa. E io nel frattempo ero bloccata in Inghilterra, sgomenta e impotente di fronte a simili bugie. Non avevo potuto fare nulla per aiutare Valerie. Finora.

«Preferirei che non ti mettessi contro i Coldwell.» Malia scosse la testa. «Hai avuto la dimostrazione che possono distruggere chiunque dal punto di vista mediatico, come nel caso di Val. Non voglio che accada lo stesso anche a te.»

«Non credi che io possa tenere testa a Trish Coldwell?» chiesi con aria di sfida.

«No, *sono sicura* che non puoi. Quella donna è pericolosa,

Helena. Ha tutta la città ai suoi piedi, cazzo. Nemmeno i tuoi genitori hanno osato affrontarla pubblicamente quando ha trascinato Valerie nel fango.»

Su questo aveva ragione. I miei avevano intrapreso un'azione legale per contestare le sue accuse, ma senza mai uscire allo scoperto. *Non è nel nostro stile*, avevano risposto alla mia richiesta di spiegazioni dal convitto in cui vivevo. Volevo sapere perché non avessero lottato per la loro figlia tanto denigrata. Mio fratello aveva rilasciato alcune interviste, eppure anche lui era stato richiamato all'ordine, nella speranza che presto le acque si sarebbero calmate.

«Io non sono "tutta la città"» dissi ostentando sicurezza. «E se riesco a scoprire la verità, lei potrà anche muovere mari e monti, ma di fronte a prove schiaccianti sarà impotente.» Erano anni che aspettavo l'occasione di vendicarmi di quella famiglia per ciò che aveva fatto alla mia.

«E come pensi di trovarle queste prove?» chiese Malia. «All'epoca la polizia ha indagato a fondo, così come gli investigatori privati assunti dalla tua famiglia e da quella di Adam. Ma non hanno mai trovato nulla che smentisse le affermazioni di Trish.»

«Sì, ma nessuno ha mai cercato di scagionare Valerie. Volevano solo sapere se si trattasse o meno di un omicidio. E, una volta chiarito questo, nessuno si è preoccupato di scoprire cosa fosse successo davvero. Quindi lo farò io.» Mi ero preparata per quasi un anno in Inghilterra, procurandomi i fascicoli del caso all'insaputa dei miei genitori, mettendo insieme tutti i fatti e pianificando con cura le mie mosse. E Malia faceva parte del piano. «Anche se, di tanto tanto, potrei aver bisogno dell'aiuto di una giovane poliziotta che un giorno vuole diventare detective.»

Sgranò gli occhi. «Vuoi che ti aiuti?» domandò abbassando la voce. «Len, a parte gli scherzi, pensi davvero di riuscire a ottenere qualcosa? Non so se Valerie avrebbe voluto che tu fossi così coinvolta in questa storia.»

«Al contrario, mia sorella avrebbe fatto esattamente lo stesso per me. Ecco perché non posso lasciar perdere. Devo smentire quelle menzogne e portare alla luce la verità. E lo farò, con o senza il tuo aiuto.»

Malia ricambiò il mio sguardo per qualche secondo, poi si appoggiò allo schienale e sospirò. «Roba da matti. Tu sei fuori di testa. Hai un piano, almeno? Qualcosa da cui partire?»

«Certo. E sarò molto felice di parlartene se accetti di aiutarmi. Non ti chiederò chissà che, forse solo qualche informazione o un po' di sostegno. E non ti metterò nei guai, te lo prometto.» Sul mio viso spuntò un sorriso pieno di speranza. «Mi aiuterai? Ti prego, non costringermi a implorarti.»

«So già che me ne pentirò.» Malia scosse la testa e sospirò di nuovo. «Ma okay, ci sto. Però sappi che non farò nulla che possa mettere a repentaglio il mio lavoro o la tua sicurezza. Intese?»

«Intese.» Annuii convinta.

«Bene. E adesso… parlami del tuo piano.»

4

Jessiah

«Buonasera, signor Coldwell.» La giovane portiera in uniforme nera mi fece un cenno amichevole mentre entravo nell'atrio immenso e sontuoso.

Rabbrividii non appena mi ritrovai immerso in quell'atmosfera, pervasa da una fredda eleganza del tutto priva di intimità. Sembrava di essere nella hall di un hotel di lusso minimalista: pavimento in marmo nero a perdita d'occhio, poltrone Barcelona e *lounge chairs* Eames, e un bancone così lungo che potevano lavorarci dieci persone. E tuttavia non era un albergo.

«Buonasera, Lara.» Sorrisi gentilmente. D'altronde non era colpa sua se, appena messo piede lì dentro, avevo provato una certa angoscia.

«Devo annunciarla a sua madre?» mi chiese.

«No, non è necessario. Mi sta aspettando.» Avanzai, per poi voltarmi di nuovo. «Anzi, potrebbe farmi un favore? Quando più tardi ripasserò di qui in smoking, potrebbe fare finta che ci sia un'emergenza? Uno svenimento o qualcosa del genere andrebbe benissimo, mi accontento di tutto.»

Lei scoppiò a ridere, o meglio ridacchiò, poi evidentemente pensò alla sua padrona e all'eventualità di venire licenziata se avesse flirtato con me. Sul viso le calò di nuovo una maschera di riservata cordialità, e per un attimo, mentre raggiungevo gli ascensori, me ne pentii.

Sopra di essi, in lettere argentate, campeggiava il nome dell'edificio: Coldwell House. Era il complesso residenziale più alto del mondo, una struttura di 480 metri piena di lussuosi appartamenti per super ricchi, costruita da mia madre. Il grattacielo, situato in Billionaires' Row, era il suo capolavoro, a lungo sognato sin da quando era arrivata a New York a vent'anni. Non a caso viveva all'ultimo piano di questa Fortezza della Solitudine, come la chiamavo io. D'altronde non sembrava affatto un'abitazione, figuriamoci una *casa*.

L'ascensore mi portò al centoquindicesimo piano in meno di due minuti, direttamente all'attico. L'appartamento, fin dall'ingresso, somigliava a una galleria d'arte: sulla credenza bianca contro la parete bianca c'era un vaso di gigli bianchi, sopra il quale era appeso un quadro bianco con due quadrati neri. Tutto terribilmente asettico e orribilmente ordinato. Nulla faceva pensare che nell'appartamento ci abitasse anche il mio fratellastro quindicenne.

«Trish?» Entrai in salotto, le cui vetrate si affacciavano su Central Park. A quell'ora non si riusciva a scorgere granché, tranne le luci della città che si estendevano fino all'Hudson. C'era chi avrebbe dato qualsiasi cosa per quella vista, ma a me lasciava completamente indifferente.

«Eccomi» dissi. Mia madre era in piedi al tavolo della cucina, bianca come quasi tutto il resto, intenta a sfogliare alcuni documenti con gli occhiali inforcati sul naso. Una scena insolita, soprattutto perché indossava un lungo abito da sera grigio e aveva i capelli biondi acconciati in modo impeccabile. Mi lanciò un'occhiata indagatrice. «Ti avevo pregato di andare dal barbiere» disse.

«E io ti ho risposto che non l'avrei fatto. Se non ti sta bene, tolgo il disturbo.» Lo dissi non troppo duramente, ma comunque con fermezza.

Lei mi sfiorò con la mano i riccioli che, a differenza di quella mattina, avevo un po' domato.

«Adam li portava più corti» disse sottovoce, con gli occhi velati di quella tristezza che mostrava solo di rado. Tristezza unita a rimprovero. Quest'ultimo non mancava mai, anche se in quel momento rimase implicito.

«Lo so» replicai scostandomi. «Ma io non sono Adam.» Era superfluo precisarlo, quando entrambi ne eravamo più che consapevoli.

Un attimo dopo mia madre scacciò ogni traccia di emozione dal viso e abbassò la mano. «Sei in anticipo» osservò con un'occhiata all'orologio.

«Sì, ho pensato che così avrei potuto passare un po' di tempo con Eli.»

«È stato in camera sua tutto il giorno. In realtà doveva andare alla partita degli Yankees con Henry, ma ha cambiato idea all'ultimo momento.» Enfatizzò le ultime parole per farmi capire cosa intendeva.

«È peggiorato di nuovo?» La guardai preoccupato. Avevo visto mio fratello l'ultima volta appena una settimana prima e mi era sembrato che stesse abbastanza bene.

«Non lo so. Peggiora, migliora, poi peggiora di nuovo. Non vedo nessun vero progresso.» Mia madre scosse la testa e le lessi negli occhi quell'incapacità di comprendere la situazione di Eli che, tra le altre cose, mi aveva trattenuto a New York. Semplicemente non sopportava la debolezza o la paura, non le aveva mai tollerate, né in se stessa né negli altri. E sotto questo aspetto il suo ex, Henry, il padre di Eli, le somigliava molto.

«Per lui è difficile, lo sai» dissi invocando comprensione per il mio fratellino. «Ha subito un trauma. Non è qualcosa che passa da un giorno all'altro.»

«No, certo, non da un giorno all'altro.» Mia madre sospirò. «Ma è successo più di *cinque* anni fa, Jess. Ormai comincio a pensare che non lo supererà mai.»

Feci un profondo respiro. «Per un po' è stato bene, ma poi il vostro divorzio e la morte di Adam... lo hanno fatto peggiorare di nuovo.»

«Per non parlare del fatto che tu, dopo il diploma, sei sparito dalla sua vita» ribatté prontamente.

«Eli stava bene quando ero via» mi giustificai stizzito.

Lei sbuffò. «E come fai a saperlo? Non c'eri nemmeno, te ne sei andato in capo al mondo perché non ce la facevi più a stare qui!»

«Per forza!» sbottai. «Come fa una persona a vivere in questa maledetta città senza impazzire?»

«Come se il problema fosse New York e non il fatto che non hai mai voluto far parte di questa famiglia!» Mia madre mi squadrò furente.

Aveva colpito nel segno. Come quando mi rinfacciava di non aver voluto trasferirmi da lei dopo la morte di mio padre.

«Adesso sono qui, no?» ribattei a denti stretti. «Non ti basta?» Certo che no. Come poteva bastarle, dopo tutto quello che era successo?

Quando i miei genitori si erano conosciuti, sembravano incarnare perfettamente due cliché: lei giovane e bella, lui più vecchio e facoltoso. Li separavano una trentina d'anni e molti milioni di dollari. Trish, comunque, non aveva nessuna intenzione di fare la moglie trofeo, spendendo tutto in vestiti o champagne. Era determinata a creare qualcosa, a fondare il proprio impero, e mio padre era stato abbastanza uomo da sostenerla. In cambio lei gli aveva dato due figli, che lui prima non era mai riuscito ad avere.

Pochi anni dopo la mia nascita, però, i miei genitori si erano resi conto di non avere nulla in comune, se non appunto i figli, e avevano divorziato. Né Adam, a dieci anni, né io, a sette, eravamo abbastanza grandi per decidere da soli con chi andare a vivere, eppure ci avevano ascoltato: io ero rimasto con il papà, mio fratello con Trish. Per me era una decisione scontata, perché non avevo mai instaurato un legame con mia madre, dal momento che lavorava tutto il tempo; inoltre non avevo nulla in comune con Adam, che fin da piccolo si era dimostrato estremamente serio e ragionevole. Mio padre invece era un mito per me, quindi ero felicissimo quando ci eravamo trasferiti nel Village, nel nostro appartamento da scapoli, come lo chiamava lui. Ero praticamente cresciuto nei suoi ristoranti e avevo avuto tutta la libertà che volevo, benché ne approfittassi di rado. Spesso andavamo alla sua fattoria, a nord della città, una vera e propria oasi verde in cui amavo tanto immergermi. A differenza di Trish, mio padre aveva sempre avuto tempo per me. Con lui la vita era stata perfetta. Fino al momento in cui, come un fulmine a ciel sereno, se n'era andato.

Era morto quando avevo appena compiuto quattordici anni, poco meno di Eli adesso. Stroncato all'istante da un aneurisma, mentre io ero a scuola, lasciando un vuoto incolmabile. Così mi ero dovuto trasferire da mia madre e Adam nel loro appartamento di lusso: ero un adolescente afflitto e arrabbiato che odiava l'upper class perché a suo padre non era mai fregato nulla di farne parte. *Non sanno vivere*, diceva sempre. E aveva ragione.

Da quel momento in poi la mia vita quotidiana era stata scandita dalle regole – regole ferree, puntualmente infrante negli anni successivi. Restavo fuori tutta la notte, marinavo la scuola, frequentavo le persone più losche che riuscissi a trovare e, ogni volta che litigavo con mia madre, le facevo capire quanto detestassi lei e il suo modo di vivere. Mentre era impegnata in pranzi di lavoro, organizzavo festini a casa. E, se proprio dovevo andare a uno dei suoi stupidi eventi, cercavo di scoparmi la figlia di qualche magnate, in bella vista nel guardaroba. La rabbia era stata la mia forza motrice, perché il destino mi aveva tolto l'unica persona a cui volessi davvero bene. E finiva per contagiare anche mia madre, la quale non aveva idea di come gestire un figlio che, ai suoi occhi, era sempre stato un estraneo.

A un certo punto Adam era riuscito a mediare tra noi: io avevo smesso di ribellarmi in modo così ostinato, e lei, in cambio, non pretendeva più che partecipassi a eventi mondani di beneficenza o che fingessi di essere un bravo figliolo con i suoi soci in affari. La tregua era durata fino alla morte di mio fratello e ormai cominciava a vacillare, nonostante fossi disposto ad accollarmi alcuni dei compiti di Adam; anzi, addirittura a svolgerli in modo quasi esemplare, senza più dare scandalo.

«Sì, adesso sei qui» disse infine mia madre. Le sue parole, però, sembravano sottintendere: "Troppo tardi". Il fatto che il nostro rapporto fosse sempre sul punto di degenerare non era dovuto solo alla mia adolescenza turbolenta; dipendeva anche da una discussione di qualche anno prima, quando sui social era impazzata la notizia della proposta di matrimonio di Adam Coldwell a Valerie Weston.

Jess, devi tornare a casa e parlare con tuo fratello. Trish era fuori di sé. *Si è fidanzato con questa ragazza e non riesco a fargli capire che è un grosso errore. Se c'è qualcuno che può farlo ragionare, quello sei tu.*

È innamorato, tutto qui, avevo replicato, perfettamente conscio di ciò che dicevo. *Lascialo in pace una buona volta, non puoi sempre stargli col fiato sul collo.*

È una Weston! Quando si ha a che fare con loro, non può che finire male!

Sciocchezze. Sei proprio paranoica. Adam vuole finalmente godersi un po' la vita, non rovinargliela.

Due settimane dopo mio fratello era morto. E adesso eccomi lì, a due anni e mezzo di distanza, davanti a mia madre, entrambi con la stessa domanda in testa: se l'avessi ascoltata e fossi tornato a casa, avrei forse potuto evitare la tragedia?

«Comunque.» Trish emise un sonoro sospiro. Nessuno dei due si scusò, non lo facevamo mai. Eppure in quel momento riuscivo letteralmente a sentire la profonda frattura tra noi allargarsi un po' di più. Continuò senza guardarmi: «Ho trovato una nuova psicologa, esperta in terapia espositiva. Forse riuscirà ad aiutare a Eli».

«Pensavo fossi contraria.» Sapevo che quel genere di terapia era la più promettente per chi soffriva di attacchi di panico, ma il caso di Eli era così complesso che, fino a quel momento, Trish e Henry avevano esitato a farvi ricorso. E, benché sperassi che prima o poi mio fratello si sarebbe liberato delle sue paure, la possibilità che fosse costretto puntualmente a riaffrontarle mi preoccupava.

«Non abbiamo più molta scelta, visto che il resto non ha funzionato. Come potrà mai integrarsi nella società, altrimenti?»

«Vuoi dire nell'*alta* società» ribattei freddamente. Sapevo cosa si aspettava mia madre da Eli: voleva che le succedesse nell'azienda. Proprio come aveva fatto con Adam e come stava cercando di fare con me. La sua eredità consisteva nell'aver trasformato la CW Buildings, una società immobiliare che un tempo gestiva soprattutto magazzini e case popolari nello stato di New York, in una delle imprese di costruzioni più innovative al mondo. Che lei voleva trasmettere alle generazioni successive. Adam era perfetto per questo ruolo, io no. Quanto a Eli, era troppo presto per caricarlo di tanta responsabilità.

«Non ho detto questo» puntualizzò. «Anche se, come sai benissimo, se non si frequentano gli ambienti giusti non si riesce a combinare nulla nel nostro settore.»

«Ma certo. È per questo che sono qui, no?»

Fondamentalmente mia madre mi portava agli eventi quando voleva ingraziarsi i notabili della città. Negli affari Trish Coldwell era imbattibile, ma i rapporti interpersonali non erano il suo forte. Aveva sempre avuto problemi a capire le persone, a saperle interpretare e conquistare, tanto che, dopo il divorzio, aveva arruolato Adam a questo scopo – proprio come me adesso. Un piano che, stupidamente, aveva funzionato meglio del previsto. Infatti, sebbene in quegli ambienti molti ricordassero il mio passato ribelle, ero riuscito in gran parte a convincerli di essere cambiato: ormai ero un uomo adulto, maturo e pentito dei miei peccati. Detestavo recitare un ruolo per quella gente, ma lo facevo per Eli, perché, in caso contrario, mia madre avrebbe senz'altro costretto lui ad accompagnarla.

«A proposito» guardò di nuovo l'orologio «sarà meglio che tu vada subito da tuo fratello, così possiamo uscire in orario.»

Annuii, avviandomi verso il corridoio che conduceva alla stanza di Eli. Lungo il tragitto pensai a quello che mi aveva detto Thaz, ovvero che mia madre sarebbe dovuta andare a quegli eventi da sola. Ma non potevo esimermi: per quanto odiassi accompagnarla, dovevo proteggere mio fratello.

L'appartamento era enorme, ma alla fine, in qualche modo,

raggiunsi la porta di Eli. Bussai piano, senza ottenere risposta. Allora feci capolino e vidi mio fratello seduto sul letto, con le cuffie nelle orecchie e un tablet sulle ginocchia. Era intento a disegnare qualcosa, con i capelli scuri, chiaramente ereditati da Henry, che gli ricadevano sulla fronte. Con un pizzico di malinconia, notai che ormai aveva spalle più larghe e lineamenti più spigolosi. Ben presto non avrebbe più avuto nulla del ragazzino.

Bussai di nuovo più forte, alzando la mano per attirare la sua attenzione.

Eli si illuminò e si tolse le cuffie. «Jess! Non sapevo che saresti venuto oggi.» Si alzò e venne ad abbracciarmi.

Gli diedi una leggera pacca sulla schiena.

«C'è stato un piccolo fuoriprogramma.» Mi sedetti sulla poltrona accanto al letto e mi guardai intorno nella grande camera, arredata in modo sobrio come il resto dell'appartamento, ma che almeno emanava un po' di calore. Al mio ritorno, due mesi prima, gli avevo portato alcuni regali. Poiché nostra madre non aveva tempo per queste cose, volevo evitare a mio fratello di dover andare in giro per negozi.

«Resti qui con me mentre la mamma va alla premiazione?» Mi lesse in faccia la risposta. «Capisco, sei venuto per andare con lei. Peccato.»

Sorrisi. «Già. Ma che ne dici se la prossima settimana vieni da me, così finalmente ci facciamo la serata film che avevamo in programma? Cucino io.»

Gli occhi verdi di Eli, così simili ai miei, si offuscarono un po'. «Sì, dai, bella idea» disse incerto.

Capii subito il perché.

«Posso venirti a prendere, se preferisci. Così non dovrai andare con l'autista.»

Eli fece un gran sospiro di sollievo. «Davvero?»

«Ma certo, fratellino.» Mi chinai per scompigliargli i capelli. Lui si scostò, ma non completamente.

«Non sono più un bambino» mi ricordò senza che ce ne fosse bisogno. Eravamo seduti l'uno accanto all'altro, ma sapevo che ormai aveva superato il metro e ottanta e presto avrebbe raggiunto il mio metro e novanta. In famiglia eravamo tutti alti; forse era per questo che Trish amava tanto quegli stupidi grattacieli.

«Vuoi dirmi cos'è successo oggi?» domandai con cautela, perché non si sentisse obbligato a rispondere. Il mio compito era quello di stargli vicino, non di tormentarlo. Altri lo facevano già a sufficienza.

Eli chinò il capo. «Stavamo andando alla partita, quando a un certo punto… ho pensato a tutta la strada che dovevamo fare e allo stadio pieno… e mi è sembrato davvero troppo.»

«Hai avuto un attacco?»

«Quasi, diciamo.» Sospirò. «Sono riuscito a prevenirlo prima che si mettesse male. Sai, con i metodi che mi ha insegnato il dottor Johnston.»

«Bravo, ottimo lavoro» cercai di rincuorarlo.

«Sarà.» Eli si irrigidì. «Secondo papà sarei dovuto andare lo stesso, e mamma… so che è delusa.»

Non potevo negarlo, perché volevo essere sincero con lui fino in fondo. «Non importa se è delusa. Quello che conta è capire se è stata la decisione giusta *per te*.»

«Non lo so. All'inizio credevo di sì, ma poi ho pensato che forse sarebbe stato meglio provarci, almeno.»

«Non devi sentirti in colpa. Ormai è andata. E forse la prossima volta deciderai diversamente.»

Eli sospirò. «Sì, forse. Non so perché continuo ad avere gli attacchi. È passato così tanto tempo, in teoria avrei dovuto superare tutto già da un pezzo.»

«In questi casi non c'è teoria che tenga, fratellino.»

«Ah no? È così grave il mio trauma?» Sbuffò e mi guardò contrariato. «Altri subiscono cose ben peggiori e se la cavano comunque. Io no.»

Mi sfuggì una smorfia, ma non per quello che aveva detto. «Lo pensi davvero? O è quello che ti dicono?»

«Lasciamo perdere» mormorò, poi si rimise a disegnare con vigore. Ripensai al momento in cui tutto era cominciato, a quel periodo che mi era sembrato così lungo e allo stesso tempo così breve.

Eli aveva nove anni quando era stato rapito. All'epoca abitavamo ancora a Lower Manhattan. L'autista lo stava riaccompagnando a casa da scuola, quando all'improvviso aveva svoltato in una strada laterale e si era fermato. Alcuni uomini avevano trascinato Eli fuori dall'auto, gli avevano infilato un sacco in testa e lo avevano portato da qualche parte a Harlem. Lì era stato tenuto prigioniero in uno scantinato buio per quasi dieci giorni, a lungo maltrattato e minacciato, prima di essere finalmente ritrovato.

Alla notizia che l'auto con a bordo Eli era stata rinvenuta abbandonata, avevo provato un'angoscia mai vissuta prima. Trish e Henry erano fuori di sé e pronti a pagare qualsiasi riscatto, ma non avevano mai ricevuto nessuna richiesta. Anche la polizia di New York brancolava nel buio. Eli doveva la sua salvezza a un'investigatrice privata che era riuscita a rintracciarlo grazie ad alcuni contatti negli ambienti criminali. Quando aveva fatto irruzione nel nascondiglio, però, i rapitori erano già fuggiti da tempo. Trish e Henry non avevano badato a spese per trovarli, anche nei mesi successivi, ma senza alcun risultato. E, al termine di un anno di indagini infruttuose, il caso era stato definitivamente archiviato.

Eli non sapeva ancora chi l'avesse rapito e perché; proprio per questo la paura era stata la sua immancabile compagna. Durante l'anno successivo al sequestro non era quasi mai voluto uscire di casa e, ogni volta che si trovava in pubblico, andava nel panico. A un certo punto io e Adam, insieme allo psicologo, eravamo riusciti a insegnargli a gestire meglio gli attacchi d'ansia e, per qualche anno, tutto era andato abbastanza bene. Per questo me n'ero andato. Ma poi nostra madre e Henry avevano divorziato, Adam era morto solo sei mesi dopo e Eli aveva avuto una ricaduta. Quando era in macchina, così come a scuola o altrove, temeva che gli sarebbe successo qualcosa. Certo, adesso avevamo un autista ex marine talmente ben pagato da essere praticamente incorruttibile, ma mio fratello non riusciva più a fidarsi di nessuno. Perciò era ancora più importante che io rimanessi a New York, vicino a lui. Ero l'unico a non avere aspettative nei suoi confronti. L'unico cuscinetto tra Eli e le ambizioni dei suoi genitori.

«Cosa stai disegnando?» chiesi per cambiare argomento.

«Oh, è solo uno schizzo di qualcosa che mi è passato per la testa.» Mi porse il tablet. Riconobbi un edificio, di una ventina di piani, con elementi moderni disposti in modo sfalsato e sezioni quadrate punteggiate di piante.

«Cos'è?»

«Un giardino verticale. L'ho visto su un grattacielo in Australia e ho pensato che anche a New York ci vorrebbe qualcosa del genere. Abbiamo Central Park, ma per la qualità dell'aria sarebbe meglio avere più piante.»

«Davvero figo.» Ecco una delle intuizioni per cui mia madre si premurava tanto che Eli *fosse a posto*: era una specie di prodigio, alla sua età aveva un talento eccezionale per la progettazione e il design. Per questo era la grande speranza di Trish per il futuro dell'azienda. Adam era un patito dei numeri, razionale e strategico proprio come lei, ma Eli era un artista che poteva diventare un visionario. A patto che non fosse messo troppo sotto pressione. Io ne ero consapevole; lei evidentemente no.

«C'è un'altra cosa che volevo farti vedere.» Cercò tra i file del tablet. «Un attimo solo.»

«Jess?» Mia madre era comparsa all'improvviso sulla porta. «Devi cambiarti, tra un quarto d'ora dobbiamo andare.» Dopodiché era sparita di nuovo.

«Il dovere mi chiama.» Mi alzai e guardai mio fratello con aria di scusa. «Ci vediamo la prossima settimana, fratellino. Così mi mostri anche gli altri disegni, okay?»

Eli annuì con un sorriso, ma il suo sguardo mi fece male: esprimeva tutto il desiderio di non essere lasciato solo lì, nella Fortezza della Solitudine. Al vederlo mi si strinse il cuore.

«Jessiah!» tuonò Trish da chissà dove.

Sospirai e raggiunsi la porta. «Sì, arrivo.»

Rivolsi un ultimo sorriso di incoraggiamento a Eli, dopodiché lui riprese le cuffie, io richiusi la porta e ci ritrovammo entrambi soli come prima.

5

Helena

Rientrata a casa non trovai nessuno. L'incontro con Malia si era concluso bruscamente, perché i suoi colleghi avevano fermato un'orda di *writers* convinti che la stazione della metropolitana dell'Ottantaseiesima strada richiedesse un'opera di abbellimento. In breve tempo il commissariato si era affollato e io avevo preferito riprendere la mia passeggiata per New York. Qualche ora dopo ero di ritorno, a differenza di mia madre, che altrimenti mi avrebbe chiamato già da un pezzo per sapere dove fossi. Riabituarsi a essere tenuta sotto stretta sorveglianza, dopo aver vissuto in piena autonomia a Cambridge, non sarebbe stato facile. Ma almeno adesso avevo un buon motivo per farlo.

Mi avvicinai di nuovo alle scale, ma stavolta presi la valigia e osai salire. La mia camera era in fondo a sinistra e, aprendo la porta, mi sentii avvolgere da una nube di nostalgia e di ricordi sbiaditi. L'arredamento era rimasto immutato: mobili chiari, bianchi e grigi, tende, tappeti e lenzuola di varie tonalità di viola, rosa e vinaccia. Rimasi sulla soglia per qualche istante, nel vano tentativo di rientrare in sintonia con la stanza. La diciassettenne che aveva vissuto lì non era la quasi ventenne che adesso ci era tornata. Come poteva, del resto, dopo tutto ciò che era successo?

Entrai, posai la valigia e mi avvicinai alla toeletta vicino alla finestra. A tredici anni avevo supplicato i miei genitori di comprarmela, insistendo come una pazza, anche se non volevano che mi truccassi a quell'età. Alla fine l'avevo spuntata, e quel mobile bianco smaltato con lo specchio ovale era stato tutto per me. Chissà perché: adesso non mi truccavo neanche tutti i giorni e, nel caso, quasi sempre in modo molto leggero. Ma allora per me la toeletta era la dimostrazione che non ero più una bambina. O forse l'avevo desiderata tanto solo perché anche Valerie ne aveva una.

Ripensando a mia sorella, cercai una sua foto tra quelle appese allo specchio, ma senza trovarla. In compenso c'erano degli spazi vuoti tra i miei scatti con le amiche di allora e le due o tre istantanee di Ian. Il cuore cominciò a martellarmi nel petto quando capii che qualcuno aveva tolto le foto di Valerie. Solo quelle. E mi balenò in mente una domanda che mi fece aumentare ulteriormente il battito: *Cos'altro avevano rimosso?*

Insospettita, uscii dalla camera e andai alla porta di fronte, che avevo esitato ad aprire per tutto il giorno. Ma stavolta non indugiai e girai la maniglia.

Rimasi di stucco.

Davanti a me c'era una stanza che non avevo mai visto prima.

Non c'era più nulla. Niente letto a baldacchino di Valerie, che era al limite del kitsch, niente poster, niente bacheca stracolma con la cornice dorata a ghirigori, né scrivania. Lo stesso valeva per il divano vicino alla finestra, e quindi anche per l'ippopotamo di peluche ormai completamente logoro, da cui non era mai riuscita a separarsi. Anche gli scaffali e i libri erano spariti. C'era solo un secretaire di mogano con una sedia un po' antiquata e un nuovo letto, ricoperto da una linda coperta. Come se mia sorella non avesse mai vissuto lì. Come se non fosse mai esistita.

Il dolore mi attanagliava, mi sentivo risucchiata in un abisso. Anche stavolta resistetti con tutte le mie forze, cercando qualcosa a cui aggrapparmi... e trovai la rabbia. Negli ultimi due anni e mezzo mi era stata d'aiuto così spesso che, senza esitazione, mi ci appigliai di nuovo. Arrabbiarmi mi faceva sentire meno indifesa, meno impotente.

Lottai contro il dolore ancora per qualche istante, poi ne uscii vincitrice e l'abisso si richiuse. Sapevo che non era scomparso, ma almeno, per il momento, il pericolo di precipitare era scampato.

Un attimo dopo, con dita tremanti, presi il cellulare dalla tasca della giacca e composi il numero di mia madre.

«Helena?» Si sentivano altre voci in sottofondo. «Tutto bene?»

«No, per niente» risposi, sforzandomi di mantenere il controllo. «Sono nella stanza di Valerie. Dove sono finite le sue cose? Cosa ne avete fatto?»

«Possiamo parlarne più tardi, quando torno a casa?» chiese abbassando la voce.

«No, non possiamo» sibilai.

Mia madre sospirò. «Qualche settimana fa abbiamo fatto rimettere a posto la camera» si limitò a dire, senza aggiungere spiegazioni.

«Perché?» gridai con rabbia, forse persino un po' isterica. «Perché l'avete fatto?»

«Perché pensavamo che per te sarebbe stato più facile andare avanti senza essere circondata dalle cose di Valerie, tesoro. Ecco perché le abbiamo date via.» Parlava con voce dolce, ma percepii la sua prudenza. «E, a giudicare dalla tua reazione, non so se farti tornare a New York sia stata la scelta giusta. È evidente che non sei ancora pronta.»

Le sue parole mi colpirono come uno schiaffo, ricordandomi che non potevo esternare ai miei familiari ciò che sentivo o pensavo. A dire il vero lo sapevo già, ma il ritorno in città mi aveva messa in crisi. Era stato un errore chiamare mia madre così d'impulso. Se non volevo che il mio piano fallisse, dovevo controllarmi meglio.

«Mi dispiace» replicai, cercando di tranquillizzarmi. «È che mi sarebbe piaciuto conservare alcune delle sue cose. Per ricordo.»

Il tono di mia madre si ammorbidì ulteriormente. «Adesso è importante che ti concentri sul futuro. E il fatto che la camera di Valerie sia stata svuotata ti aiuterà.» Si assentò un attimo per parlare con qualcuno, poi tornò al telefono. «Ora devo riattaccare, Helena. Qui va per le lunghe e più tardi devo andare a un ricevimento dagli Irvine. Prova a sentire tuo fratello, così magari passa da te e ordinate qualcosa per cena. Okay?»

«Okay» risposi, e lei riattaccò.

Rimasi lì, in quella stanza senz'anima che non recava più traccia di Valerie. Tappezzeria nuova, pavimento nuovo, mobili nuovi. Tutte le sue cose erano sparite. Lì dentro non sarei mai riuscita a ricordarla, poco ma sicuro. Solo il panorama dalla finestra era rimasto lo stesso.

Mi avvicinai alla scrivania per guardare fuori. Avevo sempre invidiato un po' mia sorella per quella vista su Central Park, ma lei non aveva mai esitato a condividerla con me.

Inspirai ed espirai profondamente, come mi aveva insegnato il mio personal trainer a Cambridge, e rilassai le dita strette a pugno. Sentendo la tempesta di emozioni placarsi un po', abbassai lo sguardo sulla scrivania. All'inizio avevo pensato che i miei genitori avessero trasformato la camera di Valerie nell'ennesima stanza degli ospiti, ma lì sulla scrivania notai una pila di fogli e un astuccio con una penna stilografica che mi parve familiare. Se non andavo errata, era di mio padre.

Stupita, mi voltai per osservare la stanza con più attenzione. Sul comodino c'erano una sveglia e un libro, qualcosa di Hemingway, che lui adorava. Forse dormiva lì? E ci lavorava pure, nonostante condividesse un ufficio con mia madre a tre porte di distanza? Perché?

La sensazione di pesantezza, dovuta a tutte quelle scoperte inattese, si intensificò. Evidentemente, in due anni e mezzo di assenza, mi ero persa molte cose.

Presi il cellulare per chiamare mio fratello, certa che avrebbe potuto colmare alcune mie lacune. Ancora prima di premere il tasto, però, qualcosa sulla pila di documenti attirò la mia attenzione: era un invito stampato su carta pregiata bianca e rosa antico, con ornamenti in rilievo. Incuriosita, aprii il biglietto. Da tempo non vedevo nulla di simile, nonostante la mia famiglia presenziasse ogni settimana a eventi del genere.

Blake e Tobias Weston, diceva il messaggio stampato in caratteri dorati, erano invitati a una cerimonia di premiazione, qualcosa a che fare con la cultura edilizia di New York. *Che noia.* Stavo per rimettere a posto il biglietto, quando mi balzò agli occhi il nome al centro del foglio, mozzandomi il fiato come un pugno allo stomaco.

Quest'anno onoreremo Patricia Coldwell per il contributo fornito alla città, recitava il testo in corsivo.

Trish Coldwell doveva essere onorata? Proprio lei? Per aver tirato su un altro orribile grattacielo a New York? O perché probabilmente aveva corrotto mezza città per poterlo costruire? La rabbia tornò a ribollirmi nelle vene come non mai. Perché i miei genitori avevano declinato l'invito, invece di partecipare all'evento per darle la lezione che si meritava? *Noi* eravamo una delle famiglie più illustri di New York, possedevamo le proprietà più prestigiose della città. Non Trish Coldwell con i suoi ridicoli simboli pseudofallici che infilava ovunque ci fosse spazio. Qualcuno doveva rovinarle la festa, pensai. Qualcuno doveva dimostrarle che non era intoccabile.

Perché non io?

Rigirai il biglietto tra le mani, indecisa. Era indirizzato ai miei genitori, ma senza dubbio mi avrebbero fatta entrare lo stesso. Naturalmente mia madre non doveva saperne nulla, ma erano anni che non mi facevo vedere in società, quindi era improbabile che qualcuno potesse riconoscermi e riferirglielo. Tanto più che lei stessa non ci sarebbe andata, a riprova del fatto che non voleva saperne niente. Nell'upper class c'erano regole non scritte: una di queste era non chiamare in causa i Weston per questioni che, con ogni evidenza, non volevano affrontare.

Il cartoncino scricchiolò tra le mie dita, ma non allentai la stretta. Invece mi alzai e, senza degnare di uno sguardo quella strana stanza, tornai nella mia. Contavo di trovare nell'armadio un vestito adatto che mi andasse ancora bene. Mi sarei recata a Midtown per partecipare alla cerimonia di premiazione, aspettando l'occasione giusta per rovinare il trionfo di Trish Coldwell.

A quanto pare mi ero sbagliata: il mio piano per vendicare le ingiustizie subite da Valerie non sarebbe iniziato l'indomani.

Ma proprio adesso.

6
Jessiah

La cerimonia si svolgeva alla Rainbow Room, uno dei luoghi più esclusivi di New York, al sessantacinquesimo piano del numero 30 di Rockefeller Plaza. Nell'atrio era già stato steso il tappeto rosso e, in ascensore, un cartello dorato indicava il pulsante da premere per recarsi all'evento.

Salimmo da soli, e mia madre ne approfittò per squadrarmi da capo a piedi. «Stai bene.» Mi aggiustò il papillon. «Molto meglio di quel look da ragazzo della porta accanto che sfoggi di solito.»

«Credo che la gente mi guarderebbe storto se mi presentassi in smoking agli appuntamenti nei bar o nei ristoranti» replicai con sarcasmo. Così vestito mi sentivo sempre un po' ridicolo, ma l'abito si addiceva alla messinscena a cui mi stavo prestando. «C'è qualcuno in particolare su cui dobbiamo fare colpo stasera?»

Trish scosse la testa. «No. Sono settimane che voglio parlare con Bill Jefferson della proprietà di Wall Street, ma credo che stasera ci sarà solo sua figlia, e non ho certo intenzione di chiamarti in causa per lei.»

«Perché?» Aggrottai la fronte. «Temi che possa provarci mentre tutti cantano le tue lodi?»

Mia madre si rabbuiò. «C'è questo rischio?» Sembrava alludere a precedenti avventure di quel tipo.

«Certo che no» la rassicurai. Le ragazze altolocate non erano più il mio tipo. Qualche anno prima avevo ceduto alla tentazione di sedurne qualcuna tanto per creare un po' di scompiglio, ma ormai era acqua passata.

«Bene.» Annuì. «C'è altro? Che so, qualcuna delle tue amichette che vorresti farmi conoscere?»

Mi venne da ridere per la piega assurda che stava prendendo la conversazione. «Dici sul serio, Trish? Vuoi davvero sapere con chi vado a letto?»

«No. A meno che tra loro non ci sia qualcuna che duri più a lungo delle altre. *In quel caso* vorrei saperlo.»

«E perché? Per farle la radiografia?» Sbuffai. «Scordatelo.» Non avrei mai lasciato che si avvicinasse a una donna a cui tenevo.

«Okay» disse in tono più leggero. «Allora trovati anche tu una festaiola irresponsabile come tuo fratello, tanto cosa potrebbe mai andare storto?» Sbuffò a sua volta. «Se fossi stata più intransigente con Valerie, Adam sarebbe ancora vivo. Non intendo ripetere lo stesso errore.»

«Nel caso non te ne fossi ancora accorta, non mi piacciono le "festaiole irresponsabili"» ribattei, rimarcando quell'espressione come aveva fatto mia madre.

Lei aggrottò la fronte. «Ah no? Allora chi era quella all'inaugurazione del ristorante al Village la settimana scorsa? La brunetta con cui, stando ai giornali, te ne sei tornato a casa? Sembrava proprio una di quelle.»

Sospirai. «Sono davvero lusingato che mi cerchi su Google, ma non hai nulla di cui preoccuparti. Samara è una sommelier di distillati, non una festaiola. E siamo solo amici.» Tralasciai il fatto che a volte andavamo a letto insieme, perché non era importante. Non avevo intenzione di iniziare una relazione stabile a New York, Sam lo sapeva e lo accettava serenamente. Inoltre si fermava in città solo ogni due settimane.

«Se lo dici tu» concluse mia madre. Era inutile provare a convincerla che non avrei commesso lo stesso errore di Adam; la sua paura era troppo profonda per essere dissipata da qualche rassicurazione. Per di più non avevo alcun interesse a farlo.

Quando le porte dell'ascensore si aprirono con un suono melodioso, le porsi il braccio e ci incamminammo.

Giunti nella Rainbow Room, notammo che la maggior parte degli invitati era già lì, intenta a chiacchierare in piccoli gruppi sorseggiando champagne. Ovviamente, non appena si sparse la voce che l'ospite d'onore era arrivata, il sindaco si congedò dai suoi interlocutori e venne a salutarci.

«Trish, che piacere vederla. E Jessiah, che gentile ad accompagnare sua madre.» Le sorrise. «È davvero fortunata, cara. Mio figlio non verrebbe mai a un evento del genere.»

Mica scemo, pensai mentre mia madre lo salutava. Poi gli strinsi la mano anch'io. «La ringrazio per l'invito, signor sindaco. Come sta Mitchell?» Suo figlio studiava a Yale, come sapevo dal nostro ultimo incontro.

«Oh, a giudicare dall'estratto conto della carta di credito, se la passa benissimo. Quanto agli studi, non saprei.»

Scoppiai a ridere. Era per questo che mi piaceva il sindaco Roscott, perché non era così formale come la maggior parte dei presenti.

«Non stento a crederlo. E Chester? La sua zampa è guarita?»

«Grazie per averlo chiesto. Sì, è tornato a rincorrere i gatti come se nulla fosse.» Mi guardò stupito. «Mi sorprende che se ne ricordi. Quando ci siamo visti l'ultima volta, a novembre?»

«Dicembre.» Annuii cortesemente. «Alla raccolta fondi per l'associazione a sostegno dell'infanzia.»

Il sindaco guardò di nuovo mia madre. «Trish, la prego, mi dica come ha fatto. Forse c'è ancora qualche speranza che mio figlio impari a comportarsi bene!»

Mia madre sorrise. Avrei potuto scambiare la sua reazione per orgoglio, se non fossi stato certo che, in realtà, stava pensando alla mia giovinezza e all'insofferenza che avevo sempre dimostrato per la sua educazione. Senza dubbio alcuni dei presenti ricordavano le mie vecchie scappatelle; tuttavia, com'è consuetudine nell'alta società, non ne parlavano mai apertamente, soprattutto se si trattava del figlio di Trish Coldwell, che peraltro sembrava essersi ravveduto.

«Be', credo che Jessiah si sia dato una regolata da solo» replicò lei. «Spiacente, Walter, non posso aiutarti.»

Poco dopo qualcuno richiamò l'attenzione del sindaco, che si congedò da noi con altre parole cordiali.

Presi due bicchieri da un cameriere e ne porsi uno a mia madre.

«Come fai a ricordarti tutte quelle cose?» mi sussurrò con aria indagatrice. «A me non interessa affatto cosa combina suo figlio o se il cane è guarito o meno. Potrebbe ripetermi mille volte il nome di quel rampollo ribelle e io cinque minuti dopo me ne sarei già scordata.»

Già, e non a caso la gente pensa che tu sia una specie di robot mangiauomini. A dire il vero tutte quelle smancerie non piacevano neanche a me, ma ormai ero diventato un professionista dell'adulare un gruppo di persone la cui superficialità, ipocrisia e ossessione per il prestigio altrui mi disgustavano fino al midollo. Il problema non era la ricchezza: essere ricchi non corrompe di per sé il carattere. La tendenza a incasellare chiunque in base a qualità rigidamente misurate, invece, sì. Ed era proprio questo ad aver ucciso Adam. Perché le persone come i Weston caricavano i figli di tali e tante aspettative che poi questi finivano per sfogarsi con feste, alcol e droga. E mio fratello era stato talmente innamorato di Valerie da assecondarla in tutto e per tutto.

«Sai che ho un'ottima memoria, come papà» ricordai a mia madre. Conosceva per nome tutti i clienti abituali dei suoi dodici ristoranti, e io avevo ereditato da lui quel talento. Non dimenticavo mai i nomi di chi incontravo, e nemmeno le storie che ascoltavo. Il mio cervello immagazzinava tutto per poi ritirarlo fuori all'occorrenza. In occasioni come quelle era uno strumento utile, in situazioni più informali un validissimo trucchetto.

Mentre mia madre veniva avvicinata da una socia in affari, alla quale non importava affatto se ricordasse o meno il nome di suo figlio, io cominciai a guardarmi intorno, intercettando alcuni sguardi. Soprattutto le ragazze mi osservavano con aria morbosamente interessata: con ogni probabilità si stavano chiedendo se avrei dato seguito alle mie precedenti scappatelle. Altre invece, più anziane, parevano alquanto indignate dalla mia presenza, e per lo stesso motivo. In ogni caso non riuscii a vedere i Weston da nessuna parte, né il capofamiglia né la moglie o il figlio. Evidentemente avevano preferito non partecipare all'evento. In compenso notai alcuni loro amici, che si limitarono a fare un cenno cortese a me e mia madre, per poi non degnarci di uno sguardo.

In città c'erano alcune famiglie che non ci amavano, convinte che il loro patrimonio fosse migliore del nostro solo perché appartenevano da generazioni all'alta borghesia newyorchese e quindi osteggiavano ogni progresso. Secondo loro i progetti edilizi di mia madre erano la rovina della città, un'indesiderata modernizzazione di cui New York non aveva certo bisogno. Ma in fondo non erano molti quelli che ci disprezzavano al pari dei Weston. Quasi tutti sapevano che era meglio avere Trish Coldwell dalla propria parte. Era sempre stato così. E io probabilmente ero l'unica persona al mondo che avesse mai osato ribellarsi a lei.

Terminata la sua conversazione, mia madre tornò da me, ma un attimo dopo fummo pregati di prendere posto ai tavoli perché l'evento stava per cominciare.

Ovviamente ci fecero accomodare al centro della sala allestita a festa, in posizione ben visibile a tutti. Aprii la giacca per sedermi, notando sul tovagliolo la targhetta con scritto *Jessiah C. Coldwell.* Mi brontolava lo stomaco, ma c'erano ben poche speranze che i piatti ci venissero riempiti a breve. Conoscevo il protocollo. Infatti un attimo dopo il sindaco salì sul podio per dare inizio alla serata.

Come al solito, i discorsi in onore di Trish furono particolarmente prolissi, pronunciati da persone che amavano sentirsi parlare, a cominciare dallo stesso Roscott per finire con l'assessore all'urbanistica di New York. Tutti elogiarono mia madre per aver donato alla città nuovi simboli architettonici. Lei intanto se ne stava seduta, sorridendo educatamente, con l'aria di una dirigente che riceveva una serenata dal personale per il suo compleanno, incerta sul contegno da tenere. Sapevo quanto detestasse tutte quelle attenzioni, eppure adorava il successo più di ogni altra cosa, quindi fece buon viso a cattivo gioco. Trovarsi lì, in mezzo a persone che venticinque anni prima l'avevano derisa perché voleva costruire l'edificio più alto del mondo, le dava una soddisfazione tale che era disposta a sorbirsi tutto il resto.

Quando finalmente si alzò per ricevere il premio e pronunciare qualche parola di ringraziamento, io lasciai vagare lo sguardo per la sala. In fondo notai una ragazza davanti al bar. Non faceva parte del personale, come lasciavano intendere il suo abito nero aderente e i tacchi alti. A differenza di molte altre donne lì presenti, portava sciolti i lunghi capelli castano scuro, che le ricadevano sulle spalle in morbidi boccoli. Era carina, molto carina, con quel viso regolare seppure un po' spigoloso: una bellezza molto particolare. Ma c'era qualcos'altro in lei che mi impediva di distogliere lo sguardo, proprio mentre avrei dovuto rivolgere tutta la mia attenzione al palco. Qualcosa che emanava dai suoi occhi, benché non mi stesse nemmeno guardando: era rabbia. E sofferenza. Una combinazione così familiare che mi colpì come un fulmine. Il cuore cominciò a martellarmi nel petto, tanto che sentii il bisogno di alzarmi e andare da lei. Ovviamente non lo feci.

«Nulla di tutto ciò sarebbe stato possibile senza il sostegno della mia famiglia» stava dicendo mia madre, e all'udire quelle parole staccai finalmente gli occhi dalla ragazza. «I miei figli Jessiah ed Elijah hanno dovuto fare a meno di me molte volte in passato, così come Adam, che purtroppo non è più tra noi e mi manca ogni giorno. Nessuno immagina che il proprio figlio possa morire a ventidue anni solo perché si è innamorato della ragazza sbagliata. Quindi, vi prego, prendetevi cura dei vostri cari, perché una volta che se ne sono andati li rimpiangerete per sempre.»

Erano parole insolitamente sentite da parte di Trish e, per un istante, mi parve che stesse per perdere il consueto autocontrollo. Ma naturalmente non accadde. Dopo un profondo respiro tornò al suo tono neutro, ringraziando gli organizzatori e augurando a tutti buona serata. Giù dal palco, mentre veniva attorniata dagli ammiratori smaniosi di congratularsi con lei, mi lanciò uno sguardo pieno di rammarico. Non per la morte di Adam – o comunque non come si sarebbe potuto pensare. No, era per causa mia. Perché non ero il sostituto che aveva desiderato per mio fratello. Perché nonostante l'avessi accompagnata, indossando lo smoking per atteggiarmi a membro dell'alta società, lei sapeva quanto me che il mio interesse era fittizio e la mia presenza un semplice obbligo. Dietro la facciata, ero ancora il ragazzo che non voleva adattarsi e si rifiutava ostinatamente di chiamarla mamma, il figlio con i jeans strappati, la musica a tutto volume, gli amici sbagliati e le troppe ragazze. A volte mi chiedevo se non avrebbe preferito che morissi io al posto di Adam, ma non le avrei mai posto questa domanda: conoscevo già la risposta.

Mia madre fu la prima a distogliere lo sguardo e a concentrarsi sulle persone intorno a lei. Qualcuno strinse la mano anche a me, ma la maggioranza attendeva di potersi congratulare direttamente con Trish prima della cena. Perciò mi alzai e mi feci un po' da parte, scacciando il dolore al pensiero di mio fratello e ricordandomi all'improvviso della ragazza sconosciuta al bar. Mi voltai e la rividi al bancone, ma un attimo dopo posò il bicchiere da long drink quasi pieno e gettò una mancia nella ciotola. Dopodiché afferrò la borsa e uscì in fretta.

Senza pensarci due volte, decisi di seguirla. La raggiunsi solo nell'atrio.

«Ehi» dissi sottovoce. «Aspetta un attimo.»

Non sapevo cosa mi fosse saltato in mente. Ovviamente era una ragazza dell'upper class e quindi nient'affatto il mio tipo. Eppure non riuscivo a levarmi dalla testa quel suo sguardo di prima, così determinato, furente e al contempo afflitto. Mi aveva colpito in modo del tutto inaspettato, con una profondità e una veemenza tali da obbligarmi a seguirla. Volevo assolutamente sapere chi fosse. E perché provasse i miei stessi sentimenti.

Alla fine si fermò e si voltò verso di me. Le sorrisi, ma poi notai che i suoi occhi azzurri erano velati di lacrime, per quanto cercasse frettolosamente di nasconderle.

«Tutto bene?» chiesi preoccupato.

La ragazza mi guardò e, per un istante, notai in lei quell'interesse che avevo sperato di vedere. Dopodiché mutò espressione, lanciandomi lo stesso sguardo che mi aveva attratto in modo così irresistibile. Solo che stavolta la rabbia era rivolta *a me*. E nel mio cuore si insinuò un inquietante presentimento: era stato un errore rivolgerle la parola.

7
Helena

Cosa mi era saltato in mente? Che diavolo avevo creduto di fare in quella sala piena di gente altolocata in cui si celebrava il trionfo di Trish Coldwell? Da dove mi era venuta la malsana idea di starmene al bar mentre quella donna veniva elogiata per il suo maledetto impegno verso la città di New York e per il suo mostruoso grattacielo di merda? E perché non me n'ero andata prima che salisse sul palco a raccontare quanto le mancasse Adam, lanciando a Valerie l'ennesima frecciata che tutti i presenti avevano colto?

Conoscevo la risposta a queste domande: non ne avevo idea.

Mi fu perfettamente chiaro mentre correvo verso gli ascensori per fuggire via in tutta fretta. Mi ero lasciata trascinare dalla rabbia e dal desiderio irrefrenabile di fare finalmente qualcosa dopo essere stata condannata all'inattività per oltre due anni. Accecata dalla furia, avevo rovistato nel mio guardaroba in cerca di un vestito e di un paio di scarpe adatti, mi ero pettinata, avevo chiamato un taxi e raggiunto il Rockefeller Center. Il mio battito doveva aver raggiunto le duecento pulsazioni al minuto mentre ero salita in ascensore, chiedendomi se far scattare l'allarme antincendio o cos'altro, pur di mandare all'aria il trionfo di Trish Coldwell. Poi però, mentre lei parlava, ero rimasta come paralizzata. E nell'istante in cui aveva alluso a Valerie, suscitando sguardi di compassione in tutta la sala, qualcosa si era definitivamente rotto dentro di me. Perché avevo constatato in prima persona che la campagna diffamatoria di quella donna stava funzionando: tutti le credevano. Lo avevo sospettato, forse anche saputo, ma *vederlo* con i miei occhi era stato davvero sconvolgente. E dunque avevo capito che dovevo andarmene alla svelta, se non volevo scoppiare a piangere davanti a tutti.

Non c'erano ascensori disponibili, così premetti il pulsante con dita tremanti. *Tieni duro*, mi dissi. *Tieni duro finché non esci.*

«Ehi, aspetta un attimo» disse qualcuno avvicinandosi alle mie spalle. Mi voltai di scatto.

La voce profonda apparteneva a un ragazzo indecentemente bello – non potei fare a meno di notarlo, per quanto fossi scossa. Era alto, con capelli biondi che gli ricadevano spettinati sulla fronte, come se fosse a una festa in spiaggia e non a una serata di gala. C'era qualcosa di selvaggio e indomito nel suo aspetto, proprio come nei suoi occhi verdi. Captai tutto questo in pochi secondi. Poi mi resi conto che lo conoscevo già. Eccome, se lo conoscevo! Solo che non lo vedevo da tantissimo tempo e, inoltre, non l'avevo mai incontrato di persona.

«Tutto bene?» si informò.

Mi sfuggì uno sbuffo di stizza. Ironia della sorte, la persona che mi aveva domandato con apprensione se andasse tutto bene era, tra tutte, proprio lui.

Jessiah Coldwell.

Il fratello minore di Adam.

Non sapevo granché di lui, solo quello che si diceva in giro: era il disadattato e ribelle secondogenito dei Coldwell, così diverso dal fratello, che per un po' aveva tenuto con il fiato sospeso l'alta borghesia newyorchese con i suoi comportamenti incresciosi, prima ancora che io potessi partecipare agli eventi mondani. Sapevo che odiava New York e che era fuggito all'estero subito dopo il diploma. E naturalmente sapevo cosa aveva detto di mia sorella: *Valerie è stata il più grande errore che Adam potesse commettere! Se non fosse stato per lei, mio fratello sarebbe ancora vivo!* Il ricordo delle sue parole mi invase la mente. Come avevo potuto dimenticarle? Come avevo potuto dimenticarmi di lui?

Non riflettei molto prima di reagire. La vecchia Helena avrebbe mormorato qualcosa e premuto freneticamente il pulsante dell'ascensore, per poi fuggire di corsa. Ma ormai ero cambiata. E la colpa era anche della famiglia dell'uomo che mi stava di fronte.

«Sì, benissimo» risposi stizzita, poi riportai la voce sotto controllo. Raddrizzai il più possibile la schiena, anche se non abbastanza da arrivargli all'altezza degli occhi. «Sai, per me non c'è niente di meglio che stare ad ascoltare tua madre mentre racconta bugie.»

«Bugie?» chiese irritato. «Su chi?» Aggrottò la fronte. A quanto pareva non aveva idea di chi fossi. Mi ero chiesta perché si fosse interessato a come mi sentivo. Se avesse saputo chi ero, non l'avrebbe fatto.

«Valerie Weston.» Non dissi altro, perché non mi fidavo mai della mia voce quando pronunciavo il suo nome.

Jessiah sembrò avere un'illuminazione, perché un attimo dopo la sua espressione mutò di colpo. Non pronunciò l'"oh, cazzo!", ma glielo lessi negli occhi. Insieme alla collera silenziosa che entrava in risonanza con la mia. «Tu sei Helena» dichiarò. «Sua sorella.»

Alzai lo sguardo, sperando che fosse glaciale. Non volevo certo esternare le mie emozioni a Jessiah Coldwell.

«Ci puoi giurare.» Lo fulminai con gli occhi. «E sono anche quella che, d'ora in poi, non starà in silenzio mentre tu o tua madre getterete fango su di lei.»

Lui sbuffò, e la collera sul suo viso si acuì, quasi a eguagliare la mia. «Oh, certo, gettiamo fango su tua sorella» ripeté sarcastico. «Hai ragione, era una santa. Che stupido a non rendermene conto.»

«Anche volendo, come potresti?» ribattei. «Non la conoscevi nemmeno, perché eri chissà dove quando sono morti lei e tuo fratello.»

Vedendo la rabbia sul volto di Jessiah mescolarsi a un altro sentimento che conoscevo fin troppo bene, capii di aver toccato un tasto dolente. E tuttavia non provai la minima compassione, né nei suoi confronti né verso chiunque si chiamasse Coldwell. Se l'erano andata a cercare.

«Cosa importa dov'ero?» ringhiò. «Conoscevo bene mio fratello, non si sarebbe mai trovato in quella situazione se non fosse stato per lei.»

«Già, lui era una povera vittima indifesa e lei lo ha traviato, vero?» Lo guardai sprezzante. «Sai, mi sbagliavo. A quanto pare non solo non conoscevi per niente Valerie: non hai nemmeno idea di chi fosse Adam.»

Jessiah spalancò la bocca, ma in quell'istante una coppia di anziani uscì dalla Rainbow Room e ci osservò incuriosita, avviandosi al rallentatore verso i bagni. Intuii che lui voleva replicare con ferocia, senza però fare una scenata: quindi o rischiava di mettere in imbarazzo sua madre, oppure doveva attendere e accertarsi che nessuno ci stesse ascoltando.

Quando finalmente arrivò l'ascensore, presi in mano la situazione. In altre circostanze avrei potuto rivolgergli parole ancora più dure; ma avevo il vago sospetto che la sofferenza avrebbe finito per prevalere sulla collera, e non volevo che lui assistesse a quel momento.

«Immagino che il tuo interesse per il mio stato d'animo sia finito» lo provocai entrando in ascensore. «Grazie comunque per avermelo chiesto. Molto premuroso da parte tua.»

Premetti il pulsante con più energia del necessario e attesi con ansia che la porta si richiudesse. Jessiah sostenne il mio sguardo e nessuno dei due lo distolse finché il grigio-argento opaco della porta non interruppe il nostro silenzioso scambio di rabbia e dolore.

Poi, come se le forze mi fossero venute meno, mi accasciai contro la parete e chiusi gli occhi. Ma non ero ancora disposta a crollare. Avrei continuato a lottare contro i miei sentimenti fino al ritorno a casa. Dopotutto ero una Weston, e noi non mostravamo mai debolezza.

Mai e poi mai.

Riuscii a rientrare senza scoppiare in lacrime, sollevata che mia madre non fosse ancora tornata; corsi al piano di sopra, mi tolsi il vestito, mi struccai e mi infilai sotto le coperte in felpa e pantaloni della tuta. Lì sfogai tutta la mia frustrazione per quella serata, finché non riuscii a respirare di nuovo normalmente. Poi mi alzai e osservai fuori dalla finestra il cielo scuro. Ero troppo in alto per scorgere i fari delle auto in strada, ma udivo comunque il ronzio smorzato della città. Quella leggera vibrazione che solo New York possiede. Non era un rumore vero e proprio, piuttosto la vaga sensazione che la stessa città fosse viva, non solo i suoi abitanti. L'avevo sempre amata moltissimo e negli ultimi anni mi era mancata immensamente. Adesso sembrava rivolgermi un rimprovero.

Mi ero immaginata spesso di parlare a tu per tu con i Coldwell. Di dire loro in faccia quanto fossero spregevoli le loro menzogne su Valerie e avvertirli che non gliel'avrei fatta passare liscia, a qualsiasi costo. Ovviamente il mio bersaglio ideale era Trish, ma Jessiah sarebbe stato un buon inizio per sfogare la mia collera. Tuttavia non provavo né orgoglio né soddisfazione per averlo trattato in quel modo. Anzi, mi sentivo una merda. Perché così facendo non avevo ottenuto un bel niente.

Certo, il mio scopo era solo fargli capire che aveva torto. Solo che i ragazzi come lui non si lasciano impressionare tanto facilmente. Mi chiedevo perché mi avesse seguita. Con ogni probabilità, vedendomi uscire dalla sala, mi aveva creduta una preda facile. Avevo sentito parlare di come non si fosse mai fatto tanti problemi a provarci con tutte. Che disdetta scoprire di essersi imbattuto proprio in me, l'unica donna che non si sarebbe mai innamorata di lui. Perché eravamo destinati a odiarci per l'eternità, come i protagonisti di un libro il cui finale era già stato scritto da tempo.

No, aspetta un attimo, pensai adirata. *Ci incontreremo di nuovo, poco ma sicuro*. E per allora avrei avuto in mano prove che nemmeno lui sarebbe riuscito a confutare. Prove che avrebbero finalmente chiarito cos'era accaduto davvero quella notte.

Questo pensiero mi fece sentire un po' meglio, e il mio corpo ne approfittò per rinfacciami di averlo trascurato da quando ero tornata. Sentivo lo stomaco brontolare e, allo stesso tempo, una pesante stanchezza calarmi addosso. New York era cinque ore indietro rispetto all'Inghilterra, quindi lì era già notte fonda. Meglio mangiare qualcosa o cercare di dormire? Entrambe le possibilità sembravano più che allettanti.

«Helena?» chiamò all'improvviso mia madre dal piano di sotto, seguita dal tintinnio del mazzo di chiavi nello svuotatasche sul comò. «Helena, ci sei?»

Trasalii, saltai giù dal letto e accesi la luce per guardarmi allo specchio della toeletta e verificare di essere presentabile. In effetti avevo gli occhi un po' arrossati, ma per il resto ero la stessa di sempre. Nessuna sorpresa: era come se il principio cardine della nostra famiglia, non mostrare mai debolezza, nel corso delle generazioni avesse innescato un effetto evolutivo, per cui il pianto prolungato, l'insonnia o l'influenza non lasciavano quasi mai tracce visibili. Così scesi le scale e andai a salutare mia madre fingendo di sbadigliare. Lei mi squadrò.

«Stavi dormendo?» mi chiese. «Sai che non devi andare a letto troppo presto, altrimenti non ti libererai mai del jet lag.»

«Sì, lo so. Infatti non dormivo, stavo solo guardando la tv.»

«Bene.» Annuì e si tolse il cappotto per appenderlo. Non ricordavo quando l'avessi vista farlo l'ultima volta, di solito era Vincent a occuparsene. «Lincoln se n'è già andato?»

Giusto, mi aveva suggerito di chiamare mio fratello per cenare con lui; me n'ero completamente dimenticata. «No, l'ho chiamato ma non mi ha risposto» mentii. Un'altra cosa che i Weston sapevano fare alla perfezione.

«Quindi non hai cenato?» La sua espressione si fece più sospettosa. Sapeva quanto mi piacesse mangiare bene e che, quando avevo fame, ero di pessimo umore. L'Inghilterra non mi aveva cambiato.

«Prima ho fatto un salto da Le Charlot per prendere qualcosina.» Era un bel ristorante dietro l'angolo, frequentato da molti della nostra cerchia, quindi non rientrava nella categoria "oddio-se-ti-vedono-lì!".

Mia madre annuì e io, dentro di me, tirai un sospiro di sollievo perché ero riuscita a farla franca. E invece, proprio in quel momento, mi brontolò lo stomaco, quel traditore. E lo fece così forte che lei corrugò la fronte e io trattenni il respiro. Poi mia madre sorrise.

«Mi sa che non hai mangiato abbastanza» commentò. «Al ricevimento c'erano solo antipasti, ti va se ordiniamo qualcos'altro? Ed è domenica, quindi scordati la tua roba da salutista.»

Sogghignai. «Buona idea.»

«Allora vado a cambiarmi.» Era quasi in cima alle scale quando si voltò verso di me. «Tesoro, mi dispiace molto per la stanza di Valerie. Volevamo dirtelo prima, ma sei arrivata oggi e questo ci ha un po' scombinato i piani.»

«Non fa niente, mamma. Forse è davvero la cosa migliore.» No, non lo era, perché avrei dato qualsiasi cosa per riavere alcuni oggetti di Valerie. Ma non potevo dirlo, non potevo dare sfogo alla mia amarezza tra quelle quattro mura. Infatti, se i miei genitori avessero saputo cosa stavo architettando, mi avrebbero immediatamente rimesso su un aereo per l'Inghilterra. Così dovetti recitare e mentire, due cose che mi riuscivano bene ma che non avevo mai dovuto fare con loro. Non ne andavo fiera, ma ero pronta a tutto pur di restare a New York. Assolutamente tutto.

Lo dovevo a Valerie.

8

Jessiah

Quella sera faceva un freddo cane e fui molto felice, dopo una breve passeggiata, di dirigermi verso il ristorante in Mulberry Street con l'insegna luminosa sopra la porta. Dalle ampie vetrine vidi che quel martedì era pieno di gente, ma non dubitavo di trovare un tavolo. Lì c'era sempre stato un posto per me, fin da quando ero piccolo. E mi auguravo che restasse così anche in futuro.

Aprii la porta e feci spazio a una coppia che stava per uscire. Avevano stampata in faccia la tipica espressione sazia e felice di chi mangiava lì. Era proprio quello che mi ci voleva, dopo una giornata trascorsa in giro con un cliente in cerca del food truck più adatto, infilandomi dentro furgoni frigo con la torcia in mano per scoprire se i cablaggi e l'elettronica fossero a posto. Per poi, alla fine, non concludere nulla.

«Jessio!» Taddeo Pagano mi salutò con un sorriso, mentre mi lasciavo avvolgere dalla calorosa atmosfera del locale e dai profumi della cucina italiana. Un attimo dopo mi abbracciò con vigore, per poi posarmi le mani sulle guance e scrutarmi con occhio critico. «Sei dimagrito, ragazzo mio.»

«Me lo dici da quando avevo cinque anni e non è mai stato vero» replicai. «Ma non preoccuparti, oggi spazzolo tutto quello che mi porti, a costo di scoppiare.»

«Bravo, è proprio quello che volevo sentire.» Si mise a ridere. «In fin dei conti fai abbastanza sport per poterti permettere qualche caloria in più.»

Come se mi fossi mai preso la briga di contarle. «Thaz è già qui?» chiesi.

«Sì, è al tuo solito tavolo, in fondo. Senti, potremmo parlare di affari più tardi? Leonora mi ha fatto una testa così perché secondo lei dobbiamo rimettere a nuovo alcune cose in cucina.»

Lo guardai. «Per questo non ti serve il mio consenso, lo sai. Mi fido di voi. Di' a Leo di mandarmi le fatture.»

Dopo la morte di mio padre avevo ereditato i suoi locali, divenendo legittimo proprietario di una dozzina di ristoranti – tra cui il Bella Ciao – quando ero ancora adolescente. Fino alla maggiore età, tutto era stato gestito da un fiduciario; poi, appena compiuti diciott'anni, me l'ero svignata all'estero, lasciando le cose come stavano. Al mio ritorno, però, avevo ripreso in mano tutto, come avrebbe voluto mio padre. Ma questo non significava che intendessi sorvegliare Taddeo e Leonora.

«No, non è così che funziona» insistette l'italiano. «Te l'ho già detto: ho sempre discusso di queste cose con tuo padre prima e con il fiduciario poi, quindi voglio fare lo stesso con te.»

«Va bene, ne parliamo dopo» mi arresi. «Adesso è meglio che vada da Thaz, sennò si lamenterà di nuovo che lo faccio aspettare.»

«Vai pure. Io vi raggiungo quando la situazione sarà un po' più tranquilla.» Al che prese due menu e andò a un tavolo di fronte alla vetrina.

Io invece passai davanti al bancone, salutai i camerieri e mi diressi verso il fondo della sala, dove c'erano altri tavoli in angoli più tranquilli e appartati. Quel ristorante era completamente diverso dai miei altri progetti newyorchesi: un po' antiquato, molto tradizionale e non proprio al passo con le ultime tendenze culinarie. A me però non importava, perché al Bella Ciao mi sentivo ogni volta un po' a casa. Sin da bambino ci ero sempre andato a mangiare con mio padre, sedendo proprio al tavolo verso cui ero diretto.

«Eccoti qui.» Thaz si alzò e ci abbracciammo. «In ritardo, come al solito.»

«Di cinque minuti» dissi guardando l'orologio. «Sei troppo puntuale.»

«Già, e non so neanche perché. Forse perché mi hanno insegnato fin da piccolo che non c'è niente di più scortese che arrivare in ritardo a un appuntamento.» Mi fece un breve inchino, come doveva aver imparato dalla madre giapponese, poi si risedette.

«In fatto di cortesia, mi sa che questa è l'unica cosa che è riuscita a insegnarti tua mamma» commentai seccamente. Thaz, infatti, non aveva preso molto da lei, che lavorava all'ambasciata giapponese, quanto più dal padre americano, cronista sportivo.

«Come sei crudele» ribatté mettendosi una mano sul cuore. «Ma ti perdono se per dessert mi offri il famoso tiramisù di Leonora.»

«Puoi contarci.» Mi sedetti dopo aver appeso la giacca all'appendiabiti dietro l'angolo. «Scusa se domenica sono arrivato così tardi. La serata in onore di mia madre non finiva più. Quando finalmente ci hanno servito il dessert erano le undici passate, poi sono dovuto correre a casa a cambiarmi.» Alla fine avevo fatto un salto al Down Below, ma probabilmente non ero in forma quanto si aspettava il mio amico.

Thaz fece un gesto con la mano. «Tranquillo, l'inaugurazione è stata un vero successo. E mi ha fatto piacere che tu sia passato comunque. Soprattutto perché sembravi molto stanco. Si vede che quegli eventi mondani ti distruggono.»

«Oh, c'è di peggio.» In effetti erano sempre stati estenuanti, perché mi impedivano di essere me stesso e mi costavano molta energia. Due giorni dopo, però, non erano le insulse chiacchiere con quella gente altolocata a occupare i miei pensieri, bensì un incontro, avvenuto davanti a un ascensore, con una ragazza infuriata.

«E allora cos'avevi?» chiese Thaz, abbassando di nuovo gli occhi sul menu.

«Niente, niente. È solo che non avevo dormito bene, tutto qui.» Era meglio non dare tanta importanza alla cosa, altrimenti mi sarei arrabbiato di nuovo ripensando alle parole di Helena su Valerie: *Non la conoscevi nemmeno, perché eri chissà dove quando sono morti lei e tuo fratello.*

Troppo tardi. Alzai lo sguardo.

«Senti un po', Thaz... che mi dici di Helena Weston?» chiesi. Lui era l'unico che potesse saperne qualcosa, anche perché aveva conosciuto mio fratello. E con gli altri amici di Adam non avevo rapporti.

«Helena?» Thaz aggrottò le sopracciglia. «La sorella di Valerie?»

Annuii. «Forse l'hai conosciuta quando lei e Adam stavano insieme.» Come lei stessa aveva giustamente sottolineato, all'epoca non mi trovavo a New York e inoltre non avevo mai frequentato gente dell'Upper East Side in vita mia. Dunque non avevo mai incontrato di persona Valerie o la sua famiglia.

«Be', dipende dai punti di vista.» Thaz sembrava sforzarsi di ricordare. Lui e Adam erano stati semplici conoscenti, si erano visti ogni tanto a qualche festa mentre io ero via. «Una volta a un party c'era anche lei. Avrà avuto diciassette anni o giù di lì, ma non mi ha particolarmente colpito. Non ci siamo mai rivolti la parola, se ne stava molto sulle sue e soprattutto adorava la sorella. Diciamo che, nel giro di *it-girls* di cui si circondava Valerie, lei passava un po' inosservata.»

Faticavo a immaginarlo, ripensando alla ragazza che avevo incontrato domenica e allo sguardo che mi aveva lanciato. Helena Weston non era certo una persona che passava inosservata. Anzi, mi aveva sbalordito, anche se non nel modo che mi sarei aspettato. Del resto, come avrei potuto prevederlo? Non mi era mai successo di inseguire una ragazza che mi avesse così affascinato da lontano. Per poi scoprire però che la sua rabbia, così familiare, era rivolta *a me*, alla mia famiglia. Era stata una tale doccia fredda che il mare di Rockaway Beach era nulla in confronto. E aveva finito per rinfocolare la mia stessa collera, che in realtà non mi aveva mai abbandonato. Chi si credeva di essere, l'unica depositaria della verità? E come mai non riuscivo a smettere di pensare a lei?

«Perché me lo chiedi?» La domanda di Thaz mi riportò al presente. «Helena vive in Inghilterra, no?»

«In Inghilterra?» Lo guardai meravigliato.

Lui annuì. «I suoi genitori l'hanno spedita lì in collegio dopo la morte di Valerie. Subito dopo il funerale, per quanto ne so. Sono anni che non abita più a New York. Mi sa che studia a Cambridge.»

Questo spiegava il suo leggero accento britannico.

«Se è così, o è venuta a trovare qualcuno o è tornata a vivere qui» dissi.

«Come fai a saperlo? L'hai incontrata?»

Annuii. «Alla premiazione di mia madre. I Weston non c'erano, ma a un certo punto ho visto Helena in fondo alla sala, seduta al bancone del bar. E, quando se n'è andata, l'ho seguita e le ho parlato.»

«Be', il pericolo è il tuo mestiere» osservò Thaz sarcastico. «Corri dietro a una Weston e ti metti a chiacchierare con lei. Non ti è venuto in mente che fosse una pessima idea? Non è che uno va a bussare alla porta della Casa Bianca perché vuole parlare con il presidente.»

«Ma non sapevo chi fosse, cazzo» mi difesi.

«Come potevi non saperlo? Non hai mai visto una foto dei Weston?»

Senza dubbio mi era capitato, ma non avevo fatto caso a Helena. E, non avendola mai incontrata negli ultimi anni, l'avevo completamente dimenticata. Sapevo solo che Valerie aveva una sorella che si chiamava così. Almeno fino a domenica: adesso sapevo anche che era bellissima… e capace di farmi andare su tutte le furie.

«A quanto pare no. E poi non assomiglia molto a sua sorella.»

Il cameriere venne a portarci da bere senza che lo avessimo ordinato. Non ne fui sorpreso: Taddeo e compagnia sapevano bene che io e Thaz eravamo sempre pronti a sperimentare cose nuove.

«Allora racconta, come ha reagito Helena?» si informò il mio amico, bevendo un sorso di vino rosso. «Caspita, come fa il vecchio a trovare sempre bottiglie così fantastiche?»

Subito dopo si beccò una pacca sulla nuca da parte del gestore, avvicinatosi nel frattempo al tavolo.

«Guarda che ti ho sentito!» brontolò in tono bonario. «E poi lo sai chi è il mio fornitore, Balthazar. Ma gli ho proibito di venderti del vino privatamente, altrimenti non verresti più da me.»

Thaz rise. «Sai benissimo che non potrebbe mai succedere. Tanto più che qui non devo neanche pagarlo. Così come i piatti prelibati di Leonora.»

All'udire il botta e risposta tra i due, scossi la testa con una smorfia. «Se continui così, ti faccio pagare tutto» lo avvertii prendendo la mia Coca. Chissà quanto ci sarebbe rimasto male mio padre, se avesse saputo che non mi piaceva il vino rosso. Bevevo soprattutto whisky o gin, talvolta una birra.

«Eddai, su!» fece Thaz. «A cosa serve sennò un amico proprietario di diversi ristoranti?»

«A insegnarti le buone maniere.» Taddeo gli diede un'altra pacca e se ne andò.

«E poi questo ristorante è mio solo per metà» precisai. Quando avevo ereditato le attività di mio padre, infatti, avevo proposto metà delle quote ad alcuni gestori di lunga data. In quel locale il grosso del lavoro lo facevano Taddeo e Leonora, non io, quindi era giusto che partecipassero agli utili. Per questo era ancora più assurdo che volessero discutere con me dell'acquisto di nuove attrezzature.

«Allora, come ha reagito Helena?» Thaz riprese la conversazione da dove l'avevamo interrotta.

Sbuffai. «Mi ha detto chi era e poi mi ha rinfacciato che avevamo raccontato bugie su Valerie. Che non sapevo nulla di sua sorella o di Adam. Ci siamo scambiati qualche frecciata velenosa prima che se ne andasse.»

Visibilmente in preda alla collera, cosa che mi aveva meravigliato. I Weston non mostravano mai emozioni, era il loro marchio di fabbrica. Sfoggiavano tutti, in ogni occasione, una maschera impenetrabile fatta di cordialità, arroganza e superiorità. Helena non era così. Avevo intuito i suoi sentimenti, la tristezza e la rabbia, che invano aveva cercato di celare.

«Non vorrai dirmi che stiamo tornando ai tempi di Adam e Valerie, vero?» chiese Thaz accigliandosi. «Per causa loro la tua famiglia e i Weston erano già sulle barricate. Cosa credi che succederebbe se nascesse qualcosa tra te e Helena? Shakespeare risorgerebbe dalla tomba e pagherebbe volentieri per godersi lo spettacolo.»

Scossi la testa. «Hai proprio un talento per le storie drammatiche, non c'è che dire. Ma non accadrà mai niente del genere. Helena non mi interessa.»

«Ah, certo. È per questo che l'hai inseguita, no? Perché non ti interessava.» Thaz annuì con finta convinzione. «È raro che una donna ti affascini, JC, lo so bene. Quindi non raccontarmi frottole.»

«All'inizio ho provato qualcosa» ammisi. «Ma è stato un errore, okay? Lei non era quella che credevo… e quel qualcosa non era ciò che mi aspettavo. Per me non c'è niente di peggio di una principessa viziata dell'upper class, accecata dal rancore e convinta che sua sorella fosse una santarellina. Avresti dovuto sentirla.» Pronunciai l'ultima frase ringhiando. A distanza di due giorni le sue accuse mi davano ancora sui nervi. «Credimi, abbiamo messo perfettamente in chiaro cosa pensiamo l'uno dell'altra. E adesso, per favore, cambiamo argomento.» Ci avevo già rimuginato su fin troppo.

«Volentieri» disse Thaz, anche lui desideroso di parlare d'altro. «In effetti ho qualcosa da dirti.»

«Oh, è roba seria? Allora sono tutt'orecchi.» Sorrisi, scacciando dalla mente l'eco delle parole di Helena.

«Bravo, stammi bene a sentire.» Fece un respiro profondo. «Oggi ho parlato con un collega, che conosce la sorella di un amico del tizio che rifornisce alcuni ristoranti del centro. Ha sentito dire che presto l'Harper's potrebbe essere messo in vendita.»

«Non può essere.» Scossi la testa. «Altrimenti l'avrei saputo da tempo.»

Thaz alzò le spalle. «Non è ancora sicuro. Ma d'altronde il vecchio Mick lo gestisce da una vita, e ormai non ha più intenzione di sgobbare in cucina tutti i giorni. Sono anni che vuole fare il giro del mondo con la moglie. Quindi, siccome il posto va avanti grazie a lui, se decide di appendere il cucchiaio al chiodo chiuderà bottega.» Mi guardò. «Sai cosa significa, vero? È un'occasione d'oro per noi.»

Sospirai. «La posizione è perfetta.» Il ristorante era proprio nel cuore dell'East Village, nella strada migliore del quartiere. Lì la maggior parte dei locali era ancora a conduzione familiare, e solo di rado qualcuno veniva messo in vendita. Aggiudicarsi l'Harper's era come vincere alla lotteria, a patto di avere le idee giuste. E sapevo che Balthazar stava meditando da tempo di aprire un ristorante. «Se vuoi lanciarti, ti darò i soldi. E parlerò anche con Mick, ammesso che serva a qualcosa.» Il vecchio era testardo come un mulo, non sarebbe stato facile trattare con lui. Ma conosceva mio padre, quindi forse avevo qualche carta da giocarmi.

«Non voglio i tuoi soldi, Jess» replicò Thaz. Feci finta di non capire. «E allora?»

«Voglio te.»

Proprio come immaginavo. «Ehi, lo sai qual è il nostro accordo» puntualizzai. «Niente matrimonio finché non compiamo trent'anni, e solo se nel frattempo non abbiamo trovato nessun'altra.»

«Dai, smettila di scherzare. Sono serio.»

«Anch'io. Ti ho detto cento volte che non voglio aprire un mio locale a New York.» Emisi un profondo sospiro.

«Ma ne hai già dodici. Che ti cambia uno in più?» Thaz mi guardò con aria innocente, ma io scossi la testa.

«Sai cosa intendo. Non voglio dedicare un sacco di lavoro a un progetto per poi magari doverlo abbandonare perché me ne vado via di nuovo.» Mi era già successo in Australia e ne avevo sofferto a lungo. Anzi, ne soffrivo ancora. Perché non avevo rinunciato soltanto al mio *surf lodge* con ristorante annesso, ma anche a una ragazza che aveva significato molto per me. Il ricordo di Mia mi assalì per un attimo, ma poi ripresi fiato e la scacciai dai miei pensieri.

Thaz corrugò la fronte. «Sì, ma quando sarà? Scusa la franchezza, ma Eli non può certo essere lasciato solo con tua madre e Henry. E so che non vuoi parlare di come ti senti dopo la morte di Adam, ma te ne vai in giro come uno zombie in attesa di chissà che. Il tuo lavoro come consulente è lodevole, non c'è dubbio, eppure in quei progetti non ci sei *tu*, ma solo le persone che vogliono mettere in piedi il loro locale. Hai bisogno di qualcosa a cui tieni davvero. E dato che non vuoi relazioni serie, l'unica possibilità è quella di aprire un ristorante tutto tuo.»

Conoscevo quel discorso, non era la prima volta che lo sentivo. Fino ad allora, però, l'avevo puntualmente ignorato. Sì, Thaz aveva ragione, stavo conducendo una vita in attesa, nella speranza che prima o poi la mia famiglia si stabilizzasse e non avesse più bisogno di me. Certo, non intendevo rompere i ponti con tutti e sparire nel nulla come in passato, ma volevo spostare altrove il centro della mia vita: era questo l'obiettivo.

«Se sono tornato all'ovile, significa che sono disposto a rimanere a New York più a lungo» dissi sottovoce.

«E quindi?» chiese Thaz. «Ammettilo, ormai te ne sei fatto una ragione. Allora perché non divertirsi un po'?»

Mi appoggiai allo schienale imbottito. «Mettiamo che io accetti di aprire un locale con te. Cosa che, per la cronaca, non farò. Sentiamo, che tipo di ristorante sarebbe?»

«Be', quello di cui abbiamo parlato due anni fa.» Thaz sorrise soddisfatto perché, per la prima volta, sembrava riuscito a vincere le mie resistenze.

«Non penserai mica...?» Strabuzzai gli occhi.

«Sì, esatto. La cosa della colazione.»

«Thaz, ma quello era uno scherzo! Avevamo bevuto troppo e stavamo solo cazzeggiando.» Era successo a una festa in un locale di Brooklyn. Un conoscente aveva organizzato una degustazione di vodka che si era trasformata nella più grande sbronza della storia. A un certo punto io e il mio amico, seduti nella terrazza sul tetto, ci eravamo messi a escogitare le idee gastronomiche più assurde. Come un locale in cui venisse servita soltanto la colazione: di giorno, nella versione classica con menu da tutto il mondo; di sera, in variazioni che potevano fungere da cena.

«Scherzo un corno!» Scosse la testa con vigore. «Sono certo che ci hai pensato anche tu, quindi non dirmi stronzate. Il locale sarebbe al cento per cento tuo, la quintessenza di Jess Coldwell sotto forma di ristorante. Insomma... le donne vanno a letto con te perché al mattino gli prepari la colazione. Lo sanno tutti!»

«Ma figurati!» esclamai divertito. «E io che pensavo che venissero a letto con me perché volevano venire a letto con me. Che scemo.»

Thaz annuì. «Fidati, gira tutto intorno alla colazione.» Sorrise, intuendo che non ero del tutto contrario, perché si affrettò a continuare. «Pensaci. Almeno come ipotesi, prima che l'Harper finisca nelle mani di qualcun altro.» Dopodiché prese il menu. «Che dici, oggi prendo la pasta o il risotto?»

«Tanto alla fine ordinerai una pizza.» Quelle di Bella Ciao erano tra le migliori di New York, e Thaz lo sapeva benissimo – come tutti in città, peraltro.

«Sì, hai ragione.» Chiuse il menu. «Di' a Leonora di sorprendermi, come sempre.»

«Aggiudicato.» Mi alzai per ordinare e andare a salutare la moglie di Taddeo in cucina. Durante il tragitto, però, non riuscivo a togliermi dalla testa l'immagine delle uova strapazzate al tartufo su foglie di spinaci o della focaccia con avocado e pomodori. Al pari di tante altre intuizioni su come trasformare l'Harper's nel ristorante che avevo sempre sognato fin da bambino.

Maledetto Balthazar Lestrange, mi dissi. Eppure, rispolverando quell'idea, mi aveva fatto un favore: per un po', almeno, non avrei pensato a Helena Weston.

9
Helena

Quando uscii dalla sede principale della Columbia, feci un respiro profondo. Avevo passato metà del pomeriggio a sbrigare formalità: sebbene il rettore fosse un amico dei miei genitori e quindi l'iscrizione per l'anno in corso non costituisse un problema, il trasferimento di una studentessa da Cambridge alla Columbia richiedeva parecchie scartoffie. Adesso però avevo completato tutto e, dalla settimana successiva, avrei finalmente cominciato a studiare psicologia lì, come avevo fatto in Inghilterra. Non che la disciplina in sé mi interessasse molto, fatta eccezione per la criminologia, ma, finché avessi indagato sul caso di Valerie, non importava cosa dicesse il libretto. Anni prima avrei voluto iscrivermi all'istituto tecnico turistico, per poi aprire insieme a mia sorella un'agenzia che organizzasse tour della città. Ma il piano era morto con lei, così avevo optato per una materia che i miei genitori consideravano rispettabile e per la quale erano disposti a sostenermi. Non sapevo ancora cosa avrei fatto una volta raggiunto il mio obiettivo; per il momento tutto ciò che contava era scoprire la verità sulla morte di Valerie e poterla dimostrare.

Presi un panino ai falafel a un *food truck* di Halal Guys, dopodiché rientrai in uno degli edifici annessi in cerca di un angolino tranquillo, presi il telefono e andai su Instagram. Il mio account era vuoto, non postavo foto da secoli e avevo eliminato tutte quelle precedenti. Lo avevano preteso i miei genitori al momento di spedirmi in Inghilterra, nell'ambito del programma "non-diventare-come-Valerie". Seguivo solo alcuni attori, cantanti o altre personalità che ammiravo, come Alexandria Ocasio-Cortez o Michelle Obama, ma non più i miei vecchi amici dell'Upper East Side. Era stato doloroso constatare che, poco dopo la morte di Valerie, tutto era semplicemente tornato come prima. Quasi nessuno si era schierato in suo favore contro i Coldwell, malgrado ne avessero la possibilità. Ne avevo contattati alcuni in proposito, ricevendo risposte alquanto evasive: dicevano di avere collaborazioni con marchi importanti che non volevano mettere a rischio, sostenevano che inimicarsi i Coldwell non avrebbe comunque aiutato Valerie e altre stronzate del genere. La verità è che non gliene fregava nulla.

L'account di mia sorella, *@allabout-val*, era ancora attivo perché nessuno si era preso la briga di rimuoverlo o trasformarlo in uno commemorativo. I miei genitori non volevano saperne e a nessun altro importava. Io avevo i dati di accesso e, negli ultimi anni, avevo sempre pubblicato una foto in bianco e nero di Valerie per il suo compleanno o l'anniversario della morte, spesso accompagnata da qualche riga di ricordo. La reazione era stata travolgente: i suoi follower, a differenza dei presunti amici, non l'avevano piantata in asso. In un certo senso era confortante, seppure nessuno di loro l'avesse conosciuta bene quanto me.

Alcune delle ultime foto la ritraevano insieme a Adam, in abito da sera a Capodanno, in abbigliamento sportivo o in un fast food davanti a una montagna di hamburger. Il primo hashtag presente era sempre #westwell, il nomignolo coniato per loro dalla community. Weston e Coldwell uniti in un'unica parola, a dispetto di ogni ragionevole previsione. D'altronde eravamo rivali da sempre. Solo Valerie e Adam se n'erano fregati, fondendosi in *Westwell*, un'unione contro tutte le regole delle nostre famiglie, che in seguito alla loro morte erano diventate acerrime nemiche.

Dopo aver riguardato a lungo le loro foto, aprii la galleria del telefono per cercare uno scatto in particolare. Sullo schermo non si vedeva granché, ma sapevo cosa raffigurava: una bacheca nascosta nel mio ripostiglio a Cambridge, contenente tutte le immagini, gli indizi e le informazioni che ero riuscita a raccogliere sul caso di Valerie. Non l'avevo portata con me, ma avevo raggruppato alcuni elementi all'interno di una cartellina infilata dietro un'asse dell'armadio: gli estratti del verbale della polizia, le foto tratte da Instagram delle persone presenti quella sera, una serie di appunti sulla sequenza cronologica della festa di fidanzamento. Avevo anche compilato un elenco degli invitati; compito abbastanza semplice, dal momento che tutti si erano schierati contro mia sorella.

Tutti tranne uno.

Su un post-it accanto a una foto c'era il nome di colui dal quale sarebbero partite le mie ricerche: Simon Foster. Era il proprietario di un club di arti marziali a Brooklyn, dove Adam si andava ad allenare. Erano diventati amici. Simon non faceva parte dell'alta società o della community degli influencer newyorchesi, e forse era per questo che non aveva mai attaccato Valerie davanti alle telecamere. In ogni caso la mia speranza era un'altra: mi auguravo che, pur essendo stato amico di Adam, non avesse mai preso posizione contro di lei perché la considerava innocente. Una supposizione alquanto ingenua, sennonché il fascicolo della polizia riportava una sua testimonianza, rilasciata la mattina dopo il decesso: Simon aveva dichiarato che alla festa non era presente droga. Il verbale non forniva spiegazioni, ma io ero sicura che ve ne fosse una. Per questo volevo chiederglielo di persona. Il prima possibile.

Finii di mangiare e uscii in strada, dove mi aspettava un'auto nera a un isolato di distanza. Aprii la portiera posteriore e vidi Raymond, da vent'anni l'autista di mia madre, mettere subito via il cellulare.

«Ha fatto tutto, signorina Helena?» domandò gentilmente.

«Sì, grazie.» Quella mattina avevo avuto una breve discussione con la mamma perché non volevo usare la sua auto, ma lei aveva insistito; anzi, aveva intenzione di assumere un autista apposta per me. Ci mancava solo questo: come potevo portare avanti le mie indagini con un babysitter alle calcagna? Dovevo assolutamente farle cambiare idea.

«Vuole andare da qualche parte o la riaccompagno a casa?» domandò Raymond.

«No, possiamo rientrare.» Poi mi venne un'idea. «Anzi, potrebbe portarmi in azienda?» Mio padre era tornato quella mattina, ma non l'avevo ancora visto perché era andato direttamente in ufficio dall'aeroporto. La sede era poco distante e, avendo tempo, volevo andare a trovarlo.

«Certo. Con piacere.»

Mentre l'auto ripartiva, presi il telefono e cercai tra i preferiti il sito del *fight club* di Simon Foster. Si trovava nella parte settentrionale di Brooklyn, appena al di là del ponte, quindi non proprio dietro l'angolo; un logo dall'aspetto professionale e più di quattrocento recensioni mi avevano già rivelato, dalle mie ricerche precedenti, che doveva essere una palestra piuttosto nota. Riflettei un attimo, poi alzai il vetro divisorio tra me e Raymond e composi il numero presente su Google. Dopo due squilli rispose una donna.

«Tough Rock Sports Club, sono Demi, mi dica.»

«Salve, sono Helen Miller.» Non era un nome particolarmente originale, ma sapevo che usandone un altro più esotico avrei rischiato di confondermi e mandare tutto all'aria. Simon non mi conosceva, quindi preferivo presentarmi in incognito; soprattutto per evitare che lo venissero a sapere i miei genitori.

«Vorrei fare un allenamento di prova da voi, se possibile.»

«Certo. Ha già esperienza con qualche arte marziale?» si informò la donna.

Lanciai uno sguardo all'interfono, ma la luce era spenta, quindi Raymond non poteva sentirmi.

«Ho fatto due anni di kickboxing e Krav Maga in Inghilterra» risposi sinceramente, benché l'avessi tenuto nascosto alla mia famiglia in tutti i modi. Proprio come gli incontri con il tizio di una società di vigilanza che mi aveva insegnato a utilizzare un set di grimaldelli. Lo avevo pagato in contanti, sostenendo di essere un'attrice e di doverlo imparare per un film. «Mi piacerebbe riprendere.»

«Allora Rafe è l'uomo giusto per te. Vediamo quando è disponibile.» Udii il clic del mouse. «Oh, ho appena visto che qualcuno ha disdetto per stasera. Potresti fare un salto alle sette? Sennò mercoledì prossimo.»

Già quella sera stessa? Perfetto.

«No no, stasera alle sette va benissimo. Grazie mille.» Riattaccai e, per la prima volta da quando ero a New York, mi sentii euforica. Avrei avuto la possibilità di incontrare l'uomo che forse sapeva qualcosa sulla morte di Valerie. Chissà cosa avrei scoperto.

Avevo appena messo via il cellulare, quando squillò di nuovo.

«Ciao, mamma. Che c'è?»

«Volevo solo avvisarti che stasera facciamo una cena in famiglia, visto che è tornato tuo padre. Mangiamo alle sette, vengono anche Lincoln e Paige. A proposito, dove sei? Quanto ci hai messo a iscriverti all'università?»

«Raymond mi sta portando in ufficio, vado a trovare papà» mi limitai a rispondere, senza commentare la sua inguaribile mania di controllo. «A dopo.» Rifeci il numero della palestra e aspettai che Demi rispondesse. «Salve, sono di nuovo Helen Miller.» Trattenni un sospiro. «Purtroppo ho avuto un contrattempo per stasera. Devo rimandare alla prossima settimana, quando ha detto che potrei venire?»

Dieci minuti dopo Raymond si fermò davanti a un elegante palazzo sulla Quinta Avenue, e io mi incamminai verso l'ingresso incorniciato d'argento. Dall'esterno, con la facciata in pietra grigia chiara, non sembrava una sede aziendale, ma l'intenzione era proprio quella: la nostra attività non si rivolgeva a clienti qualsiasi, e i miei genitori non amavano mettersi in mostra; solo una discreta targhetta in ottone indicava che agli ultimi due piani si trovava il *Weston Family Group*.

Stavolta non dovetti mostrare la carta d'identità perché il portiere mi riconobbe subito, come la receptionist che lavorava lì da anni. Tuttavia non aspettai che avvisasse mio padre, ma mi avviai direttamente verso il suo ufficio. Lungo il tragitto superai alcune stanze con le pareti di vetro e rimasi stupita: molti uffici sembravano vuoti. Anzi, *svuotati* da un pezzo. Niente effetti personali sulle scrivanie scure, tutto pareva incredibilmente ordinato. Aggrottai la fronte, contrariata. Ricordavo quella azienda piena di gente seduta alla scrivania o in sala riunioni a discutere dei progetti in corso. I miei genitori avevano forse adottato un regime di smart working? Oppure rispetto a due anni e mezzo prima il numero dei dipendenti si era ridotto?

Per il momento accantonai queste domande, perché in fondo al corridoio c'era l'ufficio di mio padre, con le porte aperte. Quando riconobbi la sua figura alta in piedi al grande tavolo centrale, china su alcuni progetti, il cuore mi si riempì di gioia.

«Papà!» esclamai, correndogli incontro per gettarmi tra le sue braccia.

«Len! Questa sì che è una sorpresa!» Mi abbracciò forte e poi mi lasciò andare, ma malgrado il suo sorriso gli lessi negli occhi una certa preoccupazione. Ne intuii il motivo: si chiedeva se fosse stata una buona idea lasciarmi tornare. Tuttavia non disse nulla al riguardo. «Mi dispiace molto che non siamo riusciti a vederci finora, ma sono tornato solo stamattina.»

«Figurati, nessuno sapeva che sarei arrivata prima.» Una sorpresa decisamente mal riuscita.

«Vuoi un caffè?» mi domandò. «Ho dieci minuti prima di andare a un appuntamento in centro.»

Annuii, felice che avesse un po' di tempo per me.

«Volentieri.» Prese il telefono e chiese di portargli due caffè; neanche un minuto dopo entrò un giovane con gli occhiali e posò un vassoio sul tavolo. Lo ringraziammo e io versai un po' di latte nel mio prima di berne un sorso. Mio padre tenne la tazza tra le mani ma non bevve, limitandosi a guardarmi.

«Come stai, tesoro?»

«Bene» risposi nel tono più convincente possibile. «Sono molto contenta di essere tornata. E oggi mi sono già iscritta all'università, comincio la prossima settimana.»

«Ottimo.» Sorrise. «Mi fa piacere che guardi avanti.»

Già, dalla morte di Valerie era sempre stato questo il ritornello: lasciarsi il passato alle spalle, voltare pagina, guardare avanti. Forse ci sarei anche riuscita, se Trish Coldwell non avesse deciso di scatenare una caccia alla strega contro mia sorella.

A quel pensiero mi tornò in mente l'incontro con Jessiah, ma feci finta di nulla.

«E tu, papà, stai bene?» Dalle occhiaie intuii che non era così, aveva un'aria sfinita e un po' triste. Stavo per chiedergli se dormisse davvero nella vecchia camera di Valerie e per quale motivo, ma poi cambiai idea: non era il caso di rivelargli il mio sospetto proprio in quel momento.

«Certo, cara.» Fece un sorriso forzato. «Sono solo un po' stanco, gli ultimi giorni sono stati estenuanti.»

«Per via della riqualificazione dell'ex area Winchester?» Indicai i progetti sul tavolo.

Mio padre sgranò gli occhi per la sorpresa. «E tu come fai a saperlo?»

«Me ne hai parlato a Natale» risposi. «Dicevi che è difficile convincere i responsabili a conservare gli edifici invece di abbatterli.»

«Sì, esatto. Non pensavo che te ne saresti ricordata. Comunque non c'è da preoccuparsi, andrà tutto bene. È un po' dura, ma ce la faremo, vedrai.» Annuì, dopodiché calò il silenzio, mentre io cercavo febbrilmente un argomento più leggero, senza trovarlo. Non mi era mai successo, prima della morte di Valerie avevo sempre avuto un ottimo rapporto con mio padre: fin dall'infanzia ero stata la sua cocca. Quando ero in Inghilterra, però, non ci eravamo parlati molto, e adesso sembrava che non sapessimo più cosa dirci. Come se non ci conoscessimo più.

«Sai che non ero convinto dell'idea di farti tornare a New York» disse infine, esprimendo la preoccupazione che avevo intravisto sul suo volto. «Ho solo il dubbio che sia un po' troppo presto.»

«A maggio saranno tre anni, papà» gli ricordai. *Inoltre state facendo di tutto per impedirmi di commettere qualche sciocchezza*. Lo pensai, ma non lo dissi.

«Credi che tre anni siano sufficienti per superare la morte di tua sorella?» Di nuovo gli lessi in viso quel misto di scetticismo e tristezza.

«No» risposi sinceramente. «Ma non penso che questo debba impedirmi di vivere qui.» Lo dissi in tono fermo, con la sicurezza acquisita in Inghilterra. Non volevo che mio padre mi ritenesse debole. Lui come nessun altro. «Io amo New York, papà.»

«Già» sospirò lievemente «proprio come lei.»

«E proprio come te e la mamma» precisai. «Mi manca Valerie, ma anche voi mi siete mancati in questi ultimi anni. Per me è fondamentale essere tornata qui. Ti prego, credimi, non è troppo presto.»

«Ci proverò, tesoro» assentì. Sembrò voler aggiungere altro, ma poi guardò l'orologio e si alzò. «Devo andare, mi aspettano all'ufficio urbanistica. Ci vediamo stasera a cena?»

«Certo.» Lo seguii fino all'ascensore. Scendemmo in silenzio e ci salutammo all'uscita, prima che lui salisse sulla sua auto, parcheggiata proprio davanti a quella di Raymond. Lo guardai ripartire, con il cuore gonfio e pensieri cupi in testa. Non pensavo certo che, al mio ritorno, tutto sarebbe stato come prima della morte di Valerie, eppure l'istinto mi diceva che negli ultimi anni non era cambiata soltanto la sua camera.

Ma molto, molto di più.

«Helena, ho sentito che oggi ti sei iscritta alla Columbia. Cosa studierai?» mi domandò Paige dall'altra parte del tavolo.

«Psicologia» mi limitai a rispondere, tagliando una patata.

«Wow, che materia affascinante.» Il suo entusiasmo suonava

un po' eccessivo. «Anch'io ho frequentato qualche corso di psicologia l'anno passato.»

«Già, proprio affascinante.» Mi infilai la patata in bocca e distolsi lo sguardo dal doppio filo di perle al collo di Paige. Non fu facile, perché quella collana mi stava letteralmente gridando in faccia: *Guardami, sono un cimelio di famiglia! E sono qui per dimostrare che la mia proprietaria è degna di sedere a questo tavolo.*

Paige Irvine era figlia di soci dei miei genitori ed era bionda, bella e perfetta come ci si poteva aspettare. Lincoln aveva iniziato a uscire con lei solo l'estate precedente, quindi non la conoscevo bene, né ero particolarmente interessata a farlo. Nelle sue relazioni mio fratello seguiva un ritmo prestabilito: dopo sei mesi lasciava una ragazza per un'altra, la quale aveva a disposizione sei meravigliosi mesi per convincerlo a fare sul serio. Quindi il tempo di Paige stava per scadere; non era il caso di darsene pensiero.

«Allora, a che punto siete con l'arredamento della casa?» intervenne mia madre, come se avesse intuito che non intendevo proseguire il discorso.

Fermi tutti: quale *casa*?

«Oh, procede a meraviglia» rispose Paige. «La settimana scorsa ho ordinato le tende, di uno splendido broccato verde, non troppo pesante. Si abbinano perfettamente con...»

«Ma quindi vivete insieme?» la interruppi guardando mio fratello. Lincoln era rimasto in silenzio per gran parte della cena, come al solito. Anni prima lasciava che fossimo io e Valerie a parlare, e adesso faceva lo stesso con la sua ragazza.

«Sì» rispose.

«È perfettamente normale» aggiunse Paige con una punta di orgoglio. «D'altronde presto ci sposeremo.»

«Cosa?» esclamai, facendo quasi cadere la forchetta nel piatto. Solo in quel momento notai l'anello che portava al dito: era quello di mia nonna, riservato alla futura moglie di Lincoln fin dalla sua nascita. Fissai mio fratello sbalordita. «Ti sei *fidanzato*? Sei impazzito?»

«Helena, per favore» mi redarguì mia madre. «Non è questo il tono appropriato, di certo non su un argomento del genere. Dovresti congratularti con Lincoln e Paige, piuttosto.»

Non mi ero ancora ripresa dallo shock. «Mi dispiace, mamma, ma visto che nessuno ha ritenuto necessario informarmi del matrimonio di mio fratello, mi sembra normale essere un po' sorpresa.»

«Mi ha fatto la proposta solo a Capodanno» intervenne Paige a sua difesa. «E tu eri in Inghilterra, quindi…»

La misi a tacere con un'occhiataccia, ringraziando dentro di me mia sorella per avermelo insegnato quando avevo tredici anni. Poi sorrisi amabilmente. «Stenterai a crederci, ma esiste un'invenzione rivoluzionaria: si chiama telefono, e grazie a quello si possono contattare le persone lontane. Perfino in Inghilterra.»

Paige emise un sospiro profondo, poi intervenne mio padre.

«Helena? Puoi andare a vedere se è pronto il dessert?» La pronunciò come una domanda, ma in realtà era un palese invito a uscire dalla stanza per darmi una calmata. Nella mia famiglia era vietato discutere a tavola, soprattutto davanti agli ospiti.

Avrei voluto rispondergli a tono, ma sapevo di aver già rischiato grosso chiedendo a mio fratello se fosse impazzito. Non era una buona idea tirare troppo la corda, visto che la mia permanenza a New York dipendeva dall'approvazione dei miei genitori.

Così mi alzai e attraversai il corridoio fino in cucina, dove Mary, la cuoca, stava versando un dolce color pesca in coppette di cristallo.

Alzò lo sguardo e mi sorrise. «Qualcosa non va con la cena, Helena?»

«Certo che no, Mary, è tutto ottimo. È solo che mi hanno cacciata da tavola.» Levai gli occhi al cielo.

La cuoca pareva sorpresa. «Cacciata? Questa mi giunge nuova. Era sempre Valerie quella che...» Si interruppe. «Oh, scusami.»

«Non c'è bisogno di scusarsi. Non mi dispiace se parli di Valerie, anzi.» Sorrisi.

«Be', ma i tuoi genitori non vogliono...»

In quell'istante la porta si aprì ed entrò mio fratello, con un'espressione sul viso che lo faceva assomigliare molto al papà. «Allora, ti sei data una calmata?» chiese, senza sembrare troppo irritato; più che altro era stanco.

«Ti prego, dimmi che non fai sul serio» replicai. «Hai venticinque anni, perché devi sposarti? E, tra tutte, proprio con una come lei?» Io e Valerie avevamo sempre preso in giro quelle ragazze il cui unico obiettivo era sposare un milionario per entrare in società, come se al giorno d'oggi una donna avesse ancora bisogno di un marito per farsi valere. È mai possibile che decenni di emancipazione venissero calpestati così?

Lincoln sospirò; anche in questo somigliava molto a mio padre. «Tu non la conosci nemmeno Paige, Len. È molto gentile.»

Mary intanto continuava a preparare il dessert come se niente fosse. Era abituata a sentire discorsi del genere.

«Gentile?» Inarcai le sopracciglia. «È tutto qui quello che hai da dire sulla persona con cui intendi passare il resto della tua vita?»

«Oh, e cos'altro dovrei aggiungere?» Lincoln alzò lo sguardo e si scostò i capelli scuri dalla fronte.

«Non so, forse che non puoi vivere senza di lei. Che solo a guardarla ti manca il respiro, che starle lontano ti spezza il cuore. Oppure che non riesci a credere di aver trovato una donna che ti completa come non avresti mai immaginato. Questo è quello che si dice quando ci si fidanza con qualcuno. Non: "È molto gentile". La gentilezza è la sorella minore della mediocrità, cazzo.»

Lincoln incrociò le braccia e si fece scuro in volto. «Ah, sì, certo. La pensi così perché Valerie diceva cose del genere su Adam, vero? Sappiamo poi che fine ha fatto.» Sbuffò. «Stranamente, quando lei si è fidanzata tu non hai detto nulla. E aveva solo ventun anni.»

«Sì, ma lei amava davvero Adam. Tu *ami* Paige?» Li avevo visti insieme solo per un'ora, ma mi sembrava che fossero più che altro soci in affari; escludendo i commenti di lei sull'arredamento della casa, ovviamente, come se nella vita non esistesse nulla di più importante.

«Ci completiamo molto bene.» Lincoln annuì a malapena. «Le nostre famiglie si conoscono da una vita, lei si è appena laureata alla Sarah Lawrence, siamo entrambi appassionati di storia e arte...» Si interruppe, forse rendendosi conto che non sarebbe riuscito a convincermi. «So che sogni il grande amore, Len. Ma nella vita reale non funziona così, di certo non nella nostra. O forse credi di poter sposare chi vuoi?»

«Ci puoi scommettere» ribattei, notando la sorpresa nei suoi occhi. Continuavo a dimenticare che negli ultimi anni ci eravamo visti solo di rado. Lui non aveva idea di quanto fossi cambiata dopo la morte di Valerie e il periodo trascorso in Inghilterra. Prima ero stata la brava figliola obbediente, a volte un po' testarda, ma fondamentalmente convinta che i miei genitori sapessero cos'era giusto per me. Adesso era tutto cambiato. Non era saggio mostrare questo nuovo lato di me a mio fratello, ma non mi importava. «In ogni caso, non sposerò una persona che mi sembra solo "gentile".»

«Forse non sarai obbligata, se lo faccio io.» Lincoln lanciò un'occhiata alla porta per assicurarsi che i nostri genitori non potessero sentirci. «Dopo quello che è successo a Valerie, credo che sia l'unica cosa giusta per la famiglia.»

«In che senso?» Lo fissai. «Vuoi sposare quella Martha Stewart 2.0 solo per compiacere mamma e papà? La nostra reputazione è così in crisi?»

«Dipende dai punti di vista.» Strinse le labbra. «Loro non vogliono che tu lo sappia, ma la morte di Valerie e le circostanze in cui è avvenuta hanno sollevato un polverone che a distanza di anni non si è ancora placato.»

«La colpa è solo delle bugie dei Coldwell» sbottai.

«Non solo.» Lincoln scosse la testa. «Lo stile di vita di Valerie e la sua ostinazione rappresentavano dei problemi anche prima. Lei e Adam erano molto chiacchierati, e la fiducia nei nostri confronti ha risentito di quella tragedia, soprattutto di recente, dopo alcuni progetti complicati. Non siamo più intoccabili, Len. Ci tengono d'occhio per vedere se siamo ancora i Weston che tutti conoscono e apprezzano.»

Rimasi un attimo in silenzio, dovevo riflettere su quelle parole. Certo, sapevo che molti in città ritenevano uno scandalo la morte di Valerie, ma non immaginavo che la nostra famiglia dovesse fare ammenda per questo.

«Non avevo idea che ci vedessero così» dissi infine sottovoce.

«Adesso lo sai, e forse riuscirai a capire perché questo matrimonio è così importante.» Lincoln mi guardò seriamente. «Gli Irvine sono una famiglia immune dagli scandali, e Paige è tipo la Vergine Maria dell'Upper East Side. Sposandoci daremo il segnale che difendiamo ancora i nostri vecchi valori. Non è importante solo per noi, ma anche per gli affari.»

Capii cosa intendeva, eppure mi intristiva. «Preferirei comunque che non ti sacrificassi a tal punto.»

Sorrise. «Non è così male. Io e Paige andiamo d'accordo. Certi matrimoni felici sono iniziati con molto meno.»

Sì, nell'Ottocento, forse.

«E certi matrimoni infelici sono iniziati con molto di più» ribattei. Checché ne dicesse Lincoln, la nascita di un grande amore era senz'altro diversa.

«Ma perché ci tieni tanto?» mi chiese. «Prima non ti interessavano le mie relazioni.»

Come tutto ciò che mi riguardava, del resto, era il sottinteso. Io e Valerie eravamo state così legate che spesso nostro fratello maggiore aveva rappresentato il terzo incomodo. Ormai però eravamo rimasti solo noi due. E io volevo che il nostro rapporto cambiasse.

«Sì, ma una volta non volevi sposarti.» Feci un respiro profondo e mi sforzai di sorridere. «Comunque, se cambi idea, fammelo sapere. Mi piace immaginare che Paige abbia un passato oscuro, magari come spogliarellista o trafficante d'armi. Così magari smetterebbero di parlare della nostra famiglia.»

Lincoln scoppiò a ridere. «Nel caso ci penserò.» Abbassò lo sguardo sulle coppette da dessert già pronte. Afferrò un cucchiaio e assaggiò. «È delizioso, Mary.»

La cuoca gli diede un colpetto sulle dita e indicò la porta. «Tornatevene subito in sala da pranzo, altrimenti mi rovinate il dessert.»

Mio fratello obbedì, e Mary disse alla cameriera di portare il vassoio per poi sparire nella dispensa.

Io rimasi immobile per un istante, cercando di metabolizzare le parole di Lincoln. Per quanto lo negasse, io sapevo che era tutta colpa dei Coldwell. Quindi, se fossi riuscita a trovare le prove per smentirli, avrei potuto non solo salvare la reputazione di Valerie, ma forse anche aiutarlo ad avere un futuro più felice.

Forte di questa motivazione in più, tornai in sala da pranzo. Mi sedetti e sorrisi gentilmente a Paige prima di congratularmi con lei per il fidanzamento ed esprimere la mia gioia per il fatto che presto sarebbe entrata a far parte della famiglia.

I miei genitori premiarono i miei sforzi con un cenno di approvazione, ma stavolta quel gesto non mi rese orgogliosa, bensì mi provocò una spiacevole pressione alla bocca dello stomaco. Se mi accettavano solo a condizione di soddisfare le loro aspettative… come avrei potuto decidere da sola della mia vita?

10

Helena

«Sei sicura che sia una buona idea?» Malia sembrava estremamente scettica.

«Certo.» Mi rigirai il telefono tra le mani. «Tutto ciò che mi avvicina alla verità è una buona idea.»

Era mercoledì sera: nel giro di un quarto d'ora avevo appuntamento al club di arti marziali di Simon Foster. I miei genitori erano impegnati in due diverse cene di lavoro e quindi, per fortuna, avevano entrambi bisogno del proprio autista, così avevo raccontato loro di voler passare una serata tranquilla da Malia – per poi invece chiamare un taxi. Poiché il conducente parlava a malapena inglese, lungo il tragitto verso Brooklyn avevo pensato di telefonarle per chiederle di coprirmi. Conosceva già le mie intenzioni, perché le avevo rivelato cosa speravo di ottenere dall'incontro con Simon.

«Non so, ho un brutto presentimento, Len» disse dubbiosa al telefono. Sembrava mia madre.

Alzai gli occhi al cielo. «Malia, sul serio, non è un *fight club* clandestino dove la gente si picchia a sangue. È una palestra di arti marziali, tutto qui.»

«In cui vuoi presentarti sotto mentite spoglie per parlare con il proprietario, presumibilmente esperto praticante pure lui» puntualizzò per ricordarmi la mia missione.

«Esatto, ma non sarà un problema. Fidati di me.» Speravo nel sostegno di Simon, quindi sarei stata gentile con lui e gli avrei chiesto di aiutarmi. Se poi non fosse stato interessato a collaborare, me ne sarei andata e avrei trovato un'altra soluzione.

Malia brontolò che, se non mi fossi fatta sentire entro massimo due ore, si sarebbe presentata con una pattuglia. Dopodiché ci salutammo.

Misi via il cellulare ed entrai nel club. Oltrepassato un corridoio con mattoni a vista, raggiunsi la reception, con il bancone che sembrava fatto di metallo saldato. Non c'era nessuno, così nell'attesa mi guardai intorno incuriosita.

L'ambiente consisteva principalmente in una grande sala suddivisa in diverse aree di allenamento: c'erano classici ring per la boxe, una gabbia per le MMA e materassini sparsi qua e là. Alcuni si stavano esercitando con un istruttore su determinati calci e pugni, mentre altri erano impegnati in sessioni di allenamento. Alle pareti non intonacate erano appese delle corde o erano installati dei punching ball, oltre ai sacchi da boxe che attendevano solo di essere colpiti. Nonostante l'ambiente spoglio, per me era come tornare a casa. L'attrezzatura, i rumori delle scarpe sul pavimento e dei pugni sul cuoio, l'odore di sudore e di gomma mi erano diventati molto familiari negli ultimi anni. Provai quasi nostalgia per l'Inghilterra. Per quanto mi fosse mancata New York, a Cambridge avevo trovato una palestra in cui allenarmi volentieri tre volte a settimana.

«Ehi, tu devi essere Helen, vero?» La giovane donna dai capelli afro, appena ritornata alla reception, mi rivolse un gran sorriso. Questo mi rassicurò, perché aveva un fisico così tonico che non volevo certo inimicarmela.

«Scusami se ti ho fatto aspettare. Oggi è una giornataccia.»

«Non fa niente. Anzi, ne ho approfittato per dare un'occhiata in giro. Figo qui.»

«Già, anche noi ne andiamo molto fieri.» Sogghignò. «Io sono Demi, mio fratello Simon è il proprietario del Tough Rock. Benvenuta.» Poi mi porse una cartellina con un modulo. «Potresti firmarmi questo? È per l'assicurazione, così se qualcuno ti rompe il naso non ci farai causa.» Sorrise di nuovo.

Io mi limitai ad annuire. La mia firma non era mai stata molto leggibile, quindi non dovetti camuffarla per spacciarmi per Helen Miller. Riconsegnai il modulo a Demi, che lo mise in un raccoglitore.

«Domande?» si informò.

«No, non direi.» Non chiesi di Simon: mi sarei tirata la zappa sui piedi. Senza dubbio Demi mi avrebbe chiesto come mai conoscessi suo fratello, e avrei dovuto dare spiegazioni. Preferii tenere gli occhi aperti, sperando di avvistarlo da qualche parte. Lo avrei riconosciuto dalle foto pubblicate negli articoli sul club e da quelle scattate la notte della morte di Valerie e Adam.

«Ottimo.» Tuttavia Demi sembrava avere un'espressione un po' contrita. «Senti, normalmente adesso ti farei fare un giro, ti mostrerei gli spogliatoi eccetera, ma oggi manca un istruttore e devo sostituirlo. Però ho chiesto a uno dei nostri clienti abituali di accompagnarti. E credimi, ti è andata bene.» Si voltò. «Ah, eccolo lì.»

Dall'ombra in fondo al locale, come in un film, emerse un ragazzo alto e muscoloso che ci venne incontro. Indossava pantaloncini al ginocchio e una canottiera a spalla larga: il tipico abbigliamento di un club come il Tough Rock. Notando i bicipiti scolpiti e l'andatura disinvolta, fui propensa a concordare con Demi.

Poi la luce gli illuminò il viso e trasalii.

Oh, no. Ti prego, no. Non lui.

«Maledizione» mormorai reprimendo un gemito. Anche Jessiah Coldwell si allenava lì? E sarebbe stato proprio lui a mostrarmi la palestra? Fantastico! Che cazzo avevo fatto di male per meritarmi questo?

Demi fraintese del tutto la mia reazione. «Sì, sono proprio d'accordo con te. È dannatamente sexy.»

A essere obiettivi, non aveva tutti i torti; solo che io, in quel caso, ero la persona meno obiettiva in assoluto. Per questo dimenticai per un attimo che avevo un ruolo da interpretare e che Helen Miller doveva sentirsi lusingata dall'essere accompagnata da un bel ragazzo come Jessiah. La vera me stessa, però, prese il sopravvento: non avrebbe voluto trovarsi in compagnia di quel tipo neanche per un secondo, nemmeno in una sala ampia come quella. E quando mi resi conto che mi aveva riconosciuta, ebbi la certezza che anche lui la pensava così.

Demi non si accorse di nulla. «Jess, questa è Helen Miller» mi presentò. «Oggi ha il suo primo allenamento con Rafe, ma lui è ancora impegnato con i ragazzi di Aaron e ne avrà almeno per altri venti minuti. Nel frattempo perché non le mostri il club e non le fai vedere dove può riscaldarsi?»

«Helen Miller?» Jessiah si accigliò.

Cazzo.

Deglutii. Se avesse rivelato a Demi la mia identità, sarei finita nei guai ancor prima di poter parlare con Simon.

Ma non andò così. Un attimo dopo Jessiah si ricompose e mi tese la mano. «Piacere di conoscerti, Helen.»

La strinsi e la lasciai andare il più in fretta possibile.

«Piacere mio.» Com'ero diventata brava a mentire!

«Bene, andiamo?» Girò intorno al bancone e si avviò nella direzione da cui era venuto. «La principessa si è allontanata dal castello, a quanto vedo» commentò una volta fuori dalla portata d'orecchio di Demi. «È per questo che stai usando quel sofisticato nome falso? La tua famiglia non deve sapere che ti piace combattere?» Pareva divertito.

«Non hai idea di quanto combatterei volentieri in questo momento» sussurrai. Ma mi sentì comunque.

«Con me? Scordatelo. Ti sembrerò all'antica, ma non combatto contro le donne. Men che meno contro le principianti.»

Che carino, mi aveva presa per una novellina. «Nemmeno se si chiamano Weston?» chiesi con finto interesse. «Scommetto che in quel caso potresti fare un'eccezione.»

Jessiah si fermò e mi squadrò con i suoi occhi verdi, come per chiarire che non avrei mai potuto avere la meglio su di lui. A prima vista aveva ragione: col mio metro e settantasette ero piuttosto alta, ma non abbastanza. E lui, pur non essendo un palestrato, era comunque alquanto atletico e molto più forte di me. Solo che la forza non è tutto, se si è superiori tecnicamente.

«No» disse infine, scuotendo la testa. «Nessuna eccezione.»

«Peccato» replicai. «Poteva essere interessante, ma se vuoi fare il gentiluomo per paura di una figuraccia, non insisto.»

Lui scoppiò in una breve risata. «Quindi basta che uno si rifiuti di battersi con te per essere un gentiluomo? Wow, in Park Avenue si aprono scenari del tutto inaspettati.»

Strabuzzai gli occhi, mi stava volutamente fraintendendo. «Perché non mi fai vedere gli spogliatoi? Per il resto posso cavarmela da sola.»

«Scordatelo.» Jessiah scosse la testa. «Se Demi scopre che non ho fatto il mio dovere, se la prenderà con me. E nessuno vuole farla arrabbiare.» Poi indicò una porta scura davanti a noi. «Lì ci sono gli spogliatoi e gli armadietti, le chiavi sono già inserite. Vai pure a cambiarti, ti aspetto qui.»

«Perfetto» risposi cupa. Se non volevo rivelare a Demi che conoscevo Jessiah, mi toccava stare al gioco. Mi chiedevo solo perché non mi avesse già smascherata. Probabilmente credeva davvero che stessi usando un nome falso per allenarmi lì all'insaputa dei miei genitori, e questo, a differenza del nostro primo incontro, lo aveva divertito. Non aveva tutti i torti, in effetti, ma quello non era l'unico motivo per cui preferivo rimanere in incognito.

Senza degnare Jessiah di uno sguardo, sparii oltre la porta e posai lo zaino davanti alla fila di armadietti di metallo laccato nero. Per un attimo pensai di prendermela comoda per farlo aspettare e ridurre così il tempo da passare in compagnia di quell'idiota, ma poi decisi che era meglio finirla lì e mi sfilai i vestiti che indossavo sopra il completo da allenamento. Li ficcai insieme allo zaino in un armadietto, che poi richiusi a chiave. Uscii dagli spogliatoi con la flebile speranza che Jessiah se ne fosse andato. E invece era ancora lì, con le mani in tasca; e di nuovo, per un istante, prima che il mio cervello potesse intervenire, dentro di me scattò qualcosa. Nel profondo ero sempre stata attratta dai ragazzi come lui, ribelli, un po' sfacciati e sicuri di sé, apparentemente indifferenti alle opinioni altrui. Jessiah rientrava appieno in quella categoria. Per fortuna, però, un secondo dopo mi ricordai delle sue parole sprezzanti su mia sorella, e la sensazione svanì in fretta com'era venuta.

«Pronta» annunciai.

«Bene» assentì. «Andiamo.»

11
Jessiah

Quando la porta si riaprì, mi aspettavo di vedere Helena con uno di quegli outfit che le persone come lei, di solito, indossano in palestra: colorati, costosi e del tutto inadatti alle arti marziali. Invece mi sorprese: all'uscita degli spogliatoi indossava pantaloni da allenamento neri e un top attillato dello stesso colore, incrociato sulla schiena, che le scendeva sotto le costole. Abbassai gli occhi sul suo ventre piatto e sui fianchi che si intravedevano dai pantaloni a vita bassa, e per un attimo dimenticai quello che stavo per dire. Helena mi era già sembrata straordinariamente bella nel suo abito da sera stile Upper East Side, ma con quella tenuta era sexy da morire. Impossibile negarlo, a prescindere dal suo cognome o da quanto fosse odiosa.

«Pronta» disse, rivolgendomi quello sguardo mezzo infastidito e mezzo aggressivo che sfoggiava da quando ci eravamo incontrati lì in palestra.

Annuii e feci un bel respiro. «Bene, andiamo.»

In realtà quel giorno avrei voluto solo sfogarmi un po' al punching ball, o magari allenarmi con uno degli altri ragazzi, ma, appena entrato, Demi mi aveva chiesto di mostrare il club a una nuova venuta e, dato che la sorella di Simon mi piaceva, avevo accettato. Chi poteva mai immaginare che avrei incontrato proprio Helena Weston, la quale evidentemente si era messa in testa di fare la cattiva ragazza e di provare le arti marziali. Se al suo posto si fosse presentata la Regina in persona, ne sarei rimasto meno stupito.

Non avevo dimenticato le sue parole sulla mia assenza la sera della morte di Adam, e nemmeno quel furioso luccichio di sfida che le brillava negli occhi. Forse è per questo che non avevo fatto subito dietrofront piantandola in asso.

«Qui ci sono le sale per le lezioni di gruppo e per gli allenamenti, mentre là dietro c'è la zona relax.» Indicai una porta grigia in fondo al corridoio. «Accanto, nel ripostiglio, trovi tutta l'attrezzatura necessaria per le varie arti marziali. A cosa ti sei iscritta?» Rafe insegnava diverse discipline, quindi non ne avevo idea.

«A una lezione di non-sono-affari-tuoi» tagliò corto Helena, che evidentemente non aveva voglia di chiacchierare. Come se non lo avessi già capito: durante il nostro ultimo incontro mi aveva detto chiaro e tondo cosa pensava di me.

«Va bene.» Alzai le spalle. «Sapevi, comunque, che è illegale iscriversi con un nome falso?»

Per un attimo vidi il terrore nei suoi occhi chiari. Poi ritrovò l'orgoglio. «Avanti, fai pure la spia. Forse c'è qualche tv a cui puoi vendere la storia.» Abbassò la voce e sembrò imitarmi: «Ho beccato Helena Weston mentre si iscriveva a una palestra sotto falso nome per nascondere ai genitori che stava imparando il Krav Maga come tecnica di autodifesa. Che scandalo!».

«È per questo che sei qui?» domandai scettico. «Per imparare l'autodifesa? Perché non chiedi al paparino di prenderti una guardia del corpo? Sono sicuro che potresti averne un branco intero pronto a beccarsi i proiettili al posto tuo.»

Ecco di nuovo quel luccichio azzurro ghiaccio. «Ti è mai venuto in mente che è proprio quello che non voglio?»

All'udire quel tono, sentii scattare qualcosa dentro di me, proprio come in precedenza di fronte al suo sguardo. Mi sforzai di scacciare quella sensazione.

«Quindi vuoi sbarazzarti della tua immagine di principessa dell'Upper East Side?» chiesi con supponenza, cercando di nascondere l'imbarazzo. Non volevo sentirmi così. «Ammirevole, anche se del tutto inutile. Come dice il proverbio, puoi togliere la ragazza da Park Avenue, ma non puoi togliere Park Avenue dalla ragazza.»

Helena corrugò la fronte. «È questo che pensi? Che sono una principessa?»

«Cos'altro, sennò?» In fondo era la figlia di una delle famiglie più potenti della città, viveva nel palazzo più lussuoso a est di Central Park ed era la sorella dell'ex regina dei rampolli newyorchesi. Ripensando a Valerie, sentii la rabbia ribollirmi nelle vene, ma per il momento non la riversai su Helena.

«A quanto pare, questo non ti ha impedito di corrermi dietro… nella Rainbow Room.» Chinò la testa di lato. «A proposito, perché l'hai fatto?»

«Non avevo idea di chi fossi» risposi, cercando di giustificare quella mia fatale decisione.

«Neanche adesso lo sai» ribatté alzando lo sguardo. «E comunque non è una risposta.»

Guardandoti, mi era sembrato che avessi bisogno di aiuto, pensai. *E credevo di aver visto nei tuoi occhi qualcosa che provavo anch'io*. Ma ovviamente non rivelai nulla di tutto ciò.

«Mi eri sembrata carina» dissi invece. «E non avevo programmi per il resto della serata.»

Helena scoppiò a ridere. «Non so cosa sia più offensivo: che tu mi abbia presa per una tipica principessa dell'alta società, o che fossi davvero convinto che sarei andata a letto con te. Non sarebbe successo comunque, neanche se non avessi mai incolpato mia sorella della morte di tuo fratello davanti alle telecamere.»

Sapevo benissimo a cosa alludeva. Mia madre aveva affrontato il lutto a modo suo, facendo il giro dei talk show per dichiarare a gran voce che Adam sarebbe stato ancora vivo se non si fosse innamorato di Valerie. Aveva anche spinto molti suoi amici a esporsi in tal senso, proprio come me. Solo che io mi ero rifiutato di parlare pubblicamente di quella terribile tragedia; tranne una volta, circa un mese dopo il funerale. I giornalisti mi avevano aspettato fino a tarda sera, senza smettere di incalzarmi e provocarmi. E alla fine ero sbottato. La mia invettiva contro Valerie aveva totalizzato più di un milione di visualizzazioni su YouTube… e poi era stata rimossa. Ovviamente anche Helena l'aveva vista, e di conseguenza mi odiava.

«Non preoccuparti» dissi freddamente. «Ti prometto che non ti chiederò mai più come stai.»

«Be', questa è la prima cosa sensata che hai detto finora» ribatté pungente. «Allora, dov'è questa sala di riscaldamento? Vorrei cominciare.»

«Qui.» Mi avvicinai a una porta aperta, oltre la quale c'era una piccola stanza con quadri svedesi e materassini. «Puoi saltare la corda per qualche minuto, se vuoi. E poi dovresti fare stretching, così non ti infortuni.»

«Come ho già detto» si schermì lei «me la caverò benissimo.» Al che prese una corda e cominciò a saltare con abilità a ritmo elevato.

Okay, a quanto pareva non stava rischiando di strangolarsi accidentalmente. Potevo andarmene.

«Tutto bene?» Manco a farlo apposta, Demi era ricomparsa proprio in quel momento. «Rafe non è ancora riuscito a liberarsi e, come se non bastasse, Tim si è fatto male e stiamo aspettando il dottore. Mi dispiace molto, Helen, che il tuo primo allenamento qui da noi sia un tale disastro. Ma Jess è in grado di svolgere il programma di base a occhi chiusi, ci penserà lui.» Dopodiché se ne andò.

«Ma certo, Jess non vede l'ora» mormorai. Quella sera avevo in programma di allenarmi un po' e magari uscire a cena con Demi e Simon; non certo di fare da istruttore a una principiante che non poteva soffrirmi.

Helena posò la corda, mise le mani sui fianchi e a un tratto non sembrava più tanto scostante. Anzi, nel suo sguardo balenava di nuovo un lampo di sfida.

«Bene, fammi un po' vedere il programma di base, *Jess*.» Enfatizzò l'abbreviazione del mio nome, come se, in via del tutto eccezionale, si fosse degnata di chiamarmi così. «O forse potremmo iniziare con qualcosa di più impegnativo. Sai che noi principesse dell'alta società siamo sempre molto esigenti.»

«Sei sicura?» chiesi. «Potresti farti del male.»

«Oh, così finalmente la smetterai di fare il gentiluomo. Che comunque non ti viene bene.» Andò al centro del tappeto e mi fece cenno di avvicinarmi.

Scrollai le spalle e acconsentii.

«Okay, allora cominciamo con una *front kick sweep*.» Così avrebbe abbassato un po' la cresta. «Pronta?»

«Sono nata pronta.»

Senza ulteriori spiegazioni, afferrai Helena per una spalla, mi misi dietro di lei e, con un unico rapido movimento, le colpii le gambe facendole perdere l'equilibrio. Prima che cadesse sul materassino, però, la presi al volo, infilandole un braccio sotto la schiena. In quell'istante eravamo così vicini che potei notare le macchioline marroni nei suoi occhi azzurri e le leggere lentiggini che le punteggiavano la pelle.

«Uno a zero per te» disse a corto di fiato, e io provai un brivido lungo la schiena pensando alle altre occasioni in cui avrebbe potuto ansimare in quel modo. Cristo santo, perché quella ragazza esercitava una tale attrazione su di me? Era la perfetta incarnazione di tutto ciò che *non* desideravo.

La risollevai e la lasciai andare, pensando a qualche parola condiscendente da dirle. Quand'ecco che, all'improvviso, lei si accovacciò e mi colpì con forza dietro le ginocchia, scaraventandomi sul tappeto.

«Cazzo!» gemetti riprendendo fiato. Aveva appena...?

Mentre si chinava su di me con le mani sulle cosce, Helena sfoggiava sulle labbra un sorriso di trionfo. «Oh, ti ho fatto male?» chiese con aria innocente.

«Non sei affatto una principiante, vero?» Più che una domanda era un'affermazione. Aveva architettato tutto fin dall'inizio. Sin dal momento in cui Demi mi aveva chiesto di mostrarle qualche mossa.

«No» rispose con un sogghigno. «Non lo sono.»

Mi aspettavo qualche altra frecciata, ma si limitò a tendermi la mano per aiutarmi a rialzarmi, il che era un insulto ancora più grave – e lo sapeva benissimo. Le strinsi le dita ma non lasciai che mi sollevasse. Anzi, approfittai della mia forza per tirarla verso di me. L'intento era di metterla a tappeto, ma lei si girò prontamente per attutire la caduta e non atterrò accanto a me.

Atterrò *sopra* di me.

12

Helena

In realtà avrei dovuto prevedere che Jessiah volesse prendersi la rivincita, ma ero così soddisfatta per averlo messo al tappeto che abbassai la guardia. Lui ne approfittò e, come la protagonista di un'insulsa commedia romantica, finii immancabilmente per atterrare sopra di lui.

Avrei voluto girarmi o alzarmi subito, ma il cervello mi si inceppò. Guardai Jessiah dritto negli occhi, percepii il suo corpo contro il mio e a un tratto, avvertendolo sotto di me, con tutti i muscoli tesi, mi sentii la bocca secca. Mi teneva ancora le mani sulle braccia, avendo istintivamente cercato di afferrarmi. Non le lasciava andare, si limitava a guardarmi. Ero come stregata dalla vicinanza tra noi, che mi faceva scattare qualcosa contro la mia volontà. Era possibile essere attratti da qualcuno che non potevi soffrire? Anzi, che odiavi?

Che razza di situazione!

Quella conclusione spezzò l'incantesimo. Un attimo dopo distolsi finalmente lo sguardo da Jessiah, feci leva sulle braccia e mi rialzai.

Lui si tirò su a sua volta, con molto più stile di me, e un'espressione sul volto che non riuscivo a decifrare.

«Mi sa che adesso siamo pari» commentò con noncuranza.

«Non credo proprio» ribattei cupa, riannodandomi la treccia

che si era sciolta. *Non saremo pari finché non dimostrerò che ti sbagliavi di grosso riguardo a Valerie.*

«Giusto, del resto sei la vendicatrice di tua sorella.» Sgranò gli occhi, facendomi subito infuriare di nuovo. «Hai mai pensato che potresti impiegare meglio il tuo tempo?»

Lo fulminai con lo sguardo. «Come ti ho detto l'ultima volta, non hai idea di chi fosse Valerie.»

«Oh, quindi non era una di quelle festaiole che ogni fine settimana andavano a folleggiare in qualche club esclusivo?» Mi guardò con finto interesse, ma intuii che anche in lui la collera doveva aver ripreso il sopravvento. Me ne rallegrai, dopotutto era un Coldwell.

«E allora?» lo rimbeccai. «Faceva parte del suo lavoro.» Perché la gente non capiva che alcune persone non amavano mettere in piazza la loro interiorità? Soprattutto se, come mia sorella, avevano imparato che era meglio nascondere agli altri il proprio vero io. «E questo non significa che si drogasse.»

«Ma dai, ci credi davvero?» Jessiah si passò una mano tra i capelli. «Ogni tanto sono andato a feste del genere, tu mai? C'è sempre qualcuno che porta la coca.»

«Certo» concordai «spesso è così. Ma questo non vuol dire che tutti si facciano. Tu hai mai provato?»

Alzò le spalle. «Un paio di volte. Ma non fa per me.»

«E Adam?» Glielo chiesi di getto, prima di rendermi conto che era pericoloso porre una domanda del genere. Se i Coldwell avessero scoperto che stavo cercando prove dell'innocenza di Valerie, avrebbero sicuramente fatto di tutto per fermarmi. E nessuno sapeva fino a che punto si sarebbero spinti.

«No, Adam non ha mai preso nulla.» La voce di Jessiah vibrava di indignazione. «Mio fratello era la persona più onesta di questa stramaledetta città. Si è sempre preso cura degli altri, non ha mai esagerato con le feste né fatto follie. Finché non è arrivata Valerie. Sei una ragazza sveglia, Helena, quindi dimmi: come fai a *non vedere* un collegamento?»

Scossi la testa. Voleva davvero convincermi che la sua stupida opinione era quella giusta?

«Come fai *tu* a non vedere che era proprio questo il problema di Adam? Le aspettative, la pressione, tutte le persone di cui doveva occuparsi? Valerie è stata la prima a esserci per *lui*, e non il contrario.»

«Certo. Tra tutte proprio lei, una Weston che pensava solo a se stessa.» Jessiah sbuffò con aria sprezzante. «Per lei Adam era solo un piacevole passatempo, proprio come tutti i ragazzi prima di lui. Tu non riesci a capirlo perché la adoravi ciecamente.»

Le sue parole, così ingiuste, mi mozzarono il fiato; eppure colsero nel segno. Quante volte negli ultimi anni mi ero chiesta se non mi fosse sfuggito qualcosa, se Valerie non mi avesse nascosto dei segreti che l'avevano portata alla morte. E guardando Jessiah – l'emblema della famiglia che indirettamente le aveva dato dell'assassina – provai il desiderio di ferirlo. Proprio come lui aveva fatto con me. E trovai subito l'arma perfetta.

«Sai cosa mi ha detto Adam l'ultima volta che ci siamo visti prima della sua morte?» chiesi controllandomi a stento. «Voleva che tu fossi il suo testimone di nozze, ma aveva paura di chiedertelo, perché era convinto che per te il matrimonio fosse ridicolo e che quindi avresti rifiutato. Lo sapevi questo?»

Mentre le parole mi uscivano dalle labbra, capii subito di aver fatto centro. Il luccichio furente svanì dagli occhi di Jessiah, lasciando il posto a un dispiacere che avvertii come fosse il mio, perché entrambi avevamo perso qualcuno a cui volevamo molto bene. E all'improvviso mi rammaricai. Non perché pensassi che non si meritasse quel colpo basso, ma perché mi stavo comportando proprio come lui e la sua famiglia. Avevo anteposto il mio lutto al suo, comportandomi come se il dolore per la perdita di Valerie valesse più di quello per Adam. Non era da me. Non volevo essere una persona del genere.

Ripresi fiato, ma prima che potessi aggiungere altro lui mi precedette.

«No» disse senza guardarmi. «Non lo sapevo.» Poi uscì dalla sala e io rimasi lì a fissare la porta spalancata, finché non entrò un uomo sulla trentina dai corti capelli scuri.

«Ciao, sono Rafe.» Mi tese la mano sorridendo. «Tu devi essere Helen. Scusa il ritardo, la prossima volta andrà tutto liscio, te lo prometto. Vogliamo iniziare?»

Distolsi lo sguardo dalla porta, afferrai la mano dell'istruttore e annuii. «Sì» dissi infine. «Cominciamo.»

Al termine dell'allenamento ero abbastanza esausta, ma ne era valsa la pena. Rafe era ancora più esigente del mio allenatore di Cambridge, ma non lesinava elogi e mi incitava a superare i miei limiti. Soprattutto mi aveva messo talmente alla prova che per un po' non avevo più pensato a Jessiah, e di questo gli ero grata. Era stato *lui* per primo a umiliare Valerie in pubblico. Quindi era giusto che capisse cosa si prova a essere feriti, no?

«Hai davvero un'ottima tecnica» disse Rafe mentre uscivamo dalla sala. «Dove hai imparato?»

«In Inghilterra. Ho studiato a Cambridge per due anni.» Non potevo nascondere il mio leggero accento, quindi mi attenni alla verità.

«Il tuo allenatore laggiù sapeva il fatto suo.» Rafe mi guardò. «Ti andrebbe di partecipare a qualche incontro agonistico, se ti prepariamo a dovere? Siamo un po' a corto di donne qui.»

Prima che potessi rispondere spuntò Demi. «Farò finta di non aver sentito» commentò. «Ma ha ragione, purtroppo abbiamo una netta eccedenza di uomini. Quindi, se vuoi iscriverti, ci fa molto piacere.»

In realtà non era quello il piano. Volevo solo incontrare Simon, niente di più. Oltretutto stavo usando un nome falso e non avevo la certezza che Jessiah avrebbe sempre tenuto la bocca chiusa.

«Sì, perché no?» dissi infine. Il posto mi piaceva, fatta eccezione per una certa persona; inoltre non avevo ancora visto Simon. Quindi avrei dovuto prendere altre lezioni per avere la possibilità di parlargli. E forse sarei riuscita a programmare gli allenamenti successivi in modo da evitare Jessiah.

«Allora vieni, ti do i moduli da compilare.» Demi mi indicò il bancone, io ringraziai Rafe e la seguii.

«Di' un po', cosa gli hai fatto al povero Jess?» mi chiese lei. «Ha preso le sue cose e se n'è andato.»

Scrollai le spalle in segno di perplessità. «Non lo so. Mi aveva preso per una principiante e gli ho dato una rapida dimostrazione che non lo ero. Forse si è offeso.»

«Bah, ne dubito. A Jess piacciono le donne forti. In tutti i sensi.»

«Parli per esperienza?» Inarcai le sopracciglia. Avevano già avuto una relazione o non ancora? Ma perché avrebbe dovuto interessarmi?

«No.» Demi rise. «Ma mi sono già allenata con Jess e non è uno della serie "aspetta che ti faccio vedere, piccola".» Si chinò sotto il bancone per prendere alcuni fogli. «Forse è successo qualcosa a suo fratello. Di solito è per questo che se ne va in tutta fretta.»

Colsi la palla al balzo e mi mostrai stupita. «Suo fratello? Pensavo fosse morto.»

«Il fratello maggiore, sì. Ma ne ha un altro più piccolo, Eli, che ormai avrà quattordici o quindici anni. Ed evidentemente non se la passa bene, dopo quello che gli è capitato qualche anno fa.»

Frugai invano nella memoria. «Cos'è successo?» chiesi, sperando di non sembrare troppo indiscreta.

«Eli è stato rapito.» Demi scosse la testa. «L'autista di famiglia era un complice dei rapitori e li ha aiutati a sequestrarlo. Lo hanno ritrovato dopo più di una settimana.»

Sgranai gli occhi, stavolta sinceramente sorpresa. Non ne sapevo nulla. «Rapito? Ma è terribile!» Quando io e i miei due fratelli eravamo piccoli, i nostri genitori erano terrorizzati al pensiero che qualcuno ci potesse sequestrare, ma per fortuna non ci era mai accaduto nulla. A differenza del fratellino di Jessiah, per il quale provai subito un moto di compassione.

«Puoi dirlo forte. Comunque, da quando Adam è morto Jess si è preso cura di lui, perché sua madre... Non dirlo a nessuno, ma è una vera strega.» Demi fece una smorfia. «E a volte Eli ha degli attacchi di panico e allora Jess deve correre da lui.» Scoppiò a ridere. «Ahimè, temo di aver parlato troppo. Scusa, di certo tutto questo non ti interessa.»

Accennai un sorriso. Il fatto che Demi avesse dato a Trish della strega me la rendeva ancora più simpatica. «Figurati. Mi dispiace per Eli. E anche per Jess, ovviamente.» L'avevo appena detto ad alta voce, ma forse un po' lo pensavo davvero? Wow.

«Sì, be', per certe persone piove sempre sul bagnato, come si suol dire.» Demi mi indicò i punti in cui dovevo firmare i moduli di iscrizione. «Prima gli muore il padre, poi gli rapiscono Eli e infine se ne va anche Adam... Jess non è proprio stato baciato dalla fortuna.»

Visto che era in vena di confidenze, non volevo perdere l'occasione. «Sì, la morte di suo fratello ha toccato tutti. A proposito, si sa cos'è successo di preciso?»

«Credo una faccenda di droga. È morto insieme alla sua ragazza, una dell'Upper East Side. Erano innamoratissimi e si erano appena fidanzati, probabilmente hanno esagerato un po' e preso della roba tagliata male. Roba di merda.» Demi scosse di nuovo la testa.

«Sì, infatti» mormorai, riconoscendole il merito di non aver addossato tutta la colpa a Valerie. Questo mi fece riflettere: Jessiah sembrava averle raccontato molti dettagli della propria vita, tralasciando però le accuse contro quella che riteneva la principale responsabile. Strano.

«Ecco qui, puoi prendere i documenti, leggerli con calma e riportarmeli firmati la prossima volta. Ti sei trovata bene con Rafe? Lui con te sì.»

Annuii sincera. «Puoi scommetterci, non ho mai avuto un allenatore bravo come lui.»

Demi era entusiasta. «Mi fa piacere. Preferisci tornare tra una settimana allo stesso orario? Oppure prima?»

«Meglio prima, se è libero.» Non solo per la possibilità di incontrare Simon: lo sport mi aveva fatto bene, mi sentivo più equilibrata e rilassata; e questo nonostante Jessiah.

Demi mi diede appuntamento per il sabato, poi squillò il telefono e tornai verso gli spogliatoi.

La palestra non si era svuotata, anzi. Salutai alcuni iscritti, che non sembravano molto interessati a me, poi aprii l'armadietto, presi lo zaino e mi rivestii. Mentre mi avviavo verso l'uscita, notai una porta aperta sul retro, oltre la quale intravidi degli schedari e l'angolo di una scrivania. Era l'ufficio di Simon? Lui era lì?

Esitai un attimo poi mi avvicinai, con il cuore che mi batteva forte e un nodo allo stomaco. Forse era solo Demi che stava riordinando qualcosa. A un tratto, però, udii una voce profonda che sembrava concludere una telefonata. Era davvero il caso di tentare? Avevo pensato a lungo a cosa dire a Simon, a come indurlo a rivelare quello che volevo sapere. Adesso però mi sentivo la mente vuota, come se nessun pensiero lucido riuscisse a fare breccia nella mia tensione. Eppure... dovevo correre il rischio. Così raddrizzai le spalle e feci gli ultimi due passi verso la porta.

Simon era seduto alla scrivania e fissava accigliato un biglietto scritto a mano. Bussai sullo stipite.

«Sì?» Alzò lo sguardo e io raccolsi tutto il mio coraggio per entrare nell'ufficio. «Ciao, posso aiutarti?»

Puoi raccontarmi cos'hai visto la notte in cui è morta mia sorella. Naturalmente non lo dissi ad alta voce, ma mi limitai a sorridere. «Ciao, sì, forse. Sono nuova, oggi ho fatto il mio primo allenamento qui da voi.»

«Oh, giusto, Demi mi ha parlato di te. E Rafe prima ha detto che sei una vera scoperta.» Fece un gran sorriso. «Helen Miller, giusto?»

Per un attimo mi chiesi se fosse il caso di gettare la maschera. Poi feci un respiro profondo e tentai il tutto per tutto. «Be', ecco... no. In realtà, mi chiamo Helena. Helena Weston.»

Il sorriso sul volto di Simon lasciò il posto a una smorfia. «Weston? Allora sei la sorella di Valerie?»

Annuii.

«E perché ti sei iscritta al mio club sotto falso nome, Helena?» chiese con un tono più cupo e un'espressione più severa. Eppure restava seduto alla scrivania e non mi aveva ancora cacciata, così feci un passo avanti per provare a spiegarmi.

«Non era mia intenzione ingannarti, era solo per evitare che la mia famiglia mi scoprisse» gli assicurai. «Mi piacerebbe molto allenarmi qui, ma se i miei lo venissero a sapere me lo proibirebbero. Per questo ho utilizzato un altro nome.»

Simon mi squadrò a lungo, come per valutare se credermi o meno. «Anche se fosse la verità, perché me l'hai detto? Così metti a rischio il tuo piano di passare inosservata. Capirai che non posso accettare qualcuno sotto falso nome. È illegale.»

«Lo so» ammisi. «Ma non sono venuta qui sono per allenarmi. Sto cercando informazioni sulla morte di Valerie e Adam. E, sinceramente, speravo che tu potessi aiutarmi.»

«Aiutarti?» ripeté quasi incredulo. «E come potrei? È successo più di due anni fa, e tutto quello che c'era da dire è già stato detto.» Sembrava non avere altro da aggiungere. Indicò la porta. «Adesso è meglio che tu vada, Helena. Non posso aiutarti.»

Rimasi immobile mentre in testa mi rombava un unico grido: *No, no, no!* Quella era la mia sola possibilità di ottenere informazioni da Simon; non potevo permettere che si sbarazzasse di me tanto facilmente.

«Anche tu hai una sorella, giusto?» chiesi con voce tremante. Simon alzò lo sguardo. «E se si fosse trattato di Demi? Se fosse morta in quel modo orribile e tu sapessi che non era colpa sua, mentre tutti affermano il contrario? Non faresti qualsiasi cosa pur di riabilitarla? Letteralmente *qualsiasi cosa*?»

Non era questo il copione che avevo previsto – anzi, avrei voluto essere posata e concreta –, ma non riuscivo a trattenere le lacrime che mi stavano salendo agli occhi. E malgrado quel fuoriprogramma, il mio sfogo parve funzionare, perché Simon si ammorbidì un poco.

«Chiudi la porta.»

Obbedii, poi mi sedetti sulla sedia di fronte a lui.

«Cosa ti fa pensare che io possa aiutarti?» domandò. «A quella festa c'erano un sacco di persone del tuo ambiente. Perché non lo chiedi a loro?»

«Perché, a differenza tua, hanno tutti tirato in ballo la droga. Tu sei l'unico dei presenti che non ha mai detto una parola al riguardo. Per questo volevo parlare con te. Per chiederti il perché.» Simon mi guardò, poi si accarezzò la nuca, sospirando sonoramente. «Se pensi che non abbia detto nulla per proteggere tua sorella, temo di doverti deludere. Io e Valerie ci conoscevamo appena e ancora oggi non so perché sono andato a quella festa. L'upper class non fa per me, come puoi senz'altro immaginare.» Indicò i muri di mattoni grezzi intorno a noi e capii cosa intendeva.

«Adam era tuo amico, vero?» chiesi. «È per questo che eri lì.»

«Sì, è così.» Simon alzò le spalle larghe. «Era così entusiasta del fidanzamento che ho pensato: perché no?»

«E sebbene fosse tuo amico, hai dichiarato che Valerie non aveva portato droga alla festa. Come mai?»

«Perché non mi piace mentire. Neanche per un amico, e di certo non per soldi.»

«Per... soldi?» Corrugai la fronte. «Ti hanno offerto dei soldi per testimoniare contro mia sorella?»

Simon mi scrutò con severità. «Io non te l'ho mai detto. Non voglio che si sappia.»

«Certo.» Annuii, astenendomi dal domandare chi mai avesse tentato di corromperlo. Conoscevo benissimo la risposta: Trish Coldwell era pronta a usare qualsiasi mezzo pur di incolpare Valerie della morte di suo figlio; non c'era da sorprendersi che si fosse spinta a tanto.

«La verità è che non ho visto droga alla festa, e sono sicuro che non ce ne fosse neanche dopo che me ne sono andato.» Prese a lisciare un foglio stropicciato sulla scrivania. «È quello che ho detto alla polizia, non so perché non ne abbiano tenuto conto. Forse non mi hanno creduto, o c'erano troppe testimonianze contrarie. In fondo ero l'unico di colore lì, l'unico a non fare parte dell'élite. Sai come vanno certe cose.» Scrollò le spalle.

Lo sapevo benissimo. «Hai detto che sei sicuro che non ci fosse droga. Perché?»

«Perché, dopo che siamo andati nella suite, Adam ha mandato via un tizio che ne aveva. L'ha fatto con molta discrezione, ma io ero appena uscito dal bagno e li ho sentiti discutere.»

Sentii il battito accelerare, come se il mio cuore presentisse che stavo per ottenere un indizio importante.

«Chi era quel tizio, lo sai?»

«Uno spacciatore, se non erro. Lo aveva mandato qualcuno, come una specie di regalo di fidanzamento. Solo ai ricchi può venire in mente una cosa del genere.» Simon sbuffò. «Comunque Adam gli ha detto che non lo voleva e alla fine se n'è andato.»

Uno spacciatore mandato alla festa con un gentile omaggio? Era un'informazione preziosa da cui partire. Se avessi scoperto chi era, avrei potuto cercarlo e interrogarlo.

«Hai idea di come si chiami?» chiesi. «O di chi lo avesse mandato lì?»

«No, mi spiace. Credo che avesse un nome che iniziava per P, ma non ne sono sicuro. Adam però lo conosceva, questo era chiaro. L'ho sentito dire che non gli aveva prestato i soldi per comprare droga da spacciare di nuovo. Evidentemente gli aveva fatto uno dei suoi prestiti e se n'era pentito.»

Uno dei suoi prestiti? Qualcosa non quadrava. Una volta Valerie mi aveva accennato che Adam aveva una specie di progetto sociale: *Prestava denaro alla gente per avviare un'attività. Senza interessi. Diceva che, se sei ricco, hai una responsabilità nei confronti di chi è stato meno fortunato nella vita.*

Lo spacciatore era uno dei suoi beneficiari, ma ignoravo dove mi avrebbe portata quella pista. D'altronde non c'erano movimenti bancari da consultare. Certo, potevo contattare gli ex amici di Valerie su Instagram, ma era troppo rischioso; anche se avessero saputo chi era, non mi avrebbero comunque coperta. No, dovevo trovare un altro modo per arrivare a quell'uomo o a chi l'aveva ingaggiato.

«Non avrai intenzione di metterti a cercarlo, vero?» Simon aveva mangiato la foglia. «È una pessima idea.»

Non risposi e mi alzai in piedi. «Grazie per l'aiuto, Simon. Apprezzo molto la tua disponibilità.» Avevo fatto un piccolo passo avanti e, pur non sapendo come rintracciare lo spacciatore, almeno adesso avevo un nuovo obiettivo. «Mi dispiace di aver mentito sul mio nome. Fidati, non avevo cattive intenzioni.»

«Tranquilla.»

«Buona serata.» Sorrisi e feci per uscire.

«Helena?» mi chiamò. «Aspetta.»

«Sì?» Mi voltai verso di lui.

«Se ti dico come ottenere il nome di quel tizio, mi prometti che non farai sciocchezze?»

«Certo» mi affrettai a rispondere, schiarendomi la gola. «Non farò sciocchezze. Voglio scoprire la verità, ma ho una poliziotta che mi aiuta, quindi non corro rischi. Promesso.»

«Okay.» L'accenno a Malia sembrò convincere Simon. «C'era un taccuino, con una fascetta dorata. Adam lo portava sempre con sé.»

Me lo ricordavo: talvolta l'avevo visto estrarlo dalla tasca e annotarvi qualcosa, ma ne ignoravo il motivo.

«Quindi credi che le sue poesie mi aiuteranno a scoprire la verità?» domandai con un mezzo sorriso.

«Quelle no.» Simon sorrise a sua volta. «Ma il taccuino sì. Ci segnava i nomi di quelli a cui prestava i soldi.»

Sgranai gli occhi. «E tu come fai a saperlo?»

«Perché una volta, sei mesi prima di morire, ha fatto un prestito anche a me. Si era rotto un tubo qui al club, in pieno inverno, e le banche non volevano aiutarmi. Ci ha pensato Adam. E ha segnato tutto sul taccuino. Sua madre doveva restarne all'oscuro, e lui non voleva salvare i dati sul computer o il cellulare.»

Questo significava che sul taccuino c'era anche il nome dello spacciatore. Sentii l'adrenalina scorrermi nelle vene: trovarlo avrebbe rappresentato un'autentica svolta.

Lo ringraziai ancora, stavolta con più calore, prima di aprire la porta. «Mi hai davvero aiutata.»

Simon mi guardò scuro in volto. «Per favore torna qui ad allenarti, okay? Sono più tranquillo sapendo che puoi difenderti, qualunque cosa tu abbia in mente. Anche se dovremo tenere nascosto il tuo vero nome.»

Gli rivolsi un sorriso sincero. «Puoi contarci.» Poi mi rimisi lo zaino in spalla e me ne andai.

Fuori l'aria era gelida, e prima di chiamare Malia mi tirai su la cerniera della giacca.

«Sei ancora viva!» esclamò sollevata.

«Certo che sì» ribattei. «E ho scoperto qualcosa.» In poche parole le raccontai quello che mi aveva detto Simon riguardo a Adam e allo spacciatore.

Malia pareva colpita. «In effetti sembra che tu sia sulla pista giusta, ma dubito che il tizio potrebbe mai scagionare Valerie.»

«Non mi interessa, mi basta scoprire chi l'ha ingaggiato.

Perché, chiunque sia, potrebbe aver mandato anche qualcun altro, o magari essersi presentato lui stesso più tardi con della droga.» Ripresi fiato. «Senti, potresti informarti su chi ha ritirato gli effetti personali di Adam? Sai, dopo... dopo la sua morte?» Mi ricordai del sacchetto di plastica che mio fratello aveva portato a casa dal reparto di medicina legale. Dentro c'erano gli oggetti che Valerie aveva con sé: il cellulare, i gioielli, una pochette con il make-up. Ignoravo che fine avesse fatto, ma era chiaro che doveva esserci stato un sacchetto simile anche per Adam; e doveva averlo preso la stessa persona che adesso possedeva il taccuino.

«Aspetta, guardo...» La sentii digitare sulla tastiera, poi cliccare più volte. «La firma sul documento è abbastanza scarabocchiata, ma... ah, ecco qui il modulo. C'è scritto Jessiah Coldwell. Li ha presi suo fratello.»

Rassegnata al mio destino, chiusi gli occhi senza replicare. Non poteva che essere lui: proprio l'uomo che non avrei mai più voluto rivedere in vita mia – e che, dopo il nostro incontro di oggi, ricambiava senza dubbio la mia avversione – era in possesso dell'unico oggetto che mi avrebbe avvicinato alla verità su Valerie.

«Len? Ci sei?»

«Sì, ci sono. Grazie per le informazioni. Ti farò sapere.» Riattaccai prima che potesse replicare, sentendo l'euforia degli ultimi minuti congelarsi nell'aria fredda. Avevo trovato un indizio, e anche particolarmente utile. Adesso dovevo solo escogitare il modo di sottrarre quel dannato taccuino a Jessiah senza che se ne accorgesse. Una risata isterica mi solleticò la gola, ma non la lasciai affiorare e mi ricomposi. Avevo un obiettivo e l'avrei perseguito fino in fondo.

A qualsiasi costo.

13

Jessiah

Voleva che tu fossi il suo testimone di nozze, ma aveva paura di chiedertelo, perché era convinto che per te il matrimonio fosse ridicolo e che quindi avresti rifiutato. Lo sapevi questo?

Fu questo il mio primo pensiero al risveglio, la mattina dopo, mentre tornavo lentamente alla realtà. Un'impresa non da poco, considerando chi mi stava accanto. Subito dopo l'incontro con Helena, ero uscito dalla palestra e avevo chiamato Samara per darle appuntamento in un bar a tre isolati di distanza. Non eravamo rimasti lì a lungo, però, perché il mio desiderio di parlare era molto inferiore al bisogno di distrazione. Così eravamo venuti qui da me, avevamo aperto una bottiglia di scotch tremendamente costosa e io avevo fatto di tutto per dimenticare quella rivelazione. Proprio di tutto.

La strategia aveva funzionato, e infatti non avevo più pensato all'incontro al Tough Rock. Al mattino, però, quelle parole mi erano tornate in mente, più chiare che mai. Probabilmente la sera prima sarei dovuto andare a cavalcare le onde invece di fare sesso: era un antidoto più efficace contro i pensieri angoscianti, sebbene non altrettanto divertente.

Mi girai sulla schiena e fissai il soffitto del loft. Le frasi di Helena mi avevano colpito più della mossa con cui mi aveva messo al tappeto. Ignoravo che quello fosse stato il desiderio di

Adam; anzi, non lo avevo mai lontanamente sospettato. Nelle settimane prima della sua morte avevamo parlato poco. Non perché avessimo litigato, ma perché ero molto impegnato con il *lodge* in Australia e con la ragazza di cui mi ero innamorato.

Non avevo mai preso sul serio la relazione tra lui e Valerie, scambiandola per una piacevole distrazione che si era meritato. Quando mi aveva annunciato il fidanzamento, ero scoppiato a ridere incredulo, dandogli del pazzo per aver preso una decisione così importante dopo soli sei mesi. Ovviamente non mi aveva chiesto se volessi fargli da testimone, convinto com'era che avrei rifiutato – cosa che invece non avrei mai fatto, a prescindere dalle mie opinioni personali.

«Ehi, JC? Sei vivo?» Samara si sollevò su un gomito e mi guardò. Non mi ero nemmeno accorto che fosse sveglia. «Accidenti, devono essere dei demoni belli tosti quelli che ti tormentano. Dovrei sentirmi offesa.» Si scostò i lunghi capelli neri dal viso e mi accarezzò il torace. «Dai, parlamene un po'. Ti sentirai meglio.»

Accennai un sorriso e la baciai sulle labbra. Eravamo amici ormai da quasi due anni, e i nostri saltuari incontri sotto le lenzuola non avevano cambiato nulla. Il sesso con donne sconosciute non mi attirava più, perché non era mai bello come quello con qualcuna che conoscevi. Meglio ancora se l'amavi, ma in ogni caso, finché non avessi deciso dove passare il resto della mia vita, quella restava l'alternativa migliore. Non sarei più riuscito a partire dicendo addio a una donna. Perché l'ultima volta una parte di me era rimasta in Australia. Con Mia.

Non posso venire con te, Jess. Questa è la mia casa, a New York mi sentirei morire. Ma vedrai che ce la faremo, okay? Ce la faremo.

Non ci eravamo riusciti. Dopo neanche sei mesi la città e la mia famiglia mi avevano risucchiato nella loro follia. Avevo cominciato a saltare i nostri appuntamenti su Skype, ero irritabile, spesso stressato e ingiusto con Mia. E poi, resomi conto che ormai non ero più il ragazzo di cui si era innamorata, avevo tagliato i ponti. Era ingiusto mantenere a tutti i costi in vita una relazione destinata a fallire.

E adesso? Lei aveva trovato qualcun altro, una persona migliore: il mio amico Paul, con il quale avevo aperto il *lodge*. Volevo molto bene a entrambi ed ero felice per loro. Eppure a volte mi chiedevo se un giorno avrei mai vissuto un'altra storia d'amore come quella.

«Jess?» Samara mi riportò alla realtà.

«Adam voleva che gli facessi da testimone di nozze» le spiegai infine, cedendo alla sua richiesta. «Ma non me l'ha mai chiesto. L'ho scoperto solo ieri da un'altra persona.» In un primo momento mi ero infuriato, perché Helena lo aveva detto apposta per ferirmi – glielo si leggeva in faccia. Ma poi la rabbia era scemata, lasciando spazio alla tristezza per il fatto che mio fratello ne avesse parlato *con lei* e non con me.

«E perché non te l'ha detto prima?» chiese Sam. «È un po' strano tirarlo fuori adesso, ad anni di distanza dalla morte di Adam.»

Mi alzai a sedere e mi passai una mano tra i capelli. «Perché prima non la conoscevo.»

«È una donna?» Sam inarcò le sopracciglia.

«Helena. La sorella di Valerie.»

Fischiò tra i denti. «Una Weston? Ora capisco perché sei di cattivo umore. Sono certa che non te l'ha confidato per pura gentilezza.»

«No.» Feci una risata amara. «A quanto pare non riuscirò mai a liberarmi di quella famiglia.»

Sam accennò un sorriso e mi scostò un ricciolo dal volto.

«Prima o poi ce la farai. Se riesci ad andartene da qui, i Weston non ti inseguiranno di certo.» Non sapeva molto della nostra faida familiare, ma chiunque a New York era al corrente che tra i Coldwell e i Weston, anche prima di Adam e Valerie, non era mai corso buon sangue.

«Speriamo. Intanto preparo la colazione.» Mi alzai e mi misi qualcosa indosso prima di allungare la mano a Sam e tirarla su. «Waffle, pancake o uova strapazzate?» Ma conoscevo già la risposta.

«Solo caffè, come al solito. Il fatto che tu possa mangiare tutta quella roba così presto resterà sempre un mistero per me.» Sam rabbrividì.

Mi venne da ridere. «Thaz sostiene che le donne vadano a letto con me solo perché poi gli preparo la colazione. Potresti chiamarlo e dirgli che non è così?»

Lei sorrise. «Certo, ma poi mi implorerà ancora di convincerti ad aprire quel ristorante con lui. E lo conosci, sa essere molto insistente.» Fece un passo avanti, si avvicinò e mi baciò. «Per quanto mi riguarda, vado a letto con te perché mi piaci ed è fantastico. Vedi di farglielo sapere.»

Sorrisi e scesi le scale, diretto alla macchina del caffè. «Quindi stavolta ti fermerai in città più a lungo?»

«Che finezza, signor Coldwell.» Scosse la testa. «No, no. Oggi devo andare a Boston e domani parto per la Scozia. Se tutto va bene, presto cominceremo a produrre il nostro whisky. E non costerà cinquecento dollari come quello di ieri.» Indicò la bottiglia mezza piena sul tavolino.

«Ottima notizia per il mio conto in banca. E ovviamente mi aspetto qualche omaggio in quanto vecchio amico.»

I suoi occhi scuri scintillarono. «Nel modulo d'ordine aggiungerò una casellina apposta per te.»

Mentre macinavo i chicchi di caffè per poi riempire il portafiltro, Samara sparì in bagno. Quando uscì era al telefono. Dalle sue risposte concise non riuscii a intuire di cosa si trattasse, ma conoscevo l'espressione sul suo viso. Così non presi una delle tazze di ceramica dalla mensola, ma una di quelle da asporto, in bambù, che mi aveva regalato uno dei miei clienti. Quando finì di parlare, le versai il caffè nella tazza con un goccio di latte di mandorla prima di richiuderla con il coperchio.

«Devo andare, c'è un problema con un fornitore» annunciò.

«Posso aiutarti in qualche modo?» chiesi, allungandole il caffè sul tavolo.

«No, tranquillo, ci penso io.» Si chinò e mi diede un rapido bacio sulla guancia prima di prendere la tazza. «Grazie, sei un tesoro. C'è qualcosa che non sai fare?»

«Un mucchio di cose. Ma non te le dirò mai.»

Samara rise. «Tornerò in città tra dieci giorni» mi annunciò, già sulla porta. «È stato un piacere come sempre, JC.» Sorrise in modo un po' sconcio.

Accennai un inchino e ricambiai: «Piacere mio. Chiamami». Dopodiché se ne andò.

Dal momento che, a differenza di Sam, ero un fanatico della colazione e quel giorno non avevo appuntamenti, decisi di prepararmi i pancake. Di solito li facevo quando c'era Eli, ma stavolta utilizzai la farina integrale perché così mi sembravano un pochino più salutari. Avevo appena preso gli ingredienti dalla dispensa, quando bussarono alla porta. Mi guardai subito intorno per controllare se Samara avesse dimenticato qualcosa – era specializzata nel farlo – ma non vidi nulla. Così raggiunsi l'ingresso in pochi passi e aprii di slancio.

«Lo sapevo che eri venuta a letto con me solo per la colazione…» Ma mi interruppi subito, perché non era Sam quella davanti a me. Era mia madre, con indosso un impeccabile cappotto chiaro e i capelli perfettamente acconciati. «Trish? Che ci fai qui?»

«A quanto pare mi ritrovo ad assistere a quella che chiami la tua vita sentimentale.» Entrò a passo deciso, da vera regina dei ghiacci qual era. «È interessante che tu ti intrattenga fino a tardi con quella ragazza del whisky che ho appena incontrato qui sotto. Sembra proprio che gli orari regolari siano passati di moda.»

«Dovresti sapere che il settore della ristorazione non ha orari regolari» brontolai, sebbene non dovessi renderle conto di nulla.

«Certo che lo so, sono stata sposata con tuo padre abbastanza a lungo. Ma non sapevo che *tu* fossi un ristoratore. O forse ti sei messo a gestire un locale tutto tuo, invece di aprire quelli altrui?»

Sbuffai. Eravamo alle solite. «Nel caso te lo fossi dimenticato, possiedo dodici ristoranti. Credo che siano sufficienti per definirmi un ristoratore.»

«È un'eredità quella che stai gestendo, niente di più» puntualizzò lei contrariata.

«Oh, perché se invece entrassi nella tua azienda cosa sarebbe?»

«Un'occasione unica per fare qualcosa di veramente significativo nella tua vita.»

Mi astenni dal replicare. «Perché sei qui?» chiesi. Di solito aveva appuntamenti dalle sette del mattino alle dieci di sera. Trish Coldwell non si presentava da suo figlio spontaneamente o per bontà d'animo, ma sempre con qualche richiesta. E prima la avanzava, prima se ne sarebbe andata.

«Tanto per cominciare, vorrei un caffè. Suppongo che tu abbia i chicchi da macinare.»

«Ovvio.» Andai in cucina, ripetei la procedura di prima, ma, per quanto stavolta avessi voluto utilizzare una tazza termica, ne presi una di ceramica, la riempii e la posai sul tavolo.

Come sempre, quando si trovava nel loft di Adam, mia madre pareva un'extraterrestre piombata nel selvaggio West: una presenza del tutto fuori luogo. L'aspetto rustico dell'appartamento le era ben poco congeniale, tanto che sembrava temere di sporcarsi i vestiti immacolati per il semplice fatto di trovarsi lì.

«Grazie.» Arricciò le labbra, si sedette sullo sgabello e prese un sorso di caffè prima di continuare. «Sei andato in palestra ieri sera» disse in tono affermativo. Dunque lo sapeva. Perciò qualcuno doveva averglielo riferito.

«Pensavo che ormai avessi smesso di spiarmi» osservai freddamente, pur avendo sulla punta della lingua parole ben più impetuose. Anni prima, dopo che mi ero trasferito da lei, aveva pagato qualcuno per pedinarmi: voleva sapere dove andavo, chi incontravo. Io però ero riuscito a metterle i bastoni tra le ruote e alla fine aveva desistito. Fino a quel momento, apparentemente.

«Lungi da me l'idea di farti *spiare*. Ma non mi tappo le orecchie quando qualcuno mi dice di averti visto commettere un errore fatale.» Posò la tazza e mi fissò con uno sguardo tagliente. «Sai benissimo cosa intendo.»

«No, non ne ho idea.» L'avevo già capito, ovviamente, ma a volte mi concedevo lo stesso il piacere di irritarla.

«Oh, davvero? Allora ti sembra normale spassartela con Helena Weston in quel lurido club di arti marziali?»

Quindi si trattava davvero di questo. Scoppiai a ridere, divertito solo a metà; per il resto ero furioso. «*Spassartela* è il termine meno azzeccato che potessi scegliere.»

«Be', come lo chiami allora rotolarsi a terra con lei in una sala di allenamento?» Trish aggrottò le sopracciglia con aria interessata, ma la sua compostezza era solo di facciata. Proprio come quando combinavo una delle mie bravate apposta per farla infuriare. Sapevo che le stava ribollendo il sangue nelle vene.

«Non è successo… niente.» Pur essendo la verità, suonava poco convincente alle mie stesse orecchie. «Mi hanno chiesto di mostrarle la palestra, poi ci siamo trovati in quella sala, le ho fatto vedere una mossa e lei si è presa la rivincita. Tutto qui.»

«Capisco, quindi non c'è altro. Stai cercando di farmi credere che non hai alcun interesse per lei?»

«Non sto cercando di fartelo credere, ti sto proprio dicendo che è così» precisai. «Non c'è nessuna simpatia, tutt'altro. Helena mi odia. Come potrebbe essere altrimenti, dopo tutto quello che è successo?»

Mia madre mi squadrò con grande attenzione per captare ogni possibile emozione sul mio viso. «Quindi ti odia. E anche tu la odi?»

Scossi la testa, ridendo. «E io che pensavo che questo discorso non potesse diventare più assurdo.»

«L'hai inseguita nella Rainbow Room!» sbottò. Non mi stupì che lo sapesse. «Tuo fratello ha perso la vita per una Weston e tu non hai niente di meglio da fare che correre dietro a sua sorella! Cosa dovrei pensare?»

«Non avevo idea di chi fosse!» Sbuffai stizzito. Quante volte dovevo spiegarlo? «L'ho vista lì e mi sono preoccupato per lei. Se avessi saputo che era una di loro, non l'avrei mai fatto.»

«Ma *l'hai* fatto. Perché qualcosa ti ha spinto a farlo. Dimmi che non sei attratto da lei, Jess, o…»

«O cosa, mamma?» chiesi in tono glaciale. «Hai intenzione

di minacciarmi? Cosa perderò se non mi comporto come vorresti? Il tuo rispetto? Il tuo affetto? Qualcosa che non ho mai avuto? Dimmelo!»

Mia madre mutò espressione, e intuii che la sua preoccupazione era sincera. Forse aveva paura di perdere anche me? Non riuscivo a immaginarlo.

«Ieri sera qui c'è stata Samara, non Helena» spiegai, più calmo. «Questo dovrebbe rassicurarti, suppongo.»

Lei sbuffò con aria quasi intristita. «No, assolutamente no. Credi forse che tuo fratello e Valerie siano caduti subito l'uno nelle braccia dell'altra? Ci sono andati piano perché ci tenevano davvero. Ricordo la prima volta che Adam me ne ha parlato: diceva che non poteva fare a meno di essere attratto da lei, a un livello molto più profondo del semplice… sai cosa intendo.» Parlava a bassa voce, fissando la tazza. Raramente l'avevo vista così dopo la morte di mio fratello. «Gli brillavano gli occhi, come se Valerie fosse la risposta a tutte le sue domande, come fosse il suo rifugio. In quel momento l'ho invidiato, avrei voluto provare anch'io quei sentimenti per qualcuno. Finché non ho capito che non erano una benedizione. Al contrario, erano una maledizione, che poi l'ha ucciso.»

Restammo qualche istante in silenzio, uniti dal dolore per Adam. Stavolta però non provai rabbia nei confronti di Valerie, solo rammarico per non aver creduto che lui si fosse innamorato davvero. Ripensai alle parole di Helena. *Valerie è stata la prima a esserci per lui, e non il contrario.* Forse c'era qualcosa di vero.

«Aveva perso la testa per lei. E alla fine anche la vita.» Mia madre alzò lo sguardo. «Non potrei mai sopportare che accadesse anche a te. Tra i Coldwell e i Weston non è mai corso buon sangue. Io lo sapevo, eppure non ho fatto nulla per impedire la relazione tra Adam e Valerie. Non me lo perdonerò mai.»

Esitai un attimo, poi decisi di rassicurarla dicendole quello che voleva sentire: «Non sono attratto da Helena. Nel modo più assoluto».

Il sollievo le rischiarò il viso. «Bene, mi fa piacere.» Poi allungò la mano e mi sfiorò la guancia prima di alzarsi e tornare quella di sempre. «Adesso devo andare, ho un appuntamento in ufficio tra venti minuti. Grazie per il caffè.»

Annuii. «Figurati, non c'è di che.»

«Ci vediamo venerdì quando vieni a prendere Eli.» Mentre stava per uscire, mi ricordai di un'altra cosa.

«Sapevi che Adam voleva che gli facessi da testimone al matrimonio?» le chiesi quando era quasi sulla soglia.

Trish si bloccò. «No» rispose. «Ma non mi sorprende. Tu e Adam eravate molto diversi, eppure sei stato una delle persone più importanti della sua vita. È giusto che ti volesse al suo fianco.»

Dopodiché se ne andò, lasciandomi solo con i miei pensieri. Compreso quello che le avevo detto per rassicurarla: *Non sono attratto da Helena. Nel modo più assoluto.*

Spesso in passato le avevo mentito, e di solito per motivi peggiori. E tuttavia non ero pentito delle mie parole. Mia madre era imprevedibile quando si trattava dei Weston, quindi era meglio fornirle ampie rassicurazioni; che peraltro in questo caso, malgrado la mia bugia, erano fondate: tra me e Helena non c'era nulla.

E non ci sarebbe mai stato.

14

Helena

«Altro caffè?»

Alzai gli occhi e mi ritrovai di fronte il volto sorridente della cameriera. Era la quinta volta che mi faceva quella domanda nelle ultime tre ore, trascorse a un tavolino del bar accanto alla finestra a guardare di tanto in tanto il portatile ma soprattutto a tenere d'occhio il palazzo dall'altra parte della strada: era lì che abitava Jessiah Coldwell, come avevo scoperto senza difficoltà. Evidentemente tutti in città sapevano che, di ritorno a New York, si era trasferito nell'appartamento del fratello – Malia non aveva nemmeno dovuto controllare nella banca dati della polizia per dirmelo. Ai tempi di Adam ero stata in quel loft due o tre volte insieme a Valerie, quindi reperire l'indirizzo non era stato un problema. Ma questa era l'unica parte facile del mio piano.

Era pomeriggio inoltrato e, dopo aver passato la mattinata a seguire lezioni di cui non ricordavo nemmeno l'argomento, mi ero appostata lì. Certo, per prima cosa avevo cercato il nome di Jessiah sul campanello per accertarmi che abitasse effettivamente in quel palazzo, suonando per sapere se fosse in casa. Poi, dopo aver premuto il pulsante, mi ero rifugiata di corsa dentro al bar e adesso mi stavo sforzando di escogitare un abile stratagemma per entrare da lui e cercare il taccuino senza destare sospetti. Finora inutilmente. In Inghilterra avevo imparato a usare un set di grimaldelli, ma sapevo che l'appartamento era dotato di un sistema d'allarme. Una volta, durante una festa, era scattato senza motivo, e Adam aveva alzato gli occhi al cielo, esasperato, perché era stata sua madre a insistere per installarlo. No, dovevo accantonare quell'ipotesi; l'unica speranza era che Jessiah fosse in casa. Ma che mi lasciasse entrare per frugare tra le cose del fratello era un'eventualità a dir poco irrealistica.

«Un altro?» ripeté la cameriera, prendendo la tazza vuota dal tavolo.

«Credo sia meglio passare a una tisana» risposi. Ero già parecchio nervosa, e tutta la caffeina assunta nelle ultime ore non mi stava certo aiutando a tranquillizzarmi. «Se possibile, qualcosa di rilassante.»

«Benissimo.» Sorrise e indicò il mio portatile, dove, per salvare le apparenze, avevo aperto il file di una mia vecchia tesina di Cambridge. «Nervosa per gli esami, vero?»

«Eh, già.» Scoppiai a ridere in modo abbastanza credibile. «È per questo che sono venuta qui oggi, a casa mi sembrava di impazzire.»

«Immagino. Allora vedo se ho qualcosa di rilassante.»

«Grazie.» Sorrisi e lei scomparve.

Tornai a scrutare il portone d'ingresso dall'altra parte della strada per vedere se Jessiah sarebbe uscito. Non potevo restare lì per sempre. I miei genitori avevano invitato a cena Paige e la sua famiglia e mi aspettavano a tavola alle sette in punto. Avevo al massimo due ore per entrare in azione, e ancora non sapevo come fare. Dovevo tornare l'indomani? Era un'idea allettante, ma non avevo tempo da perdere. Senza il taccuino non avrei combinato nulla.

«Ecco la tisana. Una miscela di fiori di tiglio e melissa. Se non ti calma questa, l'unica soluzione è un colpo in testa.» La cameriera rise e io la imitai. E se avessi tramortito Jessiah inscenando una rapina? *Adesso basta, stai davvero esagerando.*

«Di' un po'» mi rivolsi alla cameriera. Dovevo essere così disperata da chiedere consiglio persino a un'estranea. «Se tu avessi un problema con un tipo che conosci, ma ti servisse qualcosa che ha lui, come faresti?»

«Dipende. Cos'è successo con quel tipo?» si informò.

«Be', ecco... abbiamo dei trascorsi, ci siamo messi a litigare e lui mi ha provocato. Così gli ho detto delle cose sgradevoli.» *Molto* sgradevoli. Cose di cui mi ero pentita, anche se non potevo soffrirlo.

La cameriera alzò le spalle. «Hai provato a chiedergli scusa?»

«Chiedergli scusa?» ripetei.

«Sì.» Annuì. «Mia madre dice sempre che saper chiedere scusa è la qualità più importante in una persona. Perché, quando ti rendi conto di aver fatto qualcosa di stupido, spesso basta quello.»

Due clienti volevano pagare, così mi lasciò a riflettere sulle sue parole. Forse aveva ragione. Avrei potuto scusarmi con Jessiah e, se avesse accettato le mie scuse, magari mi avrebbe invitato a casa sua. A quel punto mi sarebbe servito uno stratagemma per restare lì da sola per qualche minuto in cerca del taccuino. Se qualcuno lo avesse attirato fuori, forse ce l'avrei fatta. Sarebbe bastato un pretesto.

Preferibilmente un pretesto *ufficiale*.

All'improvviso ecco il piano: a poco a poco stava prendendo forma nella mia mente, occorreva solo compiere il primo passo. Presi il telefono e chiamai Malia. Doveva aver già finito il turno, così le chiesi di aiutarmi senza rivelarle le mie intenzioni.

Poco dopo, con un «Ho fatto più in fretta che potevo», entrò nel bar e si sedette accanto a me. «Allora, di che si tratta?»

«Del taccuino» risposi.

«Il taccuino?» Mi guardò con aria interrogativa. «Intendi quello di Adam, di cui ti ha parlato Simon Foster? È per questo che mi hai chiesto l'indirizzo di Jessiah?»

«Esatto.» Sorrisi. «Un giorno sarai una grande detective, Malia.»

Mi diede di gomito. «Okay, quindi presumi che le cose di Adam adesso siano da lui.»

«Lo spero. Se le ha buttate via o, Dio ce ne scampi, le ha date a sua madre, non ho nessuna chance di ritrovare il taccuino.» In quel caso avrei dovuto cambiare strategia. «Ma forse ha tenuto il sacchetto. Io l'avrei fatto.»

Malia mi rivolse quello sguardo che aveva perfezionato negli anni con Valerie: al contempo scettico e amorevole. Nell'amicizia con mia sorella era sempre stata lei quella assennata, e ormai sembrava consapevole che la tradizione sarebbe proseguita con me.

«Fammi indovinare, vuoi coinvolgermi nel tuo piano per portare via il taccuino. Cos'hai in mente?»

«Suonerò il campanello» dissi, nel modo più convincente possibile.

Malia inarcò le sopracciglia. «Suonerai il campanello.»

«Esattamente.»

«E poi?»

«Jessiah e io faremo una chiacchierata, almeno spero. E a quel punto tu dovrai convincerlo a uscire di casa.» Mi affrettai a proseguire prima che potesse rifiutare. «Per esempio, potresti dire che ha parcheggiato in divieto di sosta. Così avrei a disposizione qualche minuto per dare un'occhiata all'appartamento.

Lo conosco bene, quindi, se il taccuino si trova lì, sono sicura di poterlo trovare alla svelta.»

Dagli occhi di Malia scomparve ogni traccia di affetto e rimase solo lo scetticismo. «Len, sono un'agente di polizia, non posso fare uscire qualcuno di casa con un falso pretesto. E poi non so nemmeno se Jessiah abbia la macchina, figuriamoci quale. Siamo a New York.» Sapevo a cosa alludeva: molti in città non possedevano un'auto. Ma i ricchi di solito sì. E il mio istinto mi diceva che era così anche per lui.

«Be', potresti scoprirlo. Scommetto che ti basta una telefonata per verificare con i tuoi colleghi.» Le rivolsi lo sguardo da cane bastonato più credibile di cui fossi capace.

Lei sospirò. «Sì, potrei, ma il tuo piano non funzionerebbe lo stesso. Anche se ha un'auto, abita comunque qui, non sarà così stupido da averla parcheggiata in divieto di sosta. Ci serve qualcos'altro.» Vidi che stava riflettendo e dentro di me esultai. Ero certa che Malia mi avrebbe aiutata.

Senza aggiungere altro, prese il telefono e chiamò qualcuno, facendo il nome di Jessiah e spiegando brevemente quello che voleva sapere. Annuì più volte mentre riceveva la risposta e infine riattaccò.

«È un pick-up nero, un Ford F-150» mi informò. «È un modello molto comune, ma sono certa che non ce ne sono molti da queste parti.»

«Guida un pick-up?» La guardai incredula. Non me l'aspettavo. Be', un po' forse sì. Era difficile immaginare un ragazzo come Jessiah su una Lamborghini o una Maserati. O anche a bordo di una Mercedes o un'Audi.

«A quanto pare sì.» Malia mise via il telefono. «Dai, andiamo a cercarlo. Se siamo fortunate, ci sarà qualcosa di rotto che potrò usare come scusa per chiedergli di uscire.» Volevo gettarle le braccia al collo, ma lei alzò le mani sulla difensiva. «Ti avviso che non ho intenzione di fingere di essere in servizio. Non se ne parla.»

«Non ce n'è bisogno» mi affrettai a replicare. «Se ti spacci per una passante incuriosita, andrà benissimo.» Feci un cenno alla cameriera e riposi il portatile nello zaino. Mentre pagavo la ringraziai per il consiglio, dopodiché io e Malia uscimmo dal bar.

Fuori faceva ancora più freddo rispetto ai giorni precedenti, e mi alzai il bavero della giacca di pelle.

«Cosa speri di ottenere da tutto questo?» mi chiese mentre andavamo alla ricerca del pick-up nero. «Credi che scoprire la verità su Val ti farà sentire meglio?»

Scossi la testa. «No, ma voglio giustizia per lei. Gli altri devono capire perché mi manca così tanto.»

«Manca anche a me, Len.» Malia si addolcì. «Terribilmente. Eppure sappiamo che non è responsabile della sua morte e di quella di Adam. Non ti basta?»

«No» risposi. «Non mi basta. Valerie non era certo una santa, ma era una persona meravigliosa e di buon cuore, e non permetterò che venga ricordata come una festaiola irresponsabile che ha spinto il suo ragazzo ad assumere un mix letale a base di cocaina.» Feci un profondo respiro che mi bruciò i polmoni. «Non posso.»

«Okay, lo capisco.» Mi accarezzò leggermente il braccio. «Ma devi...»

«Eccolo!» esclamai all'improvviso. Avevo individuato il veicolo nero. «La targa è quella giusta?»

Lei annuì, poi girò intorno all'auto e, giunta all'altezza del parafango di destra, mormorò: «Bingo!».

Corsi da lei e vidi un'ammaccatura e alcuni graffi profondi, con ogni probabilità provocati dall'urto con un'altra vettura, che Jessiah non aveva ancora fatto riparare.

«È l'esca perfetta. Dirò di aver visto qualcuno che gli ha ammaccato il pick-up uscendo dal parcheggio e poi si è allontanato. Te lo terrò occupato per una decina di minuti buoni.» Malia sorrise. «Adesso tocca a te.»

Sentii un'ondata di adrenalina scaldarmi il corpo. Mi sfregai le mani. «Ti mando un messaggio appena sono pronta, okay? Devo fare in modo che mi lasci da sola nel suo appartamento prima che tu possa attirarlo fuori.» Se fossi rimasta sul pianerottolo, sarebbe stato tutto inutile. Il mio piano era convincere Jessiah a farmi entrare per parlare con lui qualche minuto. Dovevo conquistare la sua fiducia, ammesso che fosse possibile.

«Certo. Ti aspetto qui vicino.»

Ormai non c'era più motivo di rimandare l'inevitabile e mi diressi al portone d'ingresso. Lui aprì senza chiedere nemmeno chi fosse, e mentre salivo i gradini ero più tesa che mai. Il corridoio che conduceva all'appartamento sembrava lungo chilometri e, nel percorrerlo, pensai non so quante volte a tornare sui miei passi. Poi mi concentrai di nuovo sull'obiettivo e bussai coraggiosamente alla porta.

Nell'attesa feci un respiro profondo, cercando, senza successo, di tenere a bada il mio cuore impazzito. Quando la porta si aprì, doveva essere salito a duecento battiti al minuto.

«Tu?» Jessiah mi guardò sorpreso. Non potevo certo biasimarlo.

«Ciao.» Per quanto fossi a disagio, mi sforzai di sorridere, altrimenti avrebbe capito subito che c'era qualcosa sotto. Senza dare nell'occhio, gli sbirciai i vestiti – una semplice maglietta nera e un paio di jeans scuri un po' logori –, soffermandomi forse un po' troppo sui muscoli che spuntavano da sotto le maniche. *Sveglia, Helena, hai dimenticato il piano?* Mi ricomposi e lo guardai negli occhi. «Hai un minuto?»

«Un minuto? Per te?» Lì per lì esitò, ma poi si scostò per farmi entrare.

L'appartamento era bello come lo ricordavo, accogliente e caldo, con il parquet e i mobili scuri. Mi piaceva la sua ampia metratura e l'affascinante tocco industriale dei mattoni a vista e delle travi d'acciaio. Anche l'arredamento sembrava rimasto quello dei tempi di Adam; perlomeno il grande divano verde scuro aveva un aspetto familiare, così come il tavolo da pranzo in legno grezzo e gli sgabelli in cucina. In passato, però, non avevo mai sentito un profumino come quello di oggi, proveniente dalle pentole che ribollivano sui fornelli.

«Che ci fai qui, Helena?» chiese Jessiah.

Mi voltai verso di lui. Aveva le braccia conserte e sembrava ancora più scostante delle altre volte. Come dargli torto, ricordavo bene la sua reazione al mio commento su Adam.

«Voglio scusarmi» dissi, stringendomi involontariamente nelle spalle.

Notai di nuovo la sorpresa sul suo viso. «Scusarti?»

Annuii. Era stato il mio pretesto per entrare da lui, ma in quel momento, guardandolo, sentii davvero il bisogno di chiedergli perdono. «Mi dispiace per quello che ho detto ieri su tuo fratello. Ero arrabbiata e volevo ferirti perché avevi parlato di Valerie come se fosse… lasciamo perdere, non importa. In ogni caso ho sbagliato. Di solito non sono così e non voglio esserlo.»

Jessiah stava per replicare, quando all'improvviso l'acqua in una delle pentole cominciò a bollire. Si precipitò ai fornelli, prese un cucchiaio di legno e ne rimescolò il contenuto.

Io lo seguii per qualche passo fino al tavolo.

«È stata una mazzata, dopo più di due anni» disse Jessiah guardandomi. «Ma credo di… essermela meritata.»

«Forse.» Annuii. «Comunque ho sbagliato.»

Scrollò le spalle e, con mio grande stupore, sembrava aver già archiviato la questione. «E io che per un attimo ho pensato che ti volessi scusare per la tua mossa in palestra» aggiunse con una punta di ironia.

«No» risposi accennando un sorriso. «Quella *sì* che te la sei meritata.»

Jessiah sbuffò lievemente, ma in fondo sembrava essere d'accordo. Posò il cucchiaio e appoggiò le mani sul piano di lavoro, pensieroso. «Ti va di mangiare qualcosa?»

«Mangiare?» ripetei stupita.

«Sì, sai, ingerire il cibo. Ti prego, non dirmi che ti nutri solo di Coca Light e insalatine scondite.»

Scossi la testa con decisione, nulla era più distante da me. «No, io… mi piace molto mangiare, ma…»

«Ma cosa?» Jessiah si lasciò sfuggire per la prima volta un sorriso, che mi provocò un nodo allo stomaco. «È solo pasta con feta, olive e pomodori secchi. Non ci ho messo nessun veleno, se è a questo che stai pensando.»

Feci una breve risata. «Certo che no. È solo che non mi aspettavo che mi invitassi a cena.»

Alzò le spalle. «E perché no? Perché le nostre famiglie si odiano?»

«Tanto per cominciare. O forse perché il nostro ultimo incontro non è stato dei più piacevoli. O ancora perché pensi che mia sorella sia il più grande errore che tuo fratello abbia mai commesso.» Erano state quelle le parole di Jessiah dopo la sua morte. Ricordavo bene il risentimento e l'odio con cui le aveva pronunciate. E benché fossi lì per uno scopo ben preciso – e quindi non dovevo rischiare di inimicarmelo –, non avevo potuto esimermi dal farglielo notare.

Lui chinò il capo, si passò una mano tra i capelli e mi guardò di nuovo. «Mi crederesti se ti dicessi che sono pentito di quelle parole?»

«Allora dillo.» Sostenni il suo sguardo.

Lui rimase in silenzio e io provai una fitta di delusione, per quanto immotivata. Il fatto che mi fossi scusata e che Jessiah mi avesse invitato a cenare con lui non significava che fossimo diventati improvvisamente amici: tra di noi non era cambiato nulla.

A quel punto avrei voluto salutarlo e togliere il disturbo, ma ero lì per un valido motivo e dovevo andare fino in fondo. Così, nascondendo il cellulare sotto il tavolo, scrissi a Malia per dare il via libera alla sua manovra diversiva.

In quel momento Jessiah riprese la parola.

«Ero tornato in città solo da pochi giorni quando… quando è successo. Al tempo vivevo in Australia e non me ne fregava nulla di quello che accadeva a New York, felice com'ero di essermene andato via. In fondo sapevo che Adam si sarebbe occupato di tutto, come sempre, da buon samaritano qual era.» Rise amaramente. «Ma ecco che all'improvviso lui non c'era più e mia madre continuava a rilasciare tutte quelle interviste. Io non ne volevo sapere, eppure i giornalisti non la smettevano di starmi addosso con quelle dannate telecamere, i microfoni e le loro domande odiose. *Cosa pensa della morte di suo fratello per overdose? Secondo lei perché Adam ha assunto cocaina? Forse voleva farla finita e ha esagerato intenzionalmente?*» Jessiah sospirò. «Li ho ignorati per uno, due, tre giorni. Ho cercato di sistemare quello che potevo, come faceva Adam. Ma a un certo punto, una sera, dopo una settimana senza un attimo di riposo, mi hanno teso un'imboscata. Volevo sparire come al solito, ma uno di loro mi ha chiesto: *È per questo che tace, perché si sente in colpa per la morte di suo fratello?*»

Sussultai, sbigottita, nonostante conoscessi bene i giornalisti. «Davvero ti hanno chiesto una cosa del genere?»

Jessiah annuì. «Mi ha mandato su tutte le furie e non ci ho più visto. Sono sbottato e ho urlato in faccia a tutti loro quello che mi passava per la testa. Senza riflettere.»

Quando alzò gli occhi verso di me, il suo sguardo mi colpì nel profondo. Forse era per la franchezza di quelle parole. O forse per la sofferenza che gli leggevo in volto, così simile alla mia. Come se fossimo due facce della stessa medaglia e la morte dei nostri fratelli ci stesse legando indissolubilmente. Per un istante tra noi regnò il silenzio, colmo di un'empatia che in realtà non avrebbe dovuto esserci. E che, contro ogni aspettativa, mi commosse.

«Allora… non hai mai voluto partecipare a quella campagna diffamatoria?» chiesi sottovoce. Questo gettava una luce completamente nuova sulla faccenda, e soprattutto su Jessiah. Sebbene non avessi dimenticato quello che mi aveva detto – al club e prima nella Rainbow Room –, in quel momento sembrava un'altra persona.

«No.» Scosse la testa. «Voglio essere sincero: non mi piace quello che so di Valerie. Ma non avrei comunque dovuto dire quelle cose su di lei in pubblico.»

«Le hai dette anche a me» gli ricordai.

«Lo so. E mi dispiace averti ferita.»

Lo ammise con tanta sincerità che gli credetti. Anche se sapevo leggere tra le righe ed era chiaro che non aveva cambiato opinione su Valerie, ma era solo pentito per l'effetto delle sue parole *su di me*. In ogni caso ero disposta ad accettare le sue scuse. Forse avrei dovuto essere più inflessibile – dopotutto era un Coldwell. È solo che… non volevo più litigare con lui, non dopo la sensazione che mi aveva suscitato. Così mi limitai ad annuire. A quel punto Jessiah prese due piatti dal ripiano dietro di sé e, senza chiedermelo di nuovo, mi servì una bella porzione di pasta appetitosa.

«Sarebbe una specie di calumet della pace?» chiesi con un sorriso ironico.

«Se vuoi, sì» mi rispose.

15

Jessiah

Non mi aspettavo una sua visita quella sera – né, a dire il vero, in qualsiasi altro momento. Ritrovare Helena Weston alla mia porta rappresentava un'eventualità talmente improbabile che ero rimasto a fissarla incredulo finché non mi aveva chiesto se avessi un momento per lei. E le sue scuse furono una vera sorpresa. Così come la mia reazione.

Non sapevo perché, ma, guardandola negli occhi, il mio rancore nei confronti di Valerie si era ormai quasi dissolto. E poi anch'io sentivo il bisogno di scusarmi, non volevo che soffrisse per colpa mia. In realtà forse cominciavo a intuire il motivo di tutto ciò, ma era meglio non far trapelare nulla. Le nostre famiglie si odiavano a morte, come aveva riconfermato anche l'ultimo confronto con mia madre. Come sarebbe potuta finire, se non con una guerra aperta?

Eppure non potevo tirarmi indietro, non potevo dire a Helena che sarebbe stato meglio per entrambi se se ne fosse andata. In compenso, le avevo offerto un piatto di pasta, osservandola con segreta soddisfazione mentre si toglieva la giacca di pelle per sedersi a tavola. Sorridendo, aveva preso la forchetta che le avevo porto dal cassetto e, senza esitare, si era messa a mangiare di gusto.

«Caspita, è buonissima!» Helena emise un gemito di piacere

che mi provocò una di quelle scosse elettriche che, forse, solo lei sapeva scatenare. «Dove hai imparato a cucinare così?»

Il suo entusiasmo mi fece sorridere. «Neanche fosse un menu prelibato! È solo un semplice piatto di pasta.»

«Questo non è un "semplice piatto di pasta".» Helena scosse la testa con decisione. «Erano secoli che non mangiavo qualcosa di così buono.»

«Sei appena rientrata dall'Inghilterra, quindi non è granché come complimento» replicai con un sorriso. Gli inglesi non erano esattamente noti per le loro abilità culinarie; okay, se è per questo nemmeno gli americani.

«È vero, ma sono tornata già da un po', e a casa abbiamo un'ottima cuoca. Allora, dove hai imparato?»

«Dappertutto e da nessuna parte in particolare.» Scrollai le spalle e presi la mia porzione, per poi sedermi all'angolo di fronte a lei. «Mio padre mi portava spesso nei suoi ristoranti, così ho potuto osservare molto.»

Helena chinò lo sguardo. «Scusa, non volevo metterti in imbarazzo. Ho saputo che è mancato qualche anno fa, mi dispiace.»

«Grazie.» Feci un mezzo sorriso. «Ma non devi scusarti con me così spesso, altrimenti finirò per abituarmici.»

«C'è di peggio» commentò lei con leggerezza, prendendo un'altra forchettata di pasta. «Quindi vuoi dirmi che hai imparato solo osservando?»

«No, non solo. Soprattutto con la pratica.»

Mi guardò con un'espressione che non era tanto di condiscendenza – come ci si sarebbe potuti aspettare da una Weston –, bensì di ammirazione. «Forse dovremmo assumerti al posto della nostra cuoca» ironizzò.

«Già, i tuoi non vedrebbero l'ora» sbuffai divertito, ma poi divenni subito serio. «Lo sanno che sei qui?»

Helena aggrottò le sopracciglia. «No di certo. Altrimenti domani mi ritroverei sul primo volo per l'Inghilterra.»

«Allora immagino che non sia stata una tua idea trasferirti lì...»

Prese un altro boccone ed esitò un istante prima di rispondere. «No, per niente. Se fosse stato per me, sarei rimasta a New York. Solo che nessuno mi ha consultato.»

«È stato molto brutto dover partire?» Solo dopo averlo chiesto mi resi conto che forse non avevo il diritto farle una domanda così personale, ma non mi tirai indietro. Non l'avevo mai fatto.

Helena alzò lo sguardo e vidi lo stupore nei suoi occhi azzurri; non per il quesito in sé, ma perché sembrava aver colto il mio sincero interesse.

«Sì» disse annuendo. «Per me New York è... è un po' come un porto sicuro. Ma i miei mi hanno allontanata perché volevano proteggermi. Senza mai prendere in considerazione quello che provavo io, peraltro.» Scosse leggermente la testa e poi rialzò lo sguardo, come se si fosse ricordata di chi aveva di fronte. «Immagino che per te sia l'esatto opposto» si affrettò ad aggiungere, riprendendo in mano la forchetta.

«In che senso?»

«Be', ho sentito dire che non sei proprio un fan di questa città» spiegò con un sorriso.

Sbuffai. «Questo è l'eufemismo dell'anno.» La mia avversione per New York non era certo un segreto, quindi nessuna sorpresa che anche Helena ne fosse a conoscenza. Forse era stato addirittura Adam a riferirglielo.

«Allora cosa ci fai qui?» mi domandò a bruciapelo. «Hai detto che la tua vita era in Australia. Non hai intenzione di tornarci?»

Esitai a rispondere. Raccontare a una Weston dei rapporti con i miei familiari era troppo rischioso, così preferii restare sul vago.

«Perché qui ci sono persone che hanno bisogno di me.»

Helena mi scrutò con attenzione, come se avesse intuito a chi mi riferivo, ma non indagò oltre. «Okay, capisco. Quello che non afferro, però, è la tua avversione per New York. Posso immaginare che tu preferisca l'Australia, soprattutto in inverno, ma... dopotutto questa è casa tua.»

«Sono nato e cresciuto qui, ma non vuol dire che sia casa mia.» Non pronunciai quella rettifica a cuor leggero, perché, sebbene avessi già raccontato a Helena del mio sfogo davanti alle telecamere, confidarle che in quella città mi sentivo soffocare era ben altra cosa.

Posò la forchetta nel piatto. «Allora non c'è nulla che ti piaccia qui? Niente di niente? Il Chrysler Building, ad esempio, o l'High Line Park, o Little Italy? Tutti amano Little Italy. Ci deve essere qualcosa che non odi.»

«L'aeroporto è fantastico» scherzai, mentre lei alzava gli occhi al cielo. «In realtà qualche posto c'è: alcuni miei ristoranti, questo appartamento, o Rockaway Beach in estate. Ma in generale non sopporto questa città: la mancanza di spazio, il traffico, i ritmi frenetici, la scortesia della gente. E, ovviamente, il clima. Non mi dire che a te piace.»

«Come tu ben sai, ho vissuto in Inghilterra per più di due anni» replicò Helena con una risata che mi provocò una piacevole sensazione nello stomaco. «Non esiste un posto con un clima peggiore.» Poi tornò seria e mi guardò pensierosa. «Non è pazzesco? Tu non volevi tornare, io non volevo andarmene. Se ci fossimo scambiati, sarebbe stato perfetto.»

Annuii. «A quanto pare condividiamo lo stesso destino: non possiamo ottenere ciò che vogliamo.»

Sorrise tristemente, e quel suo gesto rivelava una tale fragilità che avrei voluto fare il giro del tavolo e stringerla tra le braccia. Non perché la ritenessi debole, ma perché era abbastanza forte da non nascondere i propri sentimenti. Helena aveva risvegliato in me qualcosa che non potevo spiegare né descrivere. E, quando i nostri sguardi si incrociarono, capii che non ero l'unico a sentirsi così. *Che sta succedendo?*, mi chiesi. Fin dal primo istante qualcosa in lei mi aveva stregato. Mi domandai se Adam avesse mai provato la stessa sensazione con Valerie. Era per questo che aveva abbandonato ogni cautela, pronto a fare qualsiasi sacrificio per quella ragazza? Non lo sapevo. Eppure, all'improvviso, colsi il significato dell'espressione "contro ogni buon senso".

Volevo aggiungere qualcosa, ma un attimo dopo un rumore squarciò il silenzio: era il campanello. Scusandomi con Helena, mi alzai dallo sgabello e andai al citofono, alzando per una volta il ricevitore.

«Sì?»

«Salve» disse una voce femminile. «È lei il proprietario del pick-up nero parcheggiato davanti al take-away thailandese? Una vicina mi ha detto che è suo.»

«Sì, è mio. Qualcosa non va?»

«Be', ecco, sarebbe meglio se venisse a dare un'occhiata.»

«Okay, arrivo.» Mi voltai verso Helena, che, seduta a tavola, mi guardava con aria interrogativa. «Devo scendere un attimo, c'è qualcosa che non va con la macchina. Prendi ancora un po' di pasta, se vuoi. Torno subito.»

Mi infilai le scarpe e uscii. Mentre scendevo, però, i miei pensieri non andarono all'auto, bensì a Helena. A come l'atmosfera tra noi fosse improvvisamente cambiata e a quanto desideravo che restasse così.

Pur sapendo benissimo che era un'idea stupida.

16

Helena

Dopo che Jessiah fu uscito, rimasi seduta per qualche secondo, come se i miei scrupoli mi tenessero inchiodata alla sedia. Tutt'a un tratto il piano mi sembrò sbagliato. Dal momento che mi aveva invitato a cenare con lui e avevamo parlato – e più di una volta avevo provato una sensazione quasi impossibile da ignorare –, non avrei dovuto semplicemente chiedergli il taccuino? *E con quale motivazione? Perché stai indagando sulla morte di tua sorella? È pur sempre il figlio di Trish Coldwell, e lei non deve saperne nulla. Sei in missione per Valerie, ricordi?*

La mia voce interiore mi convinse a cogliere quell'occasione più unica che rara, così mi riscossi e scesi dallo sgabello. Con grande decisione, andai alla cassettiera accanto all'ampio divano in cerca di un taccuino con una striscia dorata. Mi sentivo un po' meschina a frugare tra le cose di Jessiah, ma mi rassicurai dicendomi che non se ne sarebbe mai accorto; a condizione di essere abbastanza svelta.

Nei cassetti non c'era nulla, tranne qualche dvd, candele e altre cose. Li richiusi e stavo per voltarmi, quando a un tratto notai alcune foto in bella vista sul mobile. Pur sapendo di avere pochissimo tempo a disposizione, mi misi a osservarle da vicino.

In una Jessiah era decisamente più giovane, forse sui dodici o tredici anni, ed era seduto accanto a un uomo a un tavolo con la tovaglia a quadretti bianchi e rossi, evidentemente in un ristorante. Erano raggianti – e come dargli torto, vista la pizza gigantesca che avevano di fronte. L'uomo doveva essere suo padre. Ricordai che Adam non aveva mai avuto un rapporto particolarmente stretto con lui; per Jessiah doveva essere stato diverso.

In un altro scatto quest'ultimo era in spiaggia, a braccetto con un ragazzo dai capelli neri e una ragazza bionda in bikini. Portava i capelli molto più lunghi di adesso, legati in uno chignon, e tutti e tre parevano di ottimo umore. Accanto c'era una foto in cui era in compagnia di un ragazzino bruno, probabilmente Eli, e un'altra insieme al fratello maggiore. Mi avvicinai e la presi in mano.

Doveva risalire a qualche anno prima, perché Adam sembrava più giovane di quando lo avevo conosciuto. Indossavano abiti sportivi e alle loro spalle appariva una vegetazione rigogliosa, più selvaggia di quella di Central Park. Li osservai con attenzione: si assomigliavano e allo stesso tempo erano diversi, come se Adam fosse la versione più coscienziosa di Jessiah. Entrambi erano alti e biondi, ma il primo aveva un'aria serena e uno sguardo mite che al secondo mancava completamente. Anche in quell'immagine, in cui sembravano felici, Jess aveva negli occhi uno scintillio di sfida che, mio malgrado, mi affascinò. Ma fu questione di un attimo, dopodiché rimisi a posto la foto in tutta fretta.

Forza, sbrigati.

Raggiunsi alla svelta le due porte sotto il soppalco. Al di là di una c'era il bagno, come sapevo dalle mie visite precedenti; dietro l'altra, un ripostiglio. La aprii e accesi la luce.

A destra e sinistra c'erano scaffali e appendiabiti, perlopiù vuoti. In compenso, il pavimento era stipato di scatoloni. Provai una fitta di eccitazione nello stomaco. Contenevano le cose di Adam? Mi chinai e ne aprii uno. Dentro c'erano vestiti, soprattutto camicie e maglioni, più alcune magliette che dovevano essere state sue. Poi ne controllai un altro, che ospitava un cofanetto portaorologi e alcune riviste, e un altro ancora. Quando notai una scatola un po' più piccola separata dalle altre, la aprii d'impulso.

Il cuore cominciò a battermi all'impazzata alla vista di una grande busta di plastica con la doppia chiusura, su cui era scritto qualcosa con un pennarello: il nome di Adam e la data del decesso. Erano le cose che aveva con sé alla sua morte. Forse, allora, la fortuna non mi aveva voltato del tutto le spalle.

Aprii la busta con dita tremanti, estraendo via via alcune banconote, una carta di credito e diverse ricevute. Poi, finalmente, ecco il taccuino rilegato in pelle nera con una striscia dorata, proprio come aveva detto Simon. Avevo trovato quello che stavo cercando, quasi non riuscivo a crederci!

Mi rialzai in fretta, lo infilai in tasca e richiusi con cura la busta e la scatola. A prima vista, sembrava che negli ultimi tempi Jessiah non avesse più toccato quegli scatoloni, ma era sempre meglio non rischiare. *Svelta, via di qui*. Nell'appartamento regnava ancora il silenzio, evidentemente Malia era riuscita a tenerlo occupato abbastanza a lungo. Adesso dovevo solo assicurarmi che tutto fosse in ordine e tornare a sedermi.

Stavo rimettendo a posto la scatola, quando qualcosa che sporgeva da un altro contenitore attirò la mia attenzione. Era la manica di una normalissima felpa, color blu navy. Eppure la estrassi dalla scatola semiaperta con mani tremanti. Tastando il tessuto avvertii un nodo alla gola, ma poi, quando la spiegai e la sollevai verso la luce, sentii le lacrime salirmi agli occhi.

Era una felpa della Columbia, con il nome e lo stemma dell'università un po' sbiaditi. Ma non era questo il motivo per cui ero così sconvolta. Apparteneva a mia sorella. Doveva averla lasciata a Adam, perché le piaceva indossarla nelle serate tranquille, accoccolata sul divano a guardare la tv. Resistetti all'impulso di annusarla, perché, se dopo tutto quel tempo avesse trattenuto ancora un accenno del profumo di Valerie, sarei probabilmente crollata nel ripostiglio di Jessiah. Mi chiesi se portarla via con me. Se ne sarebbe mai accorto?

Ci stavo riflettendo su, come paralizzata, quando udii dei passi e la porta d'ingresso che si chiudeva.

«Helena?» chiamò Jessiah sorpreso, non trovandomi in cucina.

«Cazzo» gemetti. In preda al panico, strinsi forte la felpa, mentre mille pensieri mi frullavano in testa.

E adesso?

17

Jessiah

La ragazza che mi aspettava davanti al portone mi disse di aver visto un'auto urtare la mia, così mi affrettai con lei verso il pick-up parcheggiato in fondo alla strada, finendo per scoprire che si trattava di un danno vecchio di qualche mese. Lo avevo posteggiato a Harlem davanti al locale di uno dei miei clienti, un po' distrattamente all'angolo, e un taxi lo aveva ammaccato. La riparazione figurava sulla lunga lista delle cose da fare, ma col passare del tempo era scesa così in basso che non ci avevo più pensato. Ringraziai comunque la ragazza per il disturbo e tornai a casa.

La porta d'ingresso era ancora aperta ma, entrando, notai che in cucina non c'era nessuno e i piatti erano vuoti. Helena sembrava sparita. Se l'era svignata nel frattempo? Dopo quello che ci eravamo detti, stentavo a crederci. Forse era in bagno?

«Helena?» chiamai.

Udii un'imprecazione smorzata, poi un tonfo. Provenivano dal ripostiglio? Con un brutto presentimento, mi avviai in quella direzione. E nell'istante in cui aprii la porta, per poco non ci scontrammo.

«Che ci fai qui?» le chiesi.

Mi fissò sbigottita; teneva in mano una felpa blu scuro dall'aspetto vagamente familiare. Era della Columbia e apparteneva a Adam, nonostante lui avesse studiato alla Cornell. Di colpo tutto mi fu chiaro.

«È per questo che sei venuta?» domandai in tono glaciale.

«Jessiah, io…» esordì, ma la interruppi subito.

«Era questo il vero motivo? Volevi prendere la felpa di Valerie?» La fissai, sbalordito e arrabbiato. Anzi, quando le lessi in viso che ci avevo visto giusto, decisamente furioso. «E così vieni qui, fai finta di scusarti e di essere gentile… mentre in realtà vuoi solo rubarmi qualcosa? Anzi, ti sei perfino accordata con qualcuno per farmi uscire, in modo da poter frugare indisturbata in casa mia?»

Fece qualche passo indietro e rimise la felpa nella scatola in cui presumibilmente l'aveva trovata. «Le mie scuse erano sincere» disse, con aria abbastanza colpevole che mi confermò come sul resto, in realtà, avessi ragione. Era stata tutta una messinscena. E io ci ero cascato in pieno.

«Ti è mai venuto in mente che potevi chiedermela e basta?» le chiesi stizzito. «Oh, no, voi Weston non fate così. Agite sempre alle spalle degli altri, siete dei maestri in questo!»

Helena alzò lo sguardo, nuovamente colmo di quella rabbia che era la sua emozione preferita nei miei confronti. «Già, perché, visto come ci siamo lasciati al Tough Rock, me l'avresti data!»

«Certo che sì!» ringhiai. «O credi che io ci tenga tanto ad avere qualcosa *di suo*?» Afferrai la felpa e gliela ficcai in mano. «Ecco qui, è tutta tua. Prendila pure, prima che la bruci!»

Lei la strinse, le sue dita sfiorarono le mie e per un attimo restammo come sospesi tra le infinite parole non dette e tutte quelle che ci eravamo scambiati a cena. Poi ritirai la mano, tornai a grandi passi verso l'ingresso e spalancai la porta. «Immagino che tu abbia ottenuto quello che volevi.»

Helena evitò di guardarmi mentre prendeva la giacca e infilava la felpa nella borsa.

«Grazie per la cena» sussurrò passandomi accanto.

«Non c'è di che!» replicai cupo. Poi sbattei la porta alle sue spalle e mi ci appoggiai contro, imprecando.

Merda, mannaggia a me! Perché ero stato così stupido? Sapevo com'era fatta quella famiglia, in che modo si comportavano i Weston quando volevano qualcosa. Eppure da lei non me lo sarei mai aspettato, e mi ero fatto fregare. Perché in quella ragazza c'era qualcosa che mi spingeva ad abbandonare ogni cautela, ogni sospetto, con l'unico desiderio che ricambiasse i miei sentimenti.

Ma una cosa era certa: giurai a me stesso che non sarebbe mai più successo niente del genere. Per me Helena Weston era morta.

Una volta per tutte.

18

Helena

Il cuore mi martellò nel petto per tutto il tragitto in taxi verso casa. Come se sapesse che me l'ero cavata per un soffio, il mio corpo non mi dava tregua – per non parlare della coscienza sporca. In aggiunta ero in grave ritardo per la cena; avevo appena fatto in tempo a salutare Malia e a ringraziarla per il suo aiuto. *Merda. Merda merda merda*. Perché era andato tutto così storto?

Rivedevo ancora, con pungente rammarico, tutta la delusione nello sguardo di Jessiah. Era quella la sensazione più persistente. Eccetto forse l'emozione intensa provata durante la cena, nel momento in cui ci eravamo guardati a lungo negli occhi. Nessuno dei due avrebbe potuto spiegarla né, tuttavia, ignorarla. Mi era piaciuta tantissimo la nostra chiacchierata, le risate, la sua onestà, i suoi sguardi. Da quando ero tornata a New York, non mi ero mai sentita così bene come in quella mezz'ora.

Quando realizzai che non mi avrebbe mai più guardato o parlato in quel modo, provai un nodo allo stomaco. Avevo ancora nelle orecchie le sue imprecazioni, udite attraverso la porta chiusa mentre correvo verso le scale. Era furibondo. Eppure ignorava che ero andata da lui non per rubargli la felpa, ma per tutt'altro motivo.

Feci un profondo sospiro e serrai le labbra, guardando fuori dal finestrino del taxi. Non avrei dovuto preoccuparmi di ciò che Jessiah pensava o provava; eppure mi sentivo una merda per averlo ingannato.

Di ritorno a casa, mia madre mi stava già aspettando nell'atrio. Era elegantissima, con un completo grigio a scacchi e un paio di scarpe abbinate.

«Dove diavolo sei stata?» mi chiese stizzita. «Paige sarà qui da un momento all'altro con i suoi genitori, e tu sembri una stracciona. Non ti avevo forse detto di sbarazzarti di quella giacca?»

«Scusa, c'era un traffico tremendo» mentii, maledicendomi per averla indossata. Ma non avevo programmato di rientrare così tardi; di solito riuscivo a togliermi la giacca di pelle e a nasconderla in tutta fretta prima che i miei genitori la vedessero.

«Sbrigati, allora. E per favore metti il vestito che ti ho preso.»

«Mi hai comprato un vestito?» Aggrottai le sopracciglia. In fin dei conti si trattava solo della famiglia di Paige, che era socialmente inferiore a noi. Perché mia madre faceva tante storie per quella cena?

«Sì, dato che, a quanto pare, non sei molto interessata a rinnovare il tuo guardaroba. Adesso vai, Helena, altrimenti rischi di presentarti a un orario poco opportuno.»

Annuii e corsi di sopra, stringendo forte la borsa. In camera tirai fuori la felpa di Valerie e la nascosi dietro l'asse dell'armadio, insieme al taccuino di Adam. Se mia madre l'avesse scoperta, si sarebbe pentita ancora una volta di avermi riportata a New York. Avrei potuto affermare che era mia, perché in fondo anch'io studiavo alla Columbia, ma era troppo sbiadita per sembrare appena comprata.

Poco dopo abbassai gli occhi sul vestito che giaceva sul letto.

Era color cipria, con l'esterno in tulle e un delicato pizzo sulle maniche: perfettamente in linea con quelli che indossavo prima di partire. La me stessa diciassettenne avrebbe fatto i salti di gioia, ma quella attuale si rabbuiò. Gettai una rapida occhiata all'etichetta: Dolce & Gabbana. Doveva essere costato più di mille dollari. Perché mia madre mi aveva comprato una cosa del genere senza consultarmi?

Corsi in bagno, mi pettinai e ritruccai. Dopodiché mi spogliai e mi infilai il vestito, per poi osservarmi criticamente allo specchio. Mi calzava a pennello, ma non mi stava bene. E una parte di me si rifiutava di indossarlo.

Così andai al guardaroba e ne presi un altro che avevo portato dall'Inghilterra come la giacca di pelle: era nero, aveva anch'esso le maniche di pizzo, ma rispetto a quello scelto da mia madre era molto meno da ragazzina. L'avevo comprato da Saks dopo essermene innamorata per averlo visto indosso alla duchessa Kate a un evento. A Cambridge, però, non avevo avuto molte occasioni per metterlo. Nessuna andava alle feste studentesche vestita così.

Stavo per sfilarlo con decisione dalla gruccia, quando a un tratto mi bloccai. Certo, il mio animo ribelle mi spingeva a indossare quell'abito, ma il prezzo di quell'atto di resistenza sarebbe stato piuttosto alto. Se c'era una cosa che *non* potevo permettermi di fare, era dare ai miei genitori l'impressione di ricalcare le orme di Valerie. E lei in quel caso non avrebbe esitato.

Con un lieve sospiro, riappesi il vestito nero nell'armadio, mi infilai le scarpe e scesi le scale in tempo. Giunta all'ultimo gradino, suonarono alla porta e la cameriera andò ad aprire. Nello stesso momento arrivarono i miei e Lincoln per salutare Paige e la sua famiglia. Strinsi loro la mano e mi limitai ad annuire educatamente.

«Sei molto carina, tesoro» disse mia madre sorridendo mentre entravamo in salotto. «I colori chiari ti donano particolarmente.»

«Già» replicai, anche se ero di tutt'altra opinione. «Grazie per avermelo comprato. Avevi ragione, ho davvero trascurato il mio guardaroba. La prossima settimana andrò a fare un po' di shopping.»

«Se vuoi ti accompagno. Sono anni che non ci andiamo insieme.»

Sorrisi. «Sarebbe bello.» Da un lato mi faceva piacere che volesse passare del tempo con me: quante volte l'avevo desiderato negli anni precedenti; dall'altro, però, immaginavo quali vestiti mi avrebbe costretta a comprare. A lei non interessava la persona che ero diventata, ma solo quella che voleva vedere in me.

Durante l'aperitivo rimasi quasi sempre in silenzio, perché l'incontro con Jessiah non mi dava pace. Sentivo ancora il sapore della sua pasta in bocca e le sue parole nelle orecchie, rivedevo i suoi occhi davanti a me. Ormai mi ero fatta un'idea più precisa del fratello di Adam; e, a dire la verità, cominciava a piacermi. Purtroppo, però, lui credeva che l'avessi abbindolato. E questo mi faceva male, più di quanto avrei immaginato.

«Tobias, come va con l'area Winchester? Ho sentito dire che ci sono problemi.» Ci eravamo appena seduti a tavola davanti al piatto di selvaggina preparato da Mary, quando Clive, il padre di Paige, tirò fuori l'argomento. Non c'era da stupirsi, dato che il matrimonio di mio fratello serviva anche a cementare il legame professionale tra le nostre famiglie. Gli Irvine operavano nel settore dell'edilizia ed erano noti soprattutto per la ristrutturazione di vecchi edifici. Clive e i miei genitori collaboravano da anni a numerosi progetti.

«Niente che non si possa risolvere» rispose mio padre sorridendo. «Si è fatto avanti un concorrente per il terreno, e il proprietario è ancora indeciso tra i due progetti. Ma la politica è dalla nostra parte, quindi sono sicuro che presto vinceremo l'appalto.»

«A meno che Trish Coldwell non convinca il sindaco a intercedere in suo favore» fece notare Clive. «Del resto lui sta già approfittando della sua generosità.»

Mio padre aggrottò la fronte infastidito. «Se quella donna pensa di poter costruire un altro dei suoi mostruosi e pacchiani grattacieli su quel terreno, scoprirà cosa significa mettersi contro di me.»

Alzai lo sguardo meravigliata. Il tono di mio padre era cupo e pieno di disprezzo, non l'avevo mai sentito parlare così. Ma forse era solo perché ero mancata da casa da qualche anno.

Più tempo passavo con la mia famiglia, infatti, più mi convincevo che il brunch domenicale era solo un lontano ricordo e tale sarebbe rimasto anche in futuro. I rapporti tra i miei genitori e Lincoln erano ormai improntati a un cortese distacco, perciò era ridicolo immaginarli tutti insieme seduti in pigiama a colazione.

«Lei non ha nulla a che fare con la nostra città, su questo siamo tutti d'accordo» ribadì Eleanor, la madre di Paige. «Ma adesso, dopo la morte del primogenito, non ha più un successore, quindi forse la CW ha i giorni contati. E allora tutta questa tragedia, almeno, sarà servita a qualcosa.»

Trattenni il respiro.

«Mamma» sibilò Paige sconvolta. Eppure nessuno, a parte noi due, sembrava indignato dal commento di Eleanor sulla morte di Adam e, di conseguenza, quella di Valerie. Mia madre abbassò gli occhi sul piatto e continuò a mangiare, mio padre bevve un sorso di vino e Lincoln si tamponò la bocca con il tovagliolo. Perché non avevano reagito? Eravamo i Weston, dannazione! Nessuno poteva insultarci, di certo non a casa nostra.

Feci un respiro profondo. «Sono sicura che Valerie sarebbe contenta di aver contribuito, con la sua morte, a rovinare i piani di Trish Coldwell» osservai con sarcasmo. «Ma credo che la tua speranza sia un po' prematura. In fin dei conti lei ha altri due figli.»

Eleanor inarcò le sopracciglia, preferendo ignorare il mio primo commento. «Sì, ma nessuno dei due è in grado di seguire le sue orme. Elijah non riesce nemmeno ad andare a scuola regolarmente perché gli manca qualche rotella. Quanto a Jessiah, meglio stendere un velo pietoso.»

«E perché?» non potei fare a meno di chiedere.

Mio fratello sembrò aver ritrovato la parola. «Non ha alcun interesse per l'azienda di famiglia o per il nostro ambiente. Jessiah evita l'upper class di New York come la peste. Non ne ha mai fatto mistero.»

«Però accompagna sua madre agli eventi mondani» precisai, senza rendermi conto, dalla reazione dei miei familiari, che avrei dovuto riflettere prima di parlare. «Almeno, è quello che ho sentito dire» mi affrettai ad aggiungere prima di bere un sorso d'acqua.

«Esatto.» Mio padre mi fissò con aria interrogativa; per quanto ne sapeva, da quando ero tornata non avevo partecipato a nessun evento.

«Be', a quanto pare adesso Trish lo tiene d'occhio, a differenza di prima.» Eleanor posò il bicchiere. «Se ripenso a quello che combinava, mi si rizzano i capelli.»

«Per esempio?» chiesi, prendendo una forchettata di fagioli.

Sapevo che era una domanda imprudente, ma ero convinta che nessuno dei presenti sospettasse dei miei contatti con il fratello di Adam.

«Be', non credo che sia un argomento adatto alla cena.» La voce di mia madre conteneva un pacato avvertimento. «Comunque possiamo stare certi che Jessiah non guiderà l'azienda in futuro.»

«E non ha nemmeno studiato.» Eleanor arricciò il naso. «Quel ragazzo ha ventitré anni e non ha ancora combinato nulla. Se fosse mio figlio, mi vergognerei di lui.»

«Non è proprio così» intervenne Lincoln. Lo guardai stupita: intendeva forse prendere le difese di Jessiah? «Possiede diverse attività in città. E promuove varie start-up, soprattutto ristoranti, bar e locali.»

Con ogni probabilità, se non lo avessi conosciuto meglio, ne sarei rimasta meravigliata. Quel ruolo si addiceva perfettamente al ragazzo che mi aveva invitata a cena, malgrado fino a quel momento non gli avessi mostrato altro che disprezzo. La mia coscienza sporca mi tormentava, e per di più c'era anche qualcos'altro che avrei preferito ignorare. Perché non mi ero semplicemente intascata il taccuino tornandomene subito in cucina? Così non si sarebbe accorto di nulla!

Ma insomma, parliamoci chiaro, come potrebbe mai nascere qualcosa tra voi? I tuoi genitori sarebbero capaci di spedirti sulla luna, pur di impedirti di vederlo.

«Ha ereditato i ristoranti dal padre» puntualizzò Eleanor scuotendo la testa. «E quanto agli altri progetti… non sono lavori degni di questo nome. Li definirei piuttosto il passatempo di qualcuno che non sa cosa fare della sua vita.»

«Io penso che sia lodevole aiutare le persone a costruire qualcosa» osservai, attirando di nuovo l'attenzione dei miei genitori.

Attenta, Helena, mi avvertì la mia voce interiore. *Stai rischiando grosso.*

Mio padre mi rivolse di nuovo uno sguardo indagatore, ma stavolta lo distolse prima del previsto. «Io credo che possiamo ritenerci fortunati perché i nostri figli hanno scelto un percorso classico per il loro futuro» osservò diplomaticamente rivolto agli Irvine. «Lincoln se la sta cavando alla grande in azienda, e sono certo che anche Helena farà strada.»

«Hai altri progetti?» si informò Clive, con la stessa gentilezza con cui si sarebbe rivolto a un bambino di cinque anni. Forse temeva solo che la sua odiosa moglie potesse lasciarsi sfuggire qualche altra malignità.

«Per ora niente di concreto. In realtà, mi sarebbe piaciuto avviare un'attività insieme a mia sorella.» Deglutii. «Ma ormai è fuori questione, purtroppo.»

«Un'attività tutta vostra? Che idea ambiziosa.» Clive annuì con aria di approvazione. «E in quale settore? Senz'altro in quello immobiliare, come ogni Weston che si rispetti.»

«No, non quello» replicai, cercando di tenere a bada la tristezza. «Volevamo organizzare dei tour della città.»

«Tour della città?» Paige sgranò gli occhi. «Vuoi dire portare in giro gruppi di turisti con marsupi e macchine fotografiche per fargli vedere l'Empire State Building? E perché mai?» Le sfuggì una smorfia.

Avrei voluto risponderle per le rime, ma mi trattenni e tornai a rivolgermi a Clive: «Avevamo ideato una nuova formula: Friends and the City. Volevamo che i nostri clienti avessero la sensazione di essere accompagnati in giro per la città da un amico, non da una guida irascibile che deve gestire cinque gruppi al giorno. Avremmo fornito il pacchetto completo, con attrazioni turistiche, pranzi e cene, vita notturna, ma anche pause relax e gite negli angoli più insoliti della città, sempre a fianco di una guida della fascia d'età corrispondente».

Mia madre serrò le labbra e mio padre si versò un altro bicchiere. Nessuno sapeva esprimere un tacito disprezzo come quei due. Avevano sempre disapprovato la nostra idea, cercando più volte di dissuaderci. A differenza di Adam, che aveva persino promesso di sostenerci finanziariamente. Alla fin fine i miei dovevano essere contenti che non se ne fosse fatto nulla.

«Mi sembra una splendida idea» disse Clive; ero contenta che almeno una persona a quel tavolo la pensasse così. «Questa città ha molto di più da offrire che Liberty Island e Times Square. Sarebbe un peccato se nessuno ne approfittasse.»

«Sì, è quello che diceva anche Valerie.» Sorrisi.

«Be', se un giorno dovessi riuscire a realizzare il tuo progetto, fammelo sapere. Ho alcuni partner all'estero che sarebbero entusiasti di provare.»

«Ecco, io...» iniziai, ma mia madre mi interruppe.

«Helena non ha certo intenzione di seguire le orme di sua sorella, in alcun modo. Non è vero, cara?» Il suo sguardo era un chiaro invito a misurare le parole. E all'improvviso capii perché aveva fatto tante storie per quella cena: lo scopo era far capire agli Irvine che Valerie era stata solo un'anomalia, la pecora nera nell'immacolato gregge dei Weston. Ecco perché indossavo quel vestito: io ero la figlia modello; dal canto suo, mia sorella non avrebbe mai portato niente del genere.

Sentii crescere dentro di me una rabbia irrefrenabile, che mi mozzava il fiato e mi faceva tremare le mani. Non c'era da sorprendersi che fosse quella la loro opinione su Valerie: sapevo quanto avesse sempre sfidato la mamma e il papà con la propria ostinazione. Eppure percepire chiaramente tutta quella ostilità faceva male da morire. Prendevano le distanze dalla figlia come se fosse stata il ramo secco di un albero, tagliato per proteggere il resto. Quanto li odiai in quel momento.

E tuttavia non potevo dire nulla, né tantomeno sfogare la mia collera. Se l'avessi fatto, mi avrebbero rispedita in Inghilterra l'indomani e non avrei più avuto alcuna possibilità di salvare la reputazione di Valerie. Così lottai con tutte le mie forze per mantenere il controllo – e ci riuscii.

«No» dissi con il sorriso più giudizioso possibile. «Certo che no.»

Poi afferrai la forchetta e ripresi a mangiare in silenzio, con il cuore gonfio perché l'unica persona a cui avrei voluto confidare la mia infelicità non era più con me.

19

Helena

Era già mezzanotte passata quando finalmente mi chiusi alle spalle la porta della camera, mi cambiai e mi struccai in bagno. Gli Irvine erano rimasti fino a tardi per discutere i dettagli del matrimonio, ma io non avevo osato chiedere ai miei genitori il permesso di ritirarmi. Così ero rimasta seduta con loro in salotto, ascoltandoli in silenzio mentre dibattevano sull'opportunità di celebrare le nozze in estate o in inverno per suscitare più scalpore, e su quali alberghi di lusso fossero i più consoni all'evento. Per tutto quel tempo avevo pensato a cosa avrebbe detto Valerie del matrimonio. *Linc, quella Barbie secchiona? Mi stai prendendo per il culo*. Lei non le mandava a dire, poco ma sicuro. Solo che ormai non poteva più commentare la decisione del fratello.

Non era più con noi.

Andai all'armadio, spostai l'asse allentata e afferrai il taccuino. Nel farlo, sfiorai con i polpastrelli il maglione di Valerie, ma non osai tirarlo fuori. Tornai a letto con il taccuino in mano, mi infilai sotto le coperte, accesi la lampada sul comodino e spensi la luce sul soffitto. Indugiai con le dita sullo stretto elastico che lo chiudeva. Avrei trovato quello che cercavo? O era stato tutto inutile e avrei dovuto ricominciare da capo?

Finché insistevo a fissarlo senza aprirlo, però, non l'avrei mai scoperto, così mi riscossi e allentai l'elastico, trattenendo il respiro. Le pagine scricchiolarono lievemente mentre le voltavo per leggerne il contenuto. Poi tirai un sospiro di sollievo, seguito a ruota da un nodo alla gola. C'era un elenco di nomi e somme di denaro, proprio come aveva detto Simon. Ora, se solo fossi riuscita a rintracciare quel tizio che era stato cacciato dalla suite da Adam, avrei finalmente trovato una pista degna di questo nome.

Partii dal fondo perché mi pareva sensato controllare le voci più recenti. A detta di Simon, Adam aveva dato dei soldi allo spacciatore perché smettesse di vendere droga, e doveva averlo fatto non molto prima della festa di fidanzamento. Cercai tra gli appunti un nome che iniziasse per P e, nella terzultima pagina, trovai quello che cercavo: *C. Pratt*, accompagnato dalla dicitura *5k*, che doveva indicare la somma di cinquemila dollari prestatagli da Adam. Più avanti c'erano altri due nomi con la P, che annotai sul cellulare, ma qualcosa mi diceva che quel Pratt era quello giusto. E infatti mi ci vollero solo tre minuti per trovarlo su Instagram, dove aveva postato soprattutto foto di sé in vari club di New York, con indosso abiti costosi e in compagnia di belle ragazze. L'account si chiamava *@colton4prattident*: di fronte a quel gioco di parole sgranai gli occhi, ma mi resi subito conto che avevo trovato finalmente una vera pista. Pratt aveva un debole per l'abbigliamento all'ultimo grido e sembrava ignorare cosa fosse la modestia, ma non mi importava. Rimasi a fissare il telefono con un senso di feroce trepidazione. «Caro Colton Pratt» mormorai. «È ora di fare due chiacchiere.»

Il Glowfly era uno di quei locali in cui tutti volevano entrare ma nei quali solo pochi superavano la selezione all'ingresso. Era un po' malfamato, un po' proibito e ormai tremendamente esclusivo. Situato alla periferia di Nolita, non si trovava nella zona più frequentata dai ricchi o dalle celebrità, ma era proprio questa la sua attrattiva. E, con ogni evidenza, attraeva anche Colton Pratt, il quale vi svolgeva regolarmente i propri affari.

Dal mio ritorno a New York, benché fossero passate quasi cinque settimane, non ero più uscita la sera. Da un lato ero stata troppo impegnata con l'università e le ricerche su Valerie; dall'altro i miei genitori mi avevano scoraggiato dal farlo, obbligandomi a cene di lavoro a casa o portandomi con loro a eventi mondani. I miei primi quindici giorni in città avevano evidentemente costituito una sorta di tregua, al termine della quale mi ero ritrovata almeno tre volte alla settimana a tavola con altra gente, al chiaro scopo di rassicurare tutti che ero diversa da mia sorella. Infatti, anche se i miei genitori non lo dicevano esplicitamente, sapevo benissimo cosa si aspettavano da me. Già in passato non mi era mai piaciuto fare la bella statuina, ma adesso lo odiavo con tutta me stessa. Eppure, se volevo restare a New York, non avevo scelta, dovevo stringere i denti e obbedire.

Perlomeno quasi sempre. Oggi, invece, approfittando del fatto che la mamma e il papà erano fuori città per il fine settimana, avevo deciso di seguire finalmente la pista indicatami dal taccuino di Adam. Scoprire quali posti frequentasse lo spacciatore non era stato difficile, perché li taggava su Instagram. I giorni in cui i nomi di individui come lui venivano a malapena sussurrati nel passaparola tra i clienti sembravano ormai lontani.

La fila davanti al Glowfly si estendeva per metà dell'isolato, come notai quando scesi dal taxi, constatando anche con piacere che, all'inizio di aprile, il clima cominciava finalmente a diventare un po' più caldo. Non avevo ancora un autista personale, mia madre non sembrava avere fretta di assumerne uno. Perché avrebbe dovuto, visto che mi teneva comunque sotto controllo per gran parte della giornata?

Raddrizzai la schiena, alzai la testa e mi diressi verso la folla con il cuore che batteva all'impazzata. Non ero mai stata al Glowfly, perché, prima che mi spedissero in Inghilterra, era soltanto un locale di nicchia. Lì non mi conosceva nessuno, quindi dovevo innanzitutto sperare che mi facessero entrare. Qualche anno prima sarebbe stato facile, perché nessun titolare che tenesse alle proprie pubbliche relazioni aveva mai respinto Valerie Weston. Oggi ero sola. Tra poco avrei scoperto se il mio cognome contava ancora qualcosa.

«Salve» salutai il buttafuori, impegnato con un gruppo di ragazze ubriache a cui stava negando l'ingresso.

Infastidito, si girò verso di me. «Sì?» chiese, lanciando un'occhiata al mio abbigliamento: abito nero, corto quanto bastava, tacchi alti, immancabile pochette di Chanel e costosissima giacca di Prada con paillettes. Tuttavia non era quella mise lussuosa la carta vincente su cui puntavo.

«Helena Weston.» Lo dissi con il tono di voce che avevo spesso sentito usare a Valerie in passato, sicuro di sé al limite dell'arroganza. «Mi aspettano dentro.»

Come speravo, il buttafuori sgranò gli occhi e mi guardò con aria di approvazione. Poi prese il cordone nero e lo sollevò. «Benvenuta al Glowfly» disse, chiudendo il passaggio alle mie spalle per tornare dalle ragazze.

Tirai un sospiro di sollievo, era stato più facile del previsto. Ma la parte difficile doveva ancora venire.

Lasciai la giacca al guardaroba, poi mi avviai verso il centro del locale. Era affollato: gente con outfit che spaziavano dallo chic all'eccentrico stava ballando in pista o era seduta nei salottini su poltrone basse e chaise longue foderate di velluto con scintillanti bottoni imbottiti. In omaggio al nome del locale, le pareti scure erano punteggiate di piccole luci che si estendevano verso l'alto fino al soffitto, luccicando con discrezione. Al vederle sorrisi, certa che anche a Valerie sarebbero piaciute.

Il bar era affollato, ma non ci volle molto perché uno dei ragazzi dietro il bancone si accorgesse di me.

«Ehi» mi salutò. «Cosa posso servirti?»

«Un gin tonic con ghiaccio, per favore» risposi, prima di pronunciare la domanda che mi ero ripetuta nella mente centinaia di volte – in qualche caso anche davanti allo specchio. «Senti, per caso hai visto Colton Pratt?»

«Pratt?» Il barista scosse la testa. «No, non ancora. Ma sono sicuro che tra poco arriverà, è ancora presto.»

Per fortuna avevo tutto il tempo necessario, dato che i miei genitori si sarebbero trattenuti a Boston un paio di giorni per incontrare alcuni soci in affari. Da anni vi possedevano alcune proprietà, motivo per cui soggiornavano regolarmente nella bella città a nord di New York. Buon per me, perché oggi non avrei potuto usare Malia come alibi. Non le avevo detto che intendevo recarmi in quel locale. Colton Pratt, in quanto spacciatore, non era esattamente quello che si definisce un cittadino modello, e lei non avrebbe mai approvato che lo incontrassi da sola.

«Ecco il gin tonic.» Il barista mi porse il bicchiere e io gli allungai una banconota da cinquanta dollari.

«Tieni pure il resto.» Sorrisi. «E se vedi Pratt, fammi un cenno, grazie.» Sapevo bene che aspetto aveva grazie alle foto su Instagram, ma era meglio non correre rischi.

«Certo.» Annuì e mi ringraziò, poi si rivolse agli altri clienti.

Con il drink in mano, mi avvicinai alle poltrone dietro la pista da ballo, perché era meglio tenere d'occhio l'ingresso da quel lato. Ma non passai a lungo inosservata.

«Helena?» mi chiamò una voce sorpresa, sovrastando la musica carica di bassi. «Helena, sei tu?»

Mi girai e vidi una ragazza che mi salutava. Era Madeleine Richardson, meglio nota dai suoi numerosi fan su YouTube come Maddy Rich, una vecchia amica di Valerie tra le prime a voltare pagina dopo la sua morte. Subito pensai di fingere che mi avesse scambiata per qualcun'altra, ma poi mi ravvidi: qualsiasi fonte di informazione poteva essere preziosa. E Maddy conosceva davvero tutti.

«Ehiii!» la salutai con entusiasmo, andandole incontro.

Lei mi diede due baci in aria, a destra e a sinistra. «Che bello vederti.» Mi guardò raggiante. «In effetti avevamo sentito dire che eri tornata in città, ma dato che non ti sei fatta vedere ho pensato fossero solo voci.»

Sorrisi. «No, è la verità. Sono tornata.»

«Lo vedo! E ti trovo benissimo! Sei più adulta, per così dire. Dai, vieni a bere qualcosa con noi.» Mi trascinò verso un salottino situato su una pedana, dove erano sedute altre quattro o cinque persone. Fui tentata di rifiutare, perché stavo aspettando Pratt, ma poi mi resi conto che da lì si godeva di una vista ancora migliore sull'ingresso. «Ragazzi, vi ricordate di Helena, vero? La sorella di Valerie» disse Maddy rivolta al gruppetto, in cui notai alcune facce perplesse e altre sorridenti, ma nessuna che mostrasse la benché minima traccia di senso di colpa.

Nonostante la rabbia che mi ribolliva dentro, salutai gentilmente e mi sedetti nel posto vuoto tra Maddy, intenta a versare lo champagne, e Preston Whitaker, la cui aria arrogante era all'altezza del nome che portava. In passato non avevamo mai avuto molti rapporti, quindi non mi sorprese che mi guardasse come se mi vedesse per la prima volta. In ogni caso non ci diedi importanza, anche perché Maddy mi aveva praticamente sequestrato.

«Dai, racconta, com'è andata in Inghilterra? Hai mai incontrato qualcuno della famiglia reale?»

Era questo che le interessava? Repressi uno sbuffo, ma in fondo non avrei dovuto stupirmi.

«No» risposi, indicando il mio gin tonic mentre Maddy stava per porgermi un bicchiere di champagne. «E, come puoi immaginare, essere spedita in esilio non è stato proprio uno spasso.»

«Be', adesso sei tornata.» Tirò fuori il cellulare. «Dobbiamo subito farlo sapere a tutti. Che hashtag usiamo?»

Alzai la mano per impedirle di scattarci una foto. «Mi dispiace, non posso. I miei genitori andrebbero giù di testa, se sapessero che sono qui. Sai, per via di Valerie. È meglio che rimanga in incognito.»

Maddy strabuzzò gli occhi e fece un'espressione di rammarico. «Mi dispiace davvero che all'epoca non abbiamo fatto di più, dopo Westwell... dopo che quei due hanno fatto una fine così orribile. Ma i miei partner erano contrari, e Valerie non avrebbe voluto che perdessi i clienti solo per combattere una battaglia inutile contro Trish Coldwell. *The show must go on.* Val avrebbe fatto lo stesso.»

Avrei voluto dissentire con veemenza, certa che mia sorella sarebbe stata leale. E tuttavia, guardando le persone a quel tavolo, intente a fissare il cellulare o a scambiarsi chiacchiere insignificanti, dubitavo che tra lei e loro ci fosse mai stata una vera amicizia... anziché un mero rapporto di convenienza. Di un'altra cosa, però, ero sicura: se in passato avevo tanto desiderato far parte di quel gruppo esclusivo, adesso non mi interessava più.

Stavo ancora pensando a una risposta adeguata, tenendo sempre d'occhio l'ingresso, quando a un tratto mi si mozzò il fiato. Non perché Colton Pratt si fosse finalmente degnato di presentarsi, ma perché Jessiah Coldwell aveva appena messo piede al Glowfly.

Non ci eravamo più visti da quando me n'ero andata da casa sua poco più di tre settimane prima. Mi ero sorpresa a cercarlo, invano, agli eventi a cui partecipavo con i miei genitori. Non sapevo cosa avrei fatto se l'avessi incontrato. Mi sarei scusata di nuovo? O gli avrei confessato che il mio intento era stato quello di rubare il taccuino di Adam e non il maglione? *Ahahah, certo che no*. Eppure, vedendolo, il cuore mi martellò all'impazzata tra le costole.

«Oh, ecco Coldwell secondo.» Anche Maddy lo aveva notato. Mi rivolse uno sguardo d'intesa. «Lo faccio cacciare?» propose. «Sono in buoni rapporti con i buttafuori.»

All'udire quella proposta mi venne quasi da ridere. Non avevo incontrato Jessiah di recente, ma l'avevo cercato su Google più spesso del dovuto. Anzi, avevo letto praticamente tutti gli articoli su di lui, pochi dei quali parlavano del suo ruolo nella famiglia Coldwell. La maggior parte riguardava le sue attività tra ristoranti, bar e club di cui aveva parlato Lincoln. A quanto pareva, Jessiah era una specie di *kingmaker* quando si trattava di decretare il successo di un locale, e quindi un ospite gradito ovunque a New York. Perciò, anche se Maddy fosse stata la presidente degli Stati Uniti, con ogni probabilità non sarebbe riuscita a convincere il titolare a cacciare Jessiah Coldwell.

«No, non ce n'è bisogno.» Scossi la testa senza aggiungere altro. Non avrei mai lasciato trapelare che una parte di me era felice di vederlo, in camicia grigia scura e jeans, con i quali stava comunque meglio di tutti i ragazzi che indossavano abiti costosi o stravaganti. Jessiah non aveva bisogno di vestirsi in modo appariscente per attirare la mia attenzione, gli bastava esistere. Da quando si era scusato per la sua invettiva contro Valerie, esercitava uno strano effetto su di me. Forse perché da allora, nel mio cuore, la rabbia aveva lasciato spazio a qualcos'altro.

Scoppiò a ridere per qualcosa che aveva detto un suo amico, Balthazar Lestrange, e si diresse verso il bar. Lì si guardò intorno e, come se facesse parte del copione della nostra storia tormentata, pochi secondi dopo incrociò il mio sguardo.

Il locale era poco illuminato, eppure mi parve di scorgergli in viso un'espressione contrariata. Non feci in tempo a distogliere gli occhi, però, perché lui si allontanò e mi diede le spalle.

Una fitta di delusione si insinuò dentro di me. *Che ti aspettavi?*, mi chiese la mia voce interiore. Non avevo una risposta.

«Ah, eccoti, finalmente!» Maddy si alzò e io sollevai lo sguardo irritata, perché non mi ero nemmeno accorta che qualcuno ci avesse raggiunti al tavolo. Il nuovo arrivato fu accolto calorosamente da tutti, finché non si voltò verso di me e il saluto mi si bloccò in gola per lo stupore.

«Ciao, non ci conosciamo, vero?» mi domandò sorridendo. I suoi occhi scuri scintillavano incuriositi.

«No» risposi tendendogli la mano. «Piacere, Helena.»

«Colton Pratt.» Me la strinse senza smettere di sorridere. «Lieto di conoscerti, Helena.»

20

Jessiah

«Allora, hai pensato a Harper's?» Thaz mi porse il bicchiere per brindare e io lo assecondai, anche se in quel momento mi stava dando parecchio sui nervi.

«Quante volte hai intenzione di chiedermelo?»

«Finché non dirai di sì.» Sorrise. «E poi è passata una vita da quando ne abbiamo parlato al Bella Ciao, quindi è ora di rinfrescarti la memoria.»

A quel punto mi accigliai. «Non sono qui per parlare di Harper's, ma solo per divertirmi un po'.» E il Glowfly era il posto giusto. «Quindi, se continui a rompermi i coglioni con il ristorante, giuro che me ne vado.»

«Ehi, calmati, vecchio mio.» Thaz alzò le mani. «Sono settimane che sei di pessimo umore, ancora peggio del solito quando sei a New York. Vuoi dirmi che c'è che non va?»

«Che c'è che non va?» Iniziai a elencare: «Trish sta insistendo come mai prima d'ora sul mio ingresso in azienda, nessuno dei miei progetti sta funzionando a dovere e mio fratello non va a scuola da una settimana perché è così terrorizzato che non riesce a uscire di casa. Dovrei forse essere di buon umore, Balthazar?».

«Eli sta di nuovo così male?» chiese lui preoccupato. «Credevo che andasse da una nuova psicologa.»

«Sì, è così, ma ho come l'impressione che i suoi metodi non migliorino le cose.» Mi scolai il bicchiere in un sorso e ordinai un altro drink con un cenno della mano. Mi sforzai disperatamente di non guardare verso i salottini. Invano. Stavo già rivolgendo lo sguardo in direzione di Helena, che era seduta in mezzo ad altra gente dell'Upper East Side e sembrava divertirsi un mondo.

Erano passate tre settimane da quando era venuta a casa mia per rubare il maglione di Valerie, e io ero ancora arrabbiato con lei. Non perché avesse commesso chissà quale crimine, ovviamente, ma perché mi aveva fregato. Di solito sapevo riconoscere quando qualcuno mi stava raggirando, ma con lei avevo toppato miseramente. Quando si era seduta a tavola con me, avevo pensato che le sue scuse fossero sincere. E invece aveva architettato tutto solo per impossessarsi di un ricordo di sua sorella.

Non averla più rivista mi aveva aiutato un po' a sbollire, ma adesso sentivo tornare a galla con prepotenza i miei sentimenti: non solo la delusione e la collera, ma... anche tutto il resto. Non che con quel vestitino nero non fosse particolarmente sexy, anche se mi piaceva più il suo stile casual in jeans e giacca di pelle. Era lei in quanto tale. Nient'altro che lei. Non riuscivo a spiegarlo, ma quando, poco prima, avevo incrociato il suo sguardo, notandovi rammarico, quella maledetta attrazione era tornata subito a farsi sentire. La tenevo a bada con la ragione e il risentimento, ma questo non significava che riuscissi a ignorare completamente Helena. Soprattutto ora che *lui* era seduto accanto a lei.

«Si può sapere chi stai fissando in cagnesco?» Thaz seguì il mio sguardo e individuò il bersaglio. «Oh, okay. Non avevi detto che Helena Weston non ti interessava?»

«Infatti è così» ringhiai. Ma non per questo ero contento di vederla insieme a Colton Pratt, con cui flirtava come se non fosse stato uno degli spacciatori più attivi della città. «Che ci fa con lui? Non lo sa chi è?»

Thaz scrollò le spalle. «Non ne ho idea. Che io sappia, non è praticamente mai uscita da quando è tornata. Si dice che i suoi la tengano al guinzaglio dopo quello che è successo a Valerie. Ma non preoccuparti, ci sono anche Maddy Rich, Whitaker e gli altri. Ci penseranno loro.»

«Sì, certo.» Gli insulsi amici di Valerie erano proprio affidabili nelle vesti di guardaspalle, come no!

Ci accomodammo a un tavolo con una buona vista sul resto del locale e io mi sedetti in modo da sorvegliare il gruppo di Helena. Non restammo soli a lungo, però, perché poco dopo ci raggiunse Cassandra, che gestiva il Glowfly.

«Ciao, ragazzi.» Si sedette sul cuscino accanto a Thaz, alzando gli occhi al cielo. «Un'altra serata infernale. Prima ci si mette lo spillatore, poi la macchina del ghiaccio e, tanto per gradire, due clienti hanno pensato bene di fare sesso nel mio ufficio. Ciliegina sulla torta, per poco non scoppiava un altro incendio nel magazzino a causa di un ventilatore. Meno male che i miei dipendenti sono sempre sul pezzo.»

«Insomma, un sabato sera come tanti, giusto?» chiesi con un sorriso.

«Esatto.» Scoppiò a ridere. «Ho sentito che il grande Jess Coldwell vuole passare dagli investimenti alla gestione di un locale in prima persona, dico bene?»

Lanciai un'occhiata a Thaz. «Giuro che ti ammazzo!» esclamai.

«Perché mi guardi così?» si schermì. «L'ha detto Cass, mica io.»

«Dopo che tu hai sparso la voce.»

«Nooo. Può darsi che qualcuno me l'abbia chiesto e io non abbia escluso di voler aprire un locale. E magari mi è anche capitato di fare il tuo nome, ma senza nessuna correlazione, lo giuro.» Si mise una mano sul cuore.

Cassandra spostò lo sguardo dall'uno all'altro. «Allora non è vero?»

Scossi la testa. «No. Balthazar non accetta che i suoi desideri non potranno mai diventare realtà.»

Il mio amico alzò gli occhi al cielo e, mentre lui assicurava a Cassandra che alla fine avrei ceduto, io guardai Helena, che era ancora seduta in compagnia di Pratt. Se la vista non mi ingannava, negli ultimi minuti sembravano essersi avvicinati.

No, non mi sbagliavo. Digrignai i denti quando lo vidi sfiorarle la guancia e poi sporgersi verso di lei. Non fu la gelosia a scatenarsi dentro di me, o almeno non solo. Era soprattutto apprensione.

«Adesso vado là» dissi alzandomi.

«E cosa conti di fare?» Thaz mi trattenne per un braccio. «Hai davvero intenzione di litigare con Pratt? A quanto pare a Helena non dispiace la sua compagnia.»

Aveva ragione, anche se non riuscivo a spiegarmelo. Certo, Pratt era un bel ragazzo e sapeva come comportarsi – almeno finché qualcuno non gli dava noia. Ma era un bastardo, e non volevo che si avvicinasse a Helena.

In quell'istante sentii il telefono vibrarmi in tasca. Quando vidi il nome sul display, trattenni il fiato e dimenticai entrambi per un attimo. Poi salutai Thaz. «Devo uscire un attimo, è importante.»

Lui si limitò ad annuire e continuò a parlare con Cassandra, mentre io mi facevo strada tra la folla lanciando un'ultima occhiata a Helena per poi dirigermi verso una porta scura che si confondeva con il muro. Oltre c'era un corridoio che conduceva alla sala del personale, in quel momento deserta perché il locale era pieno di clienti. Entrai e risposi.

«Ciao, Mia» la salutai con il cuore in gola.

«Ciao, Jess. Ne è passato di tempo.» Il suo dolce accento australiano mi ridestò così tanti ricordi che mi ci volle un attimo per ritrovare le parole.

«Sì, davvero.» Non ci eravamo più parlati dal nostro addio, avvenuto via Skype perché non avevo trovato il tempo di andare da lei. Ci eravamo seduti davanti al portatile e avevamo pianto, per poi capire che dovevamo chiudere non solo la nostra relazione, ma anche quella videochiamata. Era stata l'ultima volta che avevo sentito la sua voce. In seguito avevo parlato con Paul solo un paio di volte al telefono per organizzare il passaggio di proprietà del *surf lodge*, dopodiché avevo perso i contatti anche con lui. Le uniche notizie che avevo di loro provenivano da Instagram, dove avevo scoperto che erano ormai diventati una coppia. Quindi, a maggior ragione, ero davvero stupito di ricevere quella telefonata.

«Che ore sono?» chiese Mia. «Spero di non averti svegliato.» Anche in passato, durante la nostra relazione a distanza, confondeva spesso i fusi orari.

«Non preoccuparti. Sono appena passate le undici di sera, ma sono fuori.» Da lei dovevano essere circa le tre del pomeriggio. E probabilmente faceva caldo; del resto era estate inoltrata.

Sentii Mia sospirare. «Come stai, Jess? New York è ancora un inferno per te, o ormai ti ci sei abituato?»

«È l'inizio di aprile e fuori ci sono ancora dieci gradi, credo che possa bastare come risposta, no?» scherzai. Non volevo confidarle come mi sentivo in realtà. Anche se parlare con Mia mi suscitava una sensazione stranamente familiare, sapevo che i giorni in cui ci raccontavamo tutto erano ormai lontani. «E voi? Tutto bene? Voglio dire, con il *lodge*.» Non volevo certo sapere della sua relazione con Paul.

«Be'... non proprio. È per questo che ti ho chiamato.» Esitò un attimo. «Ultimamente abbiamo avuto dei problemi. Se avessi delle alternative non te lo chiederei, ma prima c'è stata una tempesta e non abbiamo potuto affittare quattro bungalow, poi si è rotta l'aria condizionata e...»

«Quanto ti serve?» la interruppi, perché non volevo obbligarla a giustificarsi. Lei e Paul stavano facendo un ottimo lavoro con il *lodge* e non avevano molti soldi da parte. Se io non fossi partito, non avrebbero avuto di questi problemi, quindi era del tutto naturale che volessi aiutarli.

«Non tantissimo» tentennò. «Cinquemila sarebbero sufficienti.»

«Solo cinquemila? Sei sicura?» Per i danni che aveva elencato ne servivano almeno tre, quattro volte tanto.

«Sì. È abbastanza per chiedere un prestito.»

Quelle parole mi punsero sul vivo. «Preferisci chiedere un prestito e pagare gli interessi piuttosto che prendere i soldi da me?»

«Jess, non si tratta di te. So che ci daresti molto di più, ma Paul...» Mia si interruppe.

Ecco il vero motivo. «Paul non sa nemmeno che mi stai chiamando, giusto?»

«No.» Proprio come avevo immaginato. Altrimenti non avrebbe mai voluto che fosse lei a chiamarmi; non dopo i nostri trascorsi. «Lui non era d'accordo. Diceva che sei stato già abbastanza generoso da cederci le tue quote senza chiedere nulla in cambio e quindi non abbiamo il diritto di spillarti altro denaro.»

Sospirò. Paul era piuttosto orgoglioso, qualità che avevo sempre apprezzato. Eravamo già stati amici a New York, prima di decidere di emigrare e aprire il nostro *surf lodge* in Australia. Si era spesso sentito a disagio perché ero io quello con il capitale, mentre lui al massimo poteva fornire manodopera, cuore e cervello. A me quella situazione non aveva mai dato fastidio, ma a volte c'erano state delle tensioni. Per questo non mi sorprese che avesse rifiutato la proposta di Mia di chiedermi aiuto.

«Gli dirai da dove proviene il denaro?» le domandai. E, se avesse risposto di no, avrei accettato comunque? Non volevo ingannare il mio amico, anche se la nostra amicizia ormai apparteneva al passato. D'altra parte la loro relazione non era affar mio: se Mia voleva mentirgli, fatti suoi.

«Non lo so.» Sospirò di nuovo. «Non ci ho ancora pensato.»

«La cosa comunque non mi riguarda» dissi.

«Jess...»

«No, Mia. Smettila.» Il modo in cui pronunciò il mio nome mi provocò una fitta. Non perché mi mancasse *lei*, ma per tutto quello che avevamo vissuto insieme. La consapevolezza di appartenere a qualcuno, la sensazione di potermi fidare ciecamente di un'altra persona, mi mancavano in modo indescrivibile. Eppure per quello dovevo aspettare. Mi avrebbe spezzato il cuore perdere un'altra donna come quella. «Intanto mandami i dati per il bonifico. Poi con calma parleremo del resto.»

«Grazie. Lo apprezzo molto.» Sembrava sollevata.

«Nessun problema.» La salutai e riattaccai, rimanendo immobile per un istante prima di tornare nel locale. Thaz era ancora al tavolo con Cassandra e, d'istinto, lanciai un'occhiata all'altro capo della sala, dove Helena era seduta con Pratt.

Mi correggo: dove Helena *era stata* seduta con Pratt. Perché adesso non c'era più. Erano spariti entrambi.

«Dov'è?» chiesi a Thaz, mentre il mio sgradevole presentimento si tramutava in vera e propria ansia.

«Dov'è chi?»

«Helena, cazzo!»

Si rese conto che non era dove l'aveva vista poco prima, ma liquidò la faccenda con un cenno della mano. «Starà senz'altro ballando.»

Scrutai la pista, ma di lei nessuna traccia. Merda. Era andata a casa con Pratt? No, non era così avventata. Oppure sì? In fondo cosa sapevo di lei?

Istintivamente mi diressi in bagno, ignorando ciò che Thaz mi stava gridando alle spalle. Dovevo trovarla. A qualsiasi costo.

E al più presto.

21
Helena

Quando Colton Pratt ci aveva raggiunti al tavolo, ero rimasta impietrita. Certo, avevo sperato con tutta me stessa di incontrarlo, ed era questo il motivo per cui mi trovavo lì. Eppure, non appena si era presentato stringendomi la mano, avevo avuto una paura tremenda. Non solo perché era un noto spacciatore e quindi un criminale, ma soprattutto perché, tutt'a un tratto, non avevo idea di come carpirgli informazioni. Per questo all'inizio mi ero limitata a sorridere senza spiccicare parola. Poi, però, chiacchierando con lui, cominciai a poco a poco a rilassarmi. Colton non solo era bello, ma anche spiritoso, affascinante e intelligente. Non era difficile flirtare con lui, e mi sorpresi a ridere di gusto alle sue battute. Tuttavia non avevo perso di vista il mio piano; era solo diventato un po' più semplice, almeno così speravo.

«Com'è che non ti ho mai incontrata prima in questa splendida città, Helena?» mi chiese a un certo punto.

Presi il bicchiere dal tavolino e posai il braccio sullo schienale del divano. Gli altri stavano ballando, solo Preston era rimasto seduto in poltrona, armeggiando con il cellulare senza degnarci di uno sguardo.

«Perché sono stata all'estero per un po'» risposi. Finora non sembrava essersi accorto che ero la sorella di Valerie, e non mi sarei mai sognata di dirglielo, rischiando così di farlo scappare a gambe levate.

«All'estero?» Mi guardò con interesse. «Dove di preciso?»

«A Cambridge, in Inghilterra. Ho studiato lì.» Sorrisi, cercando disperatamente un modo per spostare la conversazione sulla serata in cui Pratt si era presentato nella suite di Adam e Valerie.

«Ah, Inghilterra.» Annuì impressionato. «Perché sei tornata? Ti eri stancata della pioggia e del *fish and chips*?»

«Più o meno.» Sorrisi di nuovo, poi decisi di rischiare. Eravamo seduti lì da un'oretta, e temevo che presto se ne sarebbe andato per occuparsi dei suoi affari, a meno che non gli avessi dato un buon motivo per restare. «È bella l'Inghilterra, ma New York offre ben altre opportunità di... divertimento.»

Pratt inarcò le sopracciglia. «Ma non mi dire!»

Mi passò la mano sulla nuca e prese ad accarezzarla delicatamente. Avvertii una piacevole sensazione, che la ragione non riusciva a tenere a bada. Mi resi conto chiaramente che era passato troppo tempo dall'ultima volta in cui mi ero trovata a stretto contatto con qualcuno. Non volevo porre fine al mio periodo di astinenza appartandomi con Pratt, ma non potevo ignorarlo del tutto finché non avessi ottenuto le informazioni che cercavo. Così gli sorrisi, fingendo di gradire le sue carezze. Il che non era poi così lontano dal vero.

«Sembri molto sicuro di essere più allettante del *fish and chips*» osservai, facendolo ridere. Poi però tornò subito serio e si chinò in avanti.

«Se sapessi, Helena...» sussurrò, e io sentii il suo fiato sulle labbra. Poi superò i pochi centimetri che ci separavano e mi baciò. In modo abbastanza casto, in realtà, senza aprire la bocca. Subito dopo si staccò, ma dai suoi occhi si capiva che voleva di più. Sapevo che era la mia occasione: le persone tendono a rivelare più facilmente i propri segreti quando si lasciano andare.

«Posso chiederti una cosa?» gli sussurrai all'orecchio.

«Certo» rispose con voce profonda.

«Tra poco è il mio compleanno» continuai sullo stesso tono. «È vero che ti si può prenotare come una specie di regalo per una festa? Tu e la tua... roba?»

«Puoi prenotarmi per qualsiasi cosa, tesoro» mormorò lui. Poi mi baciò di nuovo, facendomi scorrere le labbra lungo il collo. Non sembrava sorpreso che sapessi chi era e cosa aveva da offrire.

«Davvero?» lo incalzai. «Vuoi dire come per il fidanzamento di Adam Coldwell? Eri stato mandato lì da qualcuno, no?»

Pratt si scostò, lanciandomi uno sguardo inquisitore. «E tu come fai a saperlo?»

«Boh.» Feci finta di niente, come a voler minimizzare. «Qualcuno deve avermene parlato, suppongo. Perché, non è vero? Scusa, non volevo metterti in imbarazzo.» Sì, invece, ma il mio istinto mi diceva che stavo camminando sul ciglio di un abisso ed ero a un passo dal precipitare.

«Figurati, nessun imbarazzo.» Sembrò di nuovo rilassato, ma stavolta evitò di avvicinarsi, si limitò a rivolgermi un sorriso affascinante e si alzò. «Che ne dici se andiamo in un posto un po' più tranquillo? Conosco un paio di angolini, qui al club, dove nessuno ci disturberà.»

Esitai. Dovevo accettare? O rifiutare e perdere l'occasione di scoprire qualcosa sulla morte di Valerie? No, non potevo permettermelo. Pratt non aveva negato di essere andato alla festa, quindi c'era la concreta possibilità di strappargli qualche informazione al riguardo, al momento opportuno.

Così, malgrado la sensazione di disagio che mi attanagliava, mi alzai e presi la mano che mi tendeva. Uscimmo dal salottino e ci avviammo lungo la parete in fondo. Poi Pratt aprì una porta, che dava su un corridoio ancora più buio.

«Non preoccuparti, conosco la strada. Vieni.» Ma invece di approfittare dell'oscurità per baciarmi di nuovo, proseguì a passo deciso.

Avvertii un nodo allo stomaco, come se una parte di me intuisse che qualcosa non andava. In quel momento, però, Pratt stava già aprendo un'altra porta e mi spingeva in avanti senza troppi riguardi, fin nel vicolo buio sul retro del locale. Il selciato era scivoloso a causa della pioggia battente, e per poco non caddi a causa dei tacchi alti. Riuscii per un soffio a non perdere l'equilibrio, poi mi girai di scatto verso di lui.

«Sei fuori di testa?» sbottai, cercando di nascondere la paura. «Che cazzo stai facendo?»

Per tutta risposta, con un unico rapido gesto, Pratt mi afferrò per un braccio e mi spinse contro il muro di mattoni, afferrandomi per la gola. Dai suoi occhi era svanita ogni traccia di desiderio, così come di fascino, lasciando il posto a un luccichio diffidente.

«Cosa vuoi da me?» sibilò. «Perché ti interessa se sono andato alla festa di Adam Coldwell?»

«Io... Come ti dicevo, tra poco è il mio compleanno e volevo solo sapere se potevo ingaggiarti, tutto qui.» Mi tremava la voce. Maledetta paura.

«Stai mentendo!» esclamò.

«Non è vero!»

«Dimmi subito la verità o te ne pentirai amaramente.» Pratt serrò la stretta, e un attimo dopo sentii qualcosa di freddo sul collo. Un coltello? *Cazzo. Cazzo cazzo cazzo.*

«Okay, okay, te la dico.» Non era il caso di continuare a fare l'innocente. Forse, se gli avessi detto la verità, mi avrebbe lasciato andare. «Sto cercando di scoprire qualcosa su quella notte. Qualsiasi cosa che possa aiutarmi a chiarire com'è morta Valerie Weston.»

«E perché sei venuta da me? Io non c'entro nulla con la fine che hanno fatto lei e Coldwell!»

«Ho avuto una soffiata» balbettai. «Mi hanno detto che eri stato mandato da loro, ma poi Adam ti ha cacciato perché non voleva droga alla sua festa di fidanzamento.» Sentivo la pioggia sulla pelle, il freddo insinuarsi sotto il vestito sottile. E l'arma a pochi millimetri dalla gola.

«Cos'altro sai?»

«Niente. Davvero.»

«Non credo a una sola parola di quello che dici.» La pressione del coltello aumentò, e un attimo dopo la lama mi trapassò la pelle. Inspirai a fatica, la ferita bruciava terribilmente.

«È la verità, lo giuro!» Un caldo rivolo di sangue mi scese fino alla clavicola. Rimasi ancor più impietrita. Il coltello era pericolosamente vicino alla carotide, una mossa sbagliata e il rivolo sarebbe diventato un fiotto copioso. Il panico mi inondò il cervello di domande inutili: se l'arteria veniva recisa, in quanto tempo si moriva? E come avrebbero fatto i miei genitori a spiegarlo all'alta società?

«Ah, sì? Lo giuri?» Pratt scoppiò in una risata beffarda. «Non me ne frega un cazzo dei tuoi giuramenti, tesoro. Ammettilo: ti ha mandato lui per vedere se riesco a tenere la bocca chiusa.»

«Lui?» chiesi. «Lui chi? Non ho idea di chi stai parlando.» Sentivo il sangue inzuppare il vestito. Dovevo fare qualcosa per tirarmi fuori da quella situazione. Avevo deciso di imparare un'arte marziale proprio per affrontare un'eventualità del genere; ma nessuna presa, nessun pugno o calcio poteva nulla contro un coltello puntato alla gola. Pratt mi aveva preso alla sprovvista. E adesso mi trovavo lì, spalle al muro, con la voce come unica arma per sperare di liberarmi. «Davvero, non ne ho idea» ripetei.

«Andiamo, Helena, puoi fare di meglio. Dimmi la verità e forse non ti rovinerò quel bel faccino.»

Malgrado il panico, mi si affacciò alla mente un pensiero: forse l'unica soluzione era dare a Pratt quello che voleva. O almeno fingere di farlo.

«Sì, hai ragione» dissi. «Mi ha mandato lui.»

«Lo sapevo!» Sbuffò senza allentare la presa. Potevo letteralmente sentire la rabbia ribollirgli nelle vene. «Credo sia arrivato il momento di fargli capire una volta per tutte cosa succede a chi viene a ficcare il naso nei miei affari. Non sono più il piccolo spacciatore che si lasciava intimidire da Carter Fields. Forse, se gli lascio il cadavere della sua informatrice sulla soglia di casa, lo capirà.»

La pressione del coltello si accentuò di nuovo e il dolore lancinante si estese al braccio. Pratt mi aveva appena rivelato un nome, ma non sarebbe servito a nulla se mi avesse ucciso. Trattenni il respiro e soppesai le mie opzioni. Dovevo provare a liberarmi, rischiando che mi tagliasse la gola? *Se non ci provi, lo farà senz'altro.*

A un tratto alle sue spalle si udì un tintinnio, seguito da uno sbuffo di indignazione. Pratt si voltò di scatto, togliendomi il coltello dal collo, e io non persi un attimo. Gli sferrai un diretto ben assestato allo stomaco, che lo fece piegare in due e gli strappò l'arma di mano. Poi lo colpii in pieno volto con il ginocchio. Pratt gemette, ma era tutt'altro che sconfitto, e il mio abbigliamento era il meno indicato per un corpo a corpo. Imprecando, si avventò di nuovo su di me, spingendomi con tutte le forze contro il muro. Poi mi afferrò di nuovo per la gola, serrando sempre più la presa.

Io gli abbrancai le braccia, cercando di liberare la gamba, ma mi aveva completamente intrappolato. Lottavo invano per respirare.

«Miserabile puttanella» sibilò. «Adesso ti ammazzo!»

La pressione aumentava e Pratt sembrava deciso a mettere in atto la sua minaccia. Cercai di resistere, annaspando in cerca di aria, ma i polmoni restavano vuoti. Provai con tutte le mie forze a spingerlo via, ma invano. Ormai ero a corto di ossigeno, cominciavo a vedere le stelline davanti agli occhi. Ero spacciata.

Un attimo dopo, invece, qualcuno afferrò Pratt alle spalle e lo strappò via da me, spingendolo contro il muro di fronte. Mi afferrai subito la gola e iniziai a tossire, cercando convulsamente di riprendere fiato. Guardai impotente lo spacciatore che, dopo aver ripreso in mano in coltello, si scagliava ringhiando contro il suo aggressore. Da un grido di dolore intuii che doveva averlo abbrancato, ma non riuscivo a scorgere nulla.

«Attento!» gridai, ma non fu necessario. L'uomo che mi aveva salvato la vita si muoveva con velocità fulminea, un'ombra nell'oscurità, e Pratt non aveva scampo. Due, tre pugni precisi, un calcio perfettamente assestato e crollò a terra.

«Ti ammazzo» gemette.

«Non fare promesse che non puoi mantenere, stronzo» ringhiò lo sconosciuto, prima di tramortirlo con un ultimo colpo. Si chinò su di lui per controllare che avesse effettivamente perso i sensi, poi venne verso di me. Quando fu abbastanza vicino da permettermi di riconoscerlo, capii perché la sua voce mi era suonata familiare.

«Tu?» Lo fissai incredulo.

«Tutto bene?» mi chiese Jessiah.

Scoppiai in una secca risata, ricominciando subito a tossire. «Avevi promesso di non chiedermelo più, ricordi?»

«Allora non sapevo che avevi una predilezione per i cattivi e le situazioni pericolose.» Raggiunse un interruttore all'esterno della porta e accese un lampioncino. Nella luce fioca mi squadrò con attenzione, notando il sangue sul mio collo.

«Fammi vedere» disse allungando la mano.

«Non è niente» mi schermii. «E tu? Sei ferito?» Sulla sua maglietta c'era una macchia scura.

Jessiah chinò lo sguardo e ci passò sopra le dita con cautela. «È solo un graffio.» Poi mi guardò preoccupato. «Che ti ha fatto? Non ti avrà mica messo le mani addosso? Perché se è così...»

Scossi la testa. «Sto bene» dissi tastandomi il collo. La ferita non sembrava troppo profonda, si sarebbe rimarginata presto. Non avevo idea di come spiegarlo ai miei genitori, ma di certo sulla via di casa mi sarei inventata qualcosa. A proposito, dov'era la strada principale? Dovevo trovare al più presto un taxi. Mi sentivo le ginocchia molli come budino e temevo che, dopo la scarica di adrenalina, sarei crollata in quel vicolo. E, per quanto in nessun posto sarebbe stato piacevole, avere un mancamento proprio lì tra i rifiuti, davanti agli occhi di Jessiah, era l'ultimo dei miei desideri.

«No che non stai bene, Helena» mi contraddisse lui con dolcezza. «Stai tremando tutta, sei sotto shock.» Si tastò le spalle come a volersi sfilare la giacca, ma si accorse che non l'aveva. Indossava solo la camicia grigia, ormai completamente zuppa.

Ero consapevole dell'impressione che dovevo fargli, ferita e bagnata fradicia, proprio come lui. E tuttavia strinsi i denti per nascondere il tremito.

«Va tutto bene» dissi con voce malferma. «È solo lo spavento. Prendo le mie cose e vado a casa.» Non sapevo come avrei fatto a recuperare la borsa senza passare sotto il naso di Maddy e gli altri, ma forse avrei potuto chiedere un favore a quel barista simpatico.

«Ho un'idea migliore.» Jessiah mi si avvicinò ancora di più, riuscivo a sentire il suo calore. Non mi toccò, ma indicò alle sue spalle. «Proprio qui, dietro l'angolo, c'è uno dei miei ristoranti. Andiamo lì, ti faccio dare dei vestiti asciutti, un cerotto per il collo e un trancio di pizza per rimetterti un po' in sesto. Dopodiché ti chiamerò un taxi e potrai andare dove vuoi.»

Sembrava allettante, molto allettante. A casa mi aspettava solo un appartamento vuoto e, per quanto volessi fare la dura, sapevo che gli eventi di quella notte mi avrebbero presto presentato il conto. L'aggressione di Pratt, il coltello alla gola, il pericolo appena corso: come mi sarei sentita, quando tutto ciò mi fosse piombato addosso come un'onda anomala?

«Non posso» dissi comunque, anche se avrei voluto accettare la proposta. «Hai già fatto abbastanza. Grazie per il tuo aiuto.» Al che mi voltai e afferrai la maniglia per rientrare nel locale.

Un attimo dopo mi si oscurò la vista. Strinsi il metallo freddo, nell'attesa che la sensazione passasse, ma non accadde. In compenso sentii due mani calde cingermi le braccia.

«Pizza, cerotto, vestiti asciutti» dichiarò Jessiah con severità. «E niente discussioni.»

«Va bene.» Mi arresi – o meglio, le mie ginocchia traballanti lo fecero per me. Mangiare qualcosa era un'ottima idea. «Ma la mia roba è ancora dentro, la borsa e la giacca.»

Cercai di nuovo di aprire la porta, ma Jessiah mi fermò. Lanciò un'occhiata a Pratt, ancora disteso sul selciato sotto la pioggia, immobile.

«Che ne facciamo di lui?» chiesi. Ci aveva minacciati entrambi. Alla fine si sarebbe svegliato e avrebbe ricordato tutto; stentavo a credere che avrebbe mollato la presa.

Jessiah sembrava condividere la mia preoccupazione. «Conosco qualcuno che farà in modo che lasci la città» spiegò cupo. «E che non ci torni mai più.»

«Okay, se lo dici tu.» Annuii tremando.

«Tranquilla, ci penso io.» Mi cinse le spalle con un braccio e imboccò con me il corridoio, poi richiuse la porta a chiave. Riuscii a stento a trattenermi dall'appoggiargli la testa sulla spalla. In vita mia non mi ero mai sentita così debole e indifesa; tranne dopo la morte di Valerie.

«Vado a prendere le tue cose» disse a bassa voce, lasciandomi andare. «Aspettami qui.»

Annuii, poi mi accasciai sul pavimento freddo, a occhi chiusi. Il mio cervello non riusciva ancora a realizzare l'accaduto, ma il mio corpo sapeva benissimo che ero stata in pericolo di vita e reagiva di conseguenza. Malgrado i miei sforzi, il tremore non cessava e, quando la porta del locale si riaprì, sussultai. Era Jessiah, con in mano non soltanto le mie cose, ma anche la sua giacca e una coperta leggera, che mi posò sulle spalle mentre cercavo di rialzarmi.

«Possiamo andare. Il mio amico Balthazar terrà d'occhio Pratt finché non arriva la persona che si occuperà di lui.» Mi guardò preoccupato. «Non ho la macchina, ma il ristorante è solo a due isolati da qui. Pensi di farcela o devo chiamare un taxi?»

«No, no, ci riesco» confermai annuendo. «Credo che mi farà bene muovermi un po' e prendere una boccata d'aria fresca.»

«Già, lo penso anch'io.» Gli sfuggì una risata sommessa. «Allora vieni, Splendore. Andiamo a fare quattro passi.»

22

Jessiah

Non avevo mentito quando avevo detto che il Bella Ciao era proprio dietro l'angolo rispetto al Glowfly. Ma non ero stato del tutto sincero con Helena nel recitare la parte dell'intrepido salvatore. Non ero affatto rilassato. Mi ero spaventato a morte quando avevo notato che non era più nel locale, e ancor più vedendola là fuori, spalle al muro, con Pratt che le stringeva le mani intorno al collo. Avevo dovuto fare uno sforzo sovrumano per non pestare a sangue quel bastardo, limitandomi a metterlo fuori combattimento. No, anche questa era una bugia: avevo dovuto fare uno sforzo sovrumano per non *ucciderlo*.

Certo, avrei potuto affermare che questo non aveva nulla a che fare con Helena, che aborrivo la violenza sulle donne più di ogni altra cosa e che l'avrei aiutata in ogni caso. E ovviamente era vero. Eppure quelle emozioni, quella paura e quell'ira incredibile, ben presto trasformatasi in furia incontrollabile… non trovavano spiegazione in un semplice gesto di coraggio, ma solo in lei. Per fortuna, però, mentre camminavamo fianco a fianco verso il ristorante, Helena non si accorse della tempesta scatenatasi dentro di me.

«Perché mi hai chiamata così?» chiese a bassa voce. Resomi conto che la paura e il freddo non le davano tregua, le avevo posato di nuovo il braccio intorno alle spalle, mentre lei mi cingeva la vita in cerca di sostegno. Era una sensazione spaventosamente familiare. A guardarci così, sembravamo una coppia di innamorati sulla via di casa. Se non fosse stato per le macchie di sangue sul suo collo e sul mio petto. O per il fatto che eravamo entrambi fradici.

«Così come?» replicai.

«Splendore.»

Sorrisi. «Be', è per via di Elena di Troia. Si dice che fosse una donna così splendida da far salpare mille navi.»

Le sfuggì un lieve sbuffo. «Temo proprio di non essere all'altezza del mio nome.»

Sapessi quanto lo sei, invece.

«Ci siamo quasi, eccolo lì.» Percorremmo altri cinquanta metri fino all'ingresso secondario del locale. Erano già le undici e mezza e al Bella Ciao restavano pochi clienti. Vedendomi arrivare, Taddeo sorrise di gioia, poi posò lo sguardo sulla mia compagna e rimase a fissarla stupito.

«Dio mio!» esclamò. «Cos'è successo?»

«È solo un graffio» spiegò Helena ripetendo le mie parole di prima. Poi sembrò ricordarsi delle buone maniere e aggiunse un educato «Signore».

Il gestore scosse la testa ma, prima che potesse dire altro, alzai le mani per prevenirlo.

«Ti spiego tutto dopo, okay? Prima potresti trovarle qualche vestito asciutto che le vada bene? E, se ce l'hai, qualcosa anche per me.»

«Certo, nessun problema» assentì Taddeo. «Andate pure in ufficio, vi raggiungo subito. Leonora! Riaccendi il forno, ci sono altre due pizze da preparare!»

Prima che sua moglie potesse notare i nostri look da Halloween e alzare le mani inorridita, accompagnai Helena nell'ufficio sul retro. Era una stanza piccola, occupata da un vecchio divano, una scrivania e un gran numero di schedari. Più volte avevo cercato di spiegare a Taddeo i vantaggi della digitalizzazione; com'era evidente, però, senza successo.

Non riuscimmo neanche a scambiarci due parole che lui era già di ritorno. Mi ficcò tra le braccia un mucchio di vestiti. «Abiti da lavoro del personale, più qualcos'altro recuperato dagli oggetti smarriti, tutti appena lavati. Temo che saranno un po' abbondanti, ma sono comunque caldi e asciutti.»

Lo ringraziai e lui se ne andò di nuovo, dopodiché mi misi a frugare rapidamente nel mucchio per estrarne una felpa e un paio di pantaloni morbidi. Li porsi a Helena, indicandole la piccola porta accanto alla scrivania.

«Quello è il bagno. Conoscendo Taddeo, ci saranno degli asciugamani puliti in fondo a destra nel mobiletto.»

Lei sorrise riconoscente, con il viso che aveva già recuperato un po' di colore.

Mi tolsi i jeans per indossare un paio di pantaloni di stoffa da cameriere, poi mi sfilai con cautela la camicia e la posai sul termosifone. Il taglio procuratomi da Pratt mi bruciava, ma per fortuna era superficiale. Presi la cassetta del pronto soccorso dalla consolle vicino alla finestra, versai un po' di disinfettante su un batuffolo di cotone e mi tamponai la ferita. Poi ci applicai sopra un grosso cerotto, per evitare di inzuppare i vestiti puliti.

Poco dopo rientrò Helena. Indossava una felpa decisamente abbondante e si era legata i capelli ancora umidi in uno chignon. Ma per quanto fosse ancora sotto shock, quando mi vide lì, mezzo nudo, intento a scegliere la taglia giusta tra le camicie da lavoro, non riuscì subito a distogliere lo sguardo. Poi notò che me n'ero accorto e ostentò indifferenza prima di sedersi sul divano con un sospiro.

«Che serata di merda» mormorò asciugandosi le guance. In bagno doveva essersi struccata, ma sotto gli occhi le restava ancora qualche traccia scura.

«Be', cosa ti aspetti se te la fai con il peggior spacciatore della città?» Indossai una polo con il logo del ristorante, poi imbevetti di disinfettante un altro batuffolo di cotone. «Adesso mi fai vedere?» chiesi indicandole il collo.

Helena annuì stancamente e alzò la testa mentre mi sedevo accanto a lei. Osservai la ferita, notando che il taglio non era molto profondo, poi la tamponai con cura. Se fosse stata fortunata, forse non le sarebbe rimasta nemmeno una cicatrice.

«Non è così grave» constatai.

«Te l'avevo detto» replicò sottovoce, attendendo che le mettessi un cerotto. Poi chinò di nuovo il mento e mi si avvicinò sempre di più, fino ad arrivare a pochi centimetri da me. Avrei dovuto mantenere le distanze, ma non lo feci, e nemmeno lei. Per un attimo avvertii una scintilla e un calore dentro di me che non avevo più provato da tempo. Poi mi ravvidi e mi scostai, mi alzai dal divano e gettai il batuffolo di cotone nel cestino.

«Vado a controllare la nostra cena» dissi, uscendo per dirigermi in cucina. Leonora e Taddeo erano in piedi accanto ai fornelli e chiacchieravano tranquillamente. Quando entrai, si zittirono di colpo.

«Le pizze saranno pronte tra un minuto» annunciò lui, guardandomi serio. «Cos'è successo a quella povera ragazza, Jess? Era conciata piuttosto male.»

«Non dirglielo.» In fin dei conti era una Weston, e in quella famiglia erano ossessionati dall'aspetto fisico. Mi appoggiai al piano di lavoro. «È stata aggredita da uno spacciatore fuori dal Glowfly.»

«Uno spacciatore?» Taddeo si accigliò, mentre Leonora apriva il forno per estrarre le pizze. «Come mai? Si droga?»

Scossi la testa. Se c'era una cosa che potevo affermare con certezza, era che Helena non ci pensava nemmeno, dopo quello che era successo a sua sorella. «No. Non ho idea di cosa volesse da lui, ma ho fatto in modo che non la importuni più.» Udendo il mio tono cupo, Leonora si bloccò di colpo.

«Ti piace, vero?» mi chiese.

Per un attimo restai di sasso. Se mi piaceva Helena? Magari fosse stato così semplice rispondere a questa domanda! Finora avevamo sempre finito per litigare, in ogni occasione; era una ragazza testarda e mi diceva la verità solo quando le faceva comodo. Eppure c'era qualcosa in lei che mi attirava terribilmente. Ma sarebbe stata una follia anche solo pensarci.

«È fuori discussione» mi limitai a rispondere.

«E perché?» domandò Leonora indignata. «Sei un ragazzo così bello, intelligente, educato. Qualsiasi ragazza sarebbe fortunata ad averti.»

Mi chinai e le diedi un bacio sulla guancia. «Grazie, Leo. Ma, anche se fosse vero, *per lei* non è così.»

In quell'istante fece capolino Massimo, il cameriere. «Gli ultimi clienti sono andati via, ho chiuso il locale.»

«Bene, allora potete accomodarvi a un tavolo sul davanti.» Leonora aveva messo le pizze nei piatti, invitandomi con un gesto ad avvisare Helena. Quando rientrai nell'ufficio di Taddeo, era ancora seduta sul divano a studiare un menu scovato da qualche parte.

«La pizza è pronta, mettiamoci a tavola» annunciai. Lei si guardò i vestiti, dubbiosa, ma io la rassicurai con un cenno. «Il ristorante è vuoto. Non ti vedrà nessuno.»

Helena parve sollevata e si alzò con cautela per verificare di sentirsi abbastanza in forze. Ma sembrava aver reagito bene all'aggressione di Pratt, perché un secondo dopo mi passò accanto sfiorandomi il braccio.

«Allora, andiamo?» mi domandò quasi con impazienza.

Annuii con un sorriso e la seguii. Evidentemente Helena Weston era più tosta di quanto immaginassi. Non avevo idea del perché, ma fu una grande sorpresa per me. Eppure sapevo che, a ogni minuto trascorso accanto a lei, mi mettevo sempre più nei guai. Se non fossi stato prudente, presto avrei avuto problemi ben più gravi di uno spacciatore inferocito. L'unico inconveniente era che la situazione non mi dispiaceva affatto, anzi. Per la prima volta dopo tanto tempo stavo tornando a provare dei sentimenti per qualcuno, mi sentivo di nuovo *me stesso*. Sarei stato un pazzo a rinunciarvi.

Qualunque cosa fosse accaduta.

23
Helena

Il ristorante di Jessiah mi piacque immediatamente. L'ambiente rustico era tutt'altro che moderno, ma molto accogliente, e mi sentii subito a casa. Merito anche della coppia di anziani gestori che mi trattò come una cliente abituale, e Jessiah un po' come un figlio. Li ringraziai più volte per i vestiti e la pizza, il cui aspetto appetitoso mi fece venire l'acquolina in bocca. Il gestore si limitò a salutarmi e poi si allontanò con la moglie dal nostro tavolo, che era un po' appartato e non visibile dalla vetrina che dava sulla strada.

«Preferisci quella con il salame piccante o la peperoni e funghi?» chiese Jessiah, che era appena tornato dal bancone e mi posò davanti una Coca-Cola.

«Sembrano buone tutte e due.» E avevano un profumo davvero invitante.

«Okay, allora...» Si alzò di nuovo, prese altri due piatti e spinse le pizze in mezzo a noi.

«Serviti pure.»

Non me lo feci ripetere due volte, ne agguantai una fetta ignorando le posate e la addentai all'istante. Il sapore della pasta sottilissima, della perfetta salsa di pomodoro, del salame piccante e della mozzarella mi riempirono la bocca strappandomi un sospiro di soddisfazione.

«Che meraviglia» esclamai.

«Meglio della mia pasta?» chiese Jessiah divertito, tirandosi indietro i capelli chiari. Con la pioggia si erano arricciati ancora più del solito e il suo look mi piaceva più di quanto volessi ammettere.

«Certo, stiamo parlando della *pizza*. Conosci quel detto: "Non puoi fare felici tutti, non sei mica una pizza"? È proprio vero. Soprattutto se è fantastica come questa.»

«Sì, Leonora è la regina della pizza.»

«Poco ma sicuro.»

Non mi ero ancora del tutto ripresa dallo shock, ma piano piano mi stavo rilassando. Accanto a Jessiah mi sentivo al sicuro, e non soltanto perché mi aveva aiutato con Pratt. Aveva il dono di farmi sentire così, anche se era in contrasto con quello che gli leggevo negli occhi: l'indole ribelle e il desiderio di libertà. Sentii il bisogno di approfondire quella contraddizione. Di saperne di più su Jessiah Coldwell, su quello che gli passava per la testa, su quello che provava. Anche se non era una buona idea.

«Perché lo fai?» chiesi tra un boccone e l'altro.

«Perché faccio cosa?»

«Portarmi qui, offrirmi la pizza, farti prestare da una dipendente i suoi vestiti di ricambio... Perché? Non ti ho dato alcun motivo per essere gentile con me.»

Jessiah alzò le spalle. «Non importa. Avevi bisogno di aiuto e io ero lì. Fine della storia.»

«Allora sei ancora arrabbiato con me?» Al momento ero un po' stordita, ma ricordavo molto bene come ci eravamo salutati l'ultima volta. Il suo indispettito "Non c'è di che" mi era rimasto scolpito nella mente.

Sbuffò divertito. «Sembra quasi che preferiresti che lo fossi.»

Scossi la testa. «No, non è questo. Ma avrebbe senso, immagino.»

«Se proprio insisti, prometto di arrabbiarmi di nuovo con te non appena ti sarai ripresa» suggerì. «Per adesso faccio un po' fatica.»

Le sue parole mi strapparono un sorriso. «E se ti dicessi che sto già molto meglio?»

«*Sorry*, ma non spetta a te decidere.» I suoi occhi verdi scintillarono in un modo che mi fece accelerare un po' il battito cardiaco. Afferrai svelta un'altra fetta di pizza e mangiammo in silenzio, finché non ripresi la parola.

«Mi dispiace… per quello che ho fatto. Avrei dovuto chiederti di darmi il maglione di Valerie. Ma non mi è neanche venuto in mente.» Ci tenevo a chiarire questo punto. Perché era importante che non si facesse un'idea sbagliata di me. *Ah, quindi non sei andata a casa sua per rubare il quaderno di Adam?* Ignorai la mia voce interiore. «Probabilmente ho passato troppo tempo in un mondo in cui la gente cerca sempre di salvare la faccia e di ottenere ciò che vuole in modo subdolo.»

Lui annuì lentamente. «Già, capisco benissimo.»

«Davvero? Da quel che ne so, sei tutto il contrario.»

«Forse» rispose lui scrollando le spalle. Non sembrava sorpreso che sapessi delle sue scappatelle. «Ma se vuoi un consiglio su come ribellarti ai tuoi genitori… non posso certo raccomandarti il mio metodo.»

«Non voglio ribellarmi ai miei genitori» chiarii subito. «Mi sembrerebbe assurdo. Grazie a loro conduco una vita da privilegiata: abbiamo soldi e potere, posso frequentare qualsiasi università e viaggiare ovunque. Lamentarmi della mia famiglia mi sembrerebbe sbagliato. Mi farebbe sentire un'ingrata.»

«Puoi apprezzare i tuoi privilegi e non approvare comunque

tutto quello che fanno i tuoi genitori» ribatté Jessiah inarcando le sopracciglia. «E non dirmi che non c'è niente che ti faccia incazzare.»

La sua schiettezza mi fece sciogliere la lingua prima che il mio cervello potesse impedirlo. Lui era un Coldwell, ma io ero davvero turbata. E avevo bisogno di parlare con qualcuno che capisse.

«Per loro sono solo materiale pubblicitario» sbottai. «Da quando sono tornata, non hanno niente di meglio da fare che costringermi a indossare bei vestiti e presentarmi in società come la figlia modello. E nelle ultime due settimane mi hanno perfino dato tre numeri di telefono di figli di loro soci in affari perché io esca con uno di loro. Il prossimo fine settimana c'è un *soft launch* al Mirage Hotel, appena inaugurato, e per nessuna ragione al mondo posso presentarmi senza accompagnatore. Come se fossimo nell'Ottocento e dovessi per forza trovare un marito che mi si addica affinché la mia eredità non finisca nelle mani di un lontano cugino.» Ripresi fiato perché avevo parlato troppo in fretta, ma mi aveva fatto bene.

Jessiah mi guardò a lungo. «Allora, ci andrai con uno di quei ragazzi?»

Sbuffai. «Certo che no. Pensi che abbia voglia di passare tutta la serata a parlare di fondi fiduciari, auto e feste sfrenate a Cabo?»

«Non ne ho idea, dimmelo tu» mi stuzzicò lui, ma sembrava soddisfatto della risposta. Lo guardai.

«Anche tua madre lo fa? Di combinarti degli appuntamenti?» Mi asciugai le dita sul tovagliolo.

«Per carità, no.» Jessiah scoppiò a ridere. «Trish sa benissimo che sarebbe inutile anche solo provarci.»

«Trish?» Evidentemente si rivolgeva alla madre usando il nome di battesimo. «Non la chiami mamma?»

Lui scosse la testa. «No, non l'ho mai fatto. Quando ero piccolo lei lavorava sempre e dopo il divorzio sono andato a vivere con mio padre. Solo da adolescente sono tornato da lei, ma non andavamo per niente d'accordo. Chiamarla per nome era un atto di ribellione nei suoi confronti. E poi è rimasto così. Ormai mi sembrerebbe assurdo chiamarla mamma, oggi ancora più di allora. Non abbiamo un rapporto particolarmente affettuoso.»

Aggrottai la fronte. «Eppure la accompagni ancora agli eventi. Perché?»

«Di sicuro non per farle un favore.» Lo disse con un tono così cupo che non volli indagare.

«Be', l'upper class sembra entusiasta di te» scherzai per smorzare la tensione. «Dopo tutto quello che è successo in passato tra te e le ragazze dell'ambiente, non pensavo che ti avrebbero riaccolto.»

Sogghignò. «Sì, ogni tanto me ne stupisco pure io.»

Mi venne da ridere perché sembrava un po' compiaciuto al riguardo. «È vero che una volta hai mandato in fumo il discorso del presidente di un'associazione di beneficenza per il restauro di un antico battello facendo sesso con sua figlia dietro le quinte?»

Jess continuava a sorridere. «Può darsi. Ma non faccio più questo genere di cose.»

«Cosa, il sesso?» chiesi fraintendendolo di proposito.

«Sesso dietro le quinte mentre qualcuno sta parlando» mi corresse con disinvoltura. «Ora prediligo altri posti. *Più intimi.*»

Sospirai. «Allora dillo che sei diventato noioso!»

Sollevò leggermente un angolo della bocca. «Oh, sapessi» rispose, con un'aria divertita, ma non solo. Il suo tono rassicurante mi infuse calore. «Certo, farlo in pubblico può rendere le cose interessanti. Ma siamo onesti: è davvero bello solo quando non ti disturba nessuno.»

Quando lo disse, non potei fare a meno di pensare a come dovesse essere farsi baciare o toccare da lui. Fare l'amore con Jessiah, sentirlo e perdersi dentro di lui. Adesso che la mia avversione nei suoi confronti era svanita, l'attrazione aveva preso il sopravvento. Deglutii a fatica e distolsi lo sguardo, temendo potesse leggermi negli occhi quello che stavo pensando.

Fu lui a riprendere il discorso. «Comunque, non l'ho mai fatto in un vicolo buio. Su questo mi hai battuto.» Jessiah mi guardò attentamente e il calore dentro di me svanì all'istante ripensando a Pratt.

«Non eravamo lì per quello» obiettai. Sentii il bisogno di chiarirlo. Perché non pensasse che ero così stupida da spassarmela con uno spacciatore senza motivo.

«Vorresti dirmi che *non ci hai* flirtato tutta la sera per poi sparire con lui?» Jessiah mi guardò dubbioso.

Alzai le sopracciglia. «Dammi pure della noiosa, ma "con un coltello puntato al collo" non è esattamente la mia posizione preferita.»

«Allora che ci facevi con lui?»

«È...» Mi bloccai. Potevo rivelare a Jessiah il mio piano? Il mio primo impulso fu un secco no. In fin dei conti nessuno doveva sapere della mia missione, men che meno un Coldwell. Ma... non volevo mentirgli. Non dopo tutto quello che era successo quel giorno. «Era un tentativo di estorcergli delle informazioni» risposi rimanendo sul vago.

«Che tipo di informazioni?» mi chiese subito lui. Ci pensai un attimo e poi alterai leggermente la verità.

«Ho sentito che Pratt era nella suite con gli altri quella notte, prima che Valerie e Adam morissero. E, quando l'ho visto lì al Glowfly, ho pensato che magari avrebbe potuto dirmi qualcosa.»

«Sei pazza? Come ti viene in mente di tirarlo in ballo dopo

che due persone hanno perso la vita?» domandò Jessiah quasi senza fiato. «I tipi come Pratt sono imprevedibili e pericolosi. Avrebbe potuto farti del male, e anche peggio!»

«Ma non l'ha fatto» risposi, rivivendo tuttavia lo spavento che mi ero presa quella notte. «Volevo solo sapere se lei ha detto o fatto qualcosa... che io ancora non so.» Una parte di me voleva dirgli di più, ma non potevo rivelargli che stavo indagando sulla faccenda. O che adesso sapevo che era stato Carter Fields a mandare Pratt nella suite. Avevo quasi dimenticato di aver raggiunto il mio scopo... e inoltre Carter era una persona che conoscevo da prima della morte di Valerie. I due erano stati buoni amici, avevano fatto spesso festa insieme, e per un po' c'era stato anche qualcosa di più, finché mia sorella non aveva posto fine alla storia. Ad ogni modo, Carter Fields e la droga non erano un binomio inaspettato. Solo che per quel giorno avrei accantonato l'informazione. Non avevo più voglia di pensare a Pratt. «Non preoccuparti, ormai ci ho rinunciato, se questo ti fa stare meglio.»

«Solo un po'» mormorò Jessiah. «Promettimi che non farai mai più una cosa del genere.»

Lo guardai e all'improvviso ebbi paura, non soltanto per me. «Pensi che queste persone di cui mi parlavi possano davvero togliere di mezzo Pratt per sempre?» Il "ti ammazzo" mi risuonava ancora nella testa.

«Sì» annuì Jessiah. «Il mio contatto è affidabile al cento per cento. Ed è molto bravo a convincere i cattivi a lasciare la città.»

«E farebbe solo del bene» mormorai cupa. «Uno spacciatore in meno che distribuisce quella robaccia alla gente.»

Per un momento Jessiah non disse nulla. Poi fece un respiro profondo. «Sì, su questo hai proprio ragione.»

Lessi tristezza nei suoi occhi verdi, che mi affascinavano

sempre di più, ma alla fine sorrise e capii che avrebbe cambiato argomento. «Non mi hai ancora detto come farai a sfuggire ai tentativi di accoppiamento dei tuoi genitori.»

Sorrisi e non mi dispiacque affatto parlare di qualcosa di più frivolo. «Non so. Avevo pensato a una roba in pieno stile "Jessiah Coldwell", tipo portarmi a letto un ragazzo qualunque mentre i miei intrattengono ospiti illustri, ma alla fine dei conti sarebbe solo una provocazione. Quindi immagino che, per sfuggire alle loro manovre, dovrò farmi accompagnare da qualcuno che ritengono accettabile. Allora tanto vale prendere uno dei ragazzi che mi suggeriscono. Vedi, è un circolo vizioso.»

«Che cosa succederebbe se portassi qualcuno che per loro è assolutamente inaccettabile?» chiese Jessiah, e i suoi occhi scintillarono di nuovo. Non capivo se volesse alludere a se stesso, ma mi tornarono subito in mente le immagini di prima e sentii un'altra volta il calore farsi strada dentro di me.

«Immagino che mi sbatterebbero fuori dalla porta.»

Mi guardò sorpreso. «Vivi ancora a casa dei tuoi?»

«Sono costretta» sospirai. «Faceva parte dell'accordo per tornare a New York. Devo vivere con i miei genitori e rispettare le loro regole.»

Jessiah sorrise. «E sei tornata lo stesso? Devi amarla proprio tanto questa città.»

Scoppiai a ridere. «Sì, esatto. Anche se tu non puoi capirlo, visto che scappi appena puoi.» Lo guardai pensierosa. «Non c'è davvero niente per cui rimarresti? Qualcosa che ti possa riconciliare con New York?»

Mi scrutò così a lungo e intensamente da farmi quasi distogliere lo sguardo. Quasi. Invece lo sostenni e aspettai.

«No» disse allora, ma con il sorriso. «Assolutamente niente.»

«Non ci credo.»

Adesso fu lui a ridere. «Accetti mai una risposta che non ti piace?»

«Non in questo caso» risposi sorridendo. «Quando sei il proprietario di un locale che fa una pizza come questa, hai tutto ciò che ti serve, no?» Alla parola "locale" Jessiah cambiò espressione. Forse me l'ero solo immaginato, ma mi era parso di cogliere del desiderio nei suoi occhi. «A che stai pensando?»

«A niente.»

«Dai, dimmi» lo esortai.

Lui sbuffò. «No, nulla, è Balthazar, mi ha messo la pulce nell'orecchio riguardo a un posto nell'East Village che potrebbero vendere a breve e che sarebbe perfetto per un progetto che ho in mente da anni.»

«Quale progetto?»

«Un breakfast restaurant. Ma non di quelli dove si ordinano tutto il giorno uova strapazzate e toast, bensì una serie di variazioni che possano fungere anche da pranzo o cena.» Mi guardò con un po' di timore, come se si aspettasse che lo trovassi assurdo. Tutto il contrario.

«È un'idea fantastica!» esclamai con entusiasmo. «Se c'è una città pronta ad accogliere nuove idee gastronomiche, quella è New York. Devi assolutamente farlo.»

Lui sospirò e scosse la testa. «No, non posso. Ho già lasciato un locale una volta, quando me ne sono andato via dall'Australia, e mi ha spezzato il cuore. Non voglio che accada di nuovo.» La sua voce era così triste che sospettai ci fosse in ballo qualcosa di più di un semplice ristorante.

«Questo significa che non aprirai mai più il tuo cuore a qualcosa di nuovo?» chiesi dolcemente, sapendo benissimo quanto suonasse ambiguo. «Credo che sarebbe un errore.»

«Dici?» Jessiah alzò lo sguardo, incrociando il mio senza che io potessi o volessi impedirlo.

«Sì.» Annuii con forza tenendo gli occhi incollati ai suoi.

«E come fai a esserne così sicura, Splendore?» chiese, e sentii un fremito quando capii che mi aveva affibbiato quel soprannome.

Sorrisi. «Non ne ho idea. È solo una sensazione.»

Si fece sempre più tardi, mentre discutevamo di tutto e di più, ridevamo e ci prendevamo in giro ogni volta che se ne presentava l'occasione. Passò la mezzanotte, arrivò l'una e a un certo punto Taddeo ci salutò, chiedendo a Jessiah di chiudere lui quando ce ne saremmo andati. Ma anche dopo che restammo soli, continuammo a parlare. Di Cambridge, di com'erano gli inglesi, dei miei studi, dei suoi progetti e infine del periodo di Jessiah in Australia.

«Un *surf lodge*?» chiesi, dopo che mi aveva rivelato di aver acquistato un piccolo bungalow hotel e di averlo ristrutturato insieme a un amico. «Questo significa che anche tu fai surf?»

Annuì. «Ogni volta che ne ho l'occasione, anche se purtroppo Rockaway Beach non è la costa australiana. A volte mi svegliavo alle cinque del mattino per montare sulla tavola prima di tutti gli altri. Sembrerà una banalità, ma fare surf all'alba è davvero unico. E poi sedersi sulla sabbia con una tazza di caffè e guardare il mare… non c'è nulla che mi dia più pace.»

«Da sogno» commentai.

«Sì, ma mi è costato caro.»

Costato caro? Stava forse parlando della morte di suo fratello?

«Quello che è successo a Adam non ha nulla a che fare con te» azzardai gentilmente, anche se non sapevo se si riferisse a quello. Ma conoscevo quella sensazione di sentirsi responsabili. La conoscevo fin troppo bene.

«Come puoi esserne tanto sicura?» Jessiah sorrise tristemente. «Non dirmi che non ti sei mai chiesta se avresti potuto evitarlo. Se avresti potuto salvarli, facendo qualcosa di diverso.»

Sentii un groppo in gola e strinsi le labbra, mentre gli occhi mi si riempivano di lacrime. «Ogni giorno» risposi piano.

«Allora sai che non esiste assoluzione per questo. Mai.»

Sì, lo sapevo. Anche se all'epoca non ero a migliaia di chilometri di distanza, ma solo nel mio letto con l'influenza. Mi ero chiesta spesso se, andando alla festa di fidanzamento di Valerie, avrei potuto evitare la sua morte. Probabilmente nessuno, tuttavia, avrebbe mai potuto rispondere a quella domanda.

«Forse possiamo essere felici anche senza questa assoluzione» dissi, esprimendo quello che mi passava per la testa.

«Sì, forse» rispose Jessiah cupo.

Alzai gli occhi e incrociai il suo sguardo. Mi si mozzò il fiato nel vedere come mi stava guardando: con assoluta franchezza – e qualcos'altro che mi portò a flirtare. Non avevo idea del perché mi sentissi così in sua presenza, al contempo vulnerabile e invincibile. Certo, ero fisicamente attratta da lui: non solo era il mio tipo, ma era probabilmente il ragazzo più sexy che avessi mai incontrato. Ma non era solo questo. Perché lui mi piaceva, mi piaceva davvero. Non solo il suo pungente senso dell'umorismo, così simile al mio, ma anche il modo in cui trattava le persone che erano importanti per lui. Il fatto che fosse qui a New York anche se detestava tanto la città. E che non facesse mistero di quanto la morte di Adam lo turbasse.

Questo dolore, questo terribile dolore che ci accomunava, aveva creato fin da subito un legame tra noi. Ma piano piano era nato qualcos'altro. Qualcosa di ancora più forte, che avrebbe potuto legarci al di là della nostra perdita, se solo glielo avessimo concesso. Qualcosa che forse ci avrebbe permesso di tornare alla normalità. Questa rivelazione fu così intensa che per un attimo mi si spalancò il cuore. Mi sentii travolgere al pensiero che avremmo potuto liberarci di questo dolore insieme. Che avremmo potuto essere felici.

Ma poi la realtà tornò a colpirmi con la gelida certezza che non sarebbe mai stato così. Non in questa vita. Non con i nostri cognomi. Con le nostre famiglie che si odiavano a morte.

Feci un respiro profondo e mi costrinsi con tutte le mie forze a distogliere lo sguardo. Poi guardai l'orologio appeso sopra il bancone.

«Io… credo sia ora di andare» dissi con voce roca. «I miei non ci sono, ma scommetto che il portiere farà la spia se non rientro a casa stanotte.»

Jessiah annuì. «Hai ragione. È tardissimo.»

In un silenzio teso, portai i piatti in cucina e lui spense le luci in sala. Li stavo lavando alla bell'e meglio, quando all'improvviso calò l'oscurità. Chiusi subito l'acqua, poi cercai a tastoni il ripiano e ci posai sopra i piatti.

«Jessiah?» gridai un po' allarmata.

La porta della cucina si aprì e lui entrò. «Le luci si spengono solo dal bancone» mi spiegò. «È una delle particolarità affascinanti di questo locale. Ma lo conosco come le mie tasche e posso guidarti fuori. Solo se mi chiami Jess, però. Nessuno dei miei amici mi chiama Jessiah.»

«E chi l'ha detto che siamo amici?» chiesi sfacciata.

Lui rise in risposta. «Vieni con me.»

Nella luce fioca dell'uscita d'emergenza, vidi la sua mano tesa e iniziò a battermi il cuore all'impazzata quando la afferrai. Le sue dita erano calde e fu bello sentirle intrecciate alle mie.

Mi guidò oltre i ripiani della cucina, ma non mi orientavo bene come lui e urtai qualcosa che cadde a terra con un forte tonfo.

«Cazzo» imprecai, deviando di lato e ritrovandomi all'improvviso appiccicata a lui. Ci fermammo di colpo. Sentii il suo corpo contro il mio, intravedevo la sua faccia sfuocata. E all'improvviso sembrò esistere solo il punto in cui ci trovavamo.

Jessiah sollevò la mano e mi toccò la guancia con delicatezza, in modo quasi impercettibile. Le sue dita mi carezzarono la pelle verso il collo. E sebbene mi avessero appena sfiorata, mi generarono una vampata di calore come se mi avesse già baciata da tempo... e tutto dentro di me desiderò che lo facesse. Ma poi si tirò indietro e ritrasse la mano.

«Dovresti cambiarti» mi sussurrò.

«Sì, infatti.» Annuii e buttai fuori il fiato che avevo trattenuto. Jessiah si avvicinò alla porta per accendere la luce in corridoio e io uscii.

In ufficio mi tolsi gli abiti presi in prestito e mi rimisi il vestito che ormai era asciutto. Il sangue si vedeva a malapena, ma lo nascosi comunque infilandomi la giacca di paillettes. Quando ebbi finito, raggiunsi Jessiah, che chiuse il locale e uscì in strada con me, dove mi aspettava già un taxi che doveva aver chiamato nel frattempo.

«Te la senti?» mi chiese serio, come per assicurarsi che potessi tornare a casa da sola.

«Sì» annuii. «Tranquillo.»

Rimanemmo indecisi sul da farsi, in piedi uno di fronte all'altra, finché presi l'iniziativa e lo abbracciai. Lui non esitò un secondo a ricambiare il gesto: sentii le sue mani sulla schiena che mi premevano contro di lui e gli gettai le braccia al collo. Inspirai profondamente e mi concessi quel breve momento di calore e vicinanza, prima di lasciarlo andare di nuovo.

«Grazie, Jess» sussurrai. «Grazie di tutto.»

«Non c'è di che, Splendore.» Sorrise e mi accarezzò fugacemente il braccio prima di infilare le mani nelle tasche dei pantaloni. «Dormi bene. E fammi un favore, vedi di stare alla larga dagli spacciatori.»

Mi fece ridere. «Promesso.»

Montai in macchina, il taxi ripartì e, mentre ci dirigevamo verso Park Avenue, mi domandai come una serata iniziata in modo così disastroso si fosse potuta trasformare in una delle migliori da molto tempo a quella parte. Mi ero sentita così bene a quel tavolo del Bella Ciao, con Jess di fronte, le nostre conversazioni e quella sensazione nella pancia quando lo guardavo. Eppure… non ci eravamo scambiati il numero di telefono, né una parola sulla possibilità di rivederci. Forse ce n'eravamo solo dimenticati. O magari lo scambio di numeri era diventato superfluo, dal momento che potevi trovare chiunque sui social. O forse – e questa era l'ipotesi più probabile – non l'avevamo fatto perché sapevamo benissimo che quella serata era stata un'occasione unica.

Che non si sarebbe più ripresentata.

Mai più.

24

Jessiah

Fissai dal finestrino della mia auto le grandi vetrine sull'altro lato della strada, su cui campeggiava l'insegna HARPER'S. Ero seduto in macchina già da mezz'ora, incerto se entrare o meno. Non perché non volessi esaudire la richiesta di Thaz; piuttosto, per quanto mi eccitasse realizzare la mia idea, non volevo farlo a New York. Avevo un po' paura di quello che sarebbe potuto succedere se fossi entrato e avessi chiesto, da parte del mio amico, se il vecchio Harper era disposto a vendergli l'attività. Se, non appena messo piede lì dentro, mi fossi sentito così ispirato da riuscire a immaginare il mio locale.

Il ristorante era uno dei più storici della zona e, sebbene avesse cambiato diversi gestori nel corso del tempo, era sempre stato una miniera d'oro. Era perfetto per quello che avevo in mente, lo sapevo, perché ci ero stato molte volte: la suddivisione degli spazi, le dimensioni, la posizione, erano esattamente quello che cercavo. Ma non in questa città. Ecco perché me ne stavo lì seduto, a congelare nella mia auto gelida, incapace di prendere una decisione. E se tra due anni me ne fossi andato di nuovo e avessi dovuto lasciare il ristorante?

Non c'è davvero niente per cui rimarresti?

La voce di Helena mi risuonava così chiara nella mente, come se fosse seduta accanto a me sul sedile del passeggero, come se non fossero passati tre giorni da quando ci eravamo salutati davanti al Bella Ciao. Non c'era da stupirsi che ricordassi le sue parole, del resto non riuscivo a togliermela dalla testa. Né la sua risata, né i suoi commenti sarcastici, né tantomeno i momenti in cui avevo sentito un legame così forte con lei che avrebbe dovuto spaventarmi. Ma invece non era stato così. Mi ero gustato con dolore quello che c'era tra noi, le emozioni che mi aveva suscitato. Il giorno prima avevo persino disdetto l'appuntamento con Sam, blaterando qualcosa a proposito di un progetto che al momento mi prendeva molto tempo, ma ovviamente era una bugia bella e buona. E perché avevo rifiutato la prospettiva di una notte di sesso fantastica? E per giunta con una ragazza fuori dalla mia portata? Avevo notato la sua reazione nei miei confronti, ma poi Helena non aveva osato fare un passo avanti. Era chiaro a lei, come a me, che non avevamo nessuna possibilità. Per questo non le avevo chiesto il numero di telefono. Da un lato volevo davvero rivederla, ma dall'altro sapevo che ogni minuto che passavamo insieme ci metteva sempre più a rischio.

Questo significa che non aprirai mai più il tuo cuore a qualcosa di nuovo? Credo che sarebbe un errore.

Non riuscivo a togliermi dalla testa il suo sguardo in quel momento, così come tutte le fantasie che mi avevano assalito all'idea di stare con lei. In cucina ero stato sul punto di baciarla, lo avevo desiderato con tutto me stesso. Ma poi aveva prevalso la ragione, per quanto avessi il sospetto che alla prossima occasione non sarei stato in grado di trattenermi. L'attrazione tra noi era troppo forte. E non avevo idea di come tenerla a bada.

Imprecai sottovoce perché ci stavo pensando di nuovo, e per un attimo distolsi lo sguardo da Harper's. Poi posai la mano sulla chiave di accensione, pronto per andarmene.

Venni interrotto tuttavia dallo squillo del cellulare. Risposi dalla consolle centrale dell'auto e sullo schermo vidi la foto di mio fratello.

Probabilmente voleva chiedermi quando sarei passato a prenderlo l'indomani per la nostra serata film.

«Ehi, Eli. Come va?»

«Jess?» mi rispose con una vocina flebile.

Le mie pulsazioni passarono immediatamente da cinquanta a duecento battiti al minuto. Conoscevo quel suo tono di voce fin troppo bene, lo avevo già sentito molto spesso. «Hai un attacco di panico?» chiesi, mettendo in moto l'auto. «Cos'è successo?»

«Non lo so esattamente... io...» Eli si interruppe, doveva stare così male da non riuscire neanche a parlare.

«Okay, tranquillo. Andrà tutto bene, sto arrivando. Ma devi dirmi dove sei, fratellino.» Quando Eli era in quello stato, poteva succedere che, disorientato, si perdesse anche in zone non proprio raccomandabili.

«Da qualche parte sulla Sesta» disse con voce tremante. «Mi sembra di... di vedere Bryant Park.»

«Allora non ci metterò molto. Rimani al telefono.» Anche se quelle situazioni si erano verificate innumerevoli volte, solo per me erano diventate una specie di routine. Eli invece, in quei momenti, non era lucido. «Lo sai che poi passa. Quello che sta succedendo non è pericoloso. Ricorda quello che hai imparato: inspira, espira e lascia andare.»

Parlai con tono rassicurante e sentii Eli all'altro capo del filo fare un bel respiro e calmarsi un po'.

«Molto bene» lo elogiai svoltando in Union Square. «Ho appena imboccato la Sesta. Ancora cinque minuti.»

«Okay» farfugliò mio fratello. «Mi dispiace, Jess, io...»

«Smettila» lo interruppi. «Non c'è nessun bisogno di scusarsi. Continua a respirare, okay? Arrivo subito.»

C'era traffico ma mi lanciai nella mischia, superai due taxi e un autobus e mi avvicinai a Bryant Park. Alla fine trovai Eli davanti a un Whole Foods Market. Era accucciato con la schiena appoggiata a una delle vetrine grigie smerigliate del supermercato e le mani sulla testa. Con una manovra che probabilmente violava il codice stradale, feci inversione a U per accostare accanto a lui. Poi spensi il motore.

«Eccomi» dissi al telefono e riattaccai. Scesi di fretta dall'auto e gli corsi incontro. Nessuno aveva fatto caso al ragazzo rannicchiato per terra, con il panico negli occhi, che stringeva il cellulare così forte da avere tutte le nocche bianche. New York è così: qui la gente tira dritto se qualcuno ha bisogno. Non ci si interessa agli altri, ma solo a se stessi. È il motto di questa stramaledetta città.

«Eli!» lo chiamai poco prima di raggiungerlo. Alzò lo sguardo e mi riconobbe solo un attimo dopo, tirandosi su a fatica. Lo sentii tremare mentre lo prendevo tra le braccia e lo stringevo forte. «Va tutto bene» sussurrai, accarezzandogli la schiena come facevo quando era molto più piccolo. «Va tutto bene, sono qui.»

Il tremito si attenuò leggermente, ma sapevo che il peggio non era ancora passato. Così mi staccai e lo guidai verso la mia auto. Eli salì, io corsi dal lato del guidatore, montai su e richiusi la portiera. Mio fratello lanciò un'occhiata fugace alle persone in strada, come per valutare se potessero costituire un pericolo per lui. Gli posai una mano sul braccio, ma non reagì.

«Ehi, guardami, fratellino.»

Eli staccò a fatica gli occhi dalla folla e mi fissò.

«Adesso ti porto via da qui, okay?» dissi, e rimisi in moto la macchina.

Dietro di me qualcuno clacsonò forte, ma io mi limitai a fare il dito medio al conducente, mentre uscivo dal parcheggio e imboccavo la prima via laterale.

Eli continuò a respirare a fondo e rimase in silenzio finché non fummo a metà strada per il West Village.

«Dove stai andando?» mi chiese. La sua voce era diventata più ferma.

«A casa mia» risposi. In realtà avevo un appuntamento in centro di lì a un'ora, ma potevo rimandarlo. Per il momento Eli aveva bisogno di un posto sicuro, e quello non era certo l'appartamento di mia madre. «Dirò che abbiamo anticipato la serata film perché domani non ho tempo.»

«No, non posso!» ribatté scuotendo vigorosamente la testa. «Papà mi aspetta, andiamo dai nonni. Se non mi presento, penserà che ho avuto un'altra crisi.»

«Ma tu *hai avuto* una crisi, Eli.» Lo guardai con espressione seria. «Credi davvero di poterlo nascondere a tuo padre?» I capelli scuri gli ricadevano umidi sulla fronte e gli occhi avevano quel luccichio esausto che solo un attacco di panico poteva lasciare. Henry non era stupido e conosceva bene suo figlio.

Eli inspirò ed espirò profondamente. «Dirò che siamo andati a fare due tiri insieme» aggiunse infine, cercando di darsi un contegno. «Ha già funzionato altre volte. Portami da papà, okay? Ti prego, Jess.»

Sospirai: «Va bene». Svoltai alla prima a sinistra e imboccai la Quinta, dirigendomi verso nord dove viveva Henry.

«Non lo dirai a mamma e papà, vero?» chiese ansioso.

«L'ho mai fatto?» Coprivo sempre mio fratello con i suoi genitori, qualunque fosse il motivo. «Vuoi dirmi cos'è successo? Che ci facevi da solo a Bryant Park?» Non era sulla strada per tornare a casa da scuola, né ci abitava qualcuno che conosceva. O, almeno, da quanto ne sapevo io.

«Io... vado da questa nuova psicologa» cominciò esitante, giocando con l'elastico che portava al polso. Serviva a scongiurare un imminente attacco di panico, grazie alla leggera pressione che esercitava sulla pelle. «Quella che fa terapia espositiva.»

«Lo so» mormorai. Ed ero ancora contrario.

«Ieri ho fatto la mia terza seduta. E siccome mi ha detto che piano piano devo iniziare ad affrontare le situazioni che mi spaventano, ho pensato...»

«Hai pensato di iniziare subito» terminai io la frase per lui. «E allora dov'era Frank?» Quest'ultimo era il suo autista, un ex marine che aveva il compito di accompagnare Eli a scuola, a casa e altrove.

Mio fratello chinò il capo. «Gli ho detto di non venire perché sarebbe passato papà a prendermi. Poi ho preso l'autobus. Jonathan, della mia classe, ha un cucciolo e mi ha chiesto se volevo fare un salto da lui per vederlo. Ho pensato che sarebbe stata una buona occasione, dal momento che mi piacciono i cani e volevo tanto andarlo a trovare. Ma non sono neanche riuscito ad arrivare a casa sua.»

«Cristo santo, Eli» sospirai. «Non puoi pensare di risolvere i tuoi problemi con questi colpi di testa. Perché fai queste stronzate?»

«Perché non voglio più essere uno svitato, Jess!» sbottò. «Non voglio più avere paura di tutto! Voglio poter uscire con gli amici e andare a scuola senza preoccupazioni! Odio che questi maledetti attacchi di panico mi condizionino la vita, lo capisci o no?» Respirò a fondo ed espirò di nuovo. «Certo che non lo capisci. Come se tu avessi mai avuto paura di qualcosa.»

Mi sfuggì uno sbuffo. «Certo che ho paura. Abbastanza spesso, anche di cose diverse dalle tue.» Mi tornò in mente Helena, il modo in cui Pratt l'aveva spinta contro il muro. Accantonai subito il ricordo.

«A diciott'anni hai fatto le valigie e te ne sei andato in Australia» sbraitò il mio fratellino. «Io non potrei mai fare una cosa così coraggiosa. Non riuscirei nemmeno a salire su un aereo da solo senza dare di matto.»

Arrivammo a casa di Henry e accostai sul ciglio della strada, prima di spegnere il motore e guardare Eli.

«Io sono *scappato* da qui» risposi con franchezza. Non ne avevamo mai parlato, gli avevo solo detto che volevo vedere qualcosa di diverso da New York. Ma ormai Eli aveva quindici anni, poteva reggere la verità. «Dopo la morte di mio padre e tutto quello che era successo, non sopportavo più questa città. Non è stato un gesto coraggioso, ma solo una fuga.» Con conseguenze fatali, se si considera quello che era successo poi a Adam.

«Anch'io non ce la faccio più a vivere qui» sussurrò Eli, guardando fuori dal finestrino. Mi si spezzò il cuore, sembrava così impotente e disperato. Avevo già fatto presente, dopo il rapimento, che probabilmente mio fratello non era adatto alle grandi città, proprio come me. Ma naturalmente mia madre non aveva voluto saperne di trasferirsi in campagna. Ogni volta che affrontavo l'argomento, parlava solo di un periodo di studio in Europa, ma quella era l'ultima cosa che Eli desiderava o di cui aveva bisogno. Così avevo smesso di proporglielo e facevo del mio meglio per attenuare le crisi.

«Sai che facciamo?» Cercai di assumere un tono allegro. «Questo fine settimana torniamo a Swan Lake.» Era lì che si trovava la fattoria di mio padre. Ormai era stata dismessa, ma qualcuno continuava a prendersi cura del podere e, se avessi chiamato in anticipo, avrebbero sistemato la casa per noi.

«Credi che mamma e papà me lo permetteranno?» chiese Eli dubbioso.

«Lo scopriremo presto.» Spalancai la portiera.

Henry, come mia madre, viveva in uno degli edifici più moderni di New York, solo che questo era un po' più piccolo di Coldwell House. Il portiere ci salutò prima che prendessimo l'ascensore e aspettai che mio fratello entrasse nell'appartamento. Suo padre lo stava già aspettando, visibilmente furioso.

«Dov'eri?» gli inveì contro. «Dovevi essere qui un'ora fa. E perché Frank non è venuto a prenderti a scuola?»

Eli fece spallucce. «Mi dispiace, papà, io... ho avuto...»

«Colpa mia» intervenni. «Ho detto a Frank che sarei passato a prendere Eli dopo scuola. E poi ci siamo messi a giocare a basket giù al molo e abbiamo perso di vista l'orario.»

Henry mi fissò con i suoi occhi scuri, sapevo a cosa stava pensando: al periodo in cui vivevamo ancora sotto lo stesso tetto e io non facevo altro che mentirgli. Ormai andavamo d'accordo, ma intuiva che avrei sempre preso le parti di Eli.

«Grazie di averlo riaccompagnato a casa, Jess» si limitò a dire «ma ora vorrei restare da solo con mio figlio.»

«A dire il vero, speravo di poterti parlare un momento» risposi, sollevando il mento. Tra me e Henry non c'era mai stato un legame forte, nonostante avessimo vissuto insieme per quattro anni, ma da quando Adam era morto nutrivamo almeno un certo rispetto l'uno per l'altro.

Si faceva presto a raccontare come era entrato a far parte della nostra famiglia: aveva dieci anni in meno di mia madre e l'aveva conosciuta lavorando come suo assistente. Non c'era da stupirsi che si piacessero: erano entrambi molto intelligenti, ambiziosi e ossessionati dal successo. Dopo soli sei mesi di frequentazione, Trish lo aveva sposato e, nel giro di un anno, era nato Eli. All'epoca vivevo con mio padre, ma un giorno Adam mi aveva detto che Henry aveva insistito per avere un figlio suo. Probabilmente era un modo di legarsi per sempre a Trish e alla CW. Con scarso successo tuttavia: per quanto possedesse azioni della società, prima della separazione non era riuscito a fare l'auspicata carriera, ovvero assumere una posizione manageriale. Se tra qualche anno Eli fosse entrato a far parte dell'azienda, le cose sarebbero potute cambiare. Per questo era così importante per lui che il figlio fosse a posto.

Annuì appena. «Okay. Eli, vatti a cambiare per favore, dobbiamo andare dai nonni.»

Mio fratello prese la borsa e andò in camera sua.

Seguii Henry in cucina, che mi ricordava molto quella di mia madre: tutto l'appartamento era arredato in modo altrettanto freddo e asettico. Solo che qui era tutto nero invece che bianco.

«Cosa c'è?» chiese senza offrirmi nulla. «Siamo davvero in ritardo.»

«Non ci vorrà molto.» Lo guardai. «Se sei d'accordo, vorrei portare Eli un fine settimana alla fattoria. Ci siamo già stati altre volte e gli ha sempre fatto bene.»

«Non ritengo sia utile» disse Henry scuotendo il capo. «Non supererà mai il trauma se scappa dalla città. È inutile pagare una fortuna per la terapia espositiva, se poi non si espone.»

Sospirai. «Si tratta solo di fargli prendere una boccata d'aria, tutto qui. Ultimamente ho la sensazione che gli attacchi di panico si siano intensificati. Non è che tu e Trish lo state mettendo troppo sotto pressione?»

Henry si fece scuro in volto. «Quindi ammetti che ne ha

avuto uno? Conosco mio figlio, Jess, non prendermi per i fondelli. Ha avuto un attacco di panico e ti ha chiamato, vero?»

«Domanda sbagliata. La domanda giusta è: se così fosse, non ti sembra strano che chiami *me* invece che suo padre?» Socchiusi gli occhi. «Tu e Trish lo fate sentire sempre inadeguato. Come può migliorare, se teme di deludervi a ogni accenno di debolezza?»

«Non vedo perché dovrei discutere con te dei nostri metodi educativi» tagliò corto Henry.

«Eli è mio fratello» risposi gelido. «Quindi sono anche fatti miei, se ho l'impressione che non stia bene.»

«Fratellastro» puntualizzò. «E non hai idea di cosa significhi per un padre non sapere quando suo figlio supererà finalmente il trauma.»

«Capisco. Ma so anche cosa vuol dire dover essere sempre all'altezza delle aspettative altrui.»

Henry sbuffò. «Vuoi davvero paragonarti a Eli? Tu eri un teppistello che preferiva fare surf invece di andare a scuola, che credeva che scoparsi una ragazza a caso nella terrazza sul tetto, mentre noi avevamo un pranzo di lavoro al piano di sotto, fosse un atto di ribellione. Non te ne fregava un cazzo di quello che dicevamo io e tua madre.»

«Verissimo» confermai. «Ma a Eli interessa, invece.»

«Non mi aspetto chissà cosa da lui!» esclamò Henry adirato. «Voglio solo che torni normale!»

In quel momento sentii la mia rabbia risvegliarsi. «Ma lui *è* normale!» sbottai contro il mio patrigno. «Gli è capitata una disgrazia e non sa bene come gestirla, e questo è assolutamente normale! So che Trish non riesce a ficcarselo in testa, ma credevo che almeno tu avessi abbastanza buon senso da capire che in questo modo state solo peggiorando la situazione!»

Era stato un giorno terribile per tutti quando ci avevano informato che l'auto di Eli era stata ritrovata abbandonata in un vicolo senza alcuna traccia di lui o del suo autista. E sì, era passato molto tempo. Quello che Trish e Henry non riuscivano a capire, però, era che Eli, ormai quindicenne, era rimasto il bambino che era stato tenuto prigioniero e maltrattato in un buco per quasi due settimane. E che ci voleva qualcosa di più di una normale terapia per venirne a capo, ovvero una famiglia amorevole. Io e Adam avevamo fatto tutto il possibile per proteggere Eli subito dopo il rapimento, con buoni risultati. Solo che lui adesso era morto. E potevo anche discutere ogni giorno con Trish e Henry, non mi dispiaceva affatto, ma era tutto inutile se non mi davano retta.

«Non stiamo peggiorando la situazione. Ma se continui a ripeterlo a Eli, credo che io e Trish dovremmo riconsiderare la possibilità di fartelo vedere.» Il tono di Henry si era fatto gelido.

Scoppiai a ridere. «Stai scherzando? Ottima idea. Forse dovrei essere io a fare un paio di telefonate per capire come impedirvi di vederlo.»

«Non ti permettere di minacciarmi, Jessiah» mi avvertì. «O te ne pentirai.»

«No, *tu* non ti permettere di minacciarmi, Henry.» Feci un passo avanti. «Io e Trish non siamo mai stati particolarmente legati, ma quando si tratta di fare la guerra a qualcuno ho ereditato molto da lei. Quindi dovresti sapere che entrare in conflitto con me è una pessima idea.»

«Tu...»

«State litigando per me?»

Ci voltammo e vedemmo Eli sul ciglio della porta. In simultanea, io risposi «Sì» e Henry «No», e questo la diceva lunga su chi era sincero con lui. Ma ormai non avrei più ottenuto nulla. Della gita a Swan Lake dovevo parlarne con mia madre.

«Adesso devo scappare, ho un appuntamento. Ci vediamo domani, fratellino.»

«Okay.» Eli sorrise cauto e lanciò un'occhiata al padre, ma lui fu abbastanza intelligente da non contraddirmi. Così salutai e me ne andai. Mentre scendevo in ascensore, mi chiesi se sarebbe mai arrivato il giorno in cui non ci fosse più bisogno di me a New York.

O se invece dovevo rassegnarmi a rimanerci per sempre.

25
Helena

Il sole splendeva alto nel cielo. Uscii dall'università e mi diressi verso la macchina che mi aspettava sull'altro lato della strada.

Appena Raymond mi vide, scese dall'auto e mi aprì la portiera.

«Dovremmo andare subito al Mirage Hotel, signorina Helena. Sua madre la aspetta lì tra mezz'ora.»

E non è l'unica, aggiunsi nella mente. Dopo una lunga settimana di attesa, l'inaugurazione dell'albergo era finalmente l'occasione giusta per incontrare Carter Fields. Prima d'ora era sempre stato fuori città, ma si sarebbe sicuramente presentato al Mirage.

Per scoprire qualcosa di più sul mio nuovo obiettivo non ero dovuta ricorrere a Malia o al database della polizia di New York, perché lo conoscevo già… o meglio, ci eravamo conosciuti prima del mio esilio. Carter era il figlio minore della famiglia Fields, proprietaria del Vanity Hotel dove Valerie e Adam erano morti. Aveva offerto loro la suite come regalo di fidanzamento, cosa che finora non mi aveva mai insospettito dal momento che Carter e Valerie erano buoni amici. Prima che mia sorella incontrasse Adam, tra i due c'era stato qualcosa, ma lei aveva capito subito di non volere una relazione con lui. Il che era comprensibile: Carter era il più grande sbruffone dell'universo.

Auto, donne, droghe, facevano tutte parte della sua immagine da playboy, anche se, secondo Valerie, dietro quella facciata era un tipo a posto. Per questo speravo che potesse raccontarmi qualcosa di più su quella notte, confermarmi che lei e Adam non avevano usufruito dei servizi di Pratt perché non volevano sostanze di alcun tipo alla loro festa.

Attraversammo il traffico intenso di New York e, per quanto fossi agitata per la missione che mi attendeva, i miei pensieri restavano concentrati su qualcun altro. Non avevo più visto Jessiah… anzi Jess, da quella sera al Bella Ciao, eppure non riuscivo a togliermelo dalla testa. Per tutto il tempo avevo pensato di procurarmi il suo numero di telefono, ma poi non l'avevo fatto. Meglio non correre il rischio di perderlo di nuovo. E prima o poi sarebbe successo, se avessi avuto ancora a che fare con lui. Perché quello che ci separava sarebbe sempre stato più forte di tutto ciò che ci univa.

Mia madre mi stava già aspettando fuori dall'albergo con Lincoln e Paige, così scacciai Jess dai miei pensieri e sfoggiai un bel sorriso prima ancora di scendere dall'auto.

«Eccoti qui.» La mamma mi squadrò subito da capo a piedi, ma stavolta ero stata previdente e non indossavo la mia solita giacca di pelle, bensì un cappotto aderente sopra un maglioncino di cachemire grigio e un paio di jeans neri, che sembravano pantaloni eleganti. Mi rivolse un cenno di apprezzamento, poi ci fece segno di entrare. «Andiamo.»

Accedemmo al Mirage attraverso le porte dorate, e rimasi subito folgorata. Prima di restare chiuso per otto anni, l'albergo era un po' tetro: il relitto di un'epoca passata, con tanto di velluti, carta da parati di broccato e tappeti spessi. Naturalmente era stato ristrutturato da cima a fondo, ma aveva mantenuto il fascino di un tempo. I pavimenti erano rivestiti di scintillanti tonalità dorate, mentre per la hall gli arredatori avevano scelto mobili di colori scuri, verdi e neri, con cuscini a contrasto. Le uniformi del personale erano degli stessi colori, il che conferiva al tutto un aspetto molto vivace. Da una rapida occhiata non riuscii a cogliere ogni minimo dettaglio, ma capii subito che mi piaceva. E anche mia madre ne era affascinata.

«Gran bel lavoro» esclamò, il che era un complimento senza precedenti da parte sua.

Evidentemente il personale si era accorto del nostro arrivo, perché un attimo dopo un'impiegata si avvicinò a noi, ci salutò e ci chiese di andare a registrarci alla reception.

«Dov'è papà?» chiesi, mentre i nostri bagagli venivano portati in camera con l'ascensore.

«Aveva un appuntamento, verrà qui direttamente.» Come sempre, quando negli ultimi tempi parlava di mio padre, il suo viso si trasformò in una maschera impenetrabile. Per il momento non ero ancora riuscita a sapere, da lei o mio fratello, cosa stesse succedendo. E, anche se a casa avevo controllato se il papà dormisse effettivamente nella vecchia camera di Valerie, per adesso sembrava tutto normale. Difficile dirlo, tuttavia, perché non c'era quasi mai.

«Benvenuta al Mirage, signora Weston» ci salutò il concierge alla reception. «Abbiamo già preparato le camere per lei e la sua famiglia. La accompagno. E se ha bisogno di qualsiasi cosa, o qualcosa non è di suo gradimento, non esiti a contattarci.»

Offrire critiche costruttive faceva parte di quel genere di eventi, in quanto il Mirage aveva deciso di organizzare un *soft launch* con ospiti famosi invece di una normale inaugurazione. Le personalità più influenti, ricche e in vista di New York avrebbero trascorso una notte nell'hotel e testato accuratamente tutti i servizi per scoprire se c'erano punti deboli prima dell'inizio ufficiale dell'attività. Naturalmente mia madre aveva accettato subito l'invito. Dopotutto non c'era niente che le piacesse di più che sfoggiare la propria raffinatezza.

Entrammo in ascensore e il concierge avvicinò una chiave magnetica alla pulsantiera. «La sua suite è al nono piano, signora Weston» informò mia madre. «La camera di suo figlio è all'ottavo e quella di sua figlia al settimo, entrambe con vista sul parco, naturalmente.»

A mia madre non sfuggì un particolare importante. «Nono piano?» chiese. «L'albergo ne ha dieci, vero?»

Il portiere annuì. «Esatto.»

«Eppure abbiamo una stanza al nono piano?» Sapevo benissimo dove volesse andare a parare: in alberghi come quelli, le camere più esclusive si trovavano sempre in cima. E ovviamente lei si aspettava di avere una di queste.

«Una suite, signora» la corresse il concierge, con un sorriso professionale. «Una bellissima suite. Sono sicuro che le piacerà.» A questo punto mi aspettavo che mia madre facesse una scenata della serie "Ma lo sa chi sono io?", invece si limitò ad annuire e a fare un sorriso forzato. «Sì, non ho dubbi.»

Faceva sul serio? Guardai mio fratello, che rimase impassibile, così mi diedi della paranoica e aspettai che arrivassimo al settimo piano. Il portiere mi porse la chiave e mi indicò il numero della camera, al che uscii rapidamente e mi diressi verso la porta indicata.

La stanza era splendida, decorata nelle stesse tonalità della hall, con una meravigliosa vista su New York, un bagno lussuoso e una miriade di leccornie su un vassoio ben fornito. Purtroppo non avevo molto tempo per godermela, entro mezz'ora sarebbe iniziata la cena di gala nella sala da ballo, e io dovevo ancora cambiarmi… e riflettere su come estorcere a Carter

Fields la verità sulla notte in cui era morta mia sorella. Così mi infilai un cioccolatino in bocca, rinunciai ad ammirare la vista sulla città e mi affrettai a vestirmi.

Trenta minuti dopo me ne stavo già in piedi a un lato della sala con mio fratello e la sua fidanzata – che non si stancava mai di sottolineare il proprio ruolo – ognuno con un bicchiere in mano. La maggior parte degli invitati era già arrivata, ma non tutti. I miei genitori non erano dei fautori della regola secondo cui le persone più importanti dovevano farsi attendere.

«Non hai trovato un accompagnatore, Helena?» Paige mi guardò quasi con compassione.

«No, in realtà non l'ho voluto» risposi impassibile. «Sai, non mi piace arrivare a una festa accompagnata. Se vai in un posto da sola, puoi valutare l'offerta e decidere nell'arco della serata chi portarti a letto.»

Paige sgranò gli occhi. Mi venne quasi da ridere e mi risuonò in testa la voce di Valerie, che non si sarebbe certo lasciata sfuggire l'opportunità di commentare: *Che c'è, Barbie-secchiona, sei rimasta scandalizzata?*

«Len sta solo scherzando» si affrettò a precisare mio fratello.

«Non sto affatto scherzando.»

«Be', vivi ancora con mamma e papà.» Ghignò. «Forse dovresti cogliere l'occasione per portarti qualcuno in camera stasera.»

«Sì, ma chi?» Mi guardai intorno come se fossi seriamente alla ricerca di possibili candidati, anche se in realtà stavo cercando Carter Fields che non era da nessuna parte. «C'è l'imbarazzo della scelta e, per una volta che posso vedere un uomo nudo, voglio pensarci bene.»

«Potreste smettere di parlare di sesso?» sussurrò Paige. «Non si fa in pubblico.»

Scoppiai a ridere. «Non preoccuparti, ci penserà padre Lincoln a farti vedere come si fa dopo il matrimonio. Negli ultimi anni ha acquisito una certa esperienza.»

Paige arrossì leggermente, non si capiva bene se per la vergogna o la rabbia, ma purtroppo venni distratta prima di poter aggiungere qualcosa sull'argomento.

«Ma sta scherzando?» sibilò qualcuno accanto a noi. Mi guardai intorno e vidi mia madre, che a quanto pareva ne stava dicendo quattro a un'impiegata dell'albergo. Tesi l'orecchio per sentire di cosa stessero parlando.

«Mi dispiace, signora Weston, ma ormai non posso farci nulla.» La donna scosse la testa con rammarico.

«Non ho bisogno delle sue scuse, ma di una soluzione al problema.» Mia madre azionò il suo sguardo laser, che mi ero aspettata di vedere in ascensore. Se a Blake Weston non piaceva qualcosa, meglio trovare una soluzione. E in fretta.

«Ma non posso cambiare la disposizione dei posti» spiegò la donna un po' disperata. «Ormai è tutto assegnato, molti degli ospiti sono già arrivati e hanno visto dove staranno. Se cambio qualcosa adesso, sarà il caos totale.»

«Non mi interessa. Scambi due segnaposti o ce ne andiamo all'istante. Mia figlia non siederà allo stesso tavolo di quello lì.»

Aspetta un attimo. Riguardava me? Abbandonai subito Lincoln e Paige e corsi da lei.

«Ehi, mamma. Qual è il problema?» Sorrisi gentilmente all'impiegata, giusto per farle capire che non tutti i Weston erano intenzionati a pugnalarla con lo sguardo. Lei ricambiò il sorriso.

Mia madre si accigliò ancora di più.

«Me ne occupo io, tesoro.»

«A quanto pare si tratta di me» insistetti. «Quindi vorrei sapere cosa sta succedendo. Magari posso aiutarvi a risolvere la questione.»

«L'abbiamo messa al tavolo con gli ospiti più giovani che non hanno un accompagnatore, signorina Weston» mi informò l'impiegata con sguardo preoccupato.

«Non mi sembra un problema» dissi. Dopotutto mi ero rifiutata di presentarmi con uno dei pretendenti proposti dai miei genitori. Per quanto dovessi fare a modo loro, non avrebbero osato impormi un appuntamento. O almeno non ancora.

Mia madre si lasciò sfuggire un leggero sbuffo. «Non lo sarebbe. Se non fosse che anche Jessiah Coldwell è seduto a questo tavolo. Bisogna saperne proprio poco dell'alta società newyorchese per fare un simile passo falso!» Il commento era rivolto all'impiegata, che si scusò di nuovo, ma io non riuscii più a seguirle. Jess era lì? Sapevo che ogni tanto accompagnava la madre agli eventi, ma non mi aspettavo di vederlo quella sera.

Iniziai a sentire le farfalle nello stomaco e mi guardai intorno senza dare nell'occhio. Ma… o non l'avevo visto, oppure non era ancora arrivato. Così mi voltai di nuovo verso l'impiegata.

«Non c'è bisogno di fare tutto questo trambusto» azzardai. «Posso tranquillamente sedermi allo stesso tavolo di Jessiah.» *Del resto, non è la prima volta,* aggiunsi nella mente, ripensando all'abbraccio alla fine del nostro ultimo incontro una settimana prima. E alla sua carezza nella cucina buia. Oltre al formicolio nello stomaco, avvertii una vampata di calore. Se mia madre avesse saputo di quella sera, oggi non sarei stata lì ma a Cambridge. Nonostante questo, non riuscii a tenere a freno l'eccitazione al pensiero di rivedere finalmente Jess, ma solo a nasconderla come meglio potevo.

L'impiegata dell'albergo tirò un sospiro di sollievo. «Grazie per la sua comprensione, signorina Weston.» Poi sparì all'istante, temendo probabilmente che mia madre si opponesse.

«Helena, ti prego.» Adesso mi sarei dovuta sorbire il suo risentimento. «Tutta l'alta società sarà qui riunita stasera. Cosa penseranno, quando vedranno te e il figlio di Trish Coldwell allo stesso tavolo?»

«Non lo so, mamma. Probabilmente: "Ah, questo dev'essere il tavolo dei single"?» La fissai. «Che male c'è? Sono anni che vai agli stessi eventi dei Coldwell.»

Sì, ma non con te, sembrava dire il suo sguardo. Socchiusi gli occhi. «Cosa pensi che succederà? Che darò scandalo pugnalandolo con il coltello da burro?»

«Questo non mi preoccupa» tagliò corto.

«E allora? Ah, capisco...» Non riuscii a trattenere un ghigno. «Si tratta della sua reputazione per quello che ha fatto in passato, giusto?»

Lei serrò le labbra e non rispose.

«Se non ti fossi rifiutata di venire qui con Edward, non avremmo avuto tutti questi problemi.»

«Sei tu l'unica a creare problemi» le ricordai. «Ma rilassati, mamma. Io e Jessiah sopravvivremo alla cena senza saltarci addosso. E, se dovessimo sentirne il bisogno, saremo discreti e troveremo un posto tranquillo dove non ci vede nessuno.» Mi sforzai di far sembrare questa idea il più assurda possibile, anche se nella mia testa iniziava a prendere corpo. Cercai di pensare subito a qualcos'altro per non diventare tutta rossa.

Mia madre alzò lo sguardo e mi fissò con i suoi occhi scuri. «Non è divertente, Helena.»

«Sì che lo è. E adesso, se vuoi scusarmi, devo andare al mio tavolo.» Accennai un inchino e mi sentii un po' ridicola mentre mi allontanavo, ma anche tesa. Solo dieci minuti prima, Carter Fields era l'unica persona che mi interessasse davvero a quell'evento. Ora le cose erano cambiate.

Il motivo entrò in sala dopo che raggiunsi il mio tavolo e salutai quelli che erano già seduti. Tra loro c'era anche Celia Woodraw, figlia dell'amministratore delegato di Bloomingdale's, che conoscevo fin da quando eravamo bambine, anche se non avevamo mai legato molto perché era una vera pettegola. Appena la salutai, guardò verso la porta con gli occhi sbarrati.

«C'è Jessiah Coldwell» mormorò.

Mi voltai.

Certo, era ancora più bello del solito, nonostante indossasse un completo e io lo preferissi vestito casual. L'abito scuro gli calzava a pennello, mentre la camicia nera e la cravatta dello stesso colore gli davano un tocco di stravaganza che gli si addiceva perfettamente in quel genere di ambiente, soprattutto abbinato ai suoi indomabili capelli biondi. Vidi che i miei genitori erano impegnati a parlare con gli Irvine, così mi concessi un leggerissimo sorriso quando i nostri sguardi si incrociarono. Lui ricambiò subito, anche se in modo molto discreto, ma il luccichio nei suoi occhi bastò a farmi tremare le ginocchia.

Quando Jess si avvicinò a me, o meglio al tavolo, dovetti costringermi a respirare piano e a fingere che ci conoscessimo appena. Prima comunque salutò gli altri. Poi mi guardò.

«Helena.» Mi fece un cenno con la mano. Agli astanti quel saluto doveva essere sembrato più che sobrio, ma l'espressione nei suoi occhi era rimasta invariata, così come il formicolio nel mio stomaco. Mia madre, tuttavia, si era accorta che era arrivato al tavolo, quindi non dovevo far trapelare in alcun modo i miei sentimenti.

«Jessiah.» Ricambiai il saluto e mi finsi indifferente, cosa che mi riuscì abbastanza bene. In quel momento non avevamo solo gli occhi della mia famiglia puntati addosso, ma anche quelli di tutta la sala. Naturalmente il primo incontro pubblico tra la sorella di Valerie e il fratello di Adam era un evento imperdibile per la folla affamata di pettegolezzi. Non vedevano l'ora di constatare quali delle loro previsioni si sarebbero avverate. Ci saremmo scannati a vicenda? O avremmo seguito le orme dei nostri fratelli?

Per il momento non facemmo né l'uno né l'altro. Jess si sedette e, poiché non eravamo stati messi vicini al tavolo tondo da otto – altrimenti mia madre avrebbe sicuramente chiamato l'esercito –, uscì dalla mia portata.

Mi accomodai anch'io, ed ero talmente presa da Jess che quasi mi sfuggì l'arrivo in sala di Carter Fields. Era accompagnato da una bella donna dai capelli scuri e, in tre anni, non era affatto cambiato: sempre sicuro di sé e più che consapevole della sua posizione sociale. Ancora, però, non potevo mettere in pratica il mio piano. Avrei dovuto trovare il momento giusto per agganciarlo da solo.

Così, nella mezz'ora successiva, cercai di concentrarmi sulle conversazioni a tavola. Cosa tutt'altro che scontata, dal momento che con un orecchio origliavo quello che si dicevano Jess e Celia, che gli stava talmente incollata da montargli quasi sulle ginocchia.

«A cosa dobbiamo l'onore?» squittì. «La settimana scorsa ho dato un'occhiata alla lista degli invitati e tu non c'eri, solo tua madre.»

«Mi ha chiesto di accompagnarla all'ultimo momento» rispose lui, con un sorriso che sembrava indifferente, ma che a me parve una pugnalata.

«Allora credo che dovrei ringraziarla.» Celia lo guardò raggiante. «Di solito questi eventi sono di una noia mortale, ma con te la serata potrebbe prendere una piega interessante.»

Lanciai loro un'occhiata, ma Jess non ricambiò lo sguardo e io mi rimisi a fissare il piatto. Se qualcuno si fosse accorto che ero infastidita dalla situazione, si sarebbe sparsa la voce.

«Helena?» disse Wilson, il fratello di Celia - che i genitori dovevano aver odiato molto per avergli dato quel nome -, distraendomi da Jess. «Ho sentito dire che studi psicologia. Eccitante.»

Gemetti quasi dal fastidio, poi cercai di ricompormi e gli risposi nel modo più educato possibile.

Iniziarono a servire la portata principale, mentre Celia continuava a flirtare con Jess e io a stringere sempre di più la forchetta a ogni sua risata. Era maledettamente ingiusto che una persona come Celia potesse stare seduta accanto a lui e parlargli, mentre io ero condannata ad ascoltare le insulse opinioni politiche di Wilson Woodraw dall'altro lato del tavolo. Mi sentivo impotente e furiosa.

«Tutto bene?» si informò lui. «Sembri strana.»

Quando anche Wilson se ne accorse, capii che era giunto il momento di uscire a prendere una boccata d'aria per calmarmi, prima che tutti gli altri in sala lo notassero. Così mi alzai, mi scusai dicendo che avevo bisogno di sgranchirmi un po' le gambe e mi diressi verso la porta. Per fortuna prima del dessert c'era comunque un po' di movimento, la gente faceva il giro dei tavoli per andare a trovare i propri conoscenti, così nessuno notò che mi ero assentata.

Davanti alla porta, guardai da una parte all'altra per capire come uscire più velocemente possibile. Alla fine del lungo corridoio sembrava esserci una terrazza illuminata. Non feci in tempo a incamminarmi, tuttavia, che avvertii un movimento con la coda dell'occhio: qualcuno stava scendendo le scale e correndo verso l'uscita. E non uno a caso. Era Carter Fields che, come al solito, se la svignava prima del dessert per continuare a festeggiare in qualche locale. Era un'opportunità unica per seguirlo e chiedergli di Pratt e della droga.

In fin dei conti era il motivo per cui ero andata lì.

Gli corsi dietro il più velocemente possibile, tacchi alti permettendo, e riuscii quasi a raggiungerlo prima che uscisse. Stavo per riprendere fiato e rivolgergli la parola, quando qualcuno lo fermò: un altro uomo in giacca e cravatta che evidentemente conosceva. I due si strinsero la mano e uscirono insieme dall'albergo, mentre io rimasi indietro e li guardai andare via, senza poter fare nulla. Era la mia occasione e l'avevo sprecata. Perché? Perché ero troppo occupata a prendermela con il mio destino, invece di prestare attenzione al momento in cui Carter aveva lasciato la sala.

Sospirai dalla frustrazione, cercando di metabolizzare lo sconforto. Ci sarebbe stata di sicuro un'altra occasione per parlargli. Ma prima era, meglio era.

Perlomeno l'inutile inseguimento aveva avuto lo stesso effetto di una ventata d'aria fresca: mi sentivo abbastanza pronta per tornare al tavolo. Avrei semplicemente ignorato quello che stava succedendo tra Celia e Jess e salutato il più presto possibile per andare nella mia stanza.

Tornai in sala. Evidentemente stavano per servire il dessert, perché in corridoio non c'era quasi più nessuno. Tranne un uomo in fondo, che mi fece vacillare quando capii chi era: Jess. Aveva le mani infilate nelle tasche del completo e guardava verso di me come se mi stesse aspettando. Era davvero così? O era solo una coincidenza?

Mentre mi stavo ancora chiedendo se potessi osare parlargli

in pubblico, lui fece un passo di lato e scomparve dietro a una tenda verde scuro. Mi guardai intorno per assicurarmi che non ci fosse nessuno, poi raggiunsi il punto dove Jess era scomparso. Sentii il cuore scoppiarmi nel petto mentre mi avvicinavo al pesante velluto. Ci passai attraverso e mi ritrovai in un piccolo separé che conteneva alcune poltrone e un tavolino basso. Jess era in piedi vicino alla finestra e mi guardava impaziente.

«Ciao» disse.

«Ciao» replicai, ripensando alla risata di Celia. Istantaneamente mi sentii di nuovo frustrata per come stavano le cose fra noi.

«Stai bene?» chiese Jess. «Non sembravi molto felice stasera.»

Sbuffai leggermente. «Sì, a differenza di te.» Era sciocco da parte mia dirlo; del resto era stata soprattutto Celia a flirtare con lui, non il contrario. Ma tutta quella situazione era ingiusta. Quindi lo ero anch'io.

«Stai scherzando, vero?» Jess sembrava divertito. «Non crederai davvero che possa essere interessato a Celia Woodraw.»

«No. Be', non lo so.» Strinsi d'istinto le mani a pugno e mi costrinsi a rilassarle di nuovo. «In ogni caso, da come ci parlavi, non sembravi proprio disinteressato.»

«Avresti preferito che parlassi con te?» Nelle sue parole non c'era più alcun cenno di ironia e, quando alzai gli occhi, nello sguardo gli colsi una rabbia sommessa. «Davanti alla tua famiglia? A tutta la gente in sala?»

Sapevo che era una provocazione, eppure non riuscii a trattenermi. «Certo che no» risposi, più brusca di quanto avessi voluto. «Ma non avresti comunque dovuto...» Mi interruppi quando mi resi conto che mi stavo rendendo ridicola. Dopotutto non potevo pretendere niente da lui, solo perché avevamo mangiato una pizza insieme al Bella Ciao. Jess mi si avvicinò.

«Pensi che mi diverta a far finta di interessarmi a quello che dice Celia, mentre tu sei lì accanto?»

«Se non è così, sei davvero un bravo attore» tagliai corto.

«Sì, lo sono, perché non posso fare altrimenti.» Il suo tono mi fece alzare lo sguardo. «Non hai idea di quanto mi faccia incazzare dover fingere di non conoscerti per colpa della gente là fuori. Soprattutto quando vorrei fare tutt'altro.»

Ci eravamo leggermente avvicinati e ormai eravamo solo a mezzo passo di distanza. Potevo esaminare il suo viso da vicino: i capelli che gli ricadevano sulla fronte, la bocca e soprattutto l'espressione negli occhi verdi, più viva di qualsiasi altra avessi mai visto in vita mia. Come potevo resistergli? In quel momento mi sembrava del tutto impossibile, indipendentemente da quello che mi ero ripromessa dopo il nostro ultimo incontro.

«E cosa vorresti fare?» chiesi sottovoce.

«Lo sai bene» sussurrò lui.

Trattenni il fiato e non riuscii a dire altro. Mi avvicinai invece, sentendomi investire dal suo calore. Non che fosse necessario. Avevo già il corpo in fiamme. E la sensazione aumentò quando Jess alzò la mano e mi carezzò la guancia.

«Helena...» Mormorò il mio nome come non aveva mai fatto nessuno prima, con voce roca e seducente.

Avrei dovuto andarmene, in fondo sapevo che tra noi due non c'era nessuna possibilità. Ma non ci riuscii. Gli posai le mani sul petto, feci scorrere le dita verso l'alto e aspettai che Jess ci desse finalmente il via libera.

Lui sorrise appena, ma in modo maledettamente sexy, e si chinò in avanti. Prima che potesse baciarmi, tuttavia, fui distratta da qualcosa: voci nel corridoio, di sconosciuti, che mi ricordarono dov'ero e mi riportarono alla ragione. Mi staccai, facendo appello a tutte le mie forze.

«Aspetta» sussurrai senza fiato. «Non dovremmo essere qui…»

«Helena?» sentii qualcuno chiamare, con un tono sommesso che lasciava intendere come non volesse attirare l'attenzione. *Lincoln.* Certo, doveva avermi vista uscire.

«Cazzo!» imprecai, guardando Jess. «Devi andartene. Se ci trova qui insieme…»

Lui lanciò un'occhiata verso la tenda che separava la stanza dal corridoio e nel suo sguardo intravidi quel luccichio ribelle che mi piaceva tanto. Esitò ad allontanarsi e a fare il contrario di quello che in realtà desiderava. E io mi sentivo esattamente come lui. Ma la posta in gioco era troppo alta. Anche per motivi che lui non conosceva.

Gli sfiorai il braccio. «Ti prego, Jess.»

Alla fine annuì e mi lanciò un'ultima occhiata, che non contribuì certo a frenare il desiderio. Poi passò attraverso la tenda e se ne andò.

Giusto in tempo, perché quasi nello stesso momento fece capolino mio fratello, e dalla sua espressione intuii subito che aveva capito tutto.

Oh-oh.

26

Jessiah

Riuscii a svignarmela per miracolo, prima che Lincoln spuntasse nel separé. E, per quanto detestassi l'idea di rinunciare ai miei desideri per colpa di un Weston, ero contento di essermene andato. Non perché pensassi che ci fosse qualcosa da nascondere, ma perché sapevo in che guai si sarebbe cacciata Helena se la sua famiglia ci avesse scoperto.

«Che ci fai qui?» le chiese il fratello con sospetto. «*Lui* era con te?»

Non era solo con lei, amico. L'ha quasi baciata. Avevo desiderato farlo fin dalla nostra serata al Bella Ciao. E sentivo chiaramente, dentro di me, quanto fossi stato vicino a soddisfare finalmente il mio desiderio.

Non ero sorpreso di aver incontrato Helena quella sera, anzi, in fondo ero andato lì soprattutto per lei. Mia madre aveva ricevuto l'invito all'inaugurazione settimane prima, ma io non avevo nessuna intenzione di accompagnarla a testare i servizi dell'albergo. Finché non avevo scoperto che ci sarebbe stata anche Helena e avevo sfruttato l'occasione di poterla finalmente rivedere, contro ogni buon senso.

Era seduta al tavolo, con i capelli sciolti, stavolta con indosso un abito al ginocchio, aderente, di colore blu scuro con la scollatura di pizzo. Era bellissima, come sempre, ma naturalmente non potevo dirglielo finché eravamo circondati da persone che non aspettavano altro che dessimo spettacolo. Eravamo condannati a ignorarci per tutta la sera. Ma più andava avanti la cena, più ero pronto a mettere da parte ogni cautela e a trovare un modo di incontrarla da solo. Soprattutto perché avevo notato che non si sentiva a proprio agio. Così mi ero alzato e l'avevo seguita dopo che aveva lasciato la sala. Solo pochi minuti dopo avevo scoperto che era frustrata quanto me per la situazione e che non riuscivo a starle lontano.

Almeno fino all'arrivo del fratello.

«Di chi parli?» rispose Helena dall'altro lato della tenda, fingendo un tono assolutamente innocente. Sapeva benissimo a chi si riferisse.

«Di Jessiah Coldwell, ovviamente!» Abbassò la voce, ma senza riuscire a nascondere la rabbia. «So che l'altra sera siete usciti insieme da un locale. E oggi ho notato i vostri sguardi, anche se pensavate che non se ne accorgesse nessuno. Stai negando di essere venuta qui per incontrarlo?»

Rimasi pietrificato. Non era giusto ascoltare le conversazioni altrui, ma non avevo mai prestato particolare attenzione all'etichetta ed ero preoccupato per Helena. Così, con cautela, scostai leggermente la tenda per tenere sott'occhio la situazione.

«Ma che assurdità.» Lei incrociò le braccia e lanciò un'occhiata al fratello come se fosse ammattito. Solo a guardarla, il cuore iniziò a battermi all'impazzata.

«Non volevo incontrarlo. Volevo...» Si interruppe.

«Che cosa volevi?» chiese Lincoln.

Rimase un attimo in silenzio, come per valutare se dirgli la verità. Suo fratello era impaziente di ricevere spiegazioni.

«Rispondimi, Len, o vado dritto da mamma e papà: da quanto tempo va avanti questa storia?»

«Non c'è niente tra me e Jessiah» disse lei. «Ci siamo incontrati per caso un paio di volte nelle ultime settimane e...»

«E *cosa?*» Lincoln sembrava seriamente preoccupato. Il che mi sorprese, dal momento che di solito era così controllato, come i suoi genitori. Questa cosa sembrava turbarlo parecchio.

«È solo che... a un certo punto abbiamo capito che ci piacevamo, okay?» aggiunse, alzando le mani sulla difensiva.

Non potei fare a meno di sorridere nel sentirla parlare di me in modo così naturale. Perché aveva ragione, mi piaceva. Anzi, a essere sinceri, probabilmente era qualcosa di più.

«Ti piace?» ripeté Lincoln stupito, e chiuse gli occhi come se la sorella avesse appena confermato i suoi peggiori timori. «È un messaggio in codice per dire "ci vado a letto"?»

«No, non lo è» rispose Helena con calma, sforzandosi al massimo di mantenere il controllo. Avevo la netta sensazione che, nonostante avesse detto la verità, ci avesse fatto un pensierino, e non potei impedirmi di immaginare come sarebbero andate avanti le cose se non ci avessero interrotti.

Lincoln sembrò scettico. «Hai idea di cosa significherebbe per la nostra famiglia se si sapesse in giro? Di che danni causeresti?»

«Ma cosa vuoi che me ne freghi dell'opinione di gente che colpevolizza Valerie per la morte di Adam! Non mi interessa quello che pensano!»

«E non ti interessa nemmeno quello che pensiamo io, mamma e papà?» chiese Lincoln adirato. «Perché siamo noi a doverne pagare le conseguenze, proprio come con Val! Pensavo che avessi imparato qualcosa dai suoi errori.»

Helena scosse la testa. «Ma quali errori? Essere se stessa? Stare con qualcuno che amava? Oppure morire?»

Mi colpì il modo in cui parlava di Valerie, in cui difendeva la sorella, nonostante tutto quello che si diceva su di lei. E soprattutto il fatto che credesse a un'ipotesi per me inimmaginabile fino a quel momento: che Adam e Valerie si erano amati.

Lincoln lanciò a Helena un'occhiata delusa. «Ma che ti succede? Un tempo sapevi cosa significava essere una Weston.»

«Sì, anch'io obbedivo ciecamente, convinta che quello che mi veniva detto fosse la verità! Ma guardati intorno: mamma e papà, tu e Paige, è tutta una farsa.»

«Una farsa? Te l'ha messo in testa *lui*? Ti ha detto che la famiglia non ha nessuna importanza, purché tu viva la vita che vuoi?»

Ci mancò poco che sbuffassi, perché si sbagliava di grosso. Ero stato un egoista quando avevo lasciato New York, ma adesso ero cambiato… e la mia vita era ben diversa da quella che avrei voluto. Dalla faccia di Helena si intuiva che stava per dire esattamente la stessa cosa, ma poi strinse le labbra e rimase in silenzio.

Suo fratello si strofinò stancamente la fronte. «Non posso credere che si ripeta tutta quella merda del Westwell» disse con un filo di voce, ma lo sentii comunque.

«Perché che si ripeta?» chiese Helena. «Io e Jess non siamo Valerie e Adam. Quello che è successo a loro non ha nulla a che fare con noi.»

«*Tutto* ha a che fare con voi, Helena» sbottò Lincoln. «Quello che fai o non fai è estremamente importante per noi. E se mamma e papà scoprono che ti vedi con Jessiah… sai cosa faranno.»

Lo sapevo anch'io, perché me l'aveva detto quando era venuta a casa mia a prendere il maglione di Valerie: l'avrebbero rispedita subito in Inghilterra. Dentro di me si risvegliò qualcosa che somigliava in modo sospetto alla paura. E mi resi conto che non volevo affatto che sparisse dalla mia vita prima ancora di farne parte.

«Hai intenzione di dirglielo?» chiese.

«No, a che servirebbe? Ti rispedirebbero all'estero e i loro rapporti con Trish Coldwell si inasprirebbero ancora di più. Terrò la bocca chiusa, ma solo se starai alla larga da Jessiah. Devi dimenticarti di lui. Capito?»

Per un attimo piombò il silenzio, finché Helena fece un bel respiro. «Sì» la sentii dire, e a quella semplice parola avvertii una dolorosa fitta allo stomaco. «Ho capito.»

Lincoln tirò un sospiro di sollievo. «Bene, adesso andiamo, altrimenti verranno a cercarci.»

Scostò la tenda e imboccarono il corridoio, tornando in sala.

Rimasi dov'ero, senza riuscire a credere che potesse farmi così male sentirle dire che sarebbe stata alla larga da me. Anche se sapevo che era la cosa giusta da fare. Ma non era una libera scelta, e questo mi faceva impazzire. Il fatto che io e Helena non fossimo liberi di scegliere, che non potessimo scoprire cosa c'era tra noi e dove ci avrebbe portato. Per questo mi faceva così male. Perché probabilmente non avrei mai saputo cosa sarebbe potuta essere Helena per me.

Mi ricomposi, pensando per un attimo di tornare in camera, togliermi il completo e saltare il resto della serata. Oppure, meglio ancora, di dileguarmi, prendere la tavola, andare in spiaggia e riappropriarmi almeno di un po' di libertà. Sapevo però che non era stato solo Lincoln a tenermi gli occhi addosso, ma anche mia madre. Avevo accettato di venire lì e dovevo restare fino alla fine.

Così tornai in sala, al mio tavolo, dove avevano iniziato a

servire il dessert. Helena era seduta al suo posto, con le dita strette intorno al tovagliolo, e si sforzava di fingere che andasse tutto bene. Ma anche se sorrideva e parlava con la sua vicina di tavolo, era evidente quanto fosse difficile per lei mantenere questa facciata. E, quando i nostri sguardi si incrociarono, ne ebbi conferma. Avrei voluto alzarmi, andare da lei e baciarla lì su due piedi, facendo sussultare i presenti. Per chiarire una volta per tutte che il nostro cognome non aveva alcuna importanza. Ma ovviamente non potevamo farlo.

Mi imposi di tornare alla ragione e di nascondere a Helena quello che mi stava passando per la testa, in modo da non renderle le cose ancora più difficili. Decisi invece di estraniarmi, ignorare i miei sentimenti e sfoggiare un sorriso indifferente, prima di distogliere lo sguardo, prendere il cucchiaino e comportarmi come se non ci fosse niente di più importante al mondo del dessert. Dentro mi si stava scatenando una tempesta, ma all'esterno rimasi perfettamente tranquillo e recitai la mia parte. Del resto era quello che facevano tutte le persone intorno a me.

No, sbagliato.

Era quello che facevano le persone *come* me.

27

Helena

Un po' dopo la mezzanotte, ero sdraiata nel mio letto e fissavo il soffitto, incapace di dormire. Continuavo a pensare a quello che mi aveva detto Lincoln.

Terrò la bocca chiusa, ma solo se starai alla larga da Jessiah. Devi dimenticarti di lui. Capito?

Anche ore dopo, le sue parole mi provocarono una fitta allo stomaco, perché sapevo che cosa significavano. Erano la dimostrazione che non ero libera di scegliere di chi innamorarmi o con chi avere una storia. Ma soprattutto che non avrei mai potuto mettermi con Jess. Perché ne avevo parlato con Lincoln? Probabilmente perché speravo che mio fratello avrebbe capito. E invece non era stato così. Anzi, il contrario. Mi aveva dato un ultimatum e io avevo accettato, anche se avrei voluto gridare di no talmente forte da far cadere dalle sedie tutti gli invitati in sala. Avevo sostenuto di capirlo, anche se non ne avevo alcuna intenzione. Il momento più terribile, però, era stato quando ero tornata al tavolo ed era rientrato anche Jess. Non sapevo se avesse sentito la nostra conservazione, ma da allora in poi aveva evitato il mio sguardo e si era congedato, appena possibile, senza sembrare scortese. Poi lo avevo visto parlare con sua madre e alcuni soci in affari, ma, quando mi ero accorta che Lincoln mi stava guardando, avevo seguito l'esempio di Jess e fatto finta di non conoscerlo. Perché, se non volevo rischiare di tornare in Inghilterra e di perdere ogni possibilità di riabilitare Valerie, dovevo farlo. Anche se non avevo idea di come.

Anche in quel momento ero completamente sopraffatta dal desiderio che Jess aveva scatenato in me, ma il dolore era più forte. Non avrei mai pensato che mi avrebbe fatto così male rinunciare a quella storia prima ancora che iniziasse. Ma così era. Soffrivo tantissimo. Soprattutto perché non avevo nemmeno avuto la possibilità di parlargli. Di spiegargli perché d'ora in poi avrei dovuto sistematicamente evitarlo, anche se desideravo il contrario.

Be', allora fallo adesso.

Quella vocina, che ancora una volta somigliava in modo sospetto a quella di Valerie, si manifestò con il suo solito tono indifferente, come se non fosse stato un problema fare visita a Jess nel cuore della notte. Quando invece era una follia. E se qualcuno mi avesse vista o la mia famiglia lo avesse scoperto? Avevo assicurato a Lincoln che avrei rispettato il nostro accordo.

Eppure quel pensiero mi ossessionava, suscitandomi una tale eccitazione da farmi alzare dal letto e rifletterci su. Non avevo il suo numero di cellulare, né conoscevo quello della sua stanza. Ma forse c'era un modo per scoprirlo.

Mi avvicinai risoluta al telefono, che si trovava sulla piccola scrivania accanto alla finestra, alzai il ricevitore e composi il numero della reception. Qualcuno rispose dopo un solo squillo.

«Mirage Hotel, sono Brenda, cosa posso fare per lei?»

«Brenda, deve aiutarmi» dissi, imitando al meglio il tono autoritario di Trish Coldwell.

«Sono nella camera 754, dove teoricamente dovrebbe trovarsi mio figlio e di cui mi è stata data una chiave magnetica, ma in giro ci sono solo cose da ragazza. Mi dia il numero di stanza corretto. Subito.»

«Con chi parlo, scusi?» chiese Brenda irritata.

«Con chi parla?» risposi indignata. «Mi sta chiedendo con chi parla? Sono Trish Coldwell. E ora mi dia il numero della camera di mio figlio o le garantisco che ne pagherà le conseguenze.»

«Certo, signora Coldwell, la prego di scusarmi.» Sentii Brenda digitare freneticamente. «Suo figlio alloggia nella 612.»

«Molto gentile da parte sua, Brenda.» Riattaccai e tirai un sospiro di sollievo, con il cuore in gola. Spacciarmi per la madre di Jess era stato rischioso, ma lì per lì non mi era venuto in mente niente di meglio.

Aspettai un attimo, poi sollevai di nuovo il ricevitore. Ma prima di comporre il 612, mi fermai un istante a riflettere. Esisteva forse un tabulato delle chiamate all'interno dell'albergo? Dovevo andare da Jess di persona senza lasciare tracce. Era pericoloso, sotto molti aspetti, ma volevo parlargli. Faccia a faccia.

E questo non ha niente a che fare con il tuo desiderio di riprendere da dove eravate rimasti?

Ignorai la vocina, che non potevo certo contraddire. Poi recuperai la vestaglia che mi portavo sempre dietro in albergo perché, per quanto morbidi fossero, odiavo gli accappatoi. Così indossai la mia veste di seta giapponese, le scarpe basse che mi ero portata per la colazione e presi il cellulare.

Fuori, il corridoio era illuminato solo dalle luci notturne, ma non si vedeva nessuno. Schizzai verso gli ascensori.

La stanza di Jess era un piano sotto la mia e per precauzione usai le scale. Doveva esserci di sicuro qualche ospite rimasto al bar fino a tardi. Meglio evitare di incontrare qualcuno in vestaglia e dover spiegare perché ero uscita così.

Anche il corridoio al sesto piano era vuoto e mi affrettai a passare in rassegna tutte le porte, alla ricerca della stanza 612. Quando la trovai, mi guardai rapidamente intorno, poi bussai e aspettai.

Non successe nulla.

Forse Jess non c'era o stava già dormendo. Era quasi l'una di notte e non sapevo esattamente quando fosse salito in camera. Dovevo tornare indietro e cercare di parlargli l'indomani? Oppure procurarmi il suo numero di cellulare e chiamarlo?

Ci stavo ancora pensando, quando la porta si aprì. Alla vista di Jess, con una maglietta bianca e i pantaloni della tuta grigi, sentii un formicolio allo stomaco.

«Ehi.» Sorrisi imbarazzata.

«Ehi» rispose, prima di scostarsi per farmi entrare e chiudere la porta alle nostre spalle. Ci fermammo all'ingresso.

«Devo dirti una cosa» cominciai.

Jess scosse la testa. «Non ce n'è bisogno. Ho sentito cosa vi siete detti tu e tuo fratello. Sembra avere le idee molto chiare su quello che è giusto per te. E venire in camera mia non credo rientri tra queste.»

Sembrava serio e, quando lo guardai negli occhi, intravidi una sincera preoccupazione – e qualcos'altro che mi stritolò il cuore.

«No» dissi schiarendomi la gola, avevo la voce roca. «Ma non potevo farne a meno. Dovevo vederti.»

Jess si appoggiò alla parete di fronte a me e, quando alzai gli occhi, incrociai di nuovo il suo sguardo eloquente. Ebbi come la sensazione che lo spazio tra noi si fosse caricato di elettricità. L'unica cosa che riuscivo a pensare era che volevo toccarlo. Baciarlo. Ma mi trattenni.

«Ci hai sentiti?» chiesi, sforzandomi di reprimere al massimo il desiderio. «Quanto hai ascoltato?»

«Quasi tutto» rispose. «Soprattutto la fine, quando ti ha chiesto di stare alla larga da me. Sembravate d'accordo.» Fece un respiro profondo. «È così?»

No, dannazione, pensai. Non eravamo affatto d'accordo su quel punto, ma non ero lì per dire a Jess la verità. Ero lì per mentirgli con freddezza, mettendo i miei desideri dietro quelli della mia famiglia. Era ciò che ci si aspettava da una Weston. Che ci si aspettava da *me*. E da cui dipendeva la possibilità o meno di continuare a lottare per Valerie.

«Sì» risposi. «È così.»

28

Jessiah

Quando verso l'una bussarono alla mia porta, ero ancora sveglio. Come avrei potuto dormire? Dopo tutto quello che era quasi successo con Helena nel separé, e la breve ma accorata conversazione tra lei e il fratello. Per quanto in seguito avessi fatto di tutto per mostrarmi imperturbabile, alla prima occasione me l'ero svignata dalla sala e mi ero scervellato su come ottenere dalla receptionist il numero di stanza di Helena. Alla fine, tuttavia, avevo rinunciato all'idea. Non potevo rischiare che qualcuno mi sentisse chiedere di lei. Tanto più che mia madre e i Weston si trovavano nello stesso albergo.

Così ero salito in camera e avevo cercato di lavorare un po' – erano arrivati i bilanci trimestrali dei ristoranti di papà e dovevo controllare che fosse tutto a posto –, ma non riuscivo a togliermi dalla mente Helena. Cavolo, il solo pensiero di quello che avevamo quasi fatto mi procurava un'erezione. Cosa aveva quella ragazza per farmi perdere la testa così?

Quando bussarono alla porta, misi via il computer, mi alzai e mi incamminai senza particolare slancio dal momento che non aspettavo nessuno. Ma quando guardai attraverso lo spioncino, mi resi conto di avere davanti proprio la persona che meno mi sarei aspettato di vedere. Girai subito la maniglia e aprii. Dal modo in cui mi salutò e dalle sue parole contenute capii immediatamente che non era venuta per quello che ci era stato negato poche ore prima... sebbene indossasse una vestaglia di seta che invitava quasi a spogliarla. Ma ormai sapevo riconoscere quando era in missione. E in quel momento ne stava portando a termine una che non mi piaceva affatto. Così le dissi che avevo ascoltato la conversazione e ignorai con tutte le mie forze il nodo allo stomaco provato al pensiero che volesse rivedermi. Le dovevo una risposta, ma non gliel'avrei data a parole.

«Ci hai sentiti?» chiese. «Quanto hai ascoltato?»

«Quasi tutto» risposi. «Soprattutto la fine, quando ti ha chiesto di stare alla larga da me. Sembravate d'accordo. È così?»

Lei esitò un attimo, ma poi alzò lo sguardo.

«Sì, è così.» Non appena lo disse, però, sbuffò e scosse la testa. «Oddio, certo che non è così. Ma non ho altra scelta, Jess. Che lo voglia o meno, *devo* stare alla larga da te.»

Era come se ormai lo avesse accettato, e mi sentii le budella contorcersi dolorosamente. Fu come una doccia fredda, perché non mi aspettavo che quel rifiuto finale mi avrebbe fatto così male. Cristo, non avevo idea di come sarebbe andata a finire. Se mi stessi innamorando di lei, anche se non avevo mai desiderato una relazione stabile a New York. Sapevo però che non riuscivo a togliermela dalla testa, che si stava insinuando sempre di più nel mio cuore e che non potevo ignorare quello che provavo quando mi stava vicino. Che ogni volta che la guardavo negli occhi, sentivo l'oscurità dissiparsi dentro di me. E che nutrivo una speranza. La speranza di qualcosa per cui valesse la pena lottare.

«Dimmi cosa sta succedendo nella tua famiglia» le chiesi dolcemente, ma restando incollato con la schiena al muro e mantenendo le distanze. Meglio evitare ogni possibile tentazione di toccarla.

Helena esitò un attimo prima di rispondere. «La mia famiglia… Noi… Ah, maledizione.» Scosse la testa e fece un altro tentativo. «A quanto pare, dopo la morte di Valerie la nostra reputazione ne ha risentito molto e siamo ancora sotto esame. Come tu ben sai, certi ambienti sono molto conservatori. Qualsiasi scandalo sarebbe fatale per i miei genitori.»

«Quindi è questo che saremmo?» Mi sfuggì una risata secca. «Uno scandalo?»

Lei alzò lo sguardo. «A quanto pare il peggiore scandalo possibile.»

«E allora? Lo pensi anche tu?»

«Non importa quello che penso io» rispose.

La guardai attentamente. «Per me sì.»

«Se…» Deglutì per mandare giù il groppo in gola. «Se scoprono cosa sta succedendo, mi rispediscono in Inghilterra. Quindi non ha nessuna importanza se considero o meno ridicole le regole che mi impongono. Perché se mi mandano via è finita. È davvero finita.» Prima che potessi ribattere, fece un balzo indietro. «Ora devo andare.»

Esitò tuttavia, senza riuscire a muoversi. Poi fece un passo verso di me e sollevò la mano, sfiorandomi la guancia e facendomi scorrere lentamente le dita verso il collo. Rimasi perfettamente immobile, sebbene la sua carezza avesse riacceso il desiderio come una miccia.

«Non dovremmo» sussurrò, con la voce rotta dall'impotenza.

«Lo so.» Aveva ragione, non solo sulla sua famiglia, ma anche sulla mia. Era meglio per tutti e due porre fine a questa storia prima ancora che iniziasse. Prima di diventare così importanti l'uno per l'altra da rendere troppo dolorosa la separazione. Perché il dolore era un'emozione che avevamo già sperimentato abbastanza.

Eppure non volevo, non volevo che finisse. E nemmeno lei. Le sue dita restavano incollate alla mia pelle. Per un attimo l'attrazione tra noi raggiunse vette inaudite, ma era evidente che Helena vi si stava opponendo con tutte le sue forze. Ritirò la mano, distolse lo sguardo e afferrò la maniglia della porta.

«È la cosa giusta da fare» disse, e mi guardò come implorandomi di contraddirla.

«Sì» risposi, ma allungai comunque la mano e lasciai che le mie dita scivolassero delicatamente sulle sue. Non riuscivo a resisterle.

«Jess...» sussurrò implorante.

«Ora dovresti proprio andare, Splendore» mormorai dolcemente. «Sai che non sono molto bravo a rispettare le regole. E, più rimani qui, più aumenta il desiderio di infrangerle.»

Il suo sguardo era pieno di contraddizioni, il muro che aveva tirato su a fatica si stava sgretolando, riuscivo quasi a sentirlo: il disperato buon senso stava cedendo il posto al desiderio e alla frenesia. Nessuna donna mi aveva mai eccitato così tanto, né mai guardato in quel modo. Intuivo chiaramente quanto mi desiderasse. Ma decisi di non fare il primo passo, aspettando col fiato sospeso di vedere se l'avrebbe compiuto lei.

Helena inspirò, tremante. Nei suoi occhi azzurri impazzava la battaglia. E nel momento in cui tutto sembrava perduto, disse esattamente quello che avevo sperato.

«Al diavolo.»

Quelle due parole bastarono a farmi travolgere da un'ondata di eccitazione. La tensione tra noi fece crollare all'istante ogni ragione, ogni cautela. Feci un passo avanti, le posai le mani sul collo e la baciai.

Finalmente.

Fu l'unica cosa che pensai quando le mie labbra sfiorarono

le sue. Finalmente. Sospettavo di averlo desiderato così tanto, ma senza mai ammetterlo. Adesso invece ne ero perfettamente consapevole, con ogni maledetta fibra del mio corpo.

Cercai tuttavia di trattenermi, lasciando che fosse Helena a dettare il tempo. Avrei dovuto fare appello a tutto il mio autocontrollo, per farlo lentamente e con delicatezza, ma se era quello che voleva lei non c'era neanche da discutere. Nel momento in cui le sue labbra si aprirono e il suo corpo si incollò al mio, tuttavia, capii che non voleva farlo né lentamente né con delicatezza, e crollò ogni barriera. Gemetti con lei quando le nostre lingue si incrociarono, quando conquistai infine la sua bocca con le ginocchia molli. Afferrai il tessuto delicato della sua vestaglia, tirandolo a me per stringerla ancora più forte.

Dal momento che eravamo entrambi poco vestiti, riuscivo a sentire ogni singolo movimento del suo corpo contro il mio, ogni respiro, ogni mossa seducente. Ormai ero fuori controllo, mi abbandonavo a quel dannato desiderio che si era accumulato dentro di me dal giorno in cui, al Tough Rock, avevo avuto sentore di quello che provava Helena.

Le sue mani mi accarezzarono il collo, le spalle, il petto, fino a trovare l'orlo della maglietta. Le infilò sotto e fece scorrere le calde dita sui miei muscoli. Le sue carezze mi provocarono una scossa all'inguine e un gemito forte, che cercai di soffocare affondando nella sua bocca. Nell'udirlo Helena fu percorsa da un brivido e, un attimo dopo, mi afferrò la maglietta e la tirò su. La aiutai a sfilarmela dalla testa e lei si fermò un attimo. L'espressione con cui osservava il mio torso nudo e si mordeva il labbro inferiore era davvero irresistibile.

Lasciò cadere la maglietta per terra e io avrei voluto ricambiare, ma non lì sulla porta. Con dolcezza la sollevai sui fianchi, la portai in camera e la posai sulla consolle contro il muro.

Infilai le mani sotto il risvolto di seta della vestaglia e le sfilai il tessuto delicato dalle spalle, avvertendo la sua pelle morbida sotto le dita. Col fiato sospeso, abbandonai le sue labbra e la baciai dall'orecchio fino al collo e alla clavicola, e poi di nuovo indietro. Helena sospirò, mi strinse le gambe intorno al bacino e iniziò a premere l'inguine contro il mio membro duro. Ansimai nella sua bocca e la chiusi con un altro bacio, mentre allentavo la cintura alla sua vita e mi prendevo un momento per godermi lo spettacolo. Ma senza attendere a lungo.

Helena mi guardò con un'espressione negli occhi che mi fece venire voglia di baciarla di nuovo. Cristo, non vedevo l'ora di toglierle il resto dei vestiti e di sentirla completamente mia. Scoprire cosa le piaceva e soddisfare ogni suo dannato desiderio. Per un attimo mi venne in mente quando alcune notti, al buio e al freddo, me ne stavo in piedi sulla mia tavola da surf rischiando tutto pur di risentirmi finalmente vivo.

Questo era meglio.

Mi fece cenno di riprenderla in braccio e di portarla sul letto, lasciandosi dietro la vestaglia e sfilandosi le scarpe. Cademmo insieme sul materasso morbido e spinsi da parte il portatile che ci era d'intralcio. Helena mi tirò impaziente verso di sé e mi morse il labbro inferiore, prima di leccarlo in modo seducente e immergersi di nuovo nella mia bocca. Le carezzai il collo e i seni, per un attimo con calma e dolcezza. Lei mi afferrò i capelli e gemette piano, quando le mie dita si fecero strada sotto il suo top e ripeterono le carezze senza il tessuto di mezzo. Lo presi come un invito, carezzandole la coscia fino al ginocchio e risalendo, fermandomi però prima del suo punto più sensibile. *Nessuna fretta.* Avevamo tutta la notte e, anche se morivo dall'impazienza, volevo godermela fino in fondo.

Helena si spostò sotto di me, lasciò scivolare la sua mano sul mio ventre e poi la infilò dentro l'elastico dei pantaloni. E, per quanto non lo avesse ancora sfiorato, limitandosi ad accarezzarmi piano l'inguine, io ero sul punto di esplodere. Imprecai e strinsi le labbra per non venire subito, quando in realtà desideravo solo che me lo prendesse in mano e mi facesse scoppiare. Il mio bacino premeva contro di lei senza che fossi in grado di impedirlo. Cristo, non riuscivo a resistere. Non con lei. Non dopo tutto quello che mi ero già immaginato, senza alcuna speranza che diventasse realtà.

Proprio quando stavo per chiederle di fermarsi, ansimante, lei tirò via la mano, forse sospettando che se avesse continuato sarebbe finita in fretta. La strinsi tra le braccia, la baciai di nuovo e le affondai le mani nei capelli prima di notare che aveva ancora troppi vestiti addosso. Mi tirai un po' su per abbassarle le strette spalline del top, quando all'improvviso sentii un rumore.

Un rumore forte, un bip penetrante. Solo dopo un po' capii che si trattava del mio cellulare, che squillava a ripetizione come se qualcuno non accettasse che ero impegnato in cose ben più importanti.

Helena notò che ero distratto.

«Vuoi rispondere?» mi chiese senza fiato.

«Assolutamente no» replicai.

Lei emise un gemito di approvazione e mi baciò il collo, facendo scorrere le mani e infilandomi le dita nei pantaloni. Chiusi gli occhi per concentrarmi completamente sulle sue carezze, ma il telefono squillò di nuovo e all'improvviso ripensai a chi dormiva in una suite solo due piani sopra di me. E conosceva anche il numero di stanza.

«Cazzo» ansimai piano, spingendo Helena ad alzare lo sguardo. «Devo rispondere.»

Mi lasciò andare e ci guardammo per un attimo, come se lo squillo del cellulare avesse interrotto bruscamente un sogno. Sorrisi per nascondere il mio disagio. Poi mi alzai per rispondere alla chiamata.

«È l'una passata, Trish» dissi senza salutare, e cercando di tenere a bada il respiro. Per riuscirci dovetti dare le spalle a Helena, perché quando la guardavo sdraiata sul mio letto non riuscivo a connettere.

«Esatto» rispose mia madre. «Questo è il momento in cui Bill Jefferson si ritira finalmente nella sala del caminetto per parlare di affari. E tu sai quanto ci tenga alle chiacchiere e a tutte quelle stronzate, quindi ho bisogno di te.»

Cercai una scusa. «A dire il vero ho un gran mal di testa e sono già a letto. Sono sicuro che puoi cavartela da sola.»

«Prendi una pastiglia e rivestiti, ti aspetto di sotto tra dieci minuti. Tuo fratello avrebbe dato qualsiasi cosa per un accordo con Jefferson. Quindi, se non vuoi farlo per me, fallo almeno per lui.» Dopo essere ricorsa all'argomento irrefutabile, riagganciò.

Mi voltai verso Helena, con il telefono ancora in mano.

«Che cosa voleva tua madre?» chiese, anche se sembrava aver capito. Con un gesto quasi imbarazzato, si tirò su le spalline del top.

«La solita guastafeste» bofonchiai. «Vuole che partecipi a un incontro con un importante investitore. E ha usato la carta Adam, così non ho potuto dire di no.»

«Che succede se non ti presenti?» domandò Helena, ma si stava già alzando e infilando la vestaglia, perché sapeva che non c'era più nessuna possibilità di riprendere da dove eravamo stati interrotti. Non avevo mai odiato l'attività di mia madre come in quel momento.

Sbuffai. «Secondo te? Si procurerebbe la chiave della camera e sarebbe qui tra dieci minuti. No, temo di dover andare. Sono sicuro che sarà una cosa veloce, quasi non ti accorgerai della mia assenza.»

Helena rise leggermente. «Ne dubito.» Risposi con un sorriso storto. Recuperai la mia camicia sulla sedia accanto alla scrivania e me l'abbottonai. Poi presi il completo appeso nell'armadio, mi tolsi i pantaloni della tuta e me ne infilai un paio di cotone pregiato. Avevano ancora la cintura infilata dentro, quindi ci misi un attimo, e dopo aver indossato la giacca ed essermi passato una mano tra i capelli, mi voltai verso Helena, seduta a gambe incrociate sul letto.

«Ci vorrà un quarto d'ora, venti minuti al massimo. Ti troverò… ancora qui?» Ci eravamo entrambi fatti prendere dalla situazione, e io non lo avevo rimpianto neanche un secondo, ma forse per Helena non era così.

Lei sorrise. «Sì, certo.»

Mi chinai su di lei per un rapido bacio, poi recuperai l'odiosa cravatta e la chiave, evitando di voltarmi di nuovo, prima di raggiungere la porta e uscire dalla stanza.

29

Helena

Jess se ne andò e io rimasi da sola nella sua stanza. Mi ci volle un po' per realizzare quello che era appena successo. Dove ci aveva portato il mio "Al diavolo", e come mi ero lasciata travolgere dalla passione. Non mi era mai successo di provare una sensazione al tempo stesso così intensa e familiare. Mi ero sentita incredibilmente a mio agio a baciare Jess, ad accarezzarlo e a farmi accarezzare da lui. Riuscivo ancora a sentire il suo corpo sotto le mie dita, i suoi muscoli, il suo calore. I gemiti quando facevo qualcosa che gli piaceva. Come sarebbe stato se ci fossimo spinti oltre? Fino in fondo? Solo a pensarci mi sentivo di nuovo eccitata.

Mi alzai e andai in bagno a darmi una rinfrescata. Presi un piccolo asciugamano dal bordo del lavandino, lo tenni sotto il getto d'acqua fredda e mi tamponai il viso. Quando mi guardai allo specchio, vidi una persona che conoscevo bene, ma che non vedevo da tanto tempo. Mi brillavano gli occhi, avevo le guance ancora un po' arrossate, ma a ogni istante che passava, accanto a quella splendida leggerezza, si insinuava anche con forza qualcosa di diverso. Il senso di colpa.

Meno di tre ore prima avevo promesso a Lincoln che sarei stata alla larga da Jess. E adesso ci ero quasi andata a letto, avevo ceduto alla nostra travolgente passione, anche se sapevo benissimo cosa stavo rischiando. Ovvero *tutto.* Non era decisamente egoistico e sbagliato? Oppure meritavo di fare qualcosa che mi sembrava così giusto?

Mi passai un paio di volte le mani tra i capelli e uscii dal bagno. Presi a camminare in su e giù per la stanza, in preda a una tempesta di pensieri ed emozioni. Adesso che mi ero lanciata, non riuscivo più a tenere a freno i vari "e se?". Cosa sarebbe successo se ci fossimo salutati all'alba? Avremmo potuto continuare a vederci all'insaputa di tutti? O si trattava solo di un caso isolato, perché qualsiasi altra cosa sarebbe stata destinata al fallimento? Mi prese il panico al pensiero di non rivederlo più dopo quella sera. Ma la paura non diminuiva se immaginavo che ci avremmo provato comunque, e che alla fine le nostre famiglie avrebbero scoperto quello che c'era tra noi. Qualunque cosa fosse. Del resto, non avevo idea se lui ricambiasse i miei sentimenti. E in realtà non sapevo nemmeno cosa provassi *io* esattamente.

Nervosa, mi sedetti sul letto e aspettai il ritorno di Jess. Fu un incubo. Non perché pensassi che fosse meglio andarmene, questo non lo volevo affatto. Inutile condannarci di nuovo alla situazione che ci aveva portato fino quel punto. No, dovevo parlargli. Avevamo bisogno di trovare una soluzione e dovevamo farlo insieme. Inoltre una parte di me, che non aveva nulla a che spartire con la ragione, desiderava ardentemente riprendere da dove eravamo stati interrotti.

Proprio mentre stavo controllando per la decima volta l'orologio a parete, per vedere se i venti minuti fossero già passati, mi squillò il cellulare. Mi voltai, lo cercai un po' e alla fine lo trovai sul pavimento accanto al letto. Probabilmente mi era caduto quando mi ero tolta la vestaglia. Lo raccolsi subito e risposi senza guardare lo schermo.

«Pronto?»

«Helena?» risuonò la voce di mia madre. «Dove sei?»

«Ciao, mamma.» Perché mi chiamava così tardi? «Ehm, in camera. Dove altro potrei essere?»

«Questo lo sai tu. Sono nella tua stanza. E, a meno che tu non sia diventata improvvisamente invisibile, direi che non ci sei.»

Dannazione. Dove l'aveva presa la chiave?

«Sì, okay, non ci sono. Ma arrivo subito. Aspetta un attimo.»

Riattaccai e mi infilai le scarpe, annodai la vestaglia e presi blocco e penna. *Devo uscire un attimo*, scarabocchiai su un foglietto, prima di strapparlo e gettarlo sul letto. Non avevo idea se sarei potuta tornare, dopo aver convinto mia madre che era tutto a posto, ma lo desideravo tanto. Dannazione, *dovevo* assolutamente tornare. Altrimenti avrei dato di matto, e per mille motivi diversi.

Uscii dalla camera e mi affrettai verso le scale, imboccai la rampa e mi precipitai su. Voltato l'angolo, vidi mia madre che mi aspettava fuori dalla stanza. La porta era aperta, aveva le braccia incrociate, e mentre mi squadrava la sua bocca era una sottile linea retta.

«Che diavolo ci fai fuori? E vestita così per giunta?» Mi rivolse un cenno energico, poi mi seguì nella stanza.

«Ero lì dietro, c'è un balcone lungo il corridoio» risposi. «Mi fa male la testa e volevo prendere una boccata d'aria. Qui non si possono aprire le finestre.»

Lo sguardo laser di mia madre si fece ancora più insistente.

«Esci sul balcone di un albergo nel cuore di New York in vestaglia? In aprile, con dieci gradi?» Mi afferrò il braccio e sbuffò quando si accorse che non ero affatto infreddolita. «Adesso mi dici subito dove sei stata. E non osare mentirmi.»

Qualcosa nel suo tono attirò la mia attenzione. Non è che Lincoln le aveva raccontato cos'era successo con Jess?

«Stavo solo prendendo un po' d'aria» ripetei, cercando di mantenere un'espressione innocente. Effettivamente mi stavo raffreddando. Se avesse scoperto che ero stata con Jess, mi sarei ritrovata quella sera stessa sul primo volo per Stanstead. Stavolta senza possibilità di ritorno.

«Be', l'aria nella 612 dev'essere davvero buona. Si può aprire la finestra, lì?» Il volto di mia madre somigliava a una maschera di pietra. «Ti hanno vista entrare, quindi non negarlo. Devo chiamare la reception e chiedere chi ci dorme, o mi risparmi la fatica e me lo dici tu stessa?»

Serrai le labbra. Evidentemente Lincoln non aveva fatto la spia, quindi non tutto era perduto.

«Helena, parla.»

E adesso? Avrei potuto dirle che era la camera di Celia Wodraw, e che a cena eravamo andate così d'accordo che avevo deciso di fare un salto da lei. La mamma sarebbe stata contenta se fossimo diventate amiche, e magari l'avrei fatta franca.

Anzi no, un attimo. C'era un'opzione ancora migliore.

«È la stanza di Wilson Woodraw» dissi con voce ferma. Non mi piaceva mentirle in quel modo. Ma se c'era anche solo una possibilità di restare a New York, l'avrei sfruttata. D'altronde ormai avevo molto più da perdere, oltre alla possibilità di riabilitare Valerie. Al pensiero di non rivedere più Jess, avvertii una dolorosa fitta al petto.

«Wilson Woodraw?» ripeté mia madre. «Della famiglia Woodraw di Bloomingdale's? Ma se non lo sopporti. Dopo averlo conosciuto al ballo delle debuttanti, quando avevi quindici anni, hai detto di non aver mai incontrato una persona più noiosa.»

«Sì, vero.» Annuii. «Ma sono cambiata, e a quanto pare anche lui. E, siccome voleva qualche consiglio per il suo semestre a Cambridge, sono andata in camera sua e ne abbiamo parlato un po'.»

Socchiuse gli occhi. «E che bisogno c'era di farlo in vestaglia? Wilson Woodraw è un giovane molto rispettabile, non devi avergli fatto una buona impressione.»

«Ah, non si è certo scandalizzato, credimi» dissi rivolgendole un sorriso ammiccante.

Troppo ammiccante.

«Vediamo un po'.» Mia madre andò al telefono della mia stanza e digitò il numero 1 della reception. «Sono Blake Weston.»

Oddio, stava davvero verificando il mio racconto? Trattenni il fiato e sperai con tutta me stessa che la receptionist non dicesse nulla. «Ho un piccolo problema, forse lei può aiutarmi a risolverlo. Sì, esatto. Ho cercato di contattare il signor Woodraw che alloggia nella 612, ma il telefono fa degli strani rumori. Potrebbe controllare?»

Oh, cazzo. È davvero furba.

Dalla faccia di mia madre si intuiva che la mia bugia si stava sgretolando come un castello di sabbia. E ne ebbi conferma quando rispose.

«Oh, il signor Woodraw non alloggia nella 612? E chi ci dorme, allora?»

Ti prego, dille che non puoi fornire questo genere di informazioni. Per favore.

«Non può fornire questo genere di informazioni?» chiese mia madre. Mi sentii come se mi avessero tolto un macigno dal petto. L'indomani avrei dato una bella mancia alla receptionist, poco ma sicuro. «Certo, capisco benissimo. Al contempo, sono sicura che capirà che è mio dovere, in quanto coscienziosa cittadina di questa città, segnalare una violazione delle leggi a tutela dei minori. Poco fa ero al bar e il barista ha servito un bourbon a un diciassettenne. Sarebbe un vero peccato vedersi revocare la licenza per gli alcolici subito dopo l'apertura.»

Col fiato sospeso, aspettavo terrorizzata di capire cosa sarebbe successo.

Mia madre ascoltò ancora un po', poi riattaccò e si girò verso di me, quasi al rallentatore. Quando aprì bocca, capii che era finita.

«Jessiah Coldwell?» chiese stupita, prima di squadrare di nuovo il mio outfit e fare due più due. «Ti prego, dimmi che non è vero. Dimmi che, tra tutti quelli che potevi scegliere, non eri con *lui*.» Sembrava in preda a una crisi isterica e sapevo che le mie possibilità di uscirne viva erano pari allo zero.

«Non è come pensi» azzardai con la frase più trita di tutti i tempi. «Ero lì per darci un taglio. Lincoln mi ha detto chiaramente che...»

«Tuo fratello lo sapeva?» mi interruppe, senza neanche aspettare una risposta. Fece invece un cenno in direzione della mia stanza in disordine. «Prendi le cose che ti servono per la notte e mettile in valigia. Dormirai con noi nella suite.»

«Mamma...»

«Non voglio sentire *nulla*! Ne parliamo di sopra con tuo padre. Ma spero che Cambridge non ti abbia ancora cancellato dalla lista degli iscritti, perché ci tornerai prima possibile.»

Avrei voluto obiettare, discuterne o semplicemente pregarla di ripensarci, ma sapevo che in quel momento era tutto inutile. Così obbedii, raccolsi un po' di cose e la seguii senza dire una parola nella suite due piani sopra.

La stanza era più grande e aveva anche una zona giorno, ma

appena entrata capii subito che la sensazione avuta al mio arrivo in hotel non era infondata. Si trattava di una comunissima suite, niente a che vedere con le camere di lusso all'ultimo piano. A quanto pareva la reputazione dei miei genitori a New York ne aveva risentito parecchio.

Ma era l'ultimo dei miei pensieri in quel momento.

«Che è successo?» Mio padre uscì dal bagno, con ancora indosso la camicia e i pantaloni del completo. Si era tolto solo la giacca. «Helena, tesoro, non ti senti bene?»

«Sta benissimo» sbuffò mia madre. «Del resto ha appena fatto sesso con un Coldwell, che a quanto pare sono il massimo per le nostre figlie.» Prese il cellulare e compose un numero. Dopo un secco «Vieni subito nella nostra suite», riattaccò.

Mio padre mi lanciò uno sguardo serissimo. «Tu *cosa*?»

«Non sono andata a letto con lui» dissi, per una volta sincera. Ma l'avrei fatto, se non ci avessero interrotto. Diavolo se l'avrei fatto. Speravo solo che non si vedesse. «Non c'è stato niente tra noi.»

«Fino a oggi, a quanto pare.» Mia madre mi fissò. «Il fatto che tu esca proprio con il figlio della donna che ha diffamato tua sorella per mesi mi lascia senza parole, Helena. Mi sarei aspettata di meglio da te.»

«Mamma, Jessiah non è come Trish, okay? Non è cresciuto con lei, anzi non hanno proprio niente in comune. Jess è...» Mi interruppi. Dire quello che pensavo di lui non avrebbe certo migliorato la mia situazione, anzi.

I miei genitori si scambiarono un'occhiata. «Com'è?» Papà mi guardò con severità.

«È onesto e disponibile, gentile... una brava persona.»

Ancora non sapevo che quelle parole innocenti sarebbero state tanto fatali, ma all'improvviso mia madre impallidì e mio padre si accasciò sul letto come se avesse appena ricevuto una notizia terribile.

«Che c'è?» chiesi.

«È esattamente quello che ha detto tua sorella all'epoca» sussurrò mia madre. «Quando l'abbiamo pregata di non mettersi con Adam Coldwell.»

Avrei tanto voluto gridare che io non ero Valerie e Jess non era Adam. Che non ci saremmo fidanzati e fatti di cocaina in una stanza d'albergo lasciandoci le penne. Ma rimasi in silenzio. Perché sapevo benissimo che non avrei potuto farle cambiare idea su di lui.

«Lunedì te ne torni a Cambridge» disse mio padre, senza possibilità di replica. Tuttavia ritrovai la voce, perché sapevo che ero sul punto di perdere tutto: la fiducia dei miei genitori, la possibilità di portare a termine la missione, e Jess.

«No, papà, ti prego, non mandarmi via» lo implorai. «Sono appena tornata e sto così bene a New York. Dopo la morte di Valerie ero un vegetale, ma ora ho finalmente ricominciato a vivere!» Guardai prima lui, e subito dopo mia madre. «E poi non è successo nulla e nessuno si è accorto di niente. D'ora in avanti seguirò tutte le vostre regole, accetterò tutto.»

Bussarono alla porta e la mamma andò ad aprire. Entrò Lincoln, con i capelli scompigliati e in tenuta sportiva.

«Che c'è di così importante da buttarmi giù dal letto?» chiese, chiudendosi la porta alle spalle. Quando mi vide, notai che era deluso ma anche preoccupato.

«Non far finta di non sapere nulla.» Il tono di mia madre era tagliente come un rasoio.

Feci una smorfia in direzione di mio fratello. Lui si limitò ad alzare le spalle.

«Va bene.» Lincoln si passò una mano tra i capelli scuri e si sedette su una poltrona. Avrei dovuto scusarmi con lui per essere andata da Jess nonostante la sua supplica, ma non ero dispiaciuta. Non potevo tagliare i ponti dopo quel mezzo bacio senza nessuna spiegazione, sarebbe stato ingiusto. *Oh, e quello che avete fatto poi era giusto?* Serrai le labbra.

Mio padre guardò Lincoln. «Questo è un affare di famiglia. Solo perché non ritieni di doverci informare quando tua sorella fa un passo falso, non significa che noi facciamo lo stesso.»

«Credevo che io e Helena ci fossimo chiariti» ribatté mio fratello. «Che avesse capito l'antifona.»

«A quanto pare no» sibilò mia madre. «E per giunta non ha avuto niente di meglio da fare che presentarsi mezza nuda nella stanza di quello lì alla prima occasione.»

Feci un respiro profondo. «Io sono qui, okay? Vi sento e vi sarei grata se non parlaste di me come se non ci fossi.» Da una rapida occhiata all'orologio mi accorsi che era passata quasi mezz'ora da quando Jess era uscito per incontrare sua madre. Mi domandai se fosse già tornato. E, in tal caso, cosa avrebbe pensato una volta trovato il biglietto e aver realizzato che avevo infranto la mia promessa. Forse che avessi cambiato idea? Avvertii un'altra dolorosa fitta allo stomaco.

«Abbiamo deciso di rimandare Helena a Cambridge» sentenziò mio padre, ignorando completamente le mie parole. «Domani stesso.»

«Sei sicuro che sia la scelta giusta?» Lincoln lo guardò con serietà. «Pensa all'affare Winchester. Richard è già scettico sul fatto che possiamo realizzare il progetto. Non possiamo permetterci nessuno scandalo prima della gara d'appalto a inizio giugno. E, se Helena sparisce di nuovo, adesso che tutti sanno che è tornata… potrebbero spargersi strane voci.»

Mentre me ne stavo in un angolo, rannicchiata e impaurita,

in attesa di essere messa sul primo volo, percepii improvvisamente un briciolo di speranza.

«Gireranno ancora più voci, se frequenterà Jessiah Coldwell» ribatté mia madre.

«Non credo che abbia intenzione di vederlo di nuovo, vero Helena?» Mio padre mi fissò. A quanto pareva aveva deciso di prestarmi di nuovo attenzione.

«No, assolutamente no» risposi, e sentii qualcosa dentro di me ribellarsi in modo violento a quelle parole. Lo ignorai con tutte le mie forze. Sì, Jess mi piaceva, mi piaceva molto, forse mi stavo addirittura innamorando di lui. Ma se non fossi riuscita a restare a New York, di certo non l'avrei più rivisto, quindi dovevo fare di tutto per impedirlo. Anche per Valerie. *Soprattutto* per Valerie, mi corressi. «Come ho già detto, sono andata da lui solo per dirgli che non ci saremmo più rivisti. Questa cosa… è stata un errore.» Mi mostrai il più controllata possibile, quasi indifferente, ma dentro di me regnava un caos totale, fatto di angoscia e dolore.

«Va bene.» Mio padre annuì. «Puoi restare qui, almeno finché l'affare Winchester non sarà concluso, poi vedremo se rimandarti in Inghilterra. Ma sappi che prenderemo seri provvedimenti affinché tu ti attenga alle nostre istruzioni.»

Mi limitai ad annuire.

«Ora vai a letto, è molto tardi. Puoi dormire lì.» Mia madre indicò un divano in un angolo che non avevo notato prima. Era stato aperto e il letto rifatto. Mi chiesi perché. I miei genitori non dormivano più insieme? Non potevano prevedere che sarei salita nella loro stanza.

Evitai di fare domande, perché sapevo che non poteva esserci momento peggiore per discutere del rapporto tra i miei. Andai invece in bagno, dopo che mio fratello si era accomiatato con uno sbadiglio. Allo specchio, tuttavia, non vidi più la mia versione di prima, la Helena felice e piena di vita, ma quella che conoscevo fin troppo bene.

Uscii di fretta, mi infilai nel letto improvvisato e tirai su le coperte. Come avrebbe potuto essere diversa quella notte, se io e Jess fossimo state altre persone. Avrei potuto addormentarmi tra le sue braccia, completamente esausta dopo quello che avevamo fatto. Esausta e soddisfatta. E non sconvolta e triste come ero adesso. Doveva essere già tornato nella sua stanza, senza un'idea del perché non fossi di nuovo lì. Sapevo che questo l'avrebbe tenuto sveglio. Ci teneva davvero a me.

Poco dopo i miei genitori scomparvero in bagno e, pur sapendo che stavo rischiando grosso, non esitai un attimo e sollevai il ricevitore sul tavolino accanto al divano letto.

«Reception del Mirage, come posso aiutarla?» chiese una voce maschile.

Cristo santo, non parlare così forte, altrimenti ti sentiranno.

«Potrebbe gentilmente recapitare un messaggio nella stanza 612?» chiesi con un filo di voce, per non essere scoperta dai miei. «L'ideale sarebbe subito.»

«Certo, signorina. Cosa devo scrivere?»

Ebbi poco tempo per pensarci, così optai per un messaggio breve e conciso, in modo da non rivelare troppo all'impiegato.

«Scriva per favore: *È finita, sanno tutto. Ti prego di perdonarmi. H.*»

«Tutto qui?» chiese l'uomo in tono neutro.

«Sì» tagliai corto. «È tutto, grazie.»

Poi riattaccai, mi nascosi sotto le coperte e strinsi forte le labbra per non piangere.

30

Jessiah

«Quanto manca?» chiese Eli con impazienza.

«Un'altra mezz'oretta al massimo. Sei stanco?» Sorrisi e mi voltai verso mio fratello, che camminava dietro di me con lo zaino in spalla e un cappellino degli Yankees calcato in testa.

Quella mattina, a colazione, avevamo deciso che il tempo era abbastanza bello per fare un'escursione a Swan Lake. Ormai era tardo pomeriggio e stavamo tornando indietro. E apparentemente per Eli il tragitto era troppo lungo.

«No, mi piace solo saperlo, tutto qui» si giustificò ricambiando il sorriso. Non lo vedevo così rilassato da secoli. Da quando il pomeriggio prima eravamo arrivati alla fattoria di mio padre, sembrava essersi lasciato completamente alle spalle New York. E non era l'unico.

Un paesaggio incontaminato era esattamente quello che occorreva a mio fratello per riprendere fiato. Certo, lo avevo proposto per lui, ma a essere sinceri ne avevo un gran bisogno anch'io. Uscire di casa, cambiare aria, starsene in pace e lontani dalla città. Avrei dovuto pensarci prima.

Dopo che l'appuntamento con Bill Jefferson al Mirage era andato a buon fine, mia madre si era tranquillizzata e mi aveva concesso un fine settimana a Swan Lake con Eli. Il posto era minuscolo e consisteva in un'unica strada, con poche case e un ristorante di pesce. Intorno c'erano alcune fattorie con enormi appezzamenti di terreno, proprio come quella di mio padre, solo che lui aveva venduto la maggior parte dei pascoli ai vicini quando era ancora in vita. In realtà era un peccato che la fattoria fosse stata dismessa: le stalle erano vuote, proprio come le case. Un tempo papà aveva un piccolo allevamento di cavalli purosangue dove lavoravano alcuni dipendenti. Ormai era rimasta solo Alicia, la custode, a prendersi cura della casa e dei numerosi annessi, anche se non ci viveva più nessuno.

«Cosa vuoi mangiare oggi?» chiesi a Eli, aspettando che mi raggiungesse sullo stretto sentiero. «Alicia ha fatto la spesa, hai l'imbarazzo della scelta.»

Mio fratello aggrottò le sopracciglia pensieroso. «Pensi che potremmo farci i maccheroni al formaggio?»

Mi venne da ridere. «*Mac'n'cheese*? Certo.» Quando Eli era con me, mangiavamo spesso cibi pronti, ma anche specialità italiane o asiatiche. I maccheroni al formaggio, però, erano una novità. «Perché me lo chiedi?»

«L'altro giorno mi è venuto in mente che Adam li faceva sempre» disse con un filo di voce. «Era l'unica cosa che sapeva cucinare.»

«Vero.» Sorrisi leggermente, e per un breve istante la tristezza sembrò offuscare la luce del sole. «Non era un granché in cucina.»

«Ma i suoi maccheroni al formaggio erano buonissimi. Soprattutto se mangiati direttamente dalla pentola mentre guardavi un film.»

Mi tornarono in mente le nostre serate, quando Henry e Trish erano invitati da qualche parte e noi ragazzi rimanevamo a casa da soli. Quei pochi momenti in cui mi sentivo completamente a mio agio, insieme ai miei fratelli, a un film di supereroi e a un sacco di dolci. Assurdo che me ne fossi quasi dimenticato.

«Bene, ecco il programma di stasera allora: maccheroni confezionati e *Iron Man*.»

«Be', del film ne riparliamo dopo» ribatté Eli con una smorfia. Sapevo che non condivideva il mio entusiasmo per Tony Stark.

«Se proprio dobbiamo...» Sorrisi, felice che l'ombra si fosse di nuovo dissipata. Ma ripensare a mio fratello mi fece tornare in mente Valerie e, inevitabilmente, Helena. Non che avessi bisogno di un incentivo per pensare a lei. Lo facevo già fin troppo spesso.

Il ricordo di quando ero rientrato nella mia stanza e l'avevo trovata vuota era fresco come se fosse successo il giorno prima. Invece erano passate tre settimane. Avevo chiuso la porta gridando che ero tornato, senza ottenere nessuna risposta. All'inizio avevo pensato che Helena si fosse addormentata, dopotutto ero stato via quasi un'ora invece dei venti minuti promessi. Ma poi avevo trovato il suo biglietto ed ero rimasto in attesa. E mentre mi stavo ancora domandando se sarebbe mai tornata, avevo sentito bussare alla porta e mi ero ritrovato davanti un impiegato dell'albergo con un messaggio per me.

È finita, sanno tutto. Ti prego di perdonarmi. H.

Fuori era una giornata calda e soleggiata, la primavera era sbocciata, ma io sentii un brivido lungo la schiena. Sapevo che Helena era ancora a New York e non era stata rimandata in Inghilterra, perché un amico di Thaz gli aveva riferito di averla vista alla Columbia. Ma non sapevo altro.

Da quella sera al Mirage, tra noi vigeva un assoluto silenzio stampa. E, anche se il fine settimana dopo avevo chiesto a Thaz il numero di Helena e l'avevo salvato sotto il nome Splendore, non ero riuscito a chiamarla o a mandarle un messaggio. Perché c'erano solo due scenari possibili. O pensava a me come io pensavo a lei, nel qual caso avrei solo peggiorato la situazione. Oppure era ormai convinta della sua decisione e mi avrebbe bloccato. Dopotutto era una Weston. Sapevo come funzionavano certe famiglie: i figli venivano indottrinati sin da piccoli sul fatto che non c'era nulla di più importante della reputazione. Solo perché Helena si era fatta trasportare per un attimo, non significava che non glielo avrebbero ricordato. Quindi, in qualsiasi modo la si volesse guardare, alla fine non ne sarebbe uscito niente di buono. E così il suo numero nel mio cellulare era come una possibilità permanente, ma a ben vedere solo un invito al dolore e alla disperazione.

«Jess?» Eli mi diede un colpetto. «Tutto bene?»

«Certo.» Sorrisi. «Tutto bene.»

«Non si direbbe.» Il mio fratellino era una persona estremamente sensibile e, in quanto tale, molto empatica quando si trattava degli stati d'animo altrui. Un vero miracolo con i genitori che si ritrovava.

Volevo liquidarlo con una frase qualsiasi, ma poi ricordai che avevo giurato di non mentirgli. E, dal momento che non potevo neanche dirgli tutta la verità, optai per una via di mezzo.

«Stavo pensando a una ragazza.»

Eli si fermò. «Una ragazza? Di New York?» Anche alle sue orecchie suonava strano. L'anno prima mi aveva chiesto perché non ne avessi una, e io gli avevo spiegato che non volevo una relazione stabile. A quanto pareva ricordava ancora la mia risposta.

«Sì, ma è finito tutto prima ancora di cominciare, quindi è stupido che ci pensi ancora.» Mi rimisi in cammino. La fattoria non era lontana.

Eli non mollò. «Perché è finita così in fretta? Non le piaci?»

«Sì, sì.» Ero abbastanza sicuro di me da non contemplare neanche l'ipotesi che potesse aver improvvisamente perso interesse nei miei confronti. Mi aveva mostrato il contrario in modo molto chiaro. Sentii una vampata di calore ripensando a come ci eravamo sdraiati sul letto, lei sopra di me, le sue labbra sul mio collo. *Oh, cazzo.* Dentro di me sospirai.

«Allora qual è il problema?» continuò Eli.

«Le nostre famiglie hanno un rapporto complicato.» *E farebbero di tutto per tenerci lontani.*

Eli mi scrutò con i suoi occhi verdi e immaginai gli ingranaggi del suo cervello attivarsi dietro la fronte. «Non starai mica parlando di Helena Weston, vero?»

Mi misi a ridere perché c'era arrivato subito. «Come hai fatto a capirlo? Non è certo l'unica famiglia con cui Trish ha un rapporto complicato.»

«Vero, ma la mamma me ne ha parlato la settimana scorsa.»

«Dei Weston? Per via di quel progetto su cui vorrebbe mettere le mani, Westchester o qualcosa del genere?»

«Winchester» mi corresse Eli con nonchalance. «Ma no, non dei Weston. Di Helena. C'era anche Rodney e la mamma gli ha detto che quella ragazza poteva dare problemi. Solo più tardi ha fatto il suo nome, ma io avevo già capito chi era, perché si tratta della sorella di Valerie.»

Rodney McVeil era il tuttofare di Trish. Otteneva informazioni con mezzi un po' loschi, pedinava le persone per lei e non si faceva problemi a sporcarsi le mani. Il fatto che mia madre gli avesse parlato di Helena mi preoccupava. Eppure le avevo assicurato che non provavo nessun interesse per la sorella di Valerie, e lei non sapeva nulla della storia al Mirage. O forse sì?

«Ha detto qualcos'altro?»

Eli scosse la testa. «Solo che sarebbe pericoloso se si avvicinasse troppo a te. Perché non lo so.»

Era alquanto criptico, ma mi fece tornare in mente quello che mi aveva detto Trish quando era venuta a trovarmi a casa. Mi era sembrata seriamente preoccupata che provassi qualcosa per Helena. Ma non potevo chiederle spiegazioni se non volevo mettere nei guai me stesso, Helena e anche Eli.

«Non preoccuparti» lo rassicurai. «Probabilmente è solo in paranoia per la storia di Adam.» Sebbene Trish fosse la persona più razionale che conoscessi, quando si trattava della morte di mio fratello perdeva il controllo.

«Jess?» Eli mi guardò. «Pensi davvero che sia colpa di Valerie se lei e Adam sono morti?» Quella era una domanda da un milione di dollari. Fino a qualche settimana prima avrei risposto di sì senza la minima esitazione, ma adesso non ne ero più tanto sicuro. Certo, avevo considerato a lungo Valerie l'origine di tutti i mali, e non ero ancora del tutto convinto del contrario. Ma avevo smesso da tempo di credere che Helena fosse la sorellina ingenua che non riusciva ad accettare la verità. Era troppo intelligente per prendere le parti di Valerie senza motivo. E questo significava che la fidanzata di Adam aveva più sfaccettature di quanto avessi immaginato.

«Non lo so» risposi infine. «All'inizio, come tutti gli altri, pensavo che la colpa fosse di Valerie, perché veniva da un mondo in cui gira un sacco di droga. Ma adesso… se devo essere sincero, non so abbastanza di lei per stabilire di chi sia la colpa. O se non sia stato solo un tragico incidente.»

Eli annuì lentamente.

«E tu cosa ne pensi?» gli chiesi. Era abbastanza grande per essersi fatto un'opinione sull'argomento.

Gli ci volle un po' prima di rispondere. «Sono stato a lungo arrabbiato con Valerie. La mamma diceva che era responsabile della morte di Adam e io ci credevo. Ma ultimamente ho pensato sempre più spesso a quanto lui fosse felice poco prima di morire. Sprizzava gioia da tutti i pori quando era con lei.» Si interruppe per guardarmi. «Penso che darei qualsiasi cosa per provare un'emozione del genere. E pazienza se qualcuno è contrario.»

Camminammo fianco a fianco per un po' in silenzio finché non scorgemmo la casa in lontananza. Mi risuonavano ancora in testa le parole di Eli, quando lui scomparve all'interno e io rimasi fuori, a osservare i campi intorno alla fattoria e a riprendere fiato. Mi tornò in mente il momento in cui avevo baciato Helena. Raramente mi ero sentito così vivo come con lei. Non si trattava solo di attrazione o desiderio, ma di qualcosa che andava ben oltre il sesso. In quel momento mi ero sentito felice come non mi succedeva da anni. Perché lei mi aveva toccato davvero nel profondo. Molto più di quanto riuscissi ad ammettere.

Penso che darei qualsiasi cosa per provare un'emozione del genere. E pazienza se qualcuno è contrario.

E in quel momento, davanti alla casa di mio padre, lontano dal fermento di New York che mi serrava il cuore come una morsa, capii una cosa: era successo proprio quello che mi ero categoricamente proibito di fare. Mi ero innamorato. Di Helena Weston, la principessa dell'Upper East Side, figlia degli acerrimi nemici di mia madre. Di quella ragazza intelligente, straordinariamente bella, testarda e meravigliosa che mi faceva palpitare il cuore, e non solo.

Inspirai profondamente, poi buttai fuori l'aria.

Maledizione. E adesso cosa avrei dovuto fare?

A parte cercare di togliermela dalla testa?

31

Helena

«Helena, perché non ci racconti un po' del tuo periodo in Inghilterra?» La signora Huntington mi guardò. «Per caso hai incontrato qualche membro della famiglia reale? Sono molto amica del conte di Surrey. Forse l'hai conosciuto.»

«No.» Sorrisi gentilmente. «Temo di no. Ero molto impegnata con gli studi.»

«Che peccato. Se avessi saputo che eri lì, glielo avrei detto. Ha due nipoti meravigliosi e sono sicura che te li avrebbe presentati volentieri.»

Iniziavo a sentire male alla mandibola a furia di sorridere. Inoltre, era un filo sconcertante che una delle donne più ricche di New York mi avesse posto la stessa domanda di Maddy Rich. Solo che lei non era amica del conte di Surrey.

«Sì, è davvero un peccato. È stato tutto un po'… improvvisato.»

Incrociai gli sguardi compassionevoli delle altre signore, sapevo cosa stavano pensando: povera ragazza, ha dovuto lasciare la città perché sua sorella era una tale delusione. Ma trattenni la rabbia di fronte a quell'ingiustizia. Dovevo andarmene via da lì il prima possibile. Non potevo permettermi distrazioni.

Dalla serata al Mirage, tre settimane prima, mi sentivo costantemente sotto osservazione, come una pericolosa criminale da reintegrare nella società. Neanche le persone appena uscite di prigione avevano simili condizioni di libertà vigilata, ne ero certa. Non potevo andare da nessuna parte se non accompagnata da uno degli autisti di famiglia, non potevo uscire, incontrare qualcuno senza permesso, mangiare fuori o prendere parte a un qualsiasi evento universitario che contemplasse un minimo di svago e non fosse obbligatorio. Non ero più andata al Tough Rock dopo la mia conversazione con Simon, anche se avrei avuto davvero bisogno di sfogarmi un po', ma ovviamente non potevo rivelare di praticare le arti marziali. Nonostante tutte queste misure, i miei genitori continuavano a chiedermi dove andassi, e a volte mi sentivo sul punto di urlare. Ma poi mi ricomponevo. Avevo una missione da compiere.

A causa delle severe disposizioni, negli ultimi tempi era diventato difficile indagare sul caso di Valerie, ma oggi avevo finalmente trovato il modo di parlare con Carter Fields. Ogni mese mia madre partecipava alla riunione dell'associazione della mia vecchia scuola, in quanto membro del comitato direttivo, proprio come la nonna di Carter. E, dal momento che per una volta il fato mi era propizio, dopo la riunione suo nipote andava sempre a prenderla e la portava fuori a mangiare; l'avevo saputo da Valerie, ricevendo conferma da Lincoln, dopo qualche domanda apparentemente innocente, che era ancora così. Quindi non dovevo far altro che accompagnare mia madre alla riunione e fingere di essere interessata agli affari della scuola, per poi uscire un po' prima e aspettare Carter. Sapevo esattamente cosa chiedergli, e avevo anche un pretesto per farlo. Era un piano perfetto. E stavolta non sarebbe andato storto come con Pratt.

Purtroppo, nei miei calcoli avevo completamente sottovalutato l'interesse di quelle anziane signore per i giovani come me.

Guardai con discrezione l'orologio. La riunione era ormai finita da dieci minuti. Il tempo stringeva.

Si avvicinò mia madre, con quella faccia orgogliosa che sfoggiava sempre quando aveva l'impressione che mi comportassi secondo i suoi desideri. Mi posò gentilmente una mano sulla schiena.

«Tutto bene?» chiese a bassa voce.

«Certo.» Mi limitai ad annuire. «Ma devo assentarmi un attimo. Sai, con tutto il tè che ho bevuto.»

«Be', sai dove sono i bagni. Ma poi ce ne andiamo.»

«Torno subito.» Uscii di fretta, mi guardai alle spalle per assicurarmi che non mi stesse seguendo nessuno. Poi girai poco prima dei bagni e corsi verso le scale.

Fortuna che avevo studiato alla Bradbury, altrimenti mi sarei persa di sicuro negli antiquati corridoi rivestiti in legno. Andai dritta all'uscita. In strada c'erano diverse auto parcheggiate, ma la limousine di Carter era facile da individuare perché era l'unica con i finestrini abbassati e da cui usciva, sparato a tutto volume, l'ultimo album di The Weeknd. Non sembrava aspettare la nonna con impazienza. Non c'era da stupirsi, era una vera serpe. Per quel che ne sapevo, quelle cene mensili servivano soprattutto a racimolare qualche soldo in più e non si svolgevano certo perché Carter le fosse molto affezionato.

Tirai dritto verso la macchina e feci un cenno all'autista lì davanti.

«Salve, posso parlare un attimo con Carter? Non ci metterò molto.»

Lui si limitò a scrollare le spalle indifferente.

«Certo.»

«Grazie.» Aprii la portiera e mi infilai nel sedile posteriore della limousine.

Carter sollevò gli occhi dal telefono, mi guardò e piegò la testa di lato prima di abbassare la musica. «Okay, nonna, questo è davvero troppo» disse accigliato. «Dobbiamo seriamente parlare delle tue manie di giovinezza. Perché non riesci a invecchiare con dignità?»

Sorrisi sinceramente divertita. In effetti Carter mi era sempre piaciuto perché, a differenza di molti altri ragazzi del nostro ambiente, aveva senso dell'umorismo e non si prendeva troppo sul serio. Ma dal momento che speravo nel suo aiuto per riabilitare Valerie, probabilmente avrei riso alla battuta anche se non fosse stata divertente.

«Che dirti? Il medico mi aveva promesso un miracolo e questo è il risultato.»

Carter scoppiò a ridere prima di scrutarmi con curiosità.

«Helena Weston nella mia auto, a cosa devo l'onore?»

«Volevo vederti e ho pensato che questa potesse essere una buona occasione» risposi attenendomi alla verità. Non restava molto tempo prima che uscisse sua nonna, dovevo sbrigarmi.

«Oh, davvero?» Inarcò le sopracciglia e mi rivolse un sorriso malizioso. «Non ti facevo così intraprendente, ma ehi, forse in Inghilterra sei cambiata. O magari hai gli stessi geni di Valerie.»

Quando nominò mia sorella, dovetti ignorare la fitta di dolore tanto familiare.

«*Sorry*, Carter, mi dispiace deluderti, ma non sono qui per questo.»

«Peccato.» Non sembrava offeso che non fossi salita in macchina per flirtare con lui, probabilmente riceveva avances del genere abbastanza spesso. «Ho sentito dire che sei rimasta fedele alla linea, però.»

«La linea?» Corrugai la fronte.

«Oh, andiamo, tesoro, non penserai mica che sia passato inosservato il modo in cui tu e Jessiah Coldwell vi guardavate all'inaugurazione del Mirage. Se posso darti un consiglio, non seguire le orme di tua sorella.»

Feci un respiro profondo per non lasciarmi turbare dalle sue parole. Ma avevo bisogno di un attimo per tenere a bada le emozioni che provavo ogni volta che veniva pronunciato il nome di Jess o pensavo a lui.

La verità era che mi mancava. Sembrerà ridicolo, avevamo passato solo poco tempo insieme, ma il mio cuore ignorava le logiche della ragione. E non era il tipo di nostalgia che provi per un ex, quell'eco del passato quando ripensi a qualcosa che hai condiviso con lui e ti rendi conto di non poterne più parlare. Questo era il genere di nostalgia che ti fa desiderare di passare più tempo insieme, di sapere tutto dell'altra persona, di sentirla vicina. Non avevo mai provato nulla di simile, quell'impulso irrefrenabile a voler stare con qualcuno. E il destino mi aveva giocato proprio un brutto tiro, a scegliere tra tutti Jessiah Coldwell.

«Non so cosa di cosa stai parlando» mormorai, cercando di mantenere il controllo. Ero lì per Valerie. Stavo facendo tutto questo solo per lei, quindi dovevo andare fino in fondo e cogliere l'occasione. «Di' un po'» ripresi attenendomi al piano «la settimana prossima darai una festa a casa tua, nell'attico dell'albergo, giusto?»

«Oh, sì.» Mi guardò raggiante. «Perché, vuoi venire? Non è una festa per brave ragazze però, non so se mi spiego. Forse troppo selvaggia per te.»

«Più selvaggia di quella a cui hai mandato uno spacciatore come gentile omaggio, anni fa?» Non era previsto che mi rivolgessi a lui in modo così diretto, ma me l'aveva servita su un piatto d'argento.

Per un attimo Carter si rabbuiò, poi si ricompose subito e tornò a sorridere. «Capisco, è per questo che sei qui. Ma mi dispiace deluderti, piccola Helena. Lo sanno tutti cos'è successo quella notte. Non ci sono chissà quali segreti da svelare.»

«Ah, davvero?» Lo fulminai con lo sguardo. «Allora non sei stato tu a mandare Colton Pratt con un mucchio di roba nella suite che avevi generosamente offerto a Valerie e Adam per il loro fidanzamento?»

«Sì» ammise. «Ma non è stata una mia idea.»

«Di chi allora?» chiesi, e sentii tremare leggermente le mani perché stavo per aggiungere un nuovo tassello alla storia.

«Di Valerie.»

Fissai Carter. Un secondo, due, cinque, dieci. Sconcertata.

«Co… cosa?» sbottai. Sentii un ronzio nelle orecchie. Non riuscivo a crederci. Non era possibile.

«È stata un'idea di Valerie» ripeté lui piano, come se fossi scema. «Mi ha chiesto la suite perché pensava che sarebbe stata la cornice perfetta per festeggiare come si deve insieme a Adam. E mi ha pregato di fornirle anche qualche extra.»

Scossi la testa indignata. «Ma non intendeva la droga!»

Carter rise. «Sì, certo. Ecco perché mi ha dato diecimila dollari in contanti per organizzare tutto. Perché non pensava alla cocaina. Credimi, Helena, ci conoscevamo molto bene. Sapevo cosa voleva.»

«Ma non ha mai preso nulla» insistetti. «Non voleva avere niente a che fare con quella roba.» All'improvviso mi sentii gelare il sangue nelle vene. Come se il mio corpo avesse già intuito che la missione rischiava di andare in fumo, ma non avesse ancora informato il cervello.

«No, quello era Adam» mi corresse Carter. «Era molto rigido al riguardo, per questo ha mandato via Pratt quella sera. Non so perché alla fine abbia comunque preso qualcosa. Ma sai a volte, a noi uomini, l'amore ci fa perdere la testa.»

«Stai mentendo» dissi, con voce bassa ma tagliente. Era l'unica spiegazione possibile: Carter stava mentendo per togliersi dai guai. Mi ero preparata così a lungo per riscattare la reputazione di mia sorella, adesso non poteva andare tutto a rotoli perché quello che dicevano di lei era vero. Io la conoscevo meglio di chiunque altro. Non era responsabile dell'accaduto.

«Perché dovrei?»

«Per non prenderti la colpa» tagliai corto. «Chi ci dice che Pratt non sia tornato più tardi nella suite su tua insistenza? Che non li abbia costretti lui a prendere la droga?»

«Cristo santo, Helena.» Carter scosse la testa con aria compassionevole. «Quello che è successo a quei due è una vera tragedia. Mi piaceva Valerie, non sai quanto vorrei che fosse ancora viva, credimi.» Si posò una mano sul cuore come se me lo stesse giurando. «Ma non era la santerellina che credi. Ti consiglio di lasciar perdere. Vivi la tua vita senza guardarti indietro.»

«Tu non hai n…»

In quel momento si aprì la portiera e la replica mi restò bloccata in gola.

«Carter, cosa… Oh, Helena. Tu qui.» Sua nonna mi guardò con sospetto, come se stessi facendo qualche avance al nipote. Probabilmente credeva fossi una versione più giovane di mia sorella.

«Io e Helena dovevano parlare di una cosa, nonna. Ma adesso sono tutto tuo.» Carter mi guardò con un sorriso raggiante, che avrei voluto cancellargli dalla faccia con un pugno. «Buona fortuna. Vedrai che andrà tutto bene, ne sono certo.»

Non risposi, mi limitai ad annuire educatamente alla nonna

e saltai giù dall'auto. Dopo che l'autista ebbe chiuso le portiere, l'auto ripartì immettendosi nel caotico traffico newyorchese. Rimasi a fissarla, sbalordita dall'informazione che avevo appena ricevuto.

«Che ci fai qui fuori?» chiese a un certo punto mia madre. Non avevo idea di quanto tempo fosse passato. «Sei pallida, che è successo?» Per una volta non sembrava sospettosa ma preoccupata, e aveva tutta l'aria di aver appena visto un fantasma.

«Niente, tutto bene. Ti stavo solo aspettando.»

«Okay, allora andiamo.» Si incamminò verso la macchina di Raymond e io la seguii, poi mi infilai sul sedile posteriore. Per fortuna mia madre ricevette una telefonata, così potei guardare in silenzio fuori dal finestrino e riordinare i miei pensieri. O almeno provarci, mentre la città che mia sorella aveva amato quanto me mi scorreva sotto gli occhi.

Qual è la verità, Valerie?, supplicai in silenzio. *Devo credere a quello che dice Carter? Mi dici cos'è successo davvero?*

Ma naturalmente non ricevetti alcuna risposta.

32

Jessiah

Inspirai prima di aprire la porta ed entrare, con il fiato sospeso. Avevo temporeggiato per settimane, ma ormai si era sparsa la voce e non potevo continuare a fare il vigliacco. Nell'attimo in cui mi lasciai avvolgere dall'atmosfera dell'Harper's, dal profumo di cibo buono e genuino e dai suoi spazi, capii che tutti i miei timori si stavano per avverare. Quel posto era un sogno.

Solo che non sarebbe mai stato mio.

«Jess Coldwell» mi salutò Mick Harper, uscendo da dietro l'ampio bancone. Lo avevo chiamato per avvertirlo che sarei passato. «Sono contento che tu sia qui, non ti vedo da secoli. L'ultima volta eri la metà di adesso.»

Mi venne da ridere. «Non è vero, Mick. Ero passato qualche anno fa, poco prima di trasferirmi.»

«Davvero? Devo essermelo dimenticato. Forse perché quella volta che hai mescolato tutte le mie scatole di fiammiferi in un'opera d'arte astratta deve aver eclissato tutte le altre.»

«Avevo solo otto anni» gli ricordai. «È giunto il momento di superarla.»

Stavolta fu Mick a scoppiare a ridere. «Mai. Sai che agli anziani piace rivangare il passato. Come ha detto una volta un vecchio saggio, "i primi quarant'anni della nostra vita forniscono il testo, i trenta seguenti il commento".»

«Era Schopenhauer.»

«Perbacco.» Mick annuì impressionato. «E io che pensavo che marinassi sempre la scuola.»

Lo guardai storto. «Non sempre.»

«Vieni, siediti.» Mi fece cenno di avvicinarmi a un tavolo in un angolo del locale.

«Vuoi mangiare qualcosa?»

«Sai che di solito non dico mai di no, ma oggi passo, ho un altro appuntamento tra poco.» Presi posto su una delle sedie all'antica. Il ristorante era arredato con mobili di legno che gli conferivano uno stile piuttosto rustico, e nella mente mi si affacciarono subito immagini di come l'avrei potuto arredare… prima che mettessi a freno le mie fantasie.

Mick andò al bancone e prese due caffè, poi si sedette di fronte a me. «Mi hai accennato che volevi parlarmi di una cosa. Spara.»

«Niente convenevoli oggi?» Inarcai le sopracciglia.

«Te l'ho già detto, sono vecchio. Non ho più tanto tempo da perdere.»

Mi tornò in mente che era sempre stato così. Tra lui e papà, che avevano spesso opinioni diverse, c'era sempre stata una competizione amichevole. Se pensavo a come Trish aggirava la concorrenza, erano due mondi completamente diversi.

«Okay, come vuoi.» Bevvi un sorso del mio caffè. «Si mormora che vuoi cessare l'attività. E vendere.»

Mick socchiuse gli occhi e le sue sopracciglia cespugliose si unirono. Mi preparai a una risposta piccata, ma all'improvviso il suo viso rugoso si illuminò.

«Lo vuoi comprare *tu*?» Nessuna domanda su chi me l'avesse riferito, né tante storie sul fatto che fosse il lavoro della sua vita. Mick fu semplicemente schietto e diretto, e lo apprezzai molto.

«No» risposi. «Ho un amico che sta cercando un locale. Io sarei coinvolto solo nella pianificazione e realizzazione del progetto.»

«Non vuoi entrare come socio? Perché no?»

Esitai un attimo prima di rispondere. «Perché non intendo restare a New York per sempre. Non voglio mettere su qualcosa che poi un giorno dovrò lasciare.»

«Allora hai intenzione di ripartire?» mi incalzò. «Quando?»

«Non lo so ancora» rimasi sul vago. «Quando la situazione si sarà abbastanza stabilizzata da poterlo fare.»

«Capisco.» Mick annuì lentamente. «E mi dispiace sentirtelo dire, perché in questo caso sono costretto a rifiutare.»

Un po' me lo aspettavo. Mick era testardo e per giunta vecchia scuola. «Non vuoi almeno provare a incontrare Balthazar? È un amico e una persona davvero in gamba. Non riesco a immaginare nessuno meglio di lui per questa attività.»

«Può darsi, ma non lo conosco. E io vendo solo a persone di cui mi fido e che ritengo le più adatte per il locale.» Mi sorrise.

«Mick...»

«Figliolo, ti conosco da quando hai imparato a camminare. E, anche se io e tuo padre non andavamo sempre d'accordo, lo stimavo molto, sai. Così come so che ti ha trasmesso il suo senso degli affari e il suo intuito per le persone. Ce l'hai nel sangue. È molto semplice: se entri in gioco anche tu, vendo. Altrimenti no.»

Gli rivolsi un sorriso beffardo. «Questo è un ricatto.»

«Tu lo chiami ricatto, io la chiamo clausola.» Mick mi sorrise. «Non dirmi che non hai già qualcosa in mente... So che aiuti sempre ad avviare le attività, quindi ti sarai fatto un'idea tua. Allora, sentiamo.»

All'inizio volevo negare, ma poi cedetti.

«Un breakfast restaurant. Colazione tutto il giorno, però non come in un bar, bensì adattata al momento della giornata, in forma di pranzo a mezzogiorno e di cena la sera, un po' internazionale, ma non troppo stravagante.» Quando incrociai il suo sguardo, mi fermai un attimo. «Ti sembrerà assurdo.» Tutti nel settore della ristorazione newyorchese sapevano quanto Mick Harper fosse tradizionalista. Serviva da cinquant'anni cucina casalinga e non amava molto sperimentare.

«Perché, se l'idea è buona? E mi sembra che lo sia, soprattutto perché viene da te. Hai già pensato a un nome?»

Esitai di nuovo, poi continuai. «Adam & Eve. Eve per via della sera, *evening*, e Adam… be', lo sai.» Sentii un groppo in gola e mi sforzai di buttarlo giù.

«Non mi sembra che ti manchi la voglia di aprire questo locale.» Mick mi sorrise di nuovo. «E non so se te l'ho mai raccontato, ma in realtà io vengo da una piccola cittadina vicino a Pittsburgh. Quando mi sono trasferito a New York, perché un amico di mio padre aveva aperto un ristorante e cercava un cuoco, credevo che non avrei resistito più di due giorni in questa città. Il casino, la gente… era troppo per me. Avevo già comprato il biglietto per tornare a casa.»

Lo guardai. «Cosa ti ha fatto cambiare idea?»

«Be', secondo te?» Sorrise. «Quando sono andato alla stazione degli autobus, col bagaglio in spalla, c'era questa ragazza. Era andata a prendere qualcuno ed era in mezzo alla strada. Stavo per gridarle di spostarsi, ma lei si è girata verso di me, mi ha guardato… e sono rimasto fregato. Da quel giorno non ho più pensato di lasciare New York. E siamo ancora sposati, io e la mia Elaine.»

Sorrisi tristemente al pensiero di un'altra ragazza. Solo che la storia tra me e Helena era stata troncata sul nascere.

«Non siamo tutti fortunati come te. Temo che non ci sia nessun lieto fine per me qui a New York.»

«Chi lo sa. Prenditi un po' di tempo per rifletterci bene, Jess. Non ho fretta di vendere, quindi fai con calma. Ma non esageriamo. Sarebbe un vero peccato se mi portassero via di qui con un cartellino all'alluce, prima di aver portato Elaine in Europa.»

Scoppiai a ridere, nonostante il groppo in gola. «Non ti farò aspettare troppo, Mick, e soprattutto non farò aspettare Elaine. Promesso.»

«Ti prendo in parola.»

L'Emperor era forse il ristorante più elegante che avessi ereditato da mio padre, e di conseguenza ci andavo di rado. Non perché la cucina non fosse all'altezza o il personale in gamba, al contrario, ma perché non sopportavo i clienti che non erano in grado di apprezzare gli ottimi piatti preparati con amore e si lamentavano tutto il tempo.

Quella doveva essere un'altra giornata internazionale degli stronzi, perché io e Samara eravamo seduti al tavolo da neanche un quarto d'ora quando una delle cameriere, Sarah, ci passò davanti per la terza volta, reggendo un vassoio con sopra un drink, in viso un'espressione troppo professionale. Non la fermai tuttavia per chiederle cosa stesse succedendo. Io e Maya Fidero, che gestiva l'Emperor da circa dieci anni, non eravamo proprio sulla stessa lunghezza d'onda. Sospettavo che non sarebbe stata entusiasta se fossi intervenuto, anche se sapeva che ne avevo tutto il diritto.

«Allora, di che si tratta?» chiesi mentre Samara posava il menu. Era vestita di tutto punto, con una tuta elegante scura, tacchi vertiginosi e più trucco del solito. Ultimamente ci eravamo visti poco e il più delle volte di sfuggita in qualche ristorante o locale. Erano settimane che non andavamo a letto insieme, ma non era questo il motivo per cui era tutta agghindata. Nel suo messaggio di oggi a pranzo mi aveva accennato che si trattava di affari e che per questo voleva portarmi a cena in un posto chic. Io avevo proposto l'Emperor, perché dovevo comunque andarci per controllare che fosse tutto in ordine, e per di più avrei evitato di farmi offrire la cena da Sam.

«Si tratta della marca di whisky che vogliamo lanciare con i miei fratelli.» Posò il bicchiere di vino. «Mio padre aveva detto che sarebbe entrato in società, perché gli sembrava un affare redditizio, ma ora ci sta ripensando.»

«Quindi ti servono soldi? Non c'era bisogno di tutti questi sforzi» dissi indicando il ristorante e il suo abbigliamento.

Sam fece una smorfia. «In realtà pensavo che sarebbe stato bello ricominciare a frequentarci dopo che sei stato irreperibile per settimane. Ma, ehi, continua pure a fare lo stronzo.»

«Scusami» dissi. «Non era mia intenzione.»

«Cosa? Farmi fare la figura dell'idiota o non chiamarmi?»

«Entrambi. Anche se, no, non chiamarti è stata una scelta.»

«Almeno sei sincero.» Sam scosse la testa. «Qual è il problema? Ho fatto qualcosa di sbagliato?»

Scossi la testa a mia volta. «Per carità, no. Assolutamente niente. Si tratta di me, non sono… me stesso negli ultimi tempi.» Era la verità, anche se la versione di me quando ero con Helena mi piaceva molto di più. Mi mancava. Non avrei mai pensato che mi potesse mancare così tanto una persona che non ero abituato ad avere vicina.

«E ora sei tornato in te?»

«Ci sto provando.» Scrollai le spalle. Che altro potevo fare, se non togliermi Helena dalla testa? Se c'era un esempio lampante di "non c'è nessuna possibilità", quello eravamo noi. «Solo che non sapevo se potevamo vederci senza… insomma, fare sesso. Per questo non ti ho chiamata.»

«Stai scherzando?» Sam mi guardò incredula. «Noi siamo prima di tutto amici, Jess. Se non vuoi venire a letto con me, per qualsiasi motivo, basta dirlo. Siamo sempre stati d'accordo che non era niente di serio, solo divertimento. Non sono innamorata di te e non mi offendo se torniamo a essere solo amici, senza sesso.»

Evitai il suo sguardo. «Lo so. Mi dispiace molto, Sam.»

«Smettila di scusarti e dimmi invece cosa sta succedendo.»

Evitai di rispondere. Non soltanto perché non ne avevo voglia, ma anche perché Sarah mi passò di nuovo davanti, stavolta con i menu sottobraccio e un altro bicchiere pieno di Martini sul vassoio. Quando fu all'altezza del nostro tavolo, la fermai con un cenno.

«Qualche cliente sta creando problemi?» le chiesi sottovoce.

«Sì, ma nulla di serio» disse rivolgendomi un sorriso stanco. «Capitano sempre clienti idioti, me ne occupo io. Quel tizio è solo uno spaccone. Vuole fare colpo sulla ragazza che è con lui.»

Sorrisi. «E ci è riuscito?»

«Direi proprio di no. Mi sa che lei vorrebbe tanto spaccargli il secchiello per lo champagne in testa.» Anche Sarah sorrise. «Spero di essere abbastanza fortunata da godermi la scena. Ci sono buone possibilità che lo faccia, quando scoprirà che lui le ha ordinato un dessert ipocalorico per il suo compleanno.»

«In caso fammi sapere. Non voglio perdermi la scena.»

Lei annuì, sorrise nuovamente e si diresse verso il bar. Samara bevve un sorso di vino e sembrava divertita.

«Che c'è?» le chiesi.

«Oh, niente. È che saresti perfetto come proprietario di un ristorante.»

«Ma io lo sono. E di questo per l'esattezza.»

La guardai con espressione compiaciuta, perché non volevo assolutamente parlare dell'Harper's. «Stupita, dolcezza? O devo rimandare indietro il mio drink?»

Sam rise. «Lascia perdere, tigre.»

«Bene, dimmi cosa volevi chiedermi.» Sorrisi. «Ma ti avviso che, se non c'è di mezzo un secchiello per lo champagne, mi chiamo fuori.»

33

Helena

«Cosa?!» Stupita, fissai i miei genitori, che almeno ebbero la decenza di sentirsi un po' in colpa. «È il mio compleanno e mi organizzate un *appuntamento*? E per giunta con un ragazzo che non conosco nemmeno?»

«Ma tu conosci Edward Masterson, tesoro» disse mia madre con quel tono gentile che odiavo, come se fossi completamente matta. «Andavate nella stessa scuola, non ti ricordi?»

Avrei voluto strangolarla. «Sì, me lo ricordo. Era quello che bullizzava i più deboli a regola d'arte. Credo che una volta Valerie gli abbia perfino dato un pugno per questo.» No, ero sicura che lo avesse fatto, ma non era servito a nulla.

Mia madre fece una risatina stridula. «È successo anni fa. Ormai Edward è cresciuto, ha terminato gli studi di economia e la sua famiglia ripone grandi speranze in lui. Ha dei modi impeccabili, era seduto al mio tavolo all'ultima serata di beneficenza per l'Associazione per la tutela dei beni culturali. È perfetto, Helena.»

No, non lo era affatto. Qualcun altro era perfetto.

«Per chi?» chiesi piccata. «Per voi o per me?»

«È solo una cena, Len» intervenne mio padre. «Nessuno si aspetta che vi sposiate subito. Dagli almeno una possibilità, anche tu sei cambiata negli ultimi cinque anni.»

Questo era vero. Ma avevo i miei dubbi che Edward fosse cambiato in meglio.

«Non capisco perché proprio oggi.» Il mio compleanno era stato comunque un disastro. Per quanto Mary, come da tradizione, mi avesse preparato la solita torta al cioccolato, non c'era stata nessuna colazione in famiglia: Lincoln era fuori città e mio padre era tornato a casa da un'ora. Avevo ricevuto una collana, ma avrei preferito un po' di calore come nel giorno prima della mia partenza.

In passato Valerie aveva sempre organizzato qualcosa per il mio compleanno: una festa a sorpresa, una gita o una giornata alla spa. Non si era mai lasciata sfuggire nulla in anticipo, ed erano alcuni dei ricordi più belli che avevo di noi due. Adesso era decisamente l'opposto. Anche perché non riuscivo a dimenticare le parole di Carter su di lei. *Ma non era la santerellina che credi. Ti consiglio di lasciar perdere.*

Avrei dovuto da tempo chiamare Malia, anche se temevo che potesse dirmi la stessa cosa, non tanto su Valerie, quanto sulle mie indagini.

«Volevi uscire» disse mia madre strappandomi a quei pensieri cupi. «Adesso hai l'opportunità di farlo e al tempo stesso puoi coltivare contatti con le persone giuste.»

Sì, volevo uscire, ma non con Edward Masterson, l'idiota del secolo.

Rifiutare tuttavia era fuori discussione, per quanto mi sarebbe piaciuto. La pace tra noi era ancora precaria, si trattava tuttalpiù di una tregua. I miei genitori non si fidavano di me e nemmeno io di loro. Questo era infinitamente triste, ma così stavano le cose, e mi ci dovevo abituare.

«A che ora arriva?» mormorai.

Mia madre era raggiante. «Alle sette. Ti ho preso qualcosa

da mettere, è di sopra nella tua stanza.» Mi abbracciò e mi diede un bacio sui capelli. «Andrà benissimo, tesoro.»

Sì, certo.

Non mi sorprese affatto che il vestito posato sul mio letto fosse a collo alto e di una delicata tonalità di verde, al tempo stesso casto e grazioso, ma per un appuntamento con un ragazzo su cui non volevo fare colpo, né tantomeno far venire strane idee, era l'ideale.

Cercai dei gioielli d'oro da abbinare all'abito, e stavo rovistando nella scarpiera alla ricerca di un paio di tacchi alti quando squillò il telefono. Mi alzai, corsi alla toeletta e risposi.

«Tanti auguri!» gridò Malia, strappandomi solo un sorriso stanco. Non c'era da stupirsi, visto l'appuntamento che mi attendeva.

«Grazie, molto gentile da parte tua» risposi senza entusiasmo.

«Be', non mi sembri in modalità festeggiamenti. I tuoi genitori non ti lasciano uscire nemmeno oggi?» Sembrò amareggiata.

Sbuffai. «Sì, ma non è come pensi. Mi hanno organizzato un appuntamento. Con un tizio che si divertiva a buttare i compagni di classe nei bidoni della spazzatura. Che bel regalo, non trovi?»

«Quasi quanto il tubetto di lubrificante che mi ha regalato due anni fa il mio ultimo ex, dicendomi che avremmo potuto provare qualcosa di nuovo» rispose in tono secco.

Scoppiai a ridere nonostante il malumore. «Okay, questo è peggio. Hai vinto tu.»

«Capita spesso. A proposito, oggi sono in servizio, quindi se hai bisogno di qualcuno che faccia irruzione nel ristorante per interrompere il vostro appuntamento, fammi sapere.» Purtroppo era solo una battuta, sapevo quanto prendesse sul serio il suo lavoro.

«Va bene.» Avrei dovuto riattaccare e pensare a prepararmi, ma poi mi venne in mente Carter, e decisi di andare fino in fondo e raccontarle tutto. Cosa sarebbe mai potuto succedere? Tanto dovevo dirglielo prima o poi.

«Posso chiederti una cosa?» cominciai esitante. «Hai... mai visto Valerie assumere delle droghe?»

Lei rimase un attimo interdetta.

«Perché me lo chiedi?»

«Perché ho parlato con Carter Fields di Pratt e della notte in cui sono morti Adam e mia sorella. Ha detto che è stata Val a chiedergli qualche extra. Per un totale di diecimila dollari. In contanti.»

«Len, se pensassi che Valerie faceva uso di cocaina regolarmente, o anche solo ogni tanto, te lo direi.» Il suo tono era gelido. «Era la mia migliore amica. Pensi davvero che ti aiuterei se la ritenessi colpevole?»

«No, ho solo pensato... perché mi hai detto che sarebbe stato sufficiente sapere che lei non era responsabile dell'accaduto. Non ero sicura se...» Mi interruppi.

«Mi domando se stiamo dalla stessa parte. Ho già messo a rischio il mio lavoro più di una volta per indagare sulla sua morte, Helena. Come puoi dirmi una cosa del genere?»

«Non volevo... Non era mia intenzione offenderti, ma dopo quello che mi ha detto Carter ho temuto di essermi sbagliata. Ho pensato che magari le mie indagini erano inutili, perché lei aveva effettivamente fatto quello di cui era accusata.» E mi vergognavo di quei pensieri, per questo non riuscivo a metterli a tacere.

«Allora credo che dovresti capire di chi vuoi fidarti di più:

di un playboy che probabilmente vuole salvarsi il culo, o di tua sorella che ti è sempre stata vicina?»

«Malia, io...»

«Devo andare, mi sta chiamando un collega. Stammi bene, Len. Ti auguro un buon compleanno.»

Riattaccò e io chiusi gli occhi con la sensazione di aver indispettito l'unica persona che era dalla mia parte. Perché non mi ero tenuta per me i miei dubbi? Sarebbe stato meglio.

«Helena?» chiamò mio padre, con un tono che mi fece capire che era arrivato il mio accompagnatore. Per un attimo fui tentata di fingere un'emicrania o una gastroenterite, ma nessuno mi avrebbe creduto. Così presi un paio di scarpe a caso, mi infilai in tasca il telefono e mi guardai un'ultima volta allo specchio. Di fronte a me c'era una persona che non aveva idea di cosa fare. La mia indagine era a un punto morto, mia sorella non era forse la persona che pensavo, e ora dovevo uscire con un tizio che non sopportavo per compiacere i miei genitori.

«Tanti auguri a me» mormorai in tono lugubre.

Si prospettava davvero il miglior compleanno di sempre!

Che strazio.

Voglio andarmene da qui. Questo era l'unico pensiero che mi frullava per la testa da quando Edward Masterson IV era passato a prendermi a casa. Aveva portato un mazzo di fiori, salutato i miei genitori, poi si era complimentato con me per come ero vestita e mi aveva condotto alla sua auto, che ci aveva portato all'Emperor. Eravamo seduti lì da una mezz'oretta, e a ogni minuto che passava l'impulso di colpirlo in testa con il menu diventava sempre più forte. Da quando ci eravamo seduti, non aveva fatto altro che esasperare la gentilissima cameriera con il suo comportamento meschino.

«Le dosi non sono ancora corrette.» Al terzo Martini che gli servirono Edward fece una smorfia. «Che ci vorrà mai a mescolare tre quarti di gin e un quarto di vermut? Ce l'avranno un misurino!»

«Non puoi semplicemente bere quella roba?» chiesi, senza neanche sforzarmi di nascondere la mia insofferenza. «Evidentemente qui il Martini lo fanno così. Sapranno il fatto loro.»

Lui aggrottò la fronte. «Non bisognerebbe mai accontentarsi, Helena. È la prima regola del successo.»

«E io che pensavo che la prima regola del successo fosse trattare gli altri con rispetto.» Almeno così mi aveva insegnato mio padre.

Edward rise come se avessi fatto una battuta. «Lascia fare a chi ne capisce qualcosa.» Poi si sporse verso di me e mi accarezzò la mano con condiscendenza. Resistetti a stento all'impulso di tirarla via. «Tranquilla, mi prendo cura io di te.»

Ero sul punto di dirgli che mai nella storia avrebbe avuto la possibilità di *prendersi cura* di me. Non poteva essere vero che una persona come Jess fosse off-limits per me, ma i miei genitori e l'alta società applaudivano se uscivo con un pallone gonfiato come Edward Masterson. Che razza di mondo era mai questo?

Il tuo, tesoro. Somigliava di nuovo in modo sospetto alla voce di Valerie.

Fortunatamente Edward non si lamentò più del Martini, e io riuscii a superare l'antipasto senza infilzargli la mano con la forchetta. Quando la cameriera ci servì il secondo, tuttavia, strinsi di nuovo le posate. Sapevo cosa significava l'espressione di Edward dopo che aveva tagliato la sua bistecca.

«Cameriera!» chiamò un'altra volta con tono prepotente.

«Sì, signore?» Era ammirevole come lei riuscisse a rimanere

così calma e cordiale. Probabilmente aveva alle spalle anni di pratica. O di Valium.

«Ho ordinato una bistecca al sangue. Questa è media.» Infilzò un pezzo e glielo mostrò. «Vede? Decisamente cottura media, forse anche addirittura ben cotta, ma di certo *non* al sangue.»

La cameriera non fece una piega. «Le assicuro che...»

«Lei è troppo stupida per trasmettere qualche semplice istruzione in cucina?» la interruppe Edward a voce alta. «Mi faccia parlare subito con il suo superiore!» Quindi non era solo snob, ma anche irascibile. Jackpot.

Ripresi fiato per comunicargli che non sarei rimasta seduta con lui un minuto di più, se avesse continuato a comportarsi così. Poi a qualche tavolo di distanza qualcuno si alzò e venne verso di noi: biondo, alto, con un'andatura disinvolta. Rimasi senza fiato quando capii chi era.

Jess.

Mi fece male al cuore vederlo dopo tre lunghe settimane, ero del tutto impreparata. Mi sembrò bello come lo ricordavo, e mi fu subito chiaro che i miei sentimenti per lui non erano affatto cambiati anche se non lo vedevo da un po'. *Lontano dagli occhi lontano dal cuore* un corno!

Lo guardai in silenzio e lui si bloccò un attimo quando mi riconobbe. Tuttavia non lo diede a vedere, e si rivolse invece a Edward.

«C'è qualche problema?» chiese con voce cordiale, di cui però intuii il messaggio implicito.

«Non sono affari suoi.» Edward alzò la testa e si voltò verso Jess con aria arrogante, senza guardarlo negli occhi: indossava una semplice camicia scura, una giacca e un paio di pantaloni abbinati. Aveva cento volte più classe del mio accompagnatore con il suo abito su misura. Dopotutto l'abito non fa il monaco.

Jess si fece più serio. «Be', voleva parlare con un superiore, no? Sono il proprietario dell'Emperor.»

Vedere la sicurezza di Edward sgretolarsi, dopo che aveva riconosciuto Jess e capito con chi aveva a che fare, fu il miglior regalo di compleanno. E probabilmente fu anche la prima volta che pensai che la reputazione di cui godeva la famiglia Coldwell in città fosse una buona cosa.

«Be'» disse Edward con espressione costipata «allora faresti bene ad assicurarti che i tuoi dipendenti facciano il loro lavoro. Né il Martini né la bistecca erano all'altezza delle mie aspettative. Io e la mia ragazza volevamo passare una bella serata, ma considerato il servizio scadente e la scarsa qualità dei piatti, probabilmente questa è l'ultima volta che metteremo piede qui.»

Alla parola "ragazza" il sopracciglio destro di Jess schizzò verso l'alto e i suoi lineamenti si indurirono ulteriormente. Ma continuò a evitare il mio sguardo.

«Il servizio è eccellente» intervenni subito io sorridendo alla cameriera. «E...»

«Helena, ti prego, non interferire» mi interruppe Edward, e io rimasi in silenzio. In quel momento Jess sollevò l'altro sopracciglio e staccò gli occhi dal mio accompagnatore per guardarmi.

Nonostante il cuore mi battesse già forte contro le costole, da quando l'avevo riconosciuto poco prima, non ero preparata al momento in cui mi avrebbe guardato negli occhi. Non per l'ondata di desiderio che mi avvolse e mi investì. Né per il rimpianto che mi fece venire un nodo allo stomaco. Volevo dire qualcosa, ma non riuscivo a spiccicare parola. E un attimo dopo Jess stava di nuovo guardando Edward.

«Ti possiamo portare un'altra bistecca, se vuoi» gli disse. «O il tuo cappotto. Perché ho come l'impressione che tu non sia scontento del cibo, ma del fatto che papà non ti ha ancora dato la carica che desideravi in azienda, e che per questo terrorizzi i *miei* dipendenti invece dei tuoi. Cosa credi che penserebbe tuo padre se sapesse come ti stai comportando? Da quel che ricordo, è un uomo che tiene molto alle buone maniere.» Jess sorrise in modo quasi minaccioso. Edward, invece, era ormai rosso come una barbabietola, le parole avevano colpito nel segno.

«Mangerò la bistecca» bofonchiò. «Anche se, ci tengo a precisare, non è al sangue.»

«Ottima scelta.» Jess mi guardò. «Buona serata, signorina. Malgrado tutto.» E annuì con indifferenza.

Avrei voluto dire qualcosa per fermarlo, chiedergli come stesse o se gli mancassi quanto lui mi mancava. Ma ovviamente non potevo. Così lo lasciai andare e feci finta che non significasse niente per me, mentre il dolore continuava a pulsare al ritmo del mio cuore.

Edward sbuffò sprezzante. «Non riesco a credere che si sia comportato così. Lo sanno tutti che è un fallito che dilapida l'eredità del padre in qualche ridicolo progetto.»

Lo udii a malapena perché stavo ancora guardando Jess, e notai che non era tornato al tavolo, situato dietro a una colonna e pertanto non visibile da lì, ma andato dritto al bar. Ci pensai un attimo, poi spinsi indietro la sedia.

«Scusami un attimo» dissi a Edward.

«Siamo nel bel mezzo della cena» si lamentò lui.

«Lo so, ma ho davvero bisogno di andare in bagno.» Senza attendere la sua approvazione - che comunque arrivò - mi alzai, posai il tovagliolo accanto al mio piatto e mi incamminai nella stessa direzione di Jess. Nel farlo, passai davanti al suo tavolo e capii con chi era: una donna. Una bella donna dai capelli scuri, vestita in modo splendido, che scriveva al telefono e sembrava aspettare il suo ritorno. Per un attimo vacillai. Se lui era lì con lei, che significava? Forse che non ero l'unica ad avere un appuntamento quella sera. E non potevo neanche biasimarlo. Del resto ero stata io a dirgli che era finita prima ancora che cominciasse. Aveva tutto il diritto di guardarsi intorno.

Ecco perché faceva ancora più male.

Jess era in piedi accanto al bancone, all'ingresso della cucina, e parlava sottovoce con una donna; da come era vestita, intuii che doveva essere la responsabile. Non mi fermai, dirigendomi ai bagni e sperando che Jess cogliesse il messaggio, come io avevo fatto al Mirage. Dovevo assolutamente parlargli. Anche se sapevo che non era affatto una buona idea stare da sola con lui.

La porta si richiuse alle mie spalle e mi trovai nel corridoio che conduceva alla toilette. Camminai ancora un po', indecisa su dove aspettare… poi la porta si riaprì. Mi voltai subito e vidi Jess, che a quanto pareva non aveva perso tempo. Quando si avvicinò, riconobbi la solita furia nei suoi occhi. Solo che non era rivolta a me ed era mescolata a qualcosa che non volevo nominare, per paura di quello che mi sarebbe potuto succedere.

«Helena» disse, e il solo sentirlo pronunciare il mio nome mi provocò un tale formicolio allo stomaco che non riuscii a rispondere subito. «Che succede?»

Cosa avrei dovuto rispondere? *Volevo vederti? Non potevo resistere un minuto di più, avevo bisogno di parlarti?*

«Io… volevo parlare con te» dissi, guardandomi intorno per assicurarmi che nessuno potesse vederci o sentirci.

Jess se ne accorse, mi passò davanti e aprì una porta che conduceva a un ufficio inutilizzato, stipato di tovaglie e secchielli per lo champagne. Accese la luce e mi lasciò entrare per prima. Poi mi seguì e richiuse la porta.

«Allora?» mi chiese. «Cosa c'è di così importante da far aspettare il tuo ragazzo là fuori con la sua bistecca?»

«Non è il mio ragazzo» ribattei subito. «Sono stati i miei genitori a impormi questo appuntamento e io non ho potuto farci niente. Ma credimi, è la prima e l'ultima volta che esco con lui.»

Jess si incupì ancora di più. «Non sono affari miei con chi esci.»

Su questo aveva ragione, ma faceva comunque male sentirglielo dire. In modo così freddo e distaccato. Eppure volevo che fossero affari suoi. Che si preoccupasse di tutto ciò che aveva a che fare con me.

«Ti prego, non dire così» lo implorai dolcemente.

«Cosa vuoi che ti dica allora?» chiese con voce dura. «Che sono felice per te se non ti piacciono gli stronzi sessisti e maleducati? Che senso ha se esci ancora con gente del genere solo perché lo vogliono i tuoi genitori? Che senso ha se abbiamo ancora bisogno di una porta chiusa anche solo per parlarci?»

Chinai la testa perché aveva colto nel segno. E non avevo nulla con cui controbattere, se non una bugia.

«Non hai idea di quanto vorrei che le cose fossero diverse» dissi invece.

«Sì, credimi, lo so.»

Il tono di Jess mi fece alzare di nuovo lo sguardo. La dolcezza della sua voce mi toccò nel profondo e all'improvviso mi resi conto di quanto fossimo vicini. Desideravo con tutta me stessa fare un passo verso di lui e toccarlo. Solo per un attimo. Ma non potevo. Non mi era *permesso*.

Perché, se lo avessi fatto, staccarmi da lui sarebbe stato ancora peggio dell'ultima volta.

Molto peggio.

34

Jessiah

Rimanemmo immobili. Come congelati in quel momento di pura impotenza. Mi faceva infuriare che non avessimo scelta. Che nel nostro mondo non esistesse il libero arbitrio, anche se avevo lottato duramente tutta la vita per ottenerlo. Con scarsi risultati, mi ero appena reso conto. Helena era di fronte a me, ma avrebbe potuto essere su un altro pianeta. Era a un metro di distanza eppure irraggiungibile.

«Dovresti andartene» dissi a bassa voce. *Vattene, se non vuoi che faccia qualcosa di cui potremmo pentirci entrambi.*

«Sì.» Annuì, rimanendo però al suo posto. «Ma io non voglio andare.»

Inspirai in silenzio, strinsi il bordo del tavolo a cui ero appoggiato per non farmi venire strane idee. Forse sarebbe stato meglio chiudere gli occhi per non vederla. Se ne stava lì, più bella che mai, con un'espressione che mi rendeva ancora più difficile non oltrepassare il confine tra di noi. Sapevo cosa voleva: la stessa cosa che desideravo io. Ma nessuno dei due l'avrebbe ottenuta. Perché qui non si trattava di un bacio o una sveltina. Si trattava di molto di più.

E questo era chiaro a entrambi.

«E quindi?» chiesi, sentendo la rabbia prendere il sopravvento. «Hai bisogno di un foglio per scrivermi un messaggio?»

Helena sussultò. «Questo non è giusto, Jess.»

«No, non lo è.» La guardai. «La vita in generale è ingiusta, meglio che ti ci abitui.»

«Oh, sì, certo, grazie per la predica.» Scosse la testa. «Ma sfoga pure la tua rabbia. Sono sicura che ti sentirai meglio.»

«Vorrei poterlo fare!» ringhiai. «Vorrei avercela con te, perché tieni più alla maledetta reputazione della tua famiglia che...» Mi interruppi, preferendo non dirlo. Che senso aveva? Avrebbe solo provocato più dolore.

«Che a cosa?» Helena non mi lasciò scampo.

Serrai le labbra. «A noi» dissi allora, rivelando molto più di quanto avessi voluto. Che lei mi stava a cuore. Che avevo sperato in un futuro insieme senza nemmeno rendermene conto. «So che c'è qualcosa tra di noi. Qualcosa per cui vale la pena lottare, per vedere dove porta. Ma non possiamo combattere perché non c'è nessun nemico. Solo persone che vogliamo proteggere.»

I suoi occhi si riempirono di lacrime. «Non capisci, io...»

«Lo so» la interruppi. «La cosa peggiore è che ti capisco. Dopotutto anch'io vivo qui perché la mia famiglia è più importante della mia stessa felicità. Ma questo non rende le cose più facili, okay?»

«Lo so.» Lo disse sottovoce, quasi più a se stessa. «Non fa che peggiorarle.»

Il suo tono fragile mi fece venire ancora più voglia di toccarla, ma mi trattenni e rimasi a distanza. Perché sapevamo entrambi che non c'era soluzione. Anche se ci fossimo visti di nascosto all'insaputa di tutti, anche se fossimo riusciti a scampare alla paranoia di mia madre e all'iperprotettività dei suoi genitori... cosa ci sarebbe rimasto? Una relazione segreta, con la costante paura di essere scoperti e allontanati? No, meglio farla finita subito, prima di investire così tanto da non poter più tornare indietro. Meglio tornare alle vite che avevamo scelto, anche se volevamo qualcosa di completamente diverso.

«Mi dispiace così tanto, Jess» disse Helena con voce rotta, e sapevo che aveva appena preso la mia stessa decisione.

«Sì, anche a me.»

Ci guardammo un istante, maledettamente d'accordo su tutto. E poi non riuscii più a sopportarlo. Dovevo andarmene *subito* o non avrei retto. Così abbandonai il tavolo e mi avviai verso la porta. Ma non riuscii a trattenermi e in due falcate fui di nuovo da lei.

Mi accorsi che tratteneva il fiato mentre mi avvicinavo. Feci appello a tutta la mia forza di volontà per non baciarla in bocca e mi limitai a premerle le labbra sulla fronte. «Buon compleanno, Splendore» sussurrai. «Forse ci andrà meglio nella prossima vita.»

Non aspettai una risposta né una reazione. Mi voltai, varcai la soglia e uscii. La porta si richiuse alle mie spalle e attraversai il corridoio il più velocemente possibile senza guardarmi indietro. Mi straziava il cuore lasciare Helena da sola, ma non avevo scelta. Dovevamo andare avanti, o quella storia ci avrebbe distrutto. Lo sapevo io, e anche lei era abbastanza intelligente da capirlo.

Tornai al tavolo a grandi passi, cercando di tenere a bada il battito del mio cuore, proprio come il dolore che avevo dentro. Ma non fu facile, dal momento che infuriava dentro di me come una tempesta. Eppure avevo imparato a nasconderlo; anzi, negli ultimi anni ero diventato un vero professionista in questo.

Sam era ancora seduta al tavolo e alzò lo sguardo quando la raggiunsi.

«C'è qualche problema?» chiese. «Sei stato via tanto.»

«Sì, lo so, mi dispiace.» Sorrisi leggermente. «Ma adesso è tutto risolto e finalmente possiamo parlare del tuo whisky.»

«Sicuro?» Socchiuse gli occhi, come se volesse esaminarmi con attenzione, e sperai che non si accorgesse di quanto ero sconvolto.

Mi feci forza. «Sicuro.» Qualsiasi cosa dovesse dirmi mi avrebbe distratto. E in quel momento avevo proprio bisogno di una bella distrazione. Soprattutto ora che Helena, a cinque tavoli di distanza, era tornata al suo appuntamento horror. Mi costrinsi a non guardarla, finché non scomparve dalla mia vista, fissando invece Samara davanti a me. «Vai, dimmi pure come posso esserti d'aiuto.»

L'appartamento era buio, fatta eccezione per qualche bagliore alla finestra, quando un'auto passava giù in strada. Non era quello però ad avermi tenuto sveglio da quando mi ero coricato qualche ora prima – da solo. Per un attimo avevo pensato di distrarmi con Samara, prima di sentirmi in colpa e salutarla. Sebbene le cose tra noi fossero chiare, non mi andava di usarla per dimenticare un'altra. Senza contare che non sarei mai riuscito a togliermi Helena dalla testa in quel modo.

Mi tirai su esausto e mi passai la mano tra i capelli, cercando di scacciare il senso di oppressione, abbandono e solitudine che non mi aveva mai abbandonato da quando ero tornato. Come il pulsare costante di una cicatrice che ogni tanto torna a farsi sentire. In giornate simili quelle sensazioni erano così vivide, così reali, che mi sembrava di non riuscire a respirare.

Mi ero rassegnato a non far entrare più nessuno nel mio cuore per qualche anno, in modo da poter sopravvivere a New York e sparire di nuovo. Ma poi era arrivata Helena, insinuandosi nella mia vita – e ora ci si aspettava che la dimenticassi. E perché? Perché i nostri fratelli si erano amati e dopo la loro morte le nostre famiglie si odiavano ancora di più. Era una metafora di New York. Un enorme buco nero che risucchiava tutto ciò che c'era di buono. Dove il potere era la cosa più importante, seguito a ruota dal denaro, e l'umanità, la compassione o l'amore non contavano niente. Raramente tutto questo mi era sembrato più chiaro. E mai come adesso avevo sentito un impellente bisogno di andarmene, per non soffocare.

Mi alzai dal letto, scesi di sotto e mi rivestii. Presi le chiavi della macchina e uscii dall'appartamento il più velocemente possibile. L'auto era parcheggiata proprio davanti alla porta, saltai su e misi in moto. Solo cinque minuti dopo imboccai West Street in direzione sud verso Brooklyn. La radio trasmetteva una canzone triste qualunque, la spensi e preferii sopportare il silenzio. Tre quarti d'ora di silenzio prima di arrivare a destinazione.

Come previsto, quando mi fermai al parcheggio e scesi dal pick-up, Rockaway era vuota. Ancora troppo presto per i surfisti che a volte si accampavano lì per diversi giorni. Mentre quelli che salivano sulla tavola nei mesi più freddi tornavano a casa a gambe levate. E comunque nessuno si sarebbe presentato alle quattro di mattina.

C'era il solito vento ululante, le onde erano altissime, proprio come avevo sperato. Con fare esperto tirai via la tavola dal cassone del pick-up e indossai la muta, poi corsi verso l'acqua e mi fermai un attimo lì davanti. L'oceano era nero come la pece, il cielo una striscia di luce appena percettibile, la luna nuova. Rimasi lì in piedi immobile, con una mano sulla tavola. Non si sentiva nulla, a parte il rumore delle onde e il vento. Restai muto, ma solo all'esterno. Dentro ruggivo di rabbia e dolore. Di solitudine e disperazione. Avrei anche potuto gridare, tanto non c'era nessuno, ma sapevo che non sarebbe bastato. In fondo conoscevo quello stato d'animo, lo avevo già provato in passato, quando Helena non faceva ancora parte della mia vita. Le droghe pesanti erano probabilmente l'unica cosa che non avevo sperimentato per tenere a bada i miei demoni, ma tutto il resto sì. Urla. Alcol. Sesso. Correre fino allo sfinimento. Prendere a pugni un sacco da boxe. Niente aveva funzionato. Tranne surfare di notte.

Ne avevo proprio bisogno, dovevo provare qualcosa, qualcosa di diverso dal senso di oppressione di New York e dalla disperazione di Helena. Era scritto che dovessimo incontrarci? Era stato forse uno scherzo crudele del destino, della serie: "Tra i primi due fratelli è finita tragicamente, riproviamoci un'altra volta"? E, se proprio avessimo dovuto incontrarci, non avremmo potuto continuare a odiarci? Perché doveva trattarsi di una ragazza che mi toccava nel profondo, che mi spingeva fin lì su quella spiaggia, nella speranza di dimenticarla almeno per un po' cavalcando le onde senza risparmiarmi?

Non lo sapevo. Ma sapevo che era finita. Per sempre. Avevamo preso la nostra decisione, lasciando che fosse la ragione a prevalere, anche se non era affatto nel mio stile. La verità era che l'avevo fatto per lei. Solo per lei. E adesso dovevo trovare un modo per accettarlo. Per andare avanti senza Helena.

Inspirai ed espirai profondamente, preparandomi a ciò che mi aspettava. Era una follia surfare nel cuore della notte, soprattutto con un tempo simile. Una follia spericolata e potenzialmente letale. Nessuno, che conoscesse quello sport e non avesse istinti suicidi, avrebbe fatto una cosa simile. Non volevo farla finita, non potevo permettermelo. Ma avevo bisogno di sentirmi vivo, cazzo. Di *vivere* davvero, non soltanto di esistere. In giornate come quella, quando la disperazione prendeva il sopravvento, dovevo dimostrare a me stesso di essere più forte di lei. E l'unico modo che conoscevo per farlo era sfidare la morte. Quella stronza bastarda che, in un modo o nell'altro, mi aveva portato via tutte le persone a cui tenevo. Le avrei dimostrato che poteva fare quello che voleva, ma non mi avrebbe battuto. Non quel giorno.

Un attimo dopo sgombrai la mente dai pensieri, afferrai la tavola e corsi verso la superficie nera come la pece che si estendeva di fronte a me, in mezzo alle onde. Quando mi tuffai in acqua e salii sulla tavola, sentii freddo nonostante la muta. Mi muovevo d'istinto, malgrado l'oscurità; dopotutto facevo surf da quando avevo dieci anni. Percepivo le onde senza vederle, le sentivo, quelle più tranquille e accoglienti e quelle alte e furiose. Erano una parte di me. Quella che il più delle volte si sentiva in catene e che New York metteva in ginocchio ogni giorno di più. La parte di me che desiderava Helena e non riusciva ad accettare che non ci fosse alcuna possibilità tra noi.

Mi rannicchiai sulla tavola nel nulla oscuro, lasciandomi alle spalle la spiaggia e la città, pensieri ed emozioni. Se non avessi passato un po' di tempo là fuori, mi avrebbero potuto seppellire. Proprio accanto a Adam e papà.

L'onda a cui puntavo si stava avvicinando. Continuai ad avanzare, con i muscoli tesi, aspettando il momento giusto. Poi balzai in piedi, pronto per il *drop*.

Con l'adrenalina che mi scorreva nelle vene, mi avventai sull'onda. Era alta e violenta, proprio come piaceva a me. L'acqua mi frustava la faccia, quasi spazzandomi via dalla tavola, ma tenni duro, cavalcando quella bastarda fino in fondo, conquistandola prima che lei potesse conquistare me. Non mi concessi nessuna pausa, affrontai un'onda dopo l'altra, sfidandole, pretendendo il massimo dal mio corpo e dalla mia mente. Più di una volta rischiai quasi di soccombere alla furia dell'oceano. Ma solo quasi. E, a ogni piccola vittoria, riconquistavo un pezzo di me stesso.

Ma più surfavo, più avvertivo chiaramente la stanchezza. I muscoli si irrigidivano sempre di più, la concentrazione vacillava, dovevo fare appello a tutte le mie forze per non perdere l'equilibrio.

Continuai comunque, perché non avevo ancora raggiunto il limite. Per riuscirci, dovevo spingermi oltre. Per sconfiggere la morte, dovevo avvicinarmi a essa, così tanto da poterla sentire. Non come un'idea vaga o una possibilità remota, ma direttamente sulla pelle. Sul corpo.

L'onda successiva mi fece questo favore.

Volevo fare inversione ma non riuscii a girare la tavola abbastanza velocemente. Un secondo dopo persi il contatto e fui sbalzato in aria, per poi ricadere in mare. L'impatto fu duro, l'acqua sembrava cemento. Sfondai la superficie, finii sotto e mi sentii trascinare giù. L'oscurità mi tolse la percezione di dove fosse il sopra e il sotto, avvertii una pressione sul petto e resistetti all'impulso di riprendere fiato. Anche se avrei dovuto lottare, rimasi fermo. Perché era quello che stavo aspettando. Quel momento, quella voce maligna nella testa che mi gridava: *È finita. Hai perso!*

No. Neanche per sogno.

A quel pensiero, la vita entrò dentro di me, nel mio corpo, nel mio spirito. La tavola mi richiamò all'ordine, tirando forte il *leash* che avevo legato al piede. Seguii lo strattone, uscii dall'acqua, feci un respiro salvifico, mi scostai i capelli dal viso. Tirai verso di me la tavola, che però, a differenza mia, aveva avuto la peggio: ne era rimasta solo metà, l'onda doveva averla brutalmente spaccata in due. Era una delle mie preferite, l'unica che mi ero portata dietro dall'Australia, e mi dispiaceva molto vederla distrutta. Eppure ne era valsa la pena.

Con le ultime forze che mi erano rimaste, nuotai indietro, raggiunsi la spiaggia e mi trascinai fuori dall'acqua. Quando caddi in ginocchio sulla sabbia gelida, mi doleva ogni muscolo e mi sfuggì un gemito. Il cuore cercava disperatamente di pomparmi ossigeno nel corpo, il petto si sollevava e abbassava violentemente, sentivo una fitta ai polmoni, riuscivo a malapena a respirare. Però mi sentivo libero come non mi capitava da tempo. Più vivo che mai. Tutto era svanito: i rimproveri, il desiderio, la disperazione e la paura di non riuscire mai più a essere felice. Restava solo il silenzio, che mi dava una pace che forse non meritavo, ma di cui avevo disperatamente bisogno per andare avanti.

Mi girai ansimante sulla schiena e osservai il cielo, dove non si vedeva nemmeno una stella. Non avevo abbastanza fiato per gridare parole al vento, ma abbastanza da dirle sottovoce. Così allungai il braccio e rivolsi il dito medio all'oscurità nera come l'inchiostro che mi sovrastava.

«Fanculo» ansimai cupo.

Per quel giorno avevo vinto, e questo mi avrebbe concesso almeno una mezz'ora di conforto, prima che tutto tornasse come prima. Perché, non appena fossi stato in grado di farlo, mi sarei alzato, sarei andato alla macchina e tornato a casa. Per tirare avanti con quella vita che non volevo.

Senza Helena.

35

Helena

Non avevo idea di come fossi riuscita a tornare al tavolo dove Edward mi stava aspettando. Probabilmente merito dei miei geni Weston, che mi impedirono di dirgli chiaramente e senza giri di parole che volevo tornare a casa, o di tirargli un pugno in faccia a ogni sua stupida osservazione. Mi impedirono anche di precisare che sarei rientrata da sola in taxi. O di andare al tavolo di Jess e dirgli che volevo solo lui e che non mi importava nulla delle regole della mia famiglia. Ma quando Edward mi accompagnò davanti casa e attraversai l'atrio fino all'ascensore, mi sentii così vuota e triste, come se quella serata mi avesse risucchiato ogni stilla di energia.

Mentre salivo mi preparai alle domande dei miei genitori, perché, anche se ero sopravvissuta alla cena, ero tornata a casa presto. Ma quando entrai l'appartamento era buio e non c'era nessuno. Evidentemente i miei erano usciti senza informarmi.

Per alcuni minuti rimasi nell'ingresso cercando di tenere a bada le emozioni. La delusione, la rabbia. La solitudine. Ero voluta tornare a New York per non sentirmi più tagliata fuori da tutto, ma in quel momento mi sentivo più sola che mai.

Per un attimo pensai di chiamare un taxi e andare nel West Village, da Jess. Quasi nello stesso istante, capii che era del tutto fuori questione. A prescindere da quello che provavamo l'uno per l'altra e da ciò che sarebbe potuto nascere tra noi, era impossibile. Lo avevo sempre saputo, ma lo avevo capito chiaramente solo quel giorno. Se avessimo rinunciato a tutto, davvero a tutto, forse sarebbe stato possibile. Ma nessuno di noi era disposto a farlo. Non avremmo tradito le persone a cui tenevamo.

Salii le scale al buio, mi tolsi i vestiti eleganti e indossai il pigiama. Andai in bagno a struccarmi e mi infilai a letto. Erano passate da poco le dieci, ma non avevo la forza di rispondere ai messaggi di auguri e nemmeno di guardare la televisione. La consapevolezza che la mia vita non mi apparteneva più mi paralizzava. In albergo ero stata costretta da altri a prendere una decisione contro Jess, ma quel giorno l'avevo presa da sola. E sembrava così definitiva che quasi mi mozzava il respiro.

Mi si strinse la gola ripensando a noi due in quel ripostiglio, alle nostre parole e al suo sorriso triste. E a quello che mi aveva sussurrato prima di andarsene.

Buon compleanno, Splendore. Forse ci andrà meglio nella prossima vita.

«Sì, forse» dissi piano. Poi spensi la luce, mi raggomitolai e piansi fino ad addormentarmi.

La mattina dopo mi sentivo le palpebre pesanti come il piombo e mi domandai se perlomeno quel giorno avrei potuto fingere di essere malata per restarmene a letto. Mancava un'ora alla prima lezione, ma dato che dal mio ritorno a New York non avevo studiato con particolare entusiasmo, non mi importava niente di presentarmi.

Sul mio cellulare, posato sulla coperta accanto a me, c'erano diversi messaggi ancora da leggere, molti dei quali erano auguri di buon compleanno da parte di gente di Cambridge o di parenti vari. Uno in particolare, tuttavia, attirò la mia attenzione: era di Malia. Dopo la nostra conversazione del giorno prima, non mi aspettavo che mi ricontattasse così presto.

Aprii la chat e trattenni il respiro mentre leggevo cosa mi aveva scritto.

Ho controllato i movimenti finanziari di Val. Ho dovuto indagare un po', ma c'era davvero un prelievo. 10.000 dollari tre giorni prima della sua morte. Ma c'è anche un bonifico sul suo conto dello stesso identico importo.

Un bonifico? Di chi?, le scrissi subito sperando che mi rispondesse velocemente, anche se il messaggio era di poco prima di mezzanotte. In effetti era online e mi stava scrivendo.

Dal conto personale di Lincoln. Meglio chiedere spiegazioni a lui.

Mio fratello? Aveva versato dei soldi sul conto di Valerie? Mi domandai perché. Mia sorella guadagnava abbastanza bene con le sue collaborazioni da poter ritirare diecimila dollari senza chiedere aiuto a Lincoln. O forse no?

Hai una vaga idea del perché glieli ha dati? Eppure aveva abbastanza soldi.

Sì, ma in altre banche. Secondo me voleva che la cosa rimanesse segreta. Ho scovato questo conto solo perché mi sono ricordata che me ne aveva parlato una volta. Era per le emergenze.

Un conto per le emergenze. Rimasi perplessa, non ne avevo mai sentito parlare.

Scusami per ieri, sono stata pessima, mi scrisse ancora Malia. *È stata una giornata di merda e mi hai beccato in un brutto momento.*

Mi sentii subito sollevata.

Immagino. E dispiace molto anche a me. So che mi avresti detto la verità su Valerie. Grazie per il tuo aiuto, Malia.

Impiegò un attimo a rispondermi.

Quando vuoi. Poi mi spedì un breve video in cui una coppia di criceti cantava *Happy Birthday* con voce squillante e io scoppiai a ridere, anche se non ero proprio dell'umore. Mia sorella aveva un conto segreto e, a quanto pareva, mio fratello le aveva dato dei soldi, di nascosto da tutti. Lincoln sapeva cosa aveva intenzione di fare con quel denaro? Che aveva chiesto a Carter degli extra per la sua festa di fidanzamento? Avrei dovuto chiederglielo, ma non al telefono, di persona.

Il prima possibile.

L'Elizabeth Street Garden era uno dei miei posti preferiti a New York. Molti non sapevano neanche che esistesse quel giardino nel bel mezzo di Lower Manhattan, tra Elizabeth e Mott Street, perché, pur essendo aperto al pubblico, era un po' nascosto dietro a un'anonima rete metallica e delle siepi alte. Una volta trovato l'ingresso, si apriva una piccola oasi verde nel cuore della città, con alberi rigogliosi, piante fiorite e una ricca collezione di statue. Ero seduta sul bordo di una panchina ad aspettare mio fratello e mi bastò una rapida occhiata intorno per sentirmi subito un po' meno nervosa. Adoravo quel minuscolo parco.

Ogni tanto ci organizzavano piccoli concerti o feste private, e già la prima volta che c'ero stata, anni prima, avevo detto a Valerie che sarebbe stato il luogo perfetto per un matrimonio. Lei aveva riso e mi aveva augurato buona fortuna, quando un giorno ne avrei parlato con i nostri genitori. Ma io mi ero fatta una promessa: se mai mi fossi sposata, sarebbe stato lì. Poco importava cosa pensassero gli altri.

Quando mio fratello spuntò all'ingresso, mi alzai e gli feci un cenno con la mano. Avevamo deciso di incontrarci lì, dopo che mi aveva detto che si trovava nei paraggi per un altro appuntamento e che avrebbe pranzato volentieri con me. Non sapeva di cosa volessi parlargli, perché volevo coglierlo alla sprovvista interrogandolo su quello che Malia aveva scoperto.

«Ciao, Len.» Mi abbracciò e mi porse un pacchetto regalo un po' sgualcito. «Buon compleanno, sorellina. Mi dispiace di non essere riuscito a passare ieri.»

«Non importa.» Sorrisi leggermente e afferrai il sacchetto, prima di risedermi e aprirlo. Sotto uno strato di carta velina spuntò un oggetto di legno rettangolare. Lo tirai fuori con entrambe le mani e, quando capii cos'era, mi mancò il fiato.

«Lincoln, questo... questo è...»

«Il vecchio carillon di Valerie» annuì. «Era uno dei suoi oggetti preferiti e, quando mamma e papà hanno dato via tutte le sue cose, sono riuscito a metterlo in salvo. Volevo dartelo quando sei tornata, ma temevo che ti avrebbe fatto troppo male. Così ho aspettato un po'.»

Aprii il coperchio del prezioso oggetto. Mi vennero le lacrime agli occhi quando sentii la melodia dello *Schiaccianoci* e vidi girare la ballerina col vestito rosso. Valerie adorava il balletto di Čajkovskij e un giorno aveva scovato quel carillon in un negozietto di antiquariato a Brooklyn. Significava molto per lei, come ben sapevo.

«Grazie.» Posai con cura il carillon sulla panchina e abbracciai forte mio fratello. «Non hai idea di quanto mi faccia piacere ricevere questo regalo.»

«Figurati.» Sorrise imbarazzato, poi mi guardò con attenzione. «Come stai, Len? Te la cavi?»

Quando me lo chiese, mi venne subito in mente Jess. Anche lui avrebbe apprezzato quel giardino, quel posto. Mi sarebbe tanto piaciuto mostrarglielo, come tutti gli altri miei angoli preferiti. Tuttavia non sarebbe mai successo. Per un attimo il dolore mi mozzò il fiato, ma cercai di non darlo a vedere.

«Sì» risposi con un certo ritardo, perché non potevo condividere i miei pensieri con lui. Non potevo fargli sapere che mi mancava Jess. «Me la cavo. Però...»

«Però cosa?»

Feci un respiro profondo e mi concentrai sul motivo per cui lo avevo convocato. «Vedi, ho fatto qualche ricerca. Su Valerie e la notte in cui lei e Adam sono morti. Ed è saltata fuori una cosa per cui ho bisogno del tuo aiuto.»

Lincoln socchiuse gli occhi. «Va bene.» Non mi chiese perché l'avevo fatto, probabilmente lo poteva immaginare. «Che posso fare per te?»

«Sapresti dirmi perché hai versato diecimila dollari sul suo conto segreto poco prima che morisse?» Cercai di farla sembrare una domanda innocente, ma mi tremò la voce.

Mio fratello mi guardò sorpreso. «L'hai scoperto da sola? Come hai fatto?»

«Mi ha aiutata Malia.»

Lui annuì. «Non devi dire assolutamente nulla a mamma e papà di questo» mi implorò poi. «Se sapessero che Val aveva un conto segreto, penserebbero che era coinvolta in qualcosa di losco.»

«Allora non lo era?»

«Certo che no.» Lincoln scosse la testa. «Aveva un conto alle Cayman solo per sostenere progetti che non dovevano essere associati al nome Weston, per non turbare mamma e papà. Forniva un supporto diretto in casi di violenza domestica, consulenza alle donne prima dell'aborto e cose così.»

Sbarrai gli occhi e sentii un brivido lungo la schiena. «Allora ha avuto... un aborto? Per questo i soldi?»

«No!» Lincoln scosse vigorosamente la testa. «No, non era incinta. Il denaro che mi ha chiesto era per un suo amico. Valerie mi aveva detto che gli serviva urgentemente, ma che i suoi conti erano tutti controllati dalla famiglia. Così mi ha chiesto se potessi prestarglieli, perché le sue finanze erano monitorate dal commercialista e non voleva trasferire nulla di persona. Poi li avrebbe dati all'amico in contanti.»

Mi sentii sollevata, anche se non avevo fatto grandi passi avanti. «Sai a cosa gli servivano?»

«Purtroppo no, ma doveva trattarsi di un debito, di rate scadute o roba simile. Sembrava davvero urgente.»

Passai in rassegna gli amici maschi di Valerie e mi soffermai su alcuni nomi che avrebbero potuto farle una richiesta simile. Carter, però, non rientrava tra questi, perché alla sua famiglia i soldi non mancavano di certo. Avrei poi dovuto parlare con i possibili sospettati, per farmi confermare che Valerie non li avesse dati a lui.

«Che importanza ha a cosa servivano?» mi chiese Lincoln.

Abbassai gli occhi. «Carter Fields sostiene che Val li ha usati per comprarci della droga» sussurrai. «Lui aveva mandato uno spacciatore nella suite, ma Adam lo ha scacciato. Carter pensa sia stata un'idea di Valerie.»

«E tu gli credi? Proprio a Carter?» Lincoln rise amaramente. «Quel tizio mente ogni volta che apre bocca, soprattutto se si tratta di tirarsi fuori dai guai. Ha mentito anche allora, quando è stato interrogato su quella notte e gli è stato chiesto perché fosse scomparso un'ora dopo l'inizio della festa. Lui sostiene che sua nonna non stava bene, ma in realtà era in una suite del Mandarin Oriental con cinque prostitute e sicuramente un mucchio di coca.»

All'improvviso mi vergognai di aver prestato fede alle parole di Carter. Sapevo che Valerie non aveva nulla a che fare con la droga. Non avrei mai dovuto permettere a quell'idiota di lasciarmi pensare il contrario.

«Sì, lo so che sta mentendo. Mi sa che ero solo preoccupata che potesse essere vero.»

«Non sappiamo cosa sia successo» mi ricordò Lincoln. «E capisco che tu voglia vederci chiaro, Len. Ma anche se scoprirai dove sono finiti i soldi, anche se riuscirai a dimostrare che non è stata lei a ordinare la roba, questo non riporterà indietro Valerie.» Guardò l'orologio e imprecò sottovoce. «Devo andare, ho un appuntamento tra venti minuti. Vuoi venire con me? Possiamo darti un passaggio fino a casa.»

«No, rimango ancora un po' qui.»

«Sicura che posso lasciarti sola?»

«Sì, certo. Sto benissimo.» Sorrisi.

«Okay.» Mi abbracciò di nuovo. «Abbi cura di te, Len. Ci vediamo presto.»

«Sì. E grazie ancora, Linc.»

Mio fratello mi salutò e si avviò verso l'uscita. Quando se ne fu andato, mi posai il carillon sulle ginocchia e lo aprii, guardai la ballerina e ascoltai la melodia, con la ferma intenzione di non deludere mia sorella. Non importava cos'altro avrei dovuto scoprire, non mi sarei arresa. Non finché ci fosse stata la possibilità di riabilitarla. Sarei andata avanti.

Fino in fondo.

36

Helena

La mattina del 28 maggio mi svegliai con una sensazione di inquietudine, ansia e disperazione. Come se il mio corpo sapesse esattamente che giorno fosse e avesse fatto un terribile salto indietro nel tempo di tre anni. Alla mattina in cui mi avevano svegliata per dirmi che mia sorella era morta.

Ricordavo esattamente com'era andata. Qualche giorno prima, durante una gita scolastica, mi ero beccata un raffreddore ed ero a letto con la febbre e il mal di testa. I miei genitori, ovviamente, mi avevano proibito di andare alla festa di fidanzamento di Valerie e Adam, e dopo un po' di pianti e urla non avevo avuto altra scelta che seppellirmi sotto le coperte e sfogare la mia frustrazione sparandomi Ben & Jerry's e *Gossip Girl*. Sebbene mi fossi addormentata abbastanza presto, al mattino i colpi alla porta mi avevano strappata ai miei sogni inquieti.

«Len?» Mio fratello si era avvicinato al letto e mi aveva toccato il braccio. «Len, devi alzarti e scendere giù. È successa una cosa.»

Lo ricordavo come se fosse accaduto il giorno prima. Il suo tono mi aveva procurato un brivido lungo la schiena che non aveva niente a che fare con la mia influenza. Avevo indossato la vestaglia e i pantaloni della tuta e l'avevo seguito al piano di sotto. Mia madre era seduta sul divano del soggiorno e piangeva in silenzio, mentre mio padre stava terminando una telefonata, con un'espressione addolorata in volto che non gli avevo mai visto prima. Mi ero fermata sull'uscio, come per tenere la cruda verità lontana da me ancora per un po'. Poi mia madre si era alzata, era venuta verso di me e mi aveva stretta tra le braccia così forte da non riuscire a respirare.

«Che è successo?» avevo chiesto, senza voler sentire la risposta.

«Valerie» aveva risposto lasciandomi andare. «L'hanno trovata in una camera del Vanity.»

«Trovata? Che le è successo? È in ospedale?» avevo domandato, aggrappandomi alla speranza che ciò che sospettavo non fosse vero.

Era stato mio padre a infrangerla.

«È morta.» Era riuscito a malapena a pronunciare quelle due parole e il loro significato mi aveva fatto mancare la terra sotto i piedi.

C'è chi dice che una notizia terribile non ti arriva subito, ma non è vero. Avevo capito subito che mia sorella era morta. Con la peggiore consapevolezza della mia vita, avevo realizzato che non l'avrei mai più rivista.

Non sapevo esattamente, però, quello che era successo dopo. Ricordavo vagamente che Lincoln si era avvicinato a me, allo spesso tappeto ai miei piedi, quando le gambe mi avevano ceduto. La sensazione di non riuscire a respirare e di essere sul punto di morire. Proprio come Valerie. Ero stata riportata in camera, mio fratello era rimasto con me mentre nell'appartamento c'era un viavai di persone. Mi aveva portato del cibo, che non ero riuscita a mandare giù, aveva provato ad abbracciarmi, ma io lo avevo respinto. Solo molto più tardi mi ero fatta forza e mi ero vestita per scendere a chiedere cosa fosse successo esattamente.

In quel momento avevo scoperto che anche Adam era morto.

Chissà come era venuto a saperlo Jess...

Quel pensiero mi riportò al presente. Pensare a lui non era affatto strano, succedeva di continuo, però quel giorno faceva particolarmente male. La morte dei nostri fratelli non era l'unica cosa che avevamo in comune, ma era all'origine del nostro legame. Un legame che non ci era consentito vivere. Neanche quel giorno.

Feci un respiro profondo e cercai di ricompormi, poi spinsi via le coperte e mi alzai dal letto per andare in bagno. Mi lavai i denti e mi pettinai in modo meccanico, quasi senza accorgermene. Non era una novità di quel giorno. Dall'appuntamento con Edward e dall'ultimo incontro con Jess, sembravo telecomandata. Andavo all'università, accompagnavo i miei genitori agli eventi, parlavo con Malia della lista di amici a cui Valerie poteva aver dato dei soldi. Ma nemmeno le indagini sulla sua morte erano riuscite a liberarmi da quello strano stato di torpore.

Mentre mi vestivo, mi domandavo come avrei passato il resto della giornata. In Inghilterra, avevo sempre trascorso l'anniversario della morte di Valerie nel modo in cui lei avrebbe voluto: mangiando il suo piatto preferito, facendo un giro per negozi, acquistando l'oggetto più assurdo che potessi trovare e sparandomi la sera il suo film preferito, *Il destino di un cavaliere*. Avevo sempre fatto finta che lei fosse con me, e questo mi aveva fatto un male cane, ma al tempo stesso mi aveva anche dolorosamente aiutata. Non avevo idea di come la mia famiglia avesse passato quel giorno negli ultimi anni. Non l'avevo mai chiesto perché temevo la risposta.

Quando scesi giù, già dalle scale sentii il tintinnio di piatti e posate. Girai l'angolo e vidi mia madre seduta al tavolo accanto a Lincoln. Per un attimo mi si spalancò il cuore: allora, c'era davvero un brunch in onore di Valerie? Ma poi mi resi conto che non erano soli. All'altro lato del tavolo sedevano Paige e la sua orribile madre, e tra i piatti c'erano campionari e cataloghi di abiti da sposa e composizioni floreali.

«Tesoro, che bello che ti sei svegliata.» Mia madre sorrise quando mi vide, ma sembrava un po' a disagio. «Paige e Eleanor sono passate per discutere del matrimonio.»

«Sì, lo vedo.» Fissai la mia futura cognata - più stupita che arrabbiata. Non sapeva che giorno fosse? O semplicemente non le importava? «Per caso in quei cataloghi vendono anche il tatto, da abbinare agli inviti? In tal caso, ne ordinerei assolutamente una maxiconfezione.»

Lincoln assunse un'espressione allarmata, così come mia madre, ma non avevo nessuna intenzione di lasciar correre. Avevo accettato di recitare la parte della brava figliola e di fare quasi tutto pur di proteggere la mia famiglia. Tuttavia non ero disposta a ignorare qualunque stronzata.

Paige alzò le spalle un po' esitante. «Non sapevo che...»

«Non sapevi cosa?» ribattei brusca. «Che Valerie è morta il 28 maggio di tre anni fa? E che forse potrebbe non essere il giorno giusto per scegliere cazzate per il tuo matrimonio?»

Mia madre si alzò in piedi. «Helena, questo è inopportuno. Tu...»

«Sì, è più che inopportuno» ringhiai. «Ormai ho capito che in questa famiglia non ha molta importanza se si ama o meno qualcuno prima di sposarlo. Ma potremmo almeno convenire di non mettere mai un anello al dito a persone senza un minimo di decenza?»

Vidi riempirsi di lacrime gli occhi di Paige, che guardò mio fratello in cerca di aiuto. Ma lui continuava a fissarmi e mi resi conto di quanto si trovasse tra due fuochi. Un attimo dopo si alzò e mi pregò di seguirlo. Alle mie spalle sentii la mamma che si scusava per il mio comportamento e avrei voluto girarmi e mandare a quel paese anche lei.

«Se hai intenzione di difenderla, puoi anche risparmiarti la fatica» informai Lincoln con rabbia mentre imboccavamo il corridoio. «Non posso credere che si sia presentata qui oggi con i suoi maledetti cataloghi.»

Mio fratello scosse la testa. «Paige non c'entra niente, Len. Mi ha anche chiesto se fossimo d'accordo che venissero oggi. Le ho risposto che un giorno valeva l'altro.»

«E perché le hai detto una cosa del genere?» mi arrabbiai.

«Perché...» Esitò. «Perché non abbiamo mai celebrato l'anniversario della morte di Valerie. Negli ultimi anni lo abbiamo sempre ignorato.»

Lo fissai come prima avevo fissato Paige, stupita e arrabbiata.

«Perché?» chiesi sottovoce. Non capivo. Era nostra sorella, la figlia dei nostri genitori, e loro non volevano ricordarla il giorno del suo anniversario?

«Che senso ha?» Lincoln alzò le spalle. «Se non per soffrire ancora di più? Abbiamo davvero bisogno di ricordare che l'abbiamo persa?»

«Quindi rimuovere è meglio?» chiesi. «Ignorare quello che è successo? O forse non volete ricordarvi di lei, perché vi ha messo in ginocchio davanti all'élite di New York?»

Mio fratello serrò le labbra. «Non essere ingiusta, Len.»

«Io ingiusta? Quindi per voi la morte di Valerie è solo una seccatura di cui sbarazzarsi? Dopotutto lei era la pecora nera della famiglia, che aveva fatto il passo più lungo della gamba, quindi perché piangerla ancora?» Feci un respiro profondo in preda ai brividi. «Dovresti essere particolarmente arrabbiato con lei, in fondo ti tocca sposare la Barbie secchiona, anche se sappiamo entrambi che non vuoi farlo. Chissà se anch'io smetterò di sentire la mancanza di Valerie, una volta che mi verrà presentato il mio futuro marito?»

Lincoln commentò il mio sarcasmo scuotendo la testa. «Mi rendo conto che questa storia con chi-sai-tu ti stia turbando, ma...»

«Questo non ha niente a che fare con lui» ribattei, anche se come sempre il pensiero di Jess mi provocò un dolore sordo. «Ha a che fare con questa famiglia e con Valerie.»

Un attimo dopo arrivò mia madre. «Si sente tutto dalla sala da pranzo» disse. «Lincoln, per favore, vai a tranquillizzare Paige, la poveretta è completamente sconvolta.»

Mio fratello acconsentì senza discutere e sentii la sua fidanzata singhiozzare e chiedergli se davvero non volesse sposarla. Io, dal canto mio, mi preparai a ricevere una bella lavata di capo. La mamma, tuttavia, non sembrava arrabbiata ma delusa.

«Credo che ti farebbe bene una boccata d'aria fresca» disse. «Ma ti prego di rientrare nel pomeriggio, quando arriveranno gli abiti per il ballo.»

«Quale ballo?» chiesi.

«Il ballo benefico annuale dell'associazione For a Better New York. Si terrà oggi.»

«Non ho nessuna intenzione di andare a un ballo stasera, mamma» dissi con voce ferma. «In qualsiasi altro giorno sarò felice di fare la figlia trofeo, ma non oggi. Se hai deciso di non commemorare Valerie, è una tua scelta, ma *io* invece lo farò.»

Lei mi guardò con insistenza. «Questo ballo è uno degli eventi più importanti dell'anno. Anche a me non piace che si svolga nello stesso giorno dell'anniversario di Valerie. D'altra parte, è anche un'occasione per dimostrare a tutti che siamo ancora in piedi. Ma questo è possibile solo se ci presentiamo. Altrimenti la gente parlerà.»

E chi se ne fotte di cosa dice la gente, pensai, ma lo tenni per me. L'espressione di mia madre mi frenò: non vi leggevo la solita severità, ma soprattutto preoccupazione, forse persino paura. Prima che potessi ribattere, però, alzò le mani e sembrò cedere.

«Bene, la scelta spetta a te. Puoi decidere se venire o meno.» Poi indicò la sala da pranzo. «Adesso vado a sistemare le cose di là.»

«Forse dovrei...?» Non sopportavo Paige, ma quel giorno ero stata davvero ingiusta con lei.

«No, non preoccuparti. Ci penso io.» La mamma sembrava stanca. «Se stasera vuoi venire con noi, cerca di essere qui per le tre.» Si voltò, poi si fermò di nuovo dopo pochi passi. «Tua sorella manca a tutti noi, non solo a te. Abbiamo solo imparato a nasconderlo.»

La guardai negli occhi, lasciandomi confortare dalle sue parole, mentre la mia rabbia si placava piano piano. Forse era meglio uscire un po'. Avrei reso omaggio a Valerie andando nei suoi posti preferiti, mangiando qualcosa nel suo locale preferito, prendendo un caffè nel suo bar preferito. E forse era anche abbastanza caldo da potermi sedere qualche minuto sull'erba di Central Park a scrivere un post su Instagram, come facevo ogni anno.

Così corsi al guardaroba, tirai fuori il mio cappotto leggero, presi la borsa e uscii senza dire una parola. Ma sapevo già, mentre mi chiudevo la porta alle spalle, che sarei tornata alle tre per provare quei maledetti vestiti.

37
Jessiah

Il 28 maggio New York era ancora più odiosa del solito. Quel giorno, a prescindere dal tempo, tutto sembrava più cupo, deprimente e triste. A volte mi chiedevo perché. Adam mi era sempre mancato, non solo il giorno della sua morte. Tuttavia, per qualche strano motivo, in quella data la perdita mi pesava particolarmente.

«Ne vuoi ancora, Eli?» chiese Trish a mio fratello, indicando la teglia al centro della tavola. C'erano le lasagne, il piatto preferito di Adam. Le mangiavamo ogni anno. Le avevo preparate a casa e portate lì, come facevo sempre. Anche quell'anno avevo proposto di trovarci nel loft, perché era l'appartamento di Adam, ma mia madre aveva di nuovo rifiutato. Non voleva ricordare mio fratello in un posto che non aveva mai approvato.

Così sedevamo nella sala da pranzo del suo attico, la Fortezza della Solitudine, e mai nome era stato più azzeccato.

«No.» Eli scosse la testa. Di solito non riusciva a controllarsi quando cucinavo io, cosa che poteva permettersi essendo in piena età dello sviluppo. Ma quel giorno nessuno di noi aveva appetito. Spostavamo il cibo verso il bordo del piatto ed evitavamo di guardare gli altri negli occhi. Mi domandai perché continuassimo a farlo, visto che le cose si svolgevano sempre secondo lo stesso copione: si mangiava poco, si stava molto in silenzio e alla fine io e Trish litigavamo, perché quel giorno eravamo più nervosi del solito e meno disposti a mantenere il controllo.

Feci finta di niente e guardai il cellulare per controllare l'ora. Era un riflesso, qualcosa che facevo spesso, ma Trish naturalmente lo notò.

«Devi andare da qualche parte?» mi chiese indispettita. Anche se in realtà quello che intendeva dire era: "C'è qualcosa di più importante della cena in onore del tuo defunto fratello?".

«No, certo che no» risposi a entrambi. *Volevo solo sapere per quanto tempo ancora devo sopportare questa situazione, prima di poter tagliare la corda.* Mi dispiaceva pensarlo, soprattutto per Eli, che sembrava completamente perso dal suo lato dell'enorme tavolo. Ma il silenzio era davvero insopportabile. Se almeno avessimo parlato di Adam, se lo avessimo ricordato… invece non era mai successo. Il massimo che potevamo aspettarci erano i paragoni con me, da cui naturalmente uscivo sempre sminuito. Ormai da tempo non mi ferivano più, perché era la verità. Adam era stato il figlio migliore, il fratello migliore, la persona migliore tra noi due. Non aveva scelto di fuggire per essere felice. Non aveva mai corso rischi per sentirsi vivo.

Eppure era morto.

Afferrai la caraffa dell'acqua per versarmi un bicchiere. Nel farlo mi si alzò un po' la manica del maglione, lasciando spuntare la benda bianca sottostante.

«Cos'è?» chiese subito mia madre. «Ti sei fatto male?»

«Solo un graffio.» Mi tirai giù la manica. «Mentre facevo surf.»

Il viso di Trish si tramutò in una maschera impenetrabile.

«Devi proprio praticare questo sport? Ci sono modi più sicuri per fare esercizio, no?»

«Faccio surf da più di dieci anni» la informai. «Probabilmente sarebbe più pericoloso se iniziassi golf o squash, potrei sempre rimanere ucciso da una pallina.»

«Ti va di insegnarmi finalmente a fare surf quest'estate?» domandò Eli guardandomi. «Hai detto che mi ci avresti portato già l'anno scorso.»

Nostra madre - in quel momento soprattutto la *sua* - dissentì vigorosamente. «È fuori discussione, Eli. Ne abbiamo già parlato tante volte, non ti permetterò di fare uno sport così pericoloso.»

«Non è pericoloso, se sai cosa fare» la interruppi.

«E tu lo sai?» Negli occhi di Trish divampò la solita arroganza.

«Sì, lo so» replicai duramente. «E sai che non metterei mai in pericolo Eli.»

«Comunque, non ho voglia di discuterne proprio oggi» tagliò corto Trish, e continuammo a mangiare le lasagne in silenzio finché non le squillò il cellulare. Si alzò e andò in salotto a recuperarlo sul tavolo di design. Non sapevo con chi stesse parlando, ma sembrava una questione di affari.

«Posso richiamarla domani? Sì, le assicuro che i contratti saranno pronti. Grazie.»

Riattaccò e tornò da noi, con un mezzo sorriso di trionfo stampato in faccia, accanto alla tristezza.

«Quali contratti?» chiesi. Gli affari della sua società non mi interessavano affatto, ma qualsiasi cosa era meglio di quel silenzio teso.

«L'accordo per l'area Winchester è praticamente concluso.» Si servì altro vino. «Presto i contratti saranno pronti e finalmente i Weston non saranno più un problema per questa città.»

Alzai lo sguardo, ignorando la fitta allo stomaco nell'udire quel nome. «Che significa?»

«Come, non lo sai?» Sembrava perplessa. «Questo progetto era la loro ultima chance di rientrare in gioco. L'anno scorso hanno investito ingenti somme di denaro per ristrutturare un edificio nell'Upper West, prima di scoprire che è irreparabilmente danneggiato. Adesso hanno puntato tutto sull'affare Winchester, ma il proprietario condivide le mie idee su come vada edificata l'area in futuro.»

«Questo significa che i Weston sono rovinati?» Non avrei mai pensato che un giorno quel pensiero mi avrebbe messo così a disagio.

Mia madre mi scrutò con attenzione e io mi sforzai di apparire il più distaccato possibile per non tradirmi.

«Lo vedremo. Ma farò di tutto perché vengano finalmente depennati dalla lista delle persone importanti di New York. Se avessero tenuto un po' più sotto controllo la loro figlia...»

«Cosa?» Scossi la testa, anche se sapevo che non era saggio contraddirla. «Non ha senso incolpare Valerie. Sono morti tutti e due. E nessuno sa esattamente cosa sia successo.»

«Lo ha stregato» sibilò Trish con amarezza. «Lo sai anche tu, eppure parli come se non fosse così. Proprio oggi, sul serio? Non hai un po' di rispetto per tuo fratello?»

«Certo che ce l'ho. Volevo solo dire che...»

«Cosa? Che è stato Adam a convincere Valerie a farsi di cocaina? È questo che stai insinuando?»

«No» riprovai ancora una volta. «Ma le cose potrebbero essere andate diversamente da quel che pensiamo. Magari non è stata colpa di nessuno dei due.»

«Stai forse difendendo quella donna?» La voce di Trish si fece insolitamente stridula e sapevo che stavamo per litigare come ogni anno. «Perché, per uscirne pulito?»

Conoscevo la logica dietro quell'accusa, anche se rimaneva

quasi sempre implicita tra noi. Per mia madre, Valerie era la principale responsabile della morte di Adam. E al secondo posto c'ero io, perché non ero tornato a casa per dissuaderlo da quella relazione.

«Certo, perché avrei potuto impedirgli di stare con lei» sussurrai con amarezza. Me l'ero rimproverato per molto tempo. Ma da quando, grazie a Helena, avevo appreso che il legame tra mio fratello e sua sorella era più di una semplice infatuazione, la pensavo diversamente. Forse per autodifesa, come aveva detto Trish. O forse perché era la verità. «Cosa te lo fa credere? Pensi davvero che Adam fosse così stupido da buttarsi in una relazione, in un *matrimonio*, solo perché Valerie aveva un bel faccino?»

Mia madre afferrò il bicchiere. «Tu non c'eri. Chiedi a Eli com'era improvvisamente cambiato Adam dopo averla conosciuta.»

«Lascia Eli fuori da questa storia» dissi, prima che mio fratello potesse rispondere. Ma lui lo fece comunque.

«Era felice.» Eli lo disse a bassa voce, alzando le spalle come per proteggersi dalla reazione che avrebbe inevitabilmente scatenato. «Adam era felice con Valerie.»

«Sta' zitto» sbottò mia madre.

«Ma è vero!» esclamò Eli. «Adam era sempre così serio perché si prendeva cura di tutti. Io dormivo spesso a casa sua e ogni volta che mi svegliavo la notte era seduto alla scrivania a lavorare. Gli chiedevo perché lo facesse e lui mi rispondeva che non riusciva a dormire perché aveva troppe cose che gli frullavano per la testa. Solo quando ha conosciuto Valerie la situazione è migliorata.»

«Ti ho detto di stare zitto!» gli urlò Trish, sbattendo la mano sul tavolo. Eli trasalì, poi si alzò e corse in camera sua.

«Complimenti, ti meriti proprio il premio come miglior madre dell'anno» osservai tagliente, e mi alzai anch'io per seguire mio fratello. «Anzi, probabilmente sei l'unica a essersi aggiudicata il titolo per venticinque anni di fila.»

Lei non replicò.

La lasciai sola e mi diressi verso la stanza di Eli. La porta era chiusa. Quando bussai, non ricevetti risposta.

«Sono io» annunciai, e sentii qualcosa di simile a un mormorio. Con cautela entrai nella stanza. Eli era sdraiato sul letto e mi dava le spalle. Mi sedetti sul bordo e cercai di sfiorargli il braccio, ma lui respinse la mia mano.

«Lasciami in pace» disse, affondando il viso nel cuscino. «Non voglio parlare con te.»

«Va bene. Ma volevo almeno salutarti prima di andare via.»

Con un movimento brusco, Eli si girò verso di me e mi fissò con gli occhi pieni di lacrime. «È questo che vuoi fare, vero?»

All'inizio non riuscivo a capire a cosa si riferisse. «Che intendi?»

«Andartene via.» Si asciugò il viso. «Proprio come allora. Se potessi, scapperesti da New York. Se Adam fosse ancora vivo per prendersi cura di me, tu non saresti nemmeno qui. Vero?»

Le sue parole mi procurarono un groppo in gola. Deglutii a fatica.

«Te l'ha detto Trish?» chiesi eludendo la domanda.

«Che importanza ha? Conta solo la risposta.» Gli tremava la voce, che era comunque più risoluta del solito. «È vero, Jess? Sei qui solo perché pensi di dovermi proteggere al posto suo? Sì o no?»

Cosa avrei dovuto rispondere? Se avessi detto sì, gli avrei fatto pesare la mia infelicità di dover vivere a New York. Se avessi detto no, gli avrei mentito. E avevo giurato a me stesso che non l'avrei mai fatto. Sarei stato l'unica persona nella sua vita a dirgli la verità. Io e Adam glielo avevamo giurato anni prima, mantenendo sempre la promessa. E adesso io ero l'unico rimasto a tener fede a quel giuramento. Ma a che prezzo?

Feci un respiro profondo e presi una decisione. «No» dissi a dispetto del dolore che provavo dentro. «Non è vero.»

Nel momento stesso in cui lo dissi, capii che era stato un errore. Eli mi guardò e si rese conto che stavo mentendo. Ero sempre stato un pessimo bugiardo e lui aveva un fiuto infallibile per le bugie. Come avevo potuto dimenticarlo?

Perché volevi proteggerlo.

«Puoi anche andartene» disse con voce soffocata. «Non devi restare per me. Non ho bisogno di te qui.»

«Eli...» iniziai, ma lui mi interruppe.

«Vattene!»

Mi urlò contro quell'unica parola, poi mi diede di nuovo le spalle e, pur controvoglia, rispettai il suo rifiuto. Mi alzai e andai alla porta.

«Ci sarò sempre per te» gli feci sapere. «Sempre, fratellino.»

Non ottenni alcuna risposta, così a malincuore raggiunsi la porta, rimasi un attimo lì davanti e chiusi gli occhi. Sapevo che quella giornata era uno schifo per tutti noi e che Eli sentiva terribilmente la mancanza di Adam, proprio come me. Il fatto che oggi lo avesse difeso era la dimostrazione di quanto fosse stato importante per lui. E io non avevo trovato niente di meglio da fare che mentirgli. *Miglior fratello maggiore dell'anno. Decisamente.*

Sospirai piano, poi andai a cercare mia madre e la trovai nel suo studio. Era seduta vicino alla finestra a osservare la città, con un bicchiere sulla scrivania. La luce era spenta e riuscivo quasi a sentire fisicamente il peso del suo dolore. Forse perché così vicino al mio.

«Allora vado» dissi al buio.

«Fai pure» rispose, con la voce arrochita dal whisky. «Dopotutto è quello che ti è sempre riuscito meglio.»

Sbuffai. «Sì, a quanto pare è tutto ciò che si può dire di me.»

«Te la sei cercata» ribatté lei. «Ci hai abbandonati.»

Sapevo che erano l'alcol e la tristezza a parlare al posto suo, ma non riuscii comunque a trattenermi. Perché tra noi era così. Era sempre stato così.

«Come se tu non avessi festeggiato dopo la mia partenza» dissi con amarezza. «Non mi hai mai voluto sotto il tuo tetto.»

Si girò verso di me e la luce in corridoio le illuminò leggermente il viso. «Non è vero. Tu sei mio figlio, Jessiah.»

«Sì, ma non il figlio che desideravi» risposi. «Non lo sono mai stato e lo sappiamo entrambi. Se avessi potuto scegliere tra me e Adam, lui sarebbe ancora vivo e io nella tomba. Non credere che non ne sia consapevole.»

Mi guardò inorridita, ma senza contraddirmi, e questo per me fu una conferma sufficiente. Sapevo che era così. L'avevo sempre saputo.

Mi voltai e andai via, lasciando di fretta l'appartamento, e quando entrai in ascensore mi sentii appesantito come se il mondo intero gravasse sulle mie spalle. Avvertii una dolorosa fitta allo stomaco e sentii le lacrime agli occhi, ma riuscii a trattenermi. In fondo era vero: me n'ero andato, senza voltarmi indietro. Ero fuggito perché credevo che non avrei mai potuto essere felice altrimenti. Avevo dato per scontato che potessero cavarsela senza di me. Che nessuno avesse bisogno di me. E soprattutto che io non avessi bisogno di nessuno.

Quanto mi ero sbagliato. Me ne resi conto nel momento in

cui uscii in strada e il dolore per Adam mi colpì talmente forte da mozzarmi il fiato. Avrei voluto soltanto che ci fosse qualcuno a cui poter raccontare come mi sentivo. Quanto fosse incredibilmente dolorosa la sua mancanza. O cosa significasse perdere un fratello in quel modo e chiedersi ogni dannato giorno: avrei potuto fare qualcosa per evitarlo?

Ma non c'era nessuno. Ero solo.

In una città di oltre otto milioni di abitanti, ero completamente solo.

38

Helena

Il ballo dell'associazione For a Better New York era uno degli eventi più pomposi, esagerati e soprattutto noiosi dell'anno. Tutte le famiglie più in vista della città - ovviamente solo quelle che possedevano i patrimoni di più lunga data, il che escludeva Trish Coldwell - si presentavano all'evento, indossando abiti costosi, gioielli ancora più costosi, e parlando con persone le cui storie probabilmente non gli interessavano affatto. Ero stata lì l'ultima volta tre anni addietro, con Valerie, poco prima che morisse. Avevamo fatto le nostre solite congetture sui prezzi dei gioielli e sull'età delle molte donne anziane rifatte, e avevamo riso un sacco, rendendo quella barbosa serata un po' più sopportabile. Così come tutti gli altri eventi.

Ma quel giorno ero lì da sola e lei non c'era più. Se n'era andata da tanto tempo, ma non abbastanza da non avvertire la sua perdita come un migliaio di aghi sottili, che pungevano più a fondo del solito. Mi sedetti al tavolo dei single con un vestito di tulle azzurro fumo, per il quale qualsiasi principessa Disney avrebbe ucciso, e cercai di sfangare in qualche modo la serata. Solo che i minuti passavano così lentamente che mi ero pentita da tempo di essermi presentata.

Incrociai più volte lo sguardo dei miei genitori, e sapevo che erano orgogliosi di me. Un orgoglio che, da quando ero tornata, mi dava spesso la nausea. Mentre quel giorno ero impegnata nel mio Valerie-tour di New York, camminando per i nostri luoghi preferiti e ripensando a lei, mi erano tornate in mente alcune parole di mia sorella.

La lealtà è una buona cosa, Len. Ma solo finché non ti impedisce di essere te stessa.

Realizzai che mi stavo perdendo sempre di più. O che forse non avevo ancora mai trovato il mio vero io. Una Helena che non fosse condizionata dalle aspettative dei genitori, ma dalle proprie. Che non cercasse giustizia per la sorella morta, ma solo la sua felicità. Lì, in mezzo a tutte quelle persone false, mi resi conto che ero sulla buona strada per diventare come loro. E che non avevo modo di impedirlo.

«No, non lo sa nessuno con certezza.» Due delle altre ragazze al tavolo stavano parlando a bassa voce e, quando incrociai il loro sguardo, capii che aveva a che fare con me. Così drizzai le orecchie. «Ho sentito dire che voleva festeggiare il fidanzamento con qualcosa di più forte del solito Veuve da mille dollari che beveva abitualmente» disse una bionda che non conoscevo. «A quanto pare ha esagerato, e lo stesso Adam.»

«*Fidanzamento*» replicò l'altra alzando gli occhi al cielo. «Che farsa. Si conoscevano solo da pochi mesi e si comportavano come se fosse il grande amore della vita.»

«Tutta scena» si intromise un tizio seduto lì accanto. «C'è chi dice che era tutto combinato. Volevano unire la CW e la Weston e quello era il modo migliore per farlo.»

La bionda sbuffò. «Be', gli è andata male. Non sono mai stati ai ferri corti come adesso.»

«A quanto pare Trish Coldwell sta pianificando da tempo la rovina del Weston Group. A giudicare dalle brutte acque in cui navigano, non dovrebbe volerci molto. Inutile far buon viso a cattivo gioco. Secondo me...»

«Shh» sibilò la ragazza seduta accanto a loro tre, indicandomi con discrezione.

Mi guardarono spaventati, a quanto pare stupiti che potessi sentirli dall'altro lato del tavolo.

«No, continuate pure» dissi freddamente. «È molto interessante quello che state dicendo sulla mia famiglia. Sto ancora aspettando qualcosa di vero, ma chissà, magari un altro giorno sarò più fortunata.»

La bionda esitò un attimo. «Scusaci. Non sapevamo...»

«Lo so» la interruppi, e mi alzai. «Vogliate scusarmi.»

Questo diede loro l'occasione perfetta per spettegolare su di me, ma non potevo resistere un minuto di più seduta a quel tavolo, sapendo quello che pensavano di Valerie. Così uscii e andai nei bagni vuoti, dove mi chiusi in uno dei gabinetti, solo per avere un attimo di pace.

Che purtroppo durò poco. Neanche un minuto dopo - stando alle voci - entrarono due donne di mezza età, che iniziarono a parlare mentre si ritoccavano il trucco. Strabuzzai gli occhi ascoltandole spettegolare sulla quinta moglie troppo giovane di non so quale politico e decisi di cambiare aria. Quando posai la mano sul pomello, tuttavia, sentii qualcosa che mi raggelò.

«Hai visto la piccola Weston?» chiese una voce arrochita dal fumo. «Mi dispiace tanto per lei.»

«Poverina. Tutti si aspettano che risollevi le sorti della famiglia, eppure sembra spaventata come un cervo in tangenziale.»

«Non c'è da stupirsi.» Si sentì lo scatto di un portacipria. «Tu come ti sentiresti se avessi appena vent'anni e i tuoi genitori ti cercassero marito in preda al panico, nel tentativo di salvare la propria reputazione?»

«E tutto perché tua sorella si è fatta di coca e ha ucciso il figlio della donna più influente della città. Quella Valerie... i Weston hanno davvero tirato su un demonio. E adesso si meritano di essere tagliati fuori.»

Serrai pugni e denti. Non era già abbastanza pesante trovarmi a quell'evento, con tutte quelle persone giudicanti, nel giorno dell'anniversario della morte di mia sorella? Era proprio necessario dover sorbirsi anche quella roba?

«Valerie è sempre stata una vergogna per l'alta società» approvò l'altra. «Una terribile egoista, che non aveva idea di cosa contasse davvero. Ha sempre fatto quello che voleva, fregandosene delle conseguenze e degli altri.»

Mi venne da piangere dalla rabbia. Sapevo che sarei dovuta uscire e avrei dovuto mandarle a quel paese, informarle che Valerie era una persona meravigliosa e che chiunque si sarebbe ritenuto fortunato ad averla come amica. Ma non ebbi la forza di farlo. Non dopo le ultime settimane, che mi avevano risucchiato quasi tutte le energie. Non dopo quella giornata, che le aveva definitivamente esaurite. Così rimasi in silenzio, chiusi gli occhi e aspettai che le due donne uscissero dal bagno.

Quando finalmente sentii sbattere la porta, uscii a mia volta dal gabinetto, mi avvicinai allo specchio, mi appoggiai all'ampio lavandino e respirai a fatica. Il dolore per Valerie mi toglieva il fiato e mi impediva di formulare qualsiasi pensiero razionale. Tranne uno.

Devi andartene da qui.

Forse non sapevo chi fossi o chi volevo diventare, ma sapevo cosa non volevo essere: una comparsa in quel circo. E per questo me ne sarei andata. Ma dove? Non ne avevo idea. L'importante era scappare.

Mi diressi verso l'uscita, stringendo forte la borsa, correndo sempre più veloce, con i passi che risuonavano ovattati sulla moquette. La porta d'ingresso mi fu aperta da un inserviente in uniforme, la varcai di corsa e imboccai le scale. Ormai si era fatto buio. Di fronte all'edificio c'era una fila di auto nere che attendevano gli ospiti, ma non mi fermai, preferendo girare a sinistra e continuare a correre.

Mi trovavo in una zona sicura, a sud del Flatiron Building, anche se non me ne sarebbe comunque importato nulla. Dovevo correre, liberarmi di quello che avevo accumulato dentro di me. Tutta la rabbia, l'impotenza, ma soprattutto il dolore. Così corsi, un passo dopo l'altro, l'aria fresca nelle narici, Valerie nella testa e nel cuore. I ricordi, che erano tutti vividi come lei. Quel giorno, durante il mio tour, avevo cercato di non lasciarmi sopraffare dalla tristezza, avevo fatto ciò che lei si sarebbe aspettata da me: onorarla nel miglior modo possibile. Valerie non avrebbe voluto che mi disperassi a causa sua. Ma in quel momento capii che il punto non era più quello che voleva lei. Bensì quello che volevo *io.* E volevo maledire il mondo perché mi aveva portato via mia sorella. Perché non avevo idea di cosa sarebbe stato di me. Di come avrei potuto soddisfare le aspettative degli altri. O se quella ferita si sarebbe mai rimarginata.

Mi aspettavo che mi sgorgassero le lacrime dagli occhi, ora che non dovevo più trattenermi. Ma invece neanche loro vollero farmi compagnia mentre attraversavo New York di notte. La città che un tempo avevo amato più di ogni altra cosa e che volevo imparare ad amare di nuovo, ma senza riuscirci. Perché tutto mi ricordava *lei.*

«Mi manchi, Val» sussurrai. «Come farò senza di te?» Come potevo andare avanti quando avevo perso la persona più importante della mia vita?

Naturalmente a quella domanda non c'era alcuna risposta.

E tuttavia continuai a camminare, passando davanti ai negozi, alle persone che mi guardavano vestita da ballo come se fossi una Cenerentola che si era allontanata dalla sua favola e smarrita a New York. Non badavo né a loro né alla strada, attraversavo gli incroci e lasciavo che la città mi scorresse davanti agli occhi senza farci caso. Per questo motivo rimasi sorpresa quando, poco dopo, mi ritrovai in una strada che mi sembrava familiare. Non me l'aspettavo, perché non frequentavo spesso la zona. Ma conoscevo quel bar. E proprio lì di fronte c'era…

No, non può essere.

Mi fermai, guardai la facciata della vecchia casa di mattoni con le scale antincendio e mi chiesi se fosse una coincidenza o piuttosto il destino. Mentre stavo camminando, anzi no, in realtà tutto il giorno, avevo desiderato parlare con qualcuno che capisse cosa stessi provando. E ora qualcosa mi aveva portato lì, senza che lo avessi propriamente deciso.

Mi stavo già dirigendo verso il portone, quando mi fermai di colpo. Dovevo farlo davvero? Proseguire e bussare alla porta?

Cazzo, sì!, sembrava gridarmi mia sorella. Eppure non mi attivai per questo, ma perché avevo deciso di fare l'unica cosa che mi sembrava giusta. Avevo la sensazione di essere completamente sola con il mio dolore, che nessuno capisse come mi sentivo. Ma non era vero. In realtà c'era qualcuno che si sentiva come me. E io volevo vederlo. Dovevo vederlo.

Una donna uscì dal palazzo e ne approfittai per infilarmi dentro. Raccolsi in fretta il mio abito lungo e corsi su per le scale fino all'ultimo piano. Arrivai trafelata all'unica porta e alzai la mano per bussare. L'eco risuonò nel corridoio, ma non accadde nulla.

Per favore, dimmi che ci sei, ti prego, dannazione, lo supplicavo dentro di me, stringendo nell'attesa i pugni dalla tensione.

Mi sembravano passate ore, ma non si sentiva nulla e mi ero già rassegnata al mio destino. Come poteva essere altrimenti, in un giorno simile? Perché mai sarebbe dovuta finire bene?

Ma all'improvviso il pomello della porta si girò e Jess aprì.

«Helena» fu tutto ciò che disse, ma bastò una parola a farmi capire che stava soffrendo esattamente come me. La tristezza, il dolore, i ricordi. E i rimpianti. Soprattutto i rimpianti.

Volevo dire qualcosa, spiegargli perché ero lì, ma non riuscii a emettere un suono, perché all'improvviso sopraggiunsero le lacrime e avvertii un nodo in gola. Jess tuttavia non ebbe bisogno di spiegazioni dalla ragazza completamente sconvolta che si era presentata sulla soglia di casa sua. Aprì semplicemente le braccia e io mi ci rifugiai dentro, come se fosse l'unico porto sicuro che mi fosse rimasto al mondo. E mentre mi sorreggeva, perché piangevo talmente forte da non riuscire a stare in piedi, mi fu chiara una cosa: era proprio così.

39
Jessiah

L'appartamento sembrava più buio del solito quando entrai e gettai le chiavi sul ripiano della cucina. E più silenzioso. Mi tolsi la giacca, tenni le luci spente e mi lasciai cadere sul divano, senza riuscire a trovare la forza di fare altro se non fissare il vuoto. Tornando a casa avevo pensato di andare in spiaggia, ma qualcosa mi aveva fermato. Una sensazione che non riuscivo a decifrare. Probabilmente era un bene che non l'avessi fatto. In quelle condizioni non sarei riuscito a mantenere l'equilibrio sulla tavola per più di dieci minuti.

Non avevo idea di quanto tempo fosse passato quando sentii bussare alla porta. Indispettito, mi tirai su e diedi un'occhiata all'orologio della cucina: erano le dieci passate. Forse Thaz aveva fatto un salto da me perché immaginava che dovessi sentirmi di merda dopo la cena da mia madre? No, improbabile. Non era il tipo da mettersi a consolare gli altri. Ma allora chi era?

Per un attimo pensai di fingere di non esserci. Non ce la potevo fare quel giorno a reggere anche la visita di qualche vicino di casa che si lamentava degli schiamazzi del bar di fronte e voleva che me ne occupassi io. Ma poi prevalse il mio senso del dovere e alla fine mi alzai. Magari era importante.

Quando aprii la porta, tuttavia, ad attendermi non c'era affatto un vicino.

«Helena.» La fissai come se non fosse reale. Con il suo abito azzurro da principessa e i capelli ben acconciati, sembrava uscita da un sogno. La sua espressione invece era più che reale e mi colpì dritta al cuore. Proprio come il giorno in cui ci eravamo incontrati la prima volta e avevo sentito che condividevamo gli stessi sentimenti.

Aprì la bocca e avrebbe voluto dire qualcosa, ma non ci riuscì. Mi accorsi di quanto si stesse sforzando di mantenere la calma, sebbene con me non ce ne fosse alcun bisogno. Per questo la feci entrare e la strinsi tra le braccia. Quando finalmente si lasciò andare, cominciò a piangere amaramente e capii che era proprio quello di cui aveva bisogno in quel momento. No, sbagliato: era proprio quello di cui avevamo bisogno entrambi.

La lasciai piangere, senza sforzarmi di trattenere le lacrime a mia volta, e così restammo lì, in mezzo al mio appartamento, abbracciati, dando finalmente libero sfogo al nostro dolore. Perché sapevo che Helena aveva trattenuto dentro tutto il giorno quello che adesso stava esplodendo, proprio come avevo fatto io. E che mi ero completamente sbagliato quando avevo pensato che non ci fosse nessuno in grado di capire come mi sentivo. Lei lo sapeva. Meglio di chiunque altro.

Ci volle un po' prima che sentissi i singhiozzi di Helena farsi più deboli e il suo pianto cessare. Facemmo un bel respiro insieme e si staccò da me.

«Scusa» disse con un filo di voce, asciugandosi le lacrime. «So che non avrei dovuto ma è stata una giornata di merda, e poi all'improvviso mi sono ritrovata davanti a casa tua...»

«Smettila» la implorai, passandomi la manica sugli occhi. «Ti prego, non scusarti. Sono felice che tu sia qui.»

«Davvero?» Mi guardò dubbiosa.

«Sì.» Era irragionevole, eppure era la verità. Faceva male a entrambi non potere avere una possibilità, ma questo non cambiava il fatto che non riuscissimo a stare lontani; me ne resi conto guardando Helena. Si era presentata a casa mia in una giornata come quella, disperata e sconvolta. Da un ragazzo che non conosceva bene e che per lei era assolutamente off-limits. Eppure lui era così felice di vederla, da sentire, nonostante tutto, una scintilla di calore.

«Perché sei conciata come una versione mora di Elsa?» chiesi, scostandole una ciocca di capelli dal viso prima di indicare il suo abito da ballo.

«Come fai a conoscere *Frozen*?» ribatté subito lei.

Scoppiai a ridere. «Eli adorava quel film quando era piccolo. Posso cantarti *Let It Go* a memoria se vuoi, l'ho visto un milione di volte.»

Helena accennò un sorriso, poi abbassò lo sguardo e si accarezzò la gonna di tulle. «C'era un evento, uno dei balli più importanti dell'anno. Io non volevo andarci, ma sapevo che i miei genitori ci tenevano, così…»

«Così ci sei andata lo stesso per fargli piacere» terminai la frase per lei.

Helena annuì. «Sì, non pensavo che sarebbe stato tanto terribile. Poi alcune persone hanno parlato male della mia famiglia e di Valerie… E non ce l'ho fatta più. Era troppo, dopo una giornata in cui nessuno, tranne me, voleva ricordarla. Dovevo assolutamente andarmene.» Serrò le labbra per non scoppiare a piangere di nuovo. «Forse adesso è meglio che torni a casa» aggiunse, anche se non sembrava molto intenzionata a farsi guidare dalla ragione.

«O forse è meglio che rimani» replicai senza pensarci troppo. Non me ne fregava nulla delle conseguenze in quel momento.

Sapevo solamente che ci avrebbe fatto bene passare del tempo insieme.

«Davvero non è un problema?»

«Niente affatto, Splendore. Anzi!» Sorrisi leggermente. «Trovarti alla mia porta è di gran lunga la cosa migliore che mi sia capitata oggi. Sono appena uscito da una cena orribile da mia madre e non ho altri piani. A parte forse scolarmi una bottiglia di whisky.»

Lei annuì e capii dai suoi occhi che, nonostante il dispiacere, era contenta di non dover tornare nell'appartamento di Park Avenue, dove probabilmente la aspettava solo una paternale dei genitori per aver lasciato il ballo.

«Potresti prestarmi dei vestiti allora? Qualcosa che faccia un po' meno Disney?»

«Certo.» Sorrisi e sentii diffondersi dentro di me un calore confortante. «Solo che non posso prometterti di trovare qualcosa che ti stia bene.»

«Non importa, basta che sia comodo e che non mi ricordi quel dannato ballo.»

Entrai nella cabina armadio e frugai negli scaffali dei vestiti da palestra. Helena mi seguì e si fermò sulla soglia, prese il cellulare e sembrò digitare un messaggio. Poi lo mise di nuovo via.

«Ti sei procurata un alibi?» chiesi, esaminando una pila di felpe col cappuccio.

Lei rise con tristezza. «Sì, ufficialmente passo la notte da un'amica. In realtà sarebbe vietato da dopo il Mirage, ma sono sicura che oggi chiuderanno un occhio.»

«Sennò possiamo sempre dire che hai perso la memoria e ti sei presentata alla mia porta per puro caso.» Sfoggiai un sorriso malizioso. «Ecco, tieni.» Avevo trovato una felpa blu che si era ristretta nell'asciugatrice, ma a cui ero affezionato perché l'avevo comprata in Europa. Presi un paio di pantaloni della tuta con il cordoncino e lo diedi a Helena.

«Grazie.» Sembrava così sollevata, come se con quei vestiti l'avessi appena salvata.

«Il bagno è laggiù» dissi indicando la porta. Non ero sicuro che fosse già stata qui ai tempi di Adam. «Se vuoi darti una sciacquata, ci sono degli asciugamani puliti sulla mensola accanto alla doccia.»

Lei sorrise. «Ho un aspetto terribile, vero?»

«No, niente affatto» risposi con convinzione. «Sei il panda più bello che abbia mai visto.»

Helena ridacchiò, poi prese i vestiti e si chiuse la porta del bagno alle spalle.

Andai in cucina e recuperai due bicchieri dalla credenza per metterli su un vassoio insieme a una bottiglia di whisky. Poi guardai nella piccola dispensa accanto al frigorifero per vedere se avessi qualche snack ma, a parte un triste pacchetto di Combos al formaggio, non era rimasto più nulla dall'ultima visita di Eli.

«Allora, sono pronta per il whisky» annunciò Helena qualche minuto dopo, uscendo dal bagno. Alzai lo sguardo. Si era struccata, legata i capelli e aveva indossato i miei vestiti, che ovviamente erano troppo grandi per lei ma le stavano d'incanto. Quando la vidi mi si sciolse il cuore. Non mi era mai sembrata così bella come in quel momento.

«Che c'è?» chiese, accortasi del mio sguardo, e si toccò il viso come se le fosse sfuggito qualche residuo di trucco.

«Niente» risposi con un sorriso e presi il vassoio. «Dai, andiamo su.»

«Su?» Lanciò un'occhiata al mio letto sul soppalco. Qualsiasi altro giorno avrei potuto fare una battuta stupida, invece mi limitai a scuotere la testa.

«No, più su.» Salii le scale e aspettai che Helena mi seguisse. Posai un attimo il vassoio sul letto e aprii una porta stretta, che si mimetizzava nel muro. Dietro si intravedeva una vecchia scala di ferro che saliva a spirale. Recuperai il vassoio e lo portai su. Helena raggiunse la terrazza pochi secondi dopo di me e si fermò.

«Wow.» Si guardò intorno stupita. «Non sapevo che questa casa avesse un posto del genere.»

«Non c'era quando ci viveva Adam.» Appoggiai il vassoio sul tavolino basso di fronte al grande divano esterno. Poi premetti un interruttore dietro lo schienale e si accese una luce soffusa. «Be', naturalmente la terrazza c'era già, ma era solo un pezzo di cemento spoglio con una ringhiera. Quando mi sono trasferito qui, ho pensato che fosse un peccato non sfruttarla meglio.»

Helena sfiorò una delle siepi in vaso che circondavano l'area rivestita in legno, formando una sorta di riparo verde dalla città. «Hai fatto tutto da solo?»

«No, non tutto.» Mi infilai le mani in tasca. «Mi sono fatto aiutare da un paio di amici artigiani e da un guru delle piante che lavorava per mio padre. Ma il progetto è mio.»

«È bellissimo.» Inspirò profondamente ed espirò di nuovo. «Non sembra di essere nel cuore di New York. È per questo che l'hai fatto, vero?»

Alzai le spalle e mi avvicinai al divano. Ci sedemmo e passai a Helena una coperta recuperata da una cassapanca lì accanto per non farle prendere freddo. Se la stese sulle gambe e, quando mi guardò, capii che la mia terrazza non era riuscita a distrarla a lungo dal peso che aveva nel cuore. Così versai da bere e le porsi un bicchiere, che tintinnò dolcemente mentre brindavamo.

«A Adam» disse lei.

«A Valerie» replicai.

Helena sorrise.

Bevemmo e restammo in silenzio, mentre in lontananza si udivano la sirena di una nave che navigava nell'Hudson e un cane che abbaiava per strada.

«Posso chiederti una cosa?» Helena mi guardò dal suo angolo del divano.

«Certo.»

«Come l'hai saputo?»

«Vuoi dire…?» Deglutii e roteai un po' il bicchiere in mano.

«Sì.» Lei annuì e abbassò gli occhi. «Non devi raccontarmelo se non vuoi. Me lo stavo solo chiedendo perché stamattina ho ripensato a quando mi è stato detto. A come mi sono sentita mancare la terra sotto i piedi.»

Feci un respiro profondo. «È successo al telefono. Nel cuore della notte. La zona in cui vivevo è quattordici ore avanti rispetto a New York, quindi erano le due o le tre del mattino quando è squillato il telefono. Eravamo appena andati a letto, dopo aver festeggiato non ricordo bene cosa.» Mi sforzai di mandare giù l'ostinato groppo che mi bloccava la gola. «Comunque, sono stato svegliato dalla suoneria del cellulare. Era Trish. Piuttosto composta, come sempre. All'inizio mi ha detto che era successo qualcosa e io ho pensato subito che si trattasse di Eli. Credo di essermi arrabbiato con lei perché non voleva parlare. Poi me l'ha detto. Solo due frasi. *Adam è morto. Devi tornare a casa.* E ha riattaccato.»

Helena sgranò gli occhi. «Ti ha lasciato completamente solo ad affrontare la cosa?»

«Credo che dal suo punto di vista fosse piuttosto il contrario.»

«In che senso?»

Bevvi un altro sorso e fissai il mio bicchiere. «Non me l'ha mai detto chiaramente, però so che non incolpa solo Valerie della morte di Adam, ma anche me. Qualche settimana prima mi aveva chiamato e pregato di tornare a casa per parlargli. Per convincerlo a lasciare Valerie. Ma io mi sono rifiutato. Le ho detto di lasciarlo in pace, di permettergli di godersi la vita una volta tanto.» Sbuffai piano.

Helena si sporse in avanti, avvicinandosi a me. «Ma tu lo sai che si sbaglia, vero?»

«Per molto tempo ho pensato di no, ho creduto alle voci che aveva diffuso su Valerie.»

«E adesso non ci credi più?»

«No.» Presi fiato. «Avevi ragione. Lui c'era sempre: per me, mia madre, mio fratello, tutti i suoi amici. Chiunque avesse un problema poteva chiamare Adam, perché sapevamo bene che sarebbe sempre venuto e ci avrebbe aiutato.» Mi sfuggì una risata amara. «Ma io invece non c'ero. Non ci sono mai stato per lui, né quando eravamo bambini o adolescenti, né figuriamoci dopo, quando aveva deciso di sposare una donna che conosceva solo da pochi mesi. L'ho liquidata come una fissa, che si era messo in testa perché prima era sempre stato così maledettamente ragionevole. Ho pensato che volesse recuperare il tempo perduto: feste, donne. Non avevo idea che facesse sul serio. Che la amasse davvero. E che nessuno al mondo avrebbe potuto fermarlo.»

Helena sorrise e i suoi occhi si riempirono di nuovo di lacrime.

«No. Io li ho visti insieme. Nessuno avrebbe potuto fargli cambiare idea.»

«Ti andrebbe...» Mi interruppi perché non sapevo bene come formulare la domanda. La guardai indeciso. «... di raccontarmi qualcosa di Valerie? Vorrei sapere chi era. *Com'era.*» Volevo conoscere la donna che era riuscita a rendere mio fratello davvero felice. Probabilmente per la prima e unica volta in vita sua.

Helena si asciugò le guance e sorrise.

«Certo. Ti dirò tutto quello che vuoi.»

40
Helena

Quando Jess mi chiese di parlargli di Valerie, ebbi bisogno di qualche istante per riprendermi. Mi aveva profondamente commosso il fatto che avesse ormai capito quanto i nostri fratelli contassero l'uno per l'altra, e che fosse disposto a cambiare idea su mia sorella. Tuttavia, non sapevo da dove cominciare, perché quel giorno avevo la testa piena di ricordi di Valerie e non riuscivo a decidermi.

«Che cosa vuoi sapere?» chiesi, lasciando a lui la scelta.

Jess ci rifletté solo un attimo. «Qual era il suo cibo preferito?»

«La pizza» risposi a colpo sicuro. «Ma una in particolare di Joe's, con parmigiano, prosciutto crudo, pancetta e gorgonzola. Se volevi tirarla su di morale, con quella non sbagliavi mai.»

«Una combinazione audace, ma dimostra anche che aveva gusto. Ed era coraggiosa.» Jess annuì con ammirazione. «Qual era il suo più grande sogno?»

Sorrisi. «Fondare una società tutta sua. Volevamo organizzare visite guidate delle città, prima qui a New York e poi in altre metropoli del mondo.» Gli illustrai brevemente il progetto Friends and the City, anche se per me era sempre difficile parlarne perché quel sogno era svanito insieme a Valerie.

«Sembra molto interessante.» Jess mi guardò impressionato. «Non che io creda che valga la pena visitare New York…»

«Ma smettila» tagliai corto con un sorriso.

«… ma già che sono qui, è un ottimo modo per conoscere la città. Perché non lo fai comunque da sola?» C'era così tanta fiducia nel suo sguardo che lo evitai.

«No, non posso. Non ho… non sono come lei. Val aveva un dono, le bastavano un sorriso e due frasi per conquistare chiunque e farlo appassionare alle sue proposte. Io non ci riesco.» Feci spallucce e alzai di nuovo lo sguardo su Jess.

«Secondo me tu non hai idea di cosa sei in grado di fare» disse semplicemente. «Ti basta uno sguardo per affascinare qualcuno. O, in alternativa, metterlo al tappeto.»

Mi venne da ridere, ma la sua battuta non riuscì a dissipare quello che mi aveva scatenato la frase precedente. Per un attimo la tristezza per Valerie lasciò il posto a un sentimento completamente nuovo, che mi fece battere forte il cuore. In quel momento, tuttavia, non potevo lasciar trapelare quello che stavo provando. Quella serata non apparteneva a noi, ma ai nostri fratelli.

«Probabilmente mettere a tappeto i potenziali investitori non sarebbe una buona idea» dissi con un sorrisetto ironico.

«Dipende dall'investitore» ribatté Jess piegando la testa di lato. «Se mai un giorno vorrai realizzare il tuo progetto… io ci sono.»

Lo guardai sorpresa. «Dici sul serio?»

«Certo. Lo sai che mi piace investire in start-up promettenti.»

«Già.» La sua proposta non contribuì esattamente a rallentarmi il battito cardiaco. Se lo avessimo fatto, saremmo stati legati l'uno all'altra in un modo che avrebbe previsto incontri regolari e un dialogo costante… Ma nell'attimo esatto in cui l'euforia per quell'idea stava per rompere gli argini, scomparve di nuovo. «Comunque, non se ne farà nulla. I miei genitori sono contrari. Non gli piaceva l'idea allora, figuriamoci adesso. Soprattutto se ci sei di mezzo tu.»

Lo sguardo di Jess si fece serio. «So che per te la tua famiglia è importante. Ma forse dovresti ascoltare meno quello che dicono loro e più quello che vuoi tu.»

«Parli come Valerie.» Mi venne da ridere. «A questo punto credo che vi sareste piaciuti. Aveva un approccio simile al tuo riguardo alle aspettative familiari.» L'avevo sempre invidiata per questo. Per l'indipendenza di cui era stata accusata innumerevoli volte dopo la sua morte. «Alcuni lo scambiano per egoismo. Non capiscono che Valerie aveva bisogno della sua libertà come dell'aria che respirava. Assecondare la volontà dei miei genitori l'avrebbe uccisa comunque. Lentamente e in modo atroce.»

Jess fece un leggero sbuffo e quando lo guardai vidi un profondo rammarico nei suoi occhi. «Sì, a quanto pare eravamo molto simili.» La tristezza nella sua voce mi spezzò il cuore. «Mi sarebbe piaciuto conoscerla. E vederla insieme a Adam. Probabilmente non avrei passato gli ultimi tre anni ad accusarla della sua morte.»

Mi avvicinai a lui, perché sentivo che la distanza tra noi era troppo grande. «Erano fantastici insieme, ma a volte anche fastidiosi, così perdutamente innamorati l'uno dell'altra. Quando erano nella stessa stanza, non avevano occhi per nessun altro. E dopo pochi mesi avevano così tanti segreti che sembravano parlare una lingua tutta loro.»

«Allora non hanno mai litigato?» chiese Jess sfiorandomi la mano. Le nostre dita si intrecciarono come se niente fosse. «Non riesco a immaginarlo.»

«Sì, litigavano. Valerie aveva un temperamento piuttosto

focoso ed era molto diretta quando ci teneva a qualcuno. Ma facevano subito pace. Forse anche perché Adam era così bisognoso di armonia.»

Jess sorrise. «Lo era sempre stato. A volte lo odiavo così tanto, perché non si allarmava mai quando ero arrabbiato per qualcosa. Aveva sempre una soluzione pronta. Un giorno gli ho urlato contro: "Porca puttana, Adam, incazzati con me, non chiedo altro!". E lui ci ha provato, ma non era molto bravo.»

Osservai le nostre mani e mi godetti il calore delle sue dita. «Ma alla fine ce li aveva dei difetti? Delle stranezze o altro? Mi è sempre sembrato così perfetto.»

«Sì, qualcuno. Ma i suoi difetti erano come lui: troppo leggeri per risultare davvero fastidiosi.» Jess sembrò ricordarsene, e il suo sguardo amorevole si oscurò. «C'è da dire che sono tornato a vivere con lui e Trish quando avevo già quattordici anni. E, dal momento che mia madre non si è mai preoccupata di liberare una delle stanze per metterci i miei mobili, ho diviso la camera con Adam fino a quando non hanno ristrutturato l'appartamento.» Sorrise. «Non ci crederai, ma mio fratello si rifaceva davvero il letto ogni mattina. A sedici anni. Di sua spontanea volontà. Non perché glielo avesse insegnato Trish, a lei non importava nulla che fosse ordinato. No, lo faceva perché gli piaceva. Pensava che desse una struttura alla sua giornata.»

Risi. «Sì, non stento a crederlo. Mi domando se lo facesse ancora quando stava con Valerie.» Camuffai un po' la voce per imitare Adam. «Ehi, tesoro, il sesso al mattino è veramente fantastico, ma adesso devo proprio rifare il letto, altrimenti non riesco a dare una struttura alla mia giornata.»

Anche Jess scoppiò a ridere e fu una bellissima sensazione.

«Be', io non corro certo questo rischio» disse infine.

«Di rifarti il letto o di astenerti dal sesso mattutino?» lo stuzzicai. Se non ricordo male, il letto che avevamo superato per andare in terrazza non era sottosopra, ma neanche rifatto con cura.

«Tutte e due, a dire il vero.» Mi rivolse un sorrisone. «E tu?»

«Io? Sono una Weston, certo che mi rifaccio il letto al mattino come mi hanno insegnato. Prima delle cento ripetizioni di squat e della doccia scozzese.» Annuii coscienziosa.

«E per il resto?» Jess non mi staccava gli occhi di dosso e io sapevo a cosa alludesse.

«La mattina non è il mio momento preferito» lo informai.

Lui inarcò leggermente il sopracciglio sinistro. «E qual è allora? La sera?»

«Sì, la sera mi piace. Ma preferisco la notte.» Lo guardai e per un attimo non mi dispiacque che ci fosse di nuovo attrazione tra noi. Parlare di Adam e Valerie l'aveva attenuata, ma io sapevo che era sempre lì, in attesa del momento giusto per riaccendersi. Come adesso. «Nel cuore della notte, quando uno si sveglia in preda al desiderio di spogliarsi e fare l'amore. Lo trovo un momento davvero speciale. È come essere completamente soli al mondo.»

Jess mi guardò, a lungo e intensamente, e io trattenni il fiato perché sapevo che stavamo immaginando la stessa cosa: noi due a letto. Mi si seccò la bocca per le immagini che avevano preso vita nella mia mente; al tempo stesso, però, sapevo che nessuno di noi avrebbe ceduto. Non quella sera.

Volevo dire qualcosa, per spezzare in qualche modo la tensione, ma poi ci pensò il mio stomaco, brontolando forte.

«Hai fame?» chiese Jess sorridendo.

«Sì, a quanto pare.» Mi posai una mano sulla pancia e feci una smorfia. «Al ballo c'era da sgranocchiare, ma non ero dell'umore giusto.»

«Capisco benissimo.» Si alzò in piedi. «Ti piacciono le lasagne? Ne ho ancora un po' rimaste dalla cena.»

«Adoro le lasagne» risposi. «E sono secoli che non le mangio.»

«Okay, aspetta un attimo. Torno subito.» Mi sorrise, e poi mi lasciò lassù da sola. Tirai su la coperta e feci un respiro profondo, sentendomi un po' più leggera di due ore prima. Sapevo che andare da Jess era fondamentalmente sbagliato, con tutto quello che poteva comportare se ci avessero beccati. Ma anche assolutamente giusto. Parlare insieme di Valerie e Adam, aprirmi con lui e sapere che non ero sola nel mio dolore, aveva reso l'anniversario un po' più sopportabile. In quel momento non volevo pensare al giorno dopo. A ciò che mi aspettava quando avrei lasciato di nuovo quell'appartamento e sarei dovuta tornare alla vita reale.

Così non lo feci, finché non tornò Jess, con un piatto per mano e le posate nella tasca posteriore dei jeans.

Non ero l'unica ad avere fame, perché per qualche minuto mangiammo in silenzio, interrotti solo dalle mie manifestazioni di entusiasmo: ovviamente era buonissimo.

«E che ne è stato dell'idea di cui mi hai parlato al Bella Ciao?» chiesi, quando il mio piatto fu finalmente vuoto. «Il breakfast restaurant, intendo.»

Per un attimo il volto di Jess si rabbuiò. «Io… l'ho accantonato. Harper avrebbe venduto, ma solo se fossi stato coinvolto anch'io. E non potevo garantirglielo.»

Sapevo perché: voleva ripartire. Andarsene da New York il prima possibile. Mi si chiuse lo stomaco al pensiero che si sarebbe potuto trasferire in Australia o da qualche altra parte. Era stupido, teoricamente non dovevo neanche essere lì, ma mi piaceva così tanto stare con lui. Con Jess potevo essere al cento per cento me stessa. E mi trasmetteva anche un senso di pace e tranquillità, il che era assurdo visto che lui non riusciva a trovare nessuna delle due a New York.

«È un vero peccato» dissi indicando il piatto. «Sono sicura che sarebbe andato alla grande.»

Jess mi liquidò con un rapido sorriso. «Mi dispiace deluderti, ma in nessun posto al mondo si servono le lasagne a colazione.»

«Non ancora» lo corressi. «Credo che dovremmo correre ai ripari.»

«Sembra di sentire Adam. Avrebbe mangiato lasagne a qualsiasi ora del giorno e della notte.»

Percepii subito il suo tono triste e capii perché Jess le aveva cucinate quel giorno: erano la passione di suo fratello. «Non lo sapevo» dissi sottovoce, guardandolo negli occhi. «Che fossero il suo piatto preferito.»

«Sì, in assoluto, fin da piccolo. Quando nostro padre ci chiedeva cosa volevamo mangiare, Adam rispondeva sempre lasagne. Le abbiamo persino mangiate per una settimana intera perché papà sperava così di fargli passare la voglia. Niente da fare. Adam se le era sparate per sette giorni con immensa gioia e il lunedì dopo gli dispiaceva che non ci fossero più.»

Mi venne da ridere. «Lo capisco, soprattutto dopo aver assaggiato queste. Se tuo padre cucinava bene anche solo la metà di te, probabilmente lo avrei implorato anch'io di prepararmele tutti i giorni.»

«Non sapeva cucinare per niente» continuò con un sorriso triste. «Nemmeno un uovo al tegamino, come si suol dire. Ha sempre preso cibo da asporto da uno dei suoi ristoranti, oppure andavamo a mangiare lì. Quando poi abbiamo vissuto da soli, e io sono diventato un po' più grande, ho iniziato a cucinare per noi. All'inizio non ero molto bravo, ma papà mangiava tutto lo stesso. Credo che fosse contento quando alla fine ho imparato. Il cibo è qualcosa che ci ha sempre legato.»

Finché non è morto, pensai, ma senza dirlo ad alta voce. Jess aveva già dovuto sopportare così tante perdite nella sua vita, eppure non sembrava risentito o distrutto. Lo ammiravo per essere riuscito, nonostante tutto, a preservare se stesso. Perché era quello che provavo ogni volta che lo guardavo negli occhi.

«Che c'è?» chiese con un filo di voce quando notò il mio sguardo.

«Niente» risposi, chinando per un attimo la testa, poi lo guardai di nuovo. «Sono solo contenta di aver bussato alla tua porta stasera.»

Fece un sorriso e questa volta non era affatto triste.

«Anch'io.»

41

Jessiah

Molto più tardi, quella sera, io e Helena eravamo ancora seduti in terrazza, sul tetto circondato di luci, e per una volta assaporavo la meravigliosa sensazione di non essere solo a New York. Sentivo la stanchezza prendere piano piano il sopravvento, ma non ero ancora pronto per andare a dormire. Non lo era neanche lei, perché ci stavamo scambiando aneddoti su Valerie, Adam e mio padre, facendo esattamente quello che si dovrebbe fare in un giorno come quello: ricordare le persone che avevamo perso. Era sbagliato reprimere il dolore e i ricordi, come faceva la famiglia di Helena, o affondare la tristezza nella rabbia e nelle recriminazioni, come faceva mia madre. Perché solo condividendo la propria sofferenza si poteva guarire. Ogni volta un po' di più.

Col passare delle ore ci eravamo avvicinati, avevamo riso e pianto, probabilmente in egual misura. Anche se col tempo le risate avevano avuto la meglio, soprattutto quando Helena si era messa a raccontare le idee folli della sorella. Come la festa per il suo tredicesimo compleanno, quando Valerie aveva convinto tredici amici e conoscenti a travestirsi dagli eroi preferiti di Helena per festeggiare con lei.

«Comincio a capire perché Adam fosse pazzo di Valerie» dissi, quando ebbe finito di raccontare quell'aneddoto. «Anche se dovevano essere completamente diversi.»

«Forse proprio per questo la adorava.» Helena annuì. «Lui era calmo, lei sempre in movimento. Lui era cauto, lei impavida. Credo che mia sorella avesse paura solo di una cosa.»

«Quale?»

«Perdere le persone a cui teneva.» Helena mi guardò negli occhi. «Per questo si prendeva sempre cura di me quando uscivamo insieme. Per evitare che mi mettessi con il ragazzo sbagliato, che facessi uso di droghe…»

Sorrisi. «Dev'essere stata una fantastica sorella maggiore.»

«La migliore che si possa immaginare.» Helena si premette una mano sulla bocca, ma non riuscì a reprimere un singhiozzo.

Coprii gli ultimi centimetri che ci separavano e la abbracciai, stringendola forte e sentendo subito come questo ci facesse sentire meglio. Quasi che il fatto di essere insieme rendesse più facile sopportare il dolore. Ma anche quando si calmò, non volli lasciarla andare, e a quanto pareva non lo voleva neanche lei. Si accoccolò contro di me, con la testa sulla mia spalla e la mano sul mio petto, proprio dove il cuore mi batteva all'impazzata.

«Mi manca tanto, Jess» sussurrò. «Da morire.»

«Lo so» mormorai, dandole un bacio delicato sui capelli. «Si vede che le hai voluto molto bene.»

«Ha reso la mia vita più leggera» sussurrò Helena. «Non so come abbia fatto, ma ci è riuscita. Certo, a volte mi infastidiva terribilmente e litigavamo anche. Ma alla fine faceva una faccia buffa e mi diceva: "Vieni, Lenny, andiamo a mangiare da Le Charlot". E la cosa finiva lì.»

Sapevo esattamente cosa intendeva. Spesso i fratelli non si apprezzano abbastanza. Perché sono sempre lì e si pensa che lo saranno in eterno. Metti in conto che i genitori moriranno prima di loro. E io avevo dato per scontato che mio fratello avrebbe fatto parte della mia vita per sempre.

«Erano felici prima di morire, vero?» chiesi a Helena con un filo di voce. Purtroppo lei lo sapeva molto meglio di me.

«Sì» rispose «lo erano. Si erano scelti e non erano ancora appesantiti dalle incombenze della vita quotidiana. Probabilmente non c'era nessuno più felice di loro.»

Rimasi in silenzio perché mi resi conto che aveva ragione. Anche se questo non spiegava una cosa: perché sniffare quella maledetta cocaina? Adesso che ne sapevo di più su Valerie e potevo escludere che avesse assunto regolarmente droghe, questa domanda era ancora più un mistero.

Helena tirò la coperta per sistemarla meglio su noi due. Ormai faceva davvero freddo.

«Ci pensi mai a cosa diresti a Adam, se potessi parlargli di nuovo?»

Risi amaramente. «Sì, non puoi capire quanto.»

«E cosa gli diresti?»

«Subito dopo la sua morte, avrei voluto chiedergli perché diavolo si era messo con Valerie. Ma adesso credo che gli domanderei: perché non mi hai mai detto niente? Perché non hai mai cercato di condividere il peso che portavi sulle spalle? E perché non mi hai chiesto di venire a New York a conoscere la donna che amavi?»

Helena annuì commossa. «È molto meglio di quello che direi io. Vorrei solo sapere se ha qualche consiglio da darmi su come tirare avanti senza di lei.»

Le scostai una ciocca di capelli dalla fronte. «Da quello che mi hai raccontato di Valerie, ti risponderebbe che ce la puoi fare. Perché sei molto più forte di quanto pensi.»

«Sì, probabile.» Sorrise. «Scommetto che le sembrerebbe

fantastico che io sia qui con te. E poi mi indicherebbe, senza giri di parole, qual è il posto migliore per fare sesso in questo appartamento.»

Mi scappò una risata. «Hai proprio ragione: mi sarebbe piaciuta un sacco tua sorella.»

Helena nascose il viso nel mio collo e a poco a poco le frasi si fecero più brevi e la conversazione scemò. Mi si stavano chiudendo gli occhi e sentivo che anche Helena, tra le mie braccia, riusciva a malapena a stare sveglia.

«Andiamo dentro» dissi piano, accarezzandole la schiena. «Stanotte dovrebbe piovere. Puoi dormire nel mio letto, io andrò sul divano.»

«Va bene.» La sua risposta fu solo un soffio d'aria contro il mio collo, mentre mi stringeva ancora più forte, strappandomi un sorriso.

«Dico sul serio, Splendore.»

Helena sospirò profondamente e aprì gli occhi. «Va bene, andiamo dentro. Ormai fa freddo quassù.»

Sistemammo le coperte e i cuscini nella cassapanca in fondo alla terrazza, poi spensi la luce e scendemmo le scale. Mostrai a Helena il bagno, nel cui armadietto tenevo gli spazzolini degli ospiti, prima di lasciarla sola. Spensi le luci al piano di sotto e andai nella cabina armadio a prendere un lenzuolo da stendere sul divano.

Non passò molto tempo prima che sentissi dei passi e apparve Helena, con indosso la maglietta che le avevo prestato. *Solo* la maglietta. Era abbastanza lunga da arrivarle al sedere, non oltre.

Maledizione.

«Il bagno è libero» disse, notando il mio sguardo, che sicuramente tradiva quello che stavo pensando. Fino a quel momento, il desiderio era stato tenuto a bada dal dolore per Adam e Valerie, ma ora sentivo chiaramente che non soltanto il mio cuore era attratto da Helena, ma anche tutto il resto. E capii dai suoi occhi che anche per lei era lo stesso. Fece scivolare lo sguardo sul mio corpo e socchiuse le labbra. In quel momento, non desideravo altro che baciarla. Cazzo, no, chi stavo prendendo in giro? Volevo molto di più.

Invece feci un passo indietro e mi rintanai in bagno. Lì mi appoggiai alla porta e respirai a fondo per riportare il battito sotto controllo. *Non è il momento*, mi ripetei come un mantra. E non lo era davvero.

Quella conclusione e l'acqua fredda mi riportarono in carreggiata e la ragione prese di nuovo il sopravvento. Dopo essermi calmato, andai di sopra a prendere le mie cose. Helena era già a letto, e vederla lì fece scattare in me qualcosa di diverso rispetto a dieci minuti prima: il bisogno irrefrenabile di passare non solo una notte con lei.

Ma tutte da quel momento in poi.

«Ti serve qualcos'altro?» Presi uno dei miei due cuscini e una coperta e indicai le scale. «Se hai bisogno, sono di sotto.»

«Jess?» chiese.

«Eh?»

Indicò il posto accanto a lei. «Non puoi restare qui?»

Certo che sì, ma non posso prometterti che poi riuscirò ad andarmene. Lo pensai, ma non lo dissi ad alta voce. Invece rimasi in silenzio, sorrisi, accettai il suo invito e mi coricai.

Helena sospirò soddisfatta, poi si rannicchiò contro di me, proprio come in terrazza, con il viso affondato nel mio collo. Io non diedi a vedere quello che stava scatenando dentro di me, tirai su le coperte su tutti e due, spensi le luci e chiusi gli occhi.

L'ultimo pensiero che mi attraversò la mente prima di addormentarmi non riguardava il mio defunto fratello, nonostante la lunga chiacchierata di quella sera, ma la ragazza che avevo tra le braccia. Quella che mi aveva rubato il cuore, un po' di più a ogni incontro, ma quel giorno in modo definitivo e irrevocabile. Non mi ero mai avvicinato e legato a una persona in così poco tempo, né avevo mai avuto così paura di perdere qualcuno. E con nessun altro quel pericolo avrebbe potuto essere più grande. Ma non volevo lasciare che accadesse. Volevo credere che ci fosse una possibilità tra noi, che ci fosse un futuro a cui non avevo creduto per molto tempo.

Un futuro in cui potessi essere felice.

42
Helena

Era ancora buio quando aprii gli occhi. Non sapevo esattamente cosa mi avesse svegliato, forse la pioggia che batteva contro i vetri della finestra. Avevo dormito poco, la sveglia accanto al letto segnava le tre passate. Mi ci volle un attimo, tuttavia, per realizzare che non era la mia, men che meno le morbide lenzuola del letto, che mi procuravano una sensazione strana sotto le dita. Allora mi tornò in mente tutto: la fuga dal ballo, la corsa per la città e il momento in cui mi ero ritrovata davanti a casa di Jess e lui mi aveva finalmente aperto. La nostra chiacchierata in terrazza, il senso di protezione e accoglienza incondizionata quando meno me lo aspettavo. E alla fine il mio invito a non dormire sul divano, ma con me. A quel punto il flusso di ricordi si interruppe bruscamente.

Ero nel letto di Jess. Con lui.

Mi girai piano su un fianco e lo vidi accanto a me, con i capelli biondi rischiarati dalla luce che entrava da fuori e il viso in penombra. In un attimo mi sentii avvolgere da un'ondata di calore, che ben presto lasciò il posto a qualcosa di molto più impellente: il desiderio. E l'eccitazione. Entrambi saldamente repressi finché il nostro dolore era stato più importante, ma adesso, col favore delle tenebre, diventati quasi opprimenti.

Jess sembrò percepirlo, perché un attimo dopo iniziò a muoversi e aprì gli occhi. Mi guardò e notai che stava sorridendo.

«Che c'è che non va?» chiese, sembrando sorprendentemente sveglio. «Non riesci a dormire?»

«No.» Scossi la testa. «O meglio... non voglio.»

Si era accorto, proprio come me, della trasformazione tra di noi. Lo intuivo dai suoi occhi, che avevano perso la loro espressione confusa. Quando notai quel nuovo sguardo, avvertii una vampata di desiderio e calore.

«Che cosa vuoi, allora?» chiese piano, e il suo tono seducente dissipò gli ultimi dubbi.

Voglio te.

Non lo dissi, ma mi avvicinai a Jess e allungai la mano per dimostrarglielo. Gli sfiorai il braccio con delicatezza, gli accarezzai il collo, il petto e ancora più giù. Quando raggiunsi l'orlo della maglietta, mi fermai un attimo. Ma poi lasciai scivolare le dita sotto il tessuto e le feci scorrere sui muscoli del petto, tesi in attesa delle mie carezze. Jess emise un gemito quando mossi piano la mano verso l'alto, sfiorandogli la pelle. Sentivo salire il mio desiderio, centimetro dopo centimetro, e assaporavo il leggero tremito che lo attraversava a ogni mio tocco. Poi mi avvicinai e lo baciai.

Come se avesse fatto ricorso a tutto il suo autocontrollo per lasciarmi fare fino a quel momento, Jess abbandonò ogni riserva. Mi strinse tra le braccia, mi tirò a sé e le sue labbra si dischiusero nello stesso istante delle mie. Sentii tremare le ginocchia quando la sua lingua mi entrò in bocca e la accolsi con un gemito sordo. Cristo, quanto mi era mancato. Jess mi era mancato così tanto. Quante volte avevo desiderato di farlo proprio lì nelle ultime settimane? Avevo perso il conto.

A quanto pareva ricordavamo benissimo dove eravamo rimasti l'ultima volta, perché tra noi non c'era un attimo di esitazione, nessun dubbio su quello che avrei dovuto fare e se gli fosse piaciuto. Potevo semplicemente lasciarmi andare, dal primo secondo all'ultimo.

Jess mi tirò su in modo da farmi sdraiare sopra di lui, io allargai le gambe e gli appoggiai le braccia accanto. Mi strinse a sé e mi tirò indietro i capelli per baciarmi di nuovo, in quel modo selvaggio e appassionato che annientava ogni mio pensiero ragionevole sostituendolo con il puro desiderio.

Poi di colpo si interruppe.

«Aspetta» farfugliò, prendendomi il viso tra le mani. «Voglio vederti.»

Si allungò di lato e premette un interruttore. Sul bordo del soppalco si accese una luce soffusa. Poi si tirò su di nuovo con me sopra, gli tolsi la camicia e, come l'ultima volta, lo spettacolo mi lasciò senza fiato. L'illuminazione creava un morbido mix di luci e ombre sui contorni del suo viso, i muscoli definiti del torace e il tatuaggio sul fianco. Avevo sempre saputo quanto fosse incredibilmente sexy, ma in quel momento ero sicura che non avrei mai conosciuto nessuno di più sexy di lui.

Poi notai come mi guardava.

Avrei voluto catturare quello sguardo per poterlo rivedere in futuro ogni volta che non mi sarei sentita desiderabile. Jess mi guardava con una devozione così ardente da farmi perdere la testa, anche se non mi aveva nemmeno sfiorata. Desiderandolo ancora di più, afferrai l'orlo della mia maglietta e la sollevai, interrompendo per un attimo il nostro contatto visivo, per sfilarmela da sopra la testa e lasciarla cadere con noncuranza. Poiché mi ero tolta il reggiseno per dormire, sotto non avevo nulla, e i capelli sciolti mi ricaddero sulla schiena nuda. Jess fece scivolare lo sguardo su di me, poi si avvicinò e mi sfiorò le labbra con le sue prima di lasciarle vagare verso il mio orecchio.

«Dio, quanto sei bella» sussurrò.

In risposta lo baciai e mossi i fianchi, sentendo il suo membro duro premermi contro l'inguine. Jess fu scosso da un tremito che si trasmise anche a me. La tensione tra noi era così forte che mi sembrava di non riuscire a sopportarla. Non avevo mai provato niente di simile prima di allora: voglia, sì, ma non quel desiderio che ero sicura mi avrebbe fatto impazzire, se non avesse trovato sfogo.

Jess sembrava averlo capito, perché mi baciò di nuovo, intrecciando la sua lingua alla mia, poi fece scivolare le labbra lungo il mio collo, mi accarezzò la pelle con le dita prima di avvolgere i miei seni con una leggera pressione. Chiusi gli occhi e sussultai. Se era già così maledettamente bello, non vedevo l'ora di provare quello che sarebbe successo dopo.

Mi strinse forte, facendomi leggermente inarcare la schiena, mentre la sua bocca seguiva le dita e sentivo la lingua sulla mia pelle. Tenni le braccia in alto e mi abbandonai alle sue carezze, godendomi ogni secondo di quei preliminari, anche se al contempo non vedevo l'ora che finissero. Quando mi sfiorò i fianchi fino al ventre e poi infilò le dita nelle mutandine per accarezzarmi, sentii cedere per un attimo le braccia. Cercai un sostegno aggrappandomi al suo collo, ma presto le sciolsi di nuovo, perché era giunto il momento di ricambiare.

Feci scivolare le dita lungo il busto di Jess, infilandole sotto l'elastico dei suoi boxer e prendendoglielo in mano. Emise un suono gutturale e gettò indietro la testa, incapace di fare altro se non godersi quello che stavo facendo. Sorrisi e intensificai i movimenti finché non mi bloccò.

«Fermati» mormorò. «Non ancora.» Mi passò il pollice sul

labbro inferiore, poi mi aprì la bocca e mi baciò così ardentemente da togliermi il respiro.

I miei seni gli sfioravano il petto, gli accarezzai la schiena con le mani e sentii alcune cicatrici, unica imperfezione del suo corpo. Jess mi strinse ancora più forte, premetti l'inguine contro il suo e lui gemette nella mia bocca. Un attimo dopo mi afferrò e mi ritrovai sotto di lui.

Non mi staccava gli occhi di dosso mentre si occupava del mio corpo, come se non volesse perdersi nessuna delle mie reazioni. Scendendo, mi accarezzò i seni, mi baciò il ventre fino all'inguine. Da tempo fremevo di eccitazione, quando scivolò ancora più in basso e potei sentire le sue mani sull'interno delle mie cosce.

Oddio, stava per...? Per un attimo mi irrigidii. Jess se ne accorse.

«Una parola e mi fermo» disse, come se sapesse benissimo che quello per me era un territorio inesplorato. Non perché non ne avessi avuto l'opportunità: ormai i ragazzi sapevano che non era una cosa a senso unico. Ma non mi ero mai fidata abbastanza di qualcuno da lasciarmi andare così tanto. Adesso, però, non avevo alcun dubbio di volermi concedere a Jess. Provavo solo il desiderio impellente che lui continuasse.

«Non ti fermare» gemetti, aspettando con impazienza che mi togliesse l'ultimo indumento rimasto e mi aprisse le gambe.

Jess fu molto delicato, mi baciò le cosce lisce e si fece strada senza fretta finché non lo implorai letteralmente di smettere di torturarmi - e lui cedette alle mie pressioni. Era una sensazione indescrivibile, completamente diversa da quella che mi aspettavo e da qualsiasi altra mai provata prima. Jess era fantastico: sapeva esattamente cosa fare, come farmi impazzire con la bocca, la lingua e le dita. Mi portava sempre sull'orlo del precipizio, ma senza mai farmi superare il limite. E, quando ero sul punto di esplodere, gli chiedevo di fermarsi.

«Jess, stop» dissi senza fiato, anche se mi consideravo pazza ad avergli impedito di farmi raggiungere l'orgasmo. Ma non ce la facevo più, volevo sentirlo, non solo sopra o sotto di me, ma *dentro*. Non avevo mai desiderato nessuno così, il suo corpo, la sua anima, volevo tutto di lui. Volevo sentirmi un tutt'uno con quell'uomo che scuoteva ogni fibra del mio essere.

Jess sembrò capire, perché mi rivolse un sorriso compiaciuto, mi premette ancora una volta le labbra sul basso ventre e si tirò su. Prima si tolse i pantaloncini, poi prese una scatola di legno sul comodino e tirò fuori un preservativo. Gli ci vollero pochi secondi per infilarselo, ma mi parve comunque troppo. Fremevo di impazienza, finché non si allungò sopra di me e finalmente lo sentii penetrarmi.

Iniziai a muovermi, accogliendolo dentro di me, mordendomi il labbro inferiore perché era tutto ancora meglio del previsto. Jess si fermò un attimo e affondò la lingua nella mia bocca, togliendomi un'altra volta il fiato prima di ricominciare a muoversi. Lo fece in modo lento e controllato, uscendo e rientrando, e io inarcai la schiena per assaporare appieno la sensazione.

Cambiammo di nuovo posizione, in modo che io fossi sopra, e mi godetti il potere che esercitavo su di lui e lo spettacolo del suo corpo. Jess mi mise le mani sui fianchi e lasciò che fossi io a dettare il ritmo, ma a un certo punto desiderai soltanto che fosse lui a prendere il controllo, per lasciarmi andare e trascinarlo con me. Poggiò la fronte sulla mia e mi strinse forte, guardandomi negli occhi. Il suo sguardo era così intenso da riuscire a malapena a reggerlo.

«Hai bisogno di una pausa?» lo stuzzicai senza fiato.

Jess fece una risatina, ma nei suoi occhi intravidi lo stesso desiderio che provavo io, e la replica non aveva bisogno di parole. Gli cinsi il bacino con le gambe, pronunciando il suo nome con un gemito. Volevo di più, desideravo farmi sommergere da tutto quello che c'era tra noi. Anelavo a raggiungere l'apice del piacere, ma al tempo stesso volevo che non finisse mai. Anche se ormai l'esito era inevitabile.

Stavamo giungendo al termine, inesorabilmente, come se stessimo precipitando giù da un pendio. I colpi di Jess si fecero più forti, più rapidi. Annusavo eccitata la sua pelle e mi aggrappavo alla sua schiena per sentirlo ancora più vicino. Lui mi afferrò i capelli, mi baciò e fece scivolare una mano in mezzo a noi per farmi impazzire con i movimenti circolari delle sue dita. Fin quando non riuscii più a resistere. E neanche lo volevo.

Lo strinsi più forte che potevo, prima di avvertire le prime ondate dell'orgasmo sopraggiungere con un'intensità che non avevo mai sperimentato prima. Jess mi seguì solo pochi secondi dopo, con un'ultima spinta, stringendomi mentre esplodeva dentro di me.

I nostri nomi si fusero in un unico gemito, mentre ci chiamavamo a vicenda, spiccavamo il volo e il mondo intorno a noi si dissolveva. Lasciando solo la sensazione travolgente di un momento perfetto, di assoluta sintonia e totale abbandono. Mi sentivo a pezzi, ma non mi importava se non sarei mai stata riassemblata.

Non mi importava nulla, purché Jess non mi lasciasse andare.

43
Jessiah

«Ora capisco quando dicevi di essere più una tipa da notte fonda.» Risi piano, con la testa posata sulla spalla di Helena, e, quando anche lei rise, fu probabilmente il suono più bello che avessi mai sentito. Okay, forse solo il secondo più bello, dopo i suoi gemiti di poco prima.

«Devo ammettere, a mia discolpa, che quando l'ho detto non avevo in mente questo» ribatté con un sorrisino malizioso.

«Non era una lamentela.» Mi chinai in avanti e le diedi un bacio in bocca. «Tutto il contrario. Puoi svegliarmi così anche ogni notte, se vuoi.»

Mi mise le braccia al collo e sentii il suo corpo nudo contro il mio. «Ogni notte?» chiese, con un tono talmente invitante da sentire di nuovo qualcosa risvegliarsi dentro di me. «Non provocarmi, Jessiah.»

Quando pronunciò il mio nome per intero feci una smorfia, ma mi sentivo talmente bene in quel momento che il sorriso tornò all'istante. «No? Il piano era quello.»

Helena mi passò una mano tra i capelli e notai che si era fatta seria. Non disse una parola, ma mi baciò, con tanta dolcezza e amore da provocarmi un'ondata di confortante calore che non c'entrava nulla con quello che avevamo appena fatto.

Quando si staccò di nuovo, feci un respiro profondo e cercai di scacciare dalla mente il pensiero che mi assillava: come sarebbe andata avanti. Avevamo davvero una possibilità, malgrado le nostre famiglie? L'unica cosa a cui volevo pensare era la splendida ragazza che avevo tra le braccia. Solo pochi mesi prima mi era sembrata la perfetta incarnazione di tutto ciò che *non* desideravo. Mi ero sbagliato di grosso.

«Cos'hai?» mi chiese con un filo di voce.

Sorrisi e le sfiorai delicatamente il naso col mio. «Sono felice» risposi sincero, perché se lo meritava. Helena era visibilmente imbarazzata, ma non distolse lo sguardo.

«Anch'io.» Mi baciò di nuovo, poi mi accarezzò il fianco dove il mio tatuaggio si estendeva lungo le costole e verso la schiena. Infine, si tirò leggermente su per leggere la scritta. «*Love is heavy and light, bright and dark, hot and cold, sick and healthy, asleep and awake – it's everything except what it is*. È una frase di Shakespeare, vero?»

«Vedo che la scuola privata ha dato i suoi frutti» la presi in giro.

Helena sbuffò e mi diede un pugnetto sul braccio.

«Anche tu hai frequentato le scuole private.»

«Il meno possibile» aggiunsi con un ghigno. «Ma sì, è Shakespeare. *Romeo e Giulietta*, atto I.»

«Perché te lo sei tatuato?» Helena fece scorrere di nuovo le dita sulla scritta, procurandomi un leggero brivido. Per niente sgradevole, anzi. Come se qualsiasi cosa mi facesse potesse mai esserlo.

Mi lasciai cadere sulla schiena e guardai il soffitto. «Era la citazione preferita di mio padre. Diceva sempre che tutto quello che c'è da sapere sull'amore è contenuto in quel verso. Non ho mai capito bene cosa intendesse, e all'epoca ero troppo giovane per chiederglielo.» Feci un respiro profondo. «È stato solo quando è morto, e poi Adam… che ho capito che papà aveva ragione. Che l'amore può essere tutto ciò che vogliamo. Ma che per capirlo bisogna essere in due.»

Helena mi guardò seria. «E per te che cos'è?»

Le accarezzai la guancia e ci pensai un attimo. «Tutte queste cose, credo. Leggero, pesante, chiaro, scuro, freddo o… caldo.» Inarcai un sopracciglio guardandola, con un sorriso tutt'altro che innocente. Avevamo parlato abbastanza del passato e delle perdite nelle ultime ore. Volevo che tra noi restasse leggero, almeno per quella notte, finché non fossimo tornati alla realtà.

Helena sorrise e lasciò vagare delicatamente le dita sul mio petto. «Sì, decisamente.»

Ridemmo entrambi e affondai il naso tra i suoi capelli, aspirandone profondamente l'odore e accogliendo le farfalle nello stomaco. Rimanemmo per un po' in silenzio, a goderci la nostra vicinanza e sintonia. Poi però mi tornarono in mente i ricordi dell'ultima ora, e inevitabilmente mi eccitai di nuovo. Fare l'amore con Helena mi era sembrato così incredibilmente familiare, così follemente autentico. Certo, lei era bellissima e con ogni evidenza c'era molta attrazione tra noi. Ma si trattava soprattutto dei sentimenti che provavo per lei. Il sesso è incredibilmente bello quando si è innamorati di qualcuno. Così bello, in effetti, da non voler riaddormentarmi prima di averlo rifatto.

Helena sollevò la testa e le sue labbra mi sfiorarono le guance. «Quanto sei stanco?» mi chiese, e dal calore che emanava capii che avevamo pensato la stessa cosa. Quando si tirò su e mi guardò, con un'espressione quasi famelica, ne ebbi la certezza.

«Sono sveglissimo» sussurrai.

«Bene» mormorò lei con un sorriso. «Anch'io.»

Le misi una mano dietro al collo e la baciai, in modo languido e delicato, ma sempre più appassionato. Helena sospirò, il corpo stretto al mio, e in quel momento capii che avrei fatto fuoco e fiamme per quella ragazza. Perché, se le avessi dato tutto quello che avevo, avremmo bruciato insieme.

Come in quel momento.

Erano già le nove passate quando mi svegliai di nuovo. Non avevo bisogno di un orologio per saperlo: avevo trascorso talmente tanto tempo in spiaggia al mattino da aver sviluppato un infallibile senso del tempo. Erano anni che non mi svegliavo con una profonda soddisfazione come quella mattina.

Helena non si era quasi mossa durante le poche ore di sonno. Era ancora sdraiata al mio fianco, con i capelli scuri distribuiti a ventaglio sul cuscino, profondamente addormentata. Ma appena mi spostai iniziò a muoversi, e alla fine si svegliò. Per qualche istante sembrò aver bisogno di orientarsi e di ricordare perché era lì. Ci guardammo un attimo senza dire una parola e mi sembrò a disagio. Per la notte appena trascorsa o per il risveglio insieme? Non lo sapevo.

«Buongiorno» sussurrai infine con un sorriso.

«Buongiorno.» Ricambiò sorridendo a sua volta, ma sembrava ancora preoccupata e la situazione peggiorò quando distolse lo sguardo da me e lanciò un'occhiata alla sveglia accanto a lei. E allora capii da cosa dipendesse il suo disagio: non da noi due in quel letto, ma dal pensiero di cosa sarebbe successo quando l'avremmo lasciato.

«È ancora presto» dissi, cercando di farla sentire meglio. «Almeno per una domenica a New York. Possiamo ancora fingere per un po' che il mondo là fuori non esista.»

Helena sospirò e mi guardò di nuovo. «Si nota così tanto?» Fece una piccola smorfia e mi ferì constatare che la spensieratezza della sera prima non era sopravvissuta al mattino.

«No, ho solo tirato a indovinare.» Allungai la mano e le sfiorai delicatamente il braccio. Helena sospirò piano e chiuse gli occhi, godendosi la carezza. Mi sentii sollevato, ma decisi comunque di dire quello che mi passava per la mente. «Ti penti di quello che è successo?» Avevo bisogno di certezze, anche con lei. No, soprattutto con lei.

Sbarrò gli occhi e mi guardò stupita.

«Oddio, no, assolutamente no! Ti prego, non pensarlo neanche, tutto il contrario. È solo che non so come... non so come noi...» Si interruppe.

Non riuscivo a sopportare la sua preoccupazione, così mi chinai in avanti e le chiusi la bocca con un bacio per distrarla. Funzionò, lei si tirò su, si rannicchiò contro di me, e quando staccai di nuovo le labbra gran parte della sua apprensione era scomparsa.

«Siamo ancora qui» le mormorai dolcemente all'orecchio. «E non dobbiamo preoccuparci di nulla se non di una domanda.»

«E quale sarebbe?» Mi guardò.

Sogghignai. «Be', come diavolo è possibile che un'adorabile creatura come te russi così tanto?»

Lei rimase stupefatta. «Io non russo affatto!» ribatté indignata, e fui felice di essere riuscito a distoglierla dai suoi pensieri con quella spudorata bugia.

«Come fai a saperlo?»

«Sono sicura, altrimenti qualcuno me lo avrebbe detto.» Helena inarcò un sopracciglio.

«Sì, io» continuai a fingere. «Proprio adesso.»

«Qualcuno *prima* di te.»

«Non sono stati sinceri.» Scrollai le spalle e le lanciai uno sguardo pieno di compassione. «Mi dispiace, Splendore. So che a volte la verità fa male.»

Stava per tirarmi un pugno, ma poi le venne in mente qualcosa e cambiò idea. All'improvviso mi sorrise.

«Cosa c'è?» chiesi divertito.

«Mi hai definito un'adorabile creatura» rispose socchiudendo gli occhi. «Aspetta, o anche quella era una bugia?»

«No, è la verità.» La abbracciai e la strinsi forte a me. Poi chinai la testa e la baciai, in realtà rapidamente, ma lei mi trattenne e mi baciò con passione, accoccolandosi a me, e capii che ci saremmo lasciati di nuovo tutto alle spalle. Solo che avvertii un rumore e, proprio come la sera prima in terrazza, fummo interrotti da uno stomaco che brontolava – o meglio due.

Helena si allontanò leggermente e si portò una mano alla pancia. «Credo sia giunto il momento di provare la tua famosa colazione.»

«Al suo servizio, signorina» risposi, baciandola ancora una volta e uscendo dal letto per mettermi qualcosa. Helena mi seguì e cercò la sua biancheria intima, prima di infilarsi la mia maglietta e scendere al piano di sotto. Mentre accendevo la macchina del caffè, indicò la mia piastra per waffle rigorosamente belga.

«Cosa si deve fare per meritarsi un waffle a colazione?»

Alzai le spalle con nonchalance. «Fare l'amore con me.»

Lei annuì lentamente. «Le ultime due volte contano o solo dopo l'ordine?»

«Mmm.» Piegai la testa di lato e la guardai in piedi davanti a me con indosso solo la maglietta, i capelli sciolti e una luce negli occhi che il giorno prima non c'era. In quel momento le avrei preparato un pasto da otto portate mentre facevo la verticale, altro che waffle.

Feci comunque finta di doverci pensare su. «Dipende da quanto era bello.»

Per un attimo il sorriso scomparve dal suo volto, ma poi raddrizzò la schiena sicura di sé. «Okay, allora credo di meritarmi waffle finché campo.»

Sorrisi a mia volta. «Andata.»

Mi baciò in bocca. «Sono contenta che ci siamo chiariti. Vado a farmi una doccia.» Corse in bagno e si chiuse la porta alle spalle, ma non prima di avermi lanciato un'occhiata che anche un cieco avrebbe preso per un invito. La lasciai comunque aspettare un po', finché non la raggiunsi, mi spogliai e lasciai che mi trascinasse sotto il getto di acqua calda. Poco dopo Helena era seduta sul ripiano della cucina, con una tazza di caffè in mano, mentre le preparavo i waffle e lei mi prendeva in giro perché, anche se ero un surfista, odiavo l'acqua negli occhi.

Niente poteva superare ciò che avevamo fatto la notte prima, o forse sì: adoravo quei momenti di relax che mi facevano sentire come se ci frequentassimo da una vita. Perché, se c'era una cosa che mi era chiara dal momento in cui mi aveva svegliato per fare l'amore, era che volevo di più. Non mi importava che lei fosse una Weston e io un Coldwell, che i suoi genitori e mia madre sarebbero andati su tutte le furie. Non mi importava che Helena non solo vivesse a New York, ma che amasse questa maledetta città. Io la volevo. A ogni costo.

Helena sembrò percepire che ero perso nei miei pensieri, perché mi si avvicinò e salì sul ripiano. Poi mi buttò le braccia al collo, mi accarezzò dolcemente e all'improvviso sembrò seria come quando si era svegliata.

«Promettimi che non finisce qua» mi implorò a bassa voce.

«Promesso» le risposi, baciandola appassionatamente. «Non finisce qua, se non lo vogliamo.»

Annuì, ma vidi il dubbio insinuarsi nel suo sguardo e capii che non potevo farci niente. Come avrei potuto, conosceva la sua famiglia quanto io conoscevo la mia. Tuttavia, questo significava solo che sarebbe stato più difficile, non impossibile. Non mi ero mai piegato ai dettami di mia madre prima di allora. Di certo non avrei iniziato adesso.

Solo che per Helena era diverso.

«Ho paura, Jess» mi confessò, e il suo sguardo impotente mi spezzò il cuore. «Ho tanta paura di perderti di nuovo.»

La presi tra le braccia e la strinsi forte. «Non devi» sussurrai, anche se sapevo esattamente come si sentiva. «Non mi perderai.» Ci eravamo entrambi sentiti soli, terribilmente soli in una città sovraffollata, ma adesso ci eravamo trovati. E, anche se tutti ci remavano contro, dovevamo almeno cercare di preservare il nostro legame.

«Bene.» Annuì di nuovo e poi fece un respiro profondo. Era evidente che stava cercando di bandire i pensieri cupi dalla mente. «E a che punto siamo con i waffle?»

Sorrisi e mi sciolsi dall'abbraccio, prima di fare un passo di lato e dare un'occhiata. «Ancora un minuto.»

Helena saltò giù dal bancone e andò alla sua borsetta, che dal giorno prima giaceva abbandonata sul divano. La aprì e tirò fuori il cellulare, lo guardò e si accigliò.

«C'è qualche problema?» chiesi, mentre toglievo le prime cialde dalla piastra per farle raffreddare su una gratella.

«Non so.» Tornò da me con il telefono in mano, gli occhi fissi sul display. «Mio fratello mi ha chiamato più volte stamattina e mi ha scritto di tornare a casa il prima possibile.»

«Ti ha detto perché?» Non volevo pensare subito al peggio, cioè che qualcuno della sua famiglia avesse scoperto dove aveva trascorso la notte.

Helena scosse la testa. «No. Ieri gli ho scritto che non ne potevo più del ballo e che sarei andata da Malia. Ho ricevuto solo un "okay" e adesso questo messaggio.» Premette il pulsante di chiamata e si portò il telefono all'orecchio, ma dopo pochi secondi riagganciò e sospirò: «Segreteria telefonica. Mi sa che devo tornare prima di quanto speravamo».

Sapevo cosa significava: niente colazione insieme. E infatti Helena si avvicinò a me per prendere un waffle dalla piastra, ma poi indicò la porta del bagno. «Mi devo rimettere il mio vestito da Elsa» disse in tono cupo.

Non mi restò altra scelta che guardarla sparire di nuovo, con lo strano presentimento che le complicazioni che ci aspettavano sarebbero state ancora più grandi del previsto.

44

Helena

In bagno mi tolsi i vestiti che mi aveva prestato Jess e mi rimisi l'abito. Quando mi guardai allo specchio, proprio come al Mirage, mi sentii un po' una sconosciuta. E, malgrado avessi ancora i capelli bagnati che mi ricadevano sul viso, mi sembrò di essere più bella del solito. Forse quella notte, per la prima volta dopo anni, mi ero sentita davvero rilassata. E felice.

Andai in cucina, dove Jess stava continuando a preparare i waffle, anche se era chiaro a entrambi che non potevo restare. Lo abbracciai da dietro e mi appoggiai alla sua schiena, assorbendone il calore. Quando si girò verso di me e incrociai il suo sguardo, sentii un'intera armata di farfalle nello stomaco.

«Non voglio andarmene» dissi, passandogli le dita tra i riccioli biondi che quella mattina erano così meravigliosamente scompigliati. Non avrei voluto andarmene mai più, volevo soltanto restare in quell'appartamento con lui e staccare da tutto.

«Anch'io non voglio che te ne vai.» Sorrise dolcemente e appoggiò la fronte alla mia. «Ma spero che tornerai.»

«Appena posso» promisi e lo baciai, solo di sfuggita per la verità. Lui invece mi strinse forte e il bacio si fece più appassionato, finché Jess non si ricompose e mi lasciò andare via.

«Dammi il tuo numero di telefono.» Mi tese la mano e lasciai che lo digitasse sul mio cellulare, prima di porgermi due cialde avvolte in un tovagliolo. «Così non morirai di fame. Fammi sapere cos'è successo.»

Annuii. «Sono sicura che è tutto a posto e Lincoln si è stressato inutilmente.»

«Sì, probabile.» Jess mi baciò di nuovo, poi io feci lo stesso, non riuscendo a separarmi da lui. Ma alla fine mi staccai e andai alla porta. Mi occorse tutta la mia forza di volontà per girare il pomello e aprirla. Varcarla e chiudermela alle spalle ne richiese ancora di più.

Mi sentivo particolarmente vulnerabile mentre scendevo le scale e raggiungevo la strada bagnata dalla pioggia. Non soltanto perché non avevo idea di cosa stesse succedendo a casa, ma soprattutto perché non sapevo come sarebbe finita. Adam e Valerie avevano lottato con tutte le loro forze quando i miei genitori e Trish Coldwell si erano opposti alla storia. Ma ormai, dopo la loro morte, le due famiglie erano veramente ai ferri corti. Fino a che punto ero disposta a spingermi per essere felice? Potevo nascondere ai miei quello che c'era tra me e Jess, mentire loro ogni giorno? E in tal caso, sarei mai stata felice?

Un'auto di grossa cilindrata con i vetri oscurati inchiodò proprio di fronte a me, mentre mi dirigevo verso la Settima a prendere un taxi. Mi fermai di colpo e sgranai gli occhi per tanta maleducazione, ma uno ci doveva fare l'abitudine a New York. Poi mi spostai dall'altro lato della strada e mi allontanai dal veicolo. Non si sa mai, magari l'idiota in macchina avrebbe fatto improvvisamente marcia indietro ricordandosi che in realtà stava andando nella direzione sbagliata. E non avevo nessuna voglia di farmi investire.

Alle mie spalle sentii il rumore sordo della portiera di un'auto di lusso che si apriva. Per un attimo pensai di dire al tizio che quella strada non era un parcheggio, ma poi continuai a camminare.

Almeno finché una voce smorzata non mi bloccò.

«Helena!»

Mi voltai e rimasi come pietrificata quando capii chi mi aveva rivolto la parola. Era Trish Coldwell, seduta sul sedile posteriore dell'enorme auto, vestita come sempre con colori sgargianti, gli occhiali sul naso e lo sguardo glaciale fisso su di me.

«Dobbiamo parlare» disse. Non era una domanda ma un ordine, naturalmente.

Mi strinsi nelle spalle, mostrandomi il più possibile sicura di me. «Mi aspettano a casa, mi dispiace» risposi freddamente, mentre la mia frequenza cardiaca si aggirava intorno ai duecento battiti al minuto. Cosa ci faceva lì? Sapeva tutto, anche se avevo appena lasciato l'appartamento di Jess? Com'era possibile?

«Ti assicuro che quello che ho da dirti è nel tuo interesse. Riguarda la tua famiglia.» Aveva uno sguardo impenetrabile. «Possiamo parlare lungo il tragitto mentre ti riaccompagno a casa. Così non perderai tempo.»

Si trattava della mia famiglia? Ero convinta che fosse lì per me e Jess, anche se mi domandavo come avesse fatto a scoprirci. Ma cosa diavolo poteva avere da dirmi Trish Coldwell sulla mia famiglia? Il messaggio che mi aveva mandato Lincoln era alquanto enigmatico. *Sei ancora con Malia? Per favore, torna a casa il prima possibile.* Le due cose erano forse collegate?

Lo avrei scoperto solo se avessi ascoltato quello che Trish voleva dirmi.

«Va bene.» Mi decisi e salii sulla limousine, cosa nient'affatto scontata con il mio vestito voluminoso, e che sarebbe stata ancora più complicata con un taxi. Ma non riuscivo comunque a provare riconoscenza nei confronti di quella donna per il passaggio. Mi sentivo piuttosto preoccupata. Per non dire in preda al panico.

L'auto ripartì e Trish Coldwell comunicò al suo autista il mio indirizzo tramite l'interfono. Poi premette di nuovo il pulsante per interrompere la comunicazione.

«Credo che possiamo risparmiarci le presentazioni» disse, lanciandomi uno sguardo indagatore. Mi rendevo conto di non dover fare una buona impressione, struccata e con il vestito della sera prima, e i waffle in mano. Ma non mi importava. E probabilmente non importava nemmeno a lei. «Vai a letto con mio figlio, vero? Provi qualcosa per lui?»

Le sue parole mi lasciarono senza fiato, ma non per il contenuto, bensì per la franchezza con cui mi affrontò. E, nonostante avesse assunto un tono di inequivocabile accusa, mi tornarono in mente le immagini della sera prima e di quella mattina. Cercai subito di accantonarle.

«Non sono affari suoi» dissi più decisa che potevo. «Io e Jess siamo adulti e possiamo fare quello che vogliamo.»

Trish scoppiò in una risata così breve e forte da sembrare quasi un colpo di tosse. «Tesoro, sei una Weston. Dovresti saperlo meglio di chiunque altro che diventare maggiorenni in certi ambienti comporta solo più obblighi che libertà.»

«Non sono il suo tesoro» dissi, resistendo al suo sguardo gelido. Aveva gli occhi dello stesso colore del figlio, solo che quelli di Jess erano caldi, mentre i suoi di ghiaccio. «E i miei obblighi sono affar mio.»

«D'accordo. Arriviamo al dunque, allora.» Annuì decisa. «Voglio che tu stia lontana da mio figlio. Non come nelle ultime settimane, con questo tira e molla, ma in modo permanente. Per sempre.»

«Se lo può scordare» risposi a quella scandalosa richiesta, senza un attimo di esitazione. Naturalmente sapevo di cosa era capace quella donna, ma questo non mi impedì di tenerle testa. Valerie non si era piegata a lei. Né lo avrei fatto io.

«Tutto ha un prezzo, cara Helena. E sono sicura di poter pagare il tuo.» Indicò una valigetta sul sedile accanto a lei. «Cosa sai della situazione economica della società dei tuoi genitori?»

La guardai indispettita e ripensai a tutti gli indizi che suggerivano che le cose non stavano andando bene: l'ufficio vuoto, i continui viaggi di lavoro di mio padre, il suo stress e la sua stanchezza, le insinuazioni di Lincoln. Ma a essere sinceri, non sapevo niente con certezza. E per questo rimasi in silenzio.

«Deduco che non ne sai niente» affermò Trish. «Allora te lo dico io: la situazione è disastrosa. Ci sono stati degli investimenti sbagliati in un progetto nell'Upper West Side, rivelatisi fallimentari, poi alcune speculazioni azzardate di tuo padre finite male. E adesso l'affare Winchester è l'unica cosa che può salvare i tuoi genitori. Un affare che da tempo è diventato per loro inaccessibile, perché io ho credenziali migliori. I contratti sono già nel mio ufficio, pronti per essere firmati.»

Non dissi nulla perché non volevo ammettere che mi aveva colta di sorpresa. Avevo notato che c'erano dei problemi in società, ma i miei genitori mi avevano nascosto di essere con le spalle al muro.

«Allora cosa vuole da me?» chiesi. «Mi sembra evidente che ha ottenuto tutto quello che voleva.»

«No, non tutto. Perché ci siete ancora tu e Jessiah.» Trish continuò, prima che potessi farle capire di nuovo che non mi sarei fatta intimidire da lei. «Ti faccio questa offerta: se accetterai la mia proposta e starai lontana da lui, lascerò ai tuoi genitori l'area Winchester.»

La fissai. «Cosa?»

Lei sorrise leggermente. «Mi tirerò fuori dal progetto e farò in modo che il gruppo Weston vinca la gara d'appalto. Ma, in cambio, mi farai il favore di spassartela con qualcun altro che non sia mio figlio.»

Mi fu subito chiaro che diceva sul serio. Trish Coldwell si sarebbe lasciata sfuggire un affare immenso e di grande prestigio solo per tenere lontani me e Jess? Perché?

«Perché lo fa?» chiesi sottovoce. Odiava così tanto mia sorella da pensare che io e suo figlio avremmo fatto la stessa fine? Oppure teneva alla sua reputazione, proprio come i miei genitori?

«Ho le mie ragioni. E, se ti stai chiedendo se voglio fare del male a Jessiah, ti assicuro che è assolutamente il contrario. Voglio solo proteggerlo.»

«Da me?» Le mie parole erano appena udibili. Dopotutto non costituivo una minaccia per lui, dannazione. Solo perché ci stavamo innamorando, non significava che questo gli avrebbe fatto del male.

«No. Dai pericoli che correrebbe se decidesse di stare con te.»

«Quali pericoli?» Mi mandava su tutte le furie il fatto che secondo lei non andassi bene per suo figlio. Si era già sbagliata su Valerie, ma ovviamente non se ne rendeva conto. «Sentirsi finalmente un po' a suo agio in questa città che odia? Tornare addirittura a essere felice?»

Trish Coldwell si lasciò sfuggire di nuovo quella risata, che somigliava anche un po' a uno sbuffo sprezzante. «La tua arroganza dev'essere genetica. Da quanto conosci Jessiah, tre minuti? Che cosa ti fa ipotizzare che possa essere felice con te?»

Me lo ha detto lui, pensai, ma senza esplicitarlo ad alta voce.

Quella donna era così piena di repulsione nei miei confronti e in quelli della mia famiglia che non sarei mai riuscita a convincerla del contrario.

«Credo di essere in una posizione migliore della sua per farlo» ribattei invece. «Del resto, non avete mai avuto un buon rapporto.»

«Può essere. Ma farei comunque di tutto per proteggerlo. Forse un giorno lo capirai, quando avrai figli.» Prese i documenti dal sedile e se li mise in grembo. «Penso che tu sia una ragazza intelligente, Helena. Molto più intelligente di tua sorella e, soprattutto, molto più leale. Ti sto dando la possibilità, qui e ora, di salvare quello che la tua famiglia ha costruito in decenni. Tutto ciò che devi fare è chiudere una relazione che non sai neanche quanto durerà.» Mi guardò con insistenza. «La scelta spetta a te.»

Le sue rivelazioni sulla società dei miei genitori mi facevano paura, non potevo negarlo. Così come il fatto che Trish Coldwell fosse apparentemente pronta ad adottare misure drastiche per separare me e Jess. Ma non avevo intenzione di stringere quell'accordo. Non soltanto perché, per la prima volta dalla morte di Valerie, nutrivo un briciolo di speranza nel futuro. Non soltanto perché ero follemente innamorata di Jess. Ma anche perché non mi fidavo di quella donna seduta a un metro da me. Era una malvagia manipolatrice e aveva la reputazione di mia sorella sulla coscienza. Qualsiasi cosa mi avesse detto, non le avrei mai creduto.

«Esatto, la scelta spetta a me» risposi con voce ferma, notando che l'auto aveva accostato vicino al mio palazzo. *Tempismo perfetto.* «Ed è per questo che rifiuto. Sono sicura che i miei genitori troveranno un altro progetto di riqualificazione.» E, se non fosse stato così, eravamo ancora abbastanza benestanti da poter sopravvivere. La mia famiglia discendeva da una lunga stirpe di persone particolarmente brave con i soldi. Si sarebbe ripresa.

Trish inclinò leggermente la testa. «Va bene, se lo dici tu.» Le sue labbra si contorsero in un sorriso che mi procurò un brivido lungo la schiena. Poi tirò fuori dalla tasca un biglietto da visita. «Se dovessi cambiare idea, chiamami. L'offerta è valida fino a stasera.»

All'inizio volevo rifiutarmi di prenderlo, ma poi alla fine me lo infilai in tasca prima di scendere dall'auto senza salutare.

Mentre percorrevo i poco più di cento metri che mi separavano da casa, sentii lo stomaco in subbuglio e le mani che mi tremavano. Quella conversazione mi aveva risucchiato tutte le riserve di energia. Avrei preferito chiamare direttamente Jess, ma ero sicura che sarebbe impazzito non appena saputo quello che sua madre aveva cercato di fare. Glielo avrei detto di persona.

Buttai nel cestino accanto all'ingresso i waffle che avevo tenuto in mano per tutto quel tempo e varcai la porta, tenutami gentilmente aperta dal portiere. L'ascensore ci mise tanto ad arrivare, ma fortunatamente era vuoto. L'ultima cosa di cui avevo bisogno era scambiare due chiacchiere con i vicini.

Mentre salivo tirai fuori le chiavi, ma non ce n'era bisogno. Nel momento in cui uscii dall'ascensore, qualcuno spuntò dall'appartamento: era Harold de Rosso, consulente finanziario della nostra famiglia da una vita.

«Helena» disse sorridendo quando mi riconobbe, ma aveva la faccia preoccupata. «Questo sì che è un perfetto outfit da giorno.»

«Già, è… una lunga storia. Che succede, signor de Rosso?

Qualche problema?» Di certo non si era presentato a casa nostra di domenica mattina perché da noi il caffè era particolarmente buono.

Il suo sorriso svanì. «Te lo spiegherà tua madre.»

Un attimo dopo Lincoln comparve sulla porta. «Len, finalmente! Perché ci hai messo tanto? Entra subito!»

Non risposi alla sua domanda, ma salutai con un cenno il signor de Rosso prima di entrare di corsa nell'appartamento. «Che è successo?»

In salotto c'era mia madre, insieme alla dottoressa Gregory, nostro medico di famiglia da alcuni anni. Stavano conversando tranquillamente, ma quando entrai smisero subito.

«Grazie, Iris» disse la mamma. «Anche per la sua discrezione in questa faccenda. La chiamo più tardi.»

La dottoressa mi fece un cenno di saluto e uscì. Quando la porta si richiuse, rimasi sola con Lincoln e mia madre.

«Dov'è papà?» chiesi allarmata. «È di sopra? Qualcosa non va?» Perché altrimenti il medico sarebbe stato lì e la mamma avrebbe parlato di discrezione? Lei e mio fratello si scambiarono uno sguardo. Quando lo vidi, persi completamente la pazienza. Mi avevano nascosto ogni tipo di problema per mesi, forse addirittura anni. Cos'altro non sapevo?

«Cristo santo, ditemi cosa sta succedendo!» sbottai.

«Tuo padre è... non è qui. È ricoverato al Mount Sinai. È fuori pericolo, ma deve stare sotto osservazione per qualche giorno.»

Sussultai. «È in ospedale? Perché? Cos'è successo?»

«Non lo sappiamo con certezza.» Mio fratello serrò le labbra. «Non era qui stanotte, avrebbe dovuto pernottare al Mirage perché aveva un appuntamento fino a tardi con alcuni investitori. Ma nelle prime ore del mattino è stato investito da un'auto a due isolati da qui. Il conducente dice che papà gli è spuntato davanti all'improvviso.»

Vidi mia madre dilatare le narici e capii perché: quel momento mi ricordò crudelmente quello in cui avevo saputo che Valerie era morta.

«Com'è possibile?» chiesi con un filo di voce.

«Il suo tasso alcolemico era alle stelle» ribatté Lincoln. Indossava una felpa stropicciata e non si era nemmeno rasato quella mattina. «Papà non ha ancora ripreso conoscenza, ma secondo il barista ha ordinato uno scotch dopo l'altro e a un certo punto è uscito.»

«Perché avrebbe dovuto fare una cosa del genere?» Pensai a quello che mi aveva detto Trish Coldwell. Era la verità?

«Ha a che vedere con l'area Winchester? Ha perso la gara d'appalto?»

Mio fratello mi guardò sorpreso. «Come fai a saperlo? È ancora assolutamente top secret.»

«Ho le mie fonti» tagliai corto, e avrei riso di quella frase fatta se la situazione non fosse stata così seria. «È vero allora? Che l'affare è perso?»

Mia madre annuì impietrita.

«Tuo padre ha fatto tutto il possibile ieri, ma ormai era troppo tardi. Trish Coldwell ha vinto la gara.»

«E questo cosa significa per noi?» Avevo bisogno di sapere la verità. Dovevo capire se la madre di Jess aveva solo cercato di manipolarmi. Perché se invece era vero, allora… No, non volevo nemmeno pensare alle conseguenze che avrebbe avuto per me.

La mamma esitò ma, prima che potessi ricominciare a parlare, sembrò aver deciso che i giorni in cui poteva proteggermi erano ormai lontani. «Significa che siamo rovinati, a meno di un miracolo. Abbiamo avuto problemi di liquidità dopo una serie di investimenti sbagliati. In seguito tuo padre ha cercato di risollevare la situazione acquistando delle azioni, però c'è stato uno scandalo di appropriazione indebita e la società è fallita. Così abbiamo puntato tutto sull'area Winchester. Abbiamo firmato in anticipo i contratti con fornitori e costruttori per proporre un prezzo migliore di quello di Trish Coldwell, tuttavia non ha funzionato. Ci ha tagliati fuori e adesso i soldi sono finiti. E la nostra reputazione è spacciata.»

«Come avete potuto essere così imprudenti da puntare tutto su un unico progetto?» I miei genitori erano investitori accorti, che non avevano mai corso rischi del genere. Almeno fino a quando non mi ero trasferita in Inghilterra - e probabilmente parte della risposta risiedeva lì. «È per via di Valerie, vero? È a causa sua che volevate assolutamente battere Trish Coldwell?»

«Quella donna ci ha umiliato, Helena!» sibilò mia madre. «Agli occhi dei nostri amici, dei nostri partner commerciali e del mondo intero. Avevamo bisogno di una vittoria contro di lei per rimetterci in gioco. Ce l'abbiamo messa tutta.»

E avete perso tutto. Mi tirai indietro i capelli, feci qualche passo, ma il vestito mi era d'intralcio. Sembravano passati anni da quando mi ero presentata la sera prima da Jess con quell'abito, perché non avevo idea di dove sbattere la testa.

Il telefono di mia madre squillò e lei rispose concitata. Io e Lincoln ascoltammo tesi le sue poche parole finché non riattaccò.

«Vostro padre ha ripreso conoscenza, vado da lui.»

«Veniamo con te» risposi subito.

«No.» Scosse la testa. «Per adesso ci vado da sola.»

Avrei voluto mettermi a urlare, perché continuava a preoccuparsi di preservare la nostra reputazione. Eravamo già completamente fottuti, perché io e Lincoln non potevamo almeno andare in ospedale a trovarlo?

«Len, so cosa stai pensando.» Mia madre mi guardò esausta. «Ma se tuo padre si è davvero buttato in mezzo di strada completamente ubriaco, sarà molto in imbarazzo. Per adesso è meglio che restiate qui.»

Rimasi in silenzio insieme a mio fratello, mentre lei raccoglieva le sue cose e se ne andava. Rimanemmo così per un po', e mi resi conto che Trish Coldwell aveva ragione: la mia famiglia era sull'orlo del baratro, mio padre addirittura peggio. *Siamo rovinati, a meno di un miracolo,* così aveva detto mia madre. Ce ne serviva uno. Ovvero che Trish si ritirasse dall'affare Winchester, lasciandolo ai miei genitori.

«Vado a cambiarmi» dissi a Lincoln e lui annuì, poi si accasciò sul divano e chiuse gli occhi in segno di resa.

«Va bene.» Non riuscivo neanche a immaginare cosa avesse passato negli ultimi anni, cosa avesse sacrificato per la nostra famiglia. Non ultimo la libertà di scegliere chi amare. Ma forse era quello il nostro destino. Forse noi Weston non eravamo fatti per essere felici.

Per un attimo pensai di confessare tutto a Lincoln. Di parlargli dell'offerta di Trish Coldwell e di cosa voleva in cambio, ma sapevo che questo l'avrebbe solo ferito di più. Così rimasi in silenzio e salii in camera. Mi chiusi la porta alle spalle e vi appoggiai la schiena, respirando a fatica, lasciandomi travolgere da tutte le emozioni delle ultime ore: amore, felicità, paura, odio, preoccupazione, tristezza. Ma le scacciai almeno per un po'. Dovevo comportarmi come una Weston e agire. Fare in modo che quel nome continuasse a contare qualcosa anche in futuro.

Frugai in tasca e tirai fuori a malincuore il biglietto da visita di Trish e il cellulare. Per quanto detestassi farlo, non c'erano altre vie d'uscita. Dovevo scegliere tra la mia famiglia e Jess. E, anche se mi straziava il cuore pensare che non l'avrei più rivisto, più toccato, più baciato, più sentito chiamarmi Splendore... avevo preso la mia decisione. Non potevo essere così egoista da anteporre la mia felicità a quella della mia famiglia. Era quello che aveva fatto Valerie, e questo non soltanto l'aveva uccisa, ma aveva anche causato tutti quei maledetti casini.

Così me ne stavo lì, nella mia stanza, e, per la prima volta da quando era morta, ero arrabbiata con mia sorella. Perché mi aveva lasciata sola a gestire quell'enorme cumulo di macerie e per questo dovevo distruggere l'unica cosa che desideravo davvero.

Deglutii per mandare giù il groppo in gola e digitai il numero scritto sul biglietto. Mentre squillava, mi prese l'affanno.

«Pronto?» rispose poco dopo Trish.

«Salve, sono... Helena Weston.» Faticavo a respirare, ma mi costrinsi ad andare avanti. «Sono pronta ad accettare la sua offerta.»

«Lo immaginavo» disse, senza chiedermi perché avessi cambiato idea. Perché avrebbe dovuto? Aveva sempre saputo tutto della mia famiglia. Probabilmente anche cos'era successo a mio padre. Ma se così era, dalle sue labbra non uscì nessuna parola di conforto. Solo fatti duri e concreti.

«Ecco le mie condizioni: cederò ai tuoi genitori l'area Winchester, solo se tu in cambio dirai a Jessiah che tra voi è tutto finito. Dopodiché non lo chiamerai più, non lo incontrerai più, non gli parlerai più.» Pronunciò quelle parole senza alcuna emozione, mentre la mia minacciava di travolgermi. Con la mano libera strinsi il vestito di tulle così forte da farmi male, senza dire una parola, anche se le lacrime mi scorrevano sulle guance. Trish continuò a parlare.

«Non ti presenterai mai più alla sua porta e ti assicurerai che lui non si presenti alla tua. Se violerai una qualsiasi di queste regole o gli parlerai del nostro accordo, troverò il modo di distruggere la tua famiglia per sempre, sia da un punto di vista sociale che economico. E chiariamo subito una cosa: se lo violerai, verrò subito a saperlo. Capito?»

Serrai le labbra il più possibile per non farle sentire che stavo piangendo. «Sì» risposi. «Capito.»

«Bene, allora abbiamo un accordo. Farò tutto il necessario per rispettarlo e mi aspetto che tu faccia lo stesso.» Le sue parole suonavano come una minaccia.

«Avvisami appena hai risolto con Jessiah.»

«Certo. Quando...» Mi sentivo soffocare. «Quando verranno informati i miei genitori?»

«Non appena avrai rispettato la tua parte del patto. Addio, Helena. Credimi, hai fatto la scelta giusta.» Poi riattaccò.

Mi accasciai a terra davanti alla porta perché non mi reggevo più in piedi, mentre il dolore e la disperazione mi travolgevano come una valanga. Piansi avvolta nel tulle, in silenzio in modo che Lincoln non potesse sentirmi, senza trovare la forza di rialzarmi. Sapevo che avrei dovuto chiamare Jess per tenere fede al mio accordo, ma non avevo idea di come fare. Dopo tutto quello che era successo tra noi, dopo tutto quello che avevamo passato insieme, come potevo dirgli che era finita? Senza nessuna spiegazione? E come potevo sopportare di sapere che era a New York senza avere il permesso di rivederlo? O di incontrarlo per caso da qualche parte e fare finta di niente?

Non ne avevo idea.

Ma dovevo trovare un modo, perché non avevo altra scelta.

«Len?» Lincoln bussò alla mia porta. Mi alzai in piedi, mi asciugai le guance e aprii. «Ha chiamato la mamma, possiamo andare a trovare papà. Raymond ci sta aspettando.» Poi guardò confuso il mio vestito. «Ma non dovevi cambiarti?»

«Sì, io... lo faccio subito. Dammi cinque minuti.» Feci un respiro profondo e, dopo che se ne fu andato, mi tolsi l'abito e lo infilai in fondo all'armadio il più lontano possibile dalla mia vista. Poi tirai fuori degli indumenti puliti, andai in bagno e mi vestii, legandomi i capelli e rendendomi conto che dalla mia faccia si intuiva perfettamente come mi sentivo. Avevo il cuore a pezzi, anche se il peggio doveva ancora arrivare.

Mio fratello mi aspettava all'ingresso, con una camicia e un paio di jeans che probabilmente aveva preso dall'armadio di papà, e scendemmo le scale senza dirci una parola. Raymond aveva parcheggiato davanti a casa, salimmo e cercai di non dare nell'occhio. Lincoln, tuttavia, non mi prestò la minima attenzione, e si mise a controllare la posta e i messaggi mentre io stringevo forte il cellulare sapendo benissimo che dovevo fare quella terribile telefonata il prima possibile.

Il telefono di mio fratello squillò e lui rispose. «Sì? No, stiamo andando lì proprio adesso. Non ho idea di come procedere, decideremo domani. Okay, a dopo.»

Respirava in modo talmente affannoso che posai la mia mano sulla sua. «Andrà tutto bene» dissi, sorprendendomi della fermezza nella mia voce. A quanto pareva ero davvero una Weston.

Mi guardò con aria interrogativa. «Che vuoi dire?»

«L'affare Winchester. Vi aggiudicherete l'appalto.»

«La gara è conclusa.» Lincoln scosse la testa. «Non c'è più niente da fare.»

«E invece sì. Ho stretto un accordo con Trish Coldwell. Si tirerà fuori e lascerà tutto a voi.»

Mi lanciò un'occhiata perplessa, ma in effetti non mi diede della pazza. «Tu? Come ci sei riuscita?»

Feci un respiro profondo e sentii vacillare il mio autocontrollo.

«C'è una cosa che desidera ancor più di questo affare. E io sono in grado di dargliela.»

«E cosa sarebbe? Per quella donna non esiste niente di più importante dei suoi affari.»

«Semplice: che un altro dei suoi figli non stia con una Weston.»

«Len...» Adesso era Lincoln a stringermi la mano e sembrava accorgersi perfettamente di come la mia facciata, mantenuta a fatica, si stesse sgretolando. «Tu e Jessiah, voi...?» Lo disse con sgomento, senza rimprovero, con tutta la compassione possibile. Perché probabilmente aveva capito cosa c'era tra me e Jess ancor prima che me ne accorgessi io. Aveva sacrificato così tanto che sapeva bene cosa si provava.

Annuii. «Sì, ma devo chiuderla oggi. Ho giurato che sarei stata lontana da lui in cambio del ritiro di Trish dall'appalto Winchester. E ho intenzione di mantenere la mia parola.»

«Merda.» Lincoln scosse la testa. «Mi dispiace tanto. Non sapevo che fosse una cosa così seria.» Lo intuì in quel preciso istante guardandomi negli occhi: avevo trovato l'uomo della mia vita e stavo per perderlo per sempre.

«Nemmeno io» risposi, premendomi una mano sulla bocca. «Non ne avevo idea finché non mi sono ritrovata davanti alla sua porta ieri sera.» Lo avevo capito nel momento in cui Jess mi aveva preso tra le braccia senza dire una parola. Eravamo perfetti l'uno per l'altra, da tutti i punti di vista. Ma il destino aveva altri piani per noi.

Si accese l'interfono. «Siamo arrivati al Mount Sinai» disse Raymond. Però nessuno di noi strinse la maniglia della portiera.

«Jessiah lo sa già?» chiese Lincoln.

«No, stavo per chiamarlo.» Ma mentre lo dicevo, mi resi conto che non poteva finire in quel modo. Per quanto difficile, Jess meritava di essere guardato negli occhi. Anche se non avevo idea di come sarei sopravvissuta a quell'incontro.

Lincoln sembrò leggermi nel pensiero. «Vai da lui. Dirò alla mamma che arrivi più tardi.»

«Ti prego, però, non parlarne con loro, okay? Non voglio che sappiano quello che ho fatto. Né l'accordo né... be', hai capito.»

«Certo che no.» Mio fratello si chinò e mi diede un rapido abbraccio. «Se hai bisogno di qualsiasi cosa, io sono qui. Spero che tu lo sappia.»

Annuii e lui scese. Quando se ne fu andato, premetti il pulsante dell'interfono. «Raymond? Devo fare una cosa. Puoi accompagnarmi al West Village, per favore? In Commerce Street.»

«Certo, signorina Helena.»

Ci vollero meno di dieci minuti per giungere a destinazione, durante i quali cercai di trovare le parole giuste, finché mi resi conto che non c'era modo di addolcire la pillola. Così mentre scendevo dall'auto e mi dirigevo verso la casa che solo il giorno prima era stata un rifugio per me, proprio come l'uomo che la abitava, avvertivo nella testa un vuoto straziante. Adesso, nemmeno ventiquattr'ore dopo, ero lì a distruggere tutto. Lui. Me. Quello che c'era tra noi.

Tuttavia, andai avanti. Un passo dopo l'altro. Finché non raggiunsi la sua porta. Non pensavo di poter essere più disperata della sera prima, più triste o arrabbiata, eppure lo ero. E, sebbene dentro di me volessi mettermi a urlare, per il dolore e l'ingiustizia, rimasi perfettamente in silenzio.

Sollevai la mano e bussai, per tenere fede all'accordo che avrebbe salvato la mia famiglia.

45
Jessiah

Dopo che Helena se n'era andata, ero così di buon umore da non sapere cosa fare. Certo, il messaggio di suo fratello non prometteva nulla di buono, ma la gente dell'alta società era nota per essere eccessivamente melodrammatica. Probabilmente si trattava di qualcosa che nel mondo normale non sarebbe importato a nessuno, come uno scandalo per il colore sbagliato degli inviti al matrimonio di Lincoln o per la disposizione dei tavoli a un evento. Perciò non vedevo l'ora che Helena tornasse da me e che finissimo quella giornata come l'avevamo iniziata. Sentivo già la sua mancanza.

Era il momento migliore che avevo passato da quando ero tornato a vivere a New York e stavo ripulendo la piastra dai residui dell'impasto dei waffle, cantando a squarciagola, quando bussarono alla porta. Abbassai la musica e mi incamminai, sfoderando il mio sorriso più affascinante per scusarmi con i vicini. Ma quando aprii, mi ritrovai davanti Helena. Il cuore mi iniziò a battere all'impazzata.

«Ciao» dissi allegro, e la feci entrare. «Non mi aspettavo di rivederti così presto. Tutto bene con la tua famiglia?»

«Sì. No. Non importa.» Aveva un aspetto insolitamente severo nel suo maglione scuro, con i capelli raccolti all'indietro, e il sorriso mi si spense quando notai che evitava il mio sguardo. E che aveva pianto - del resto, dal giorno prima sapevo esattamente che aspetto avesse quando era triste.

«Che c'è che non va?» chiesi ansioso, allungando una mano verso di lei, ma Helena fece un passo indietro, serrando le labbra come se cercasse disperatamente di non perdere la calma. La sensazione di felicità che provavo si trasformò in una lama affilata che mi lacerava dolorosamente lo stomaco. C'era qualcosa che non andava. Proprio per niente. «Ti prego, parlami.»

«Jess, io...» cominciò, e notai che stringeva le mani a pugno come per mantenere il controllo. Mi uccideva vederla così e non poter fare nulla. Era come se fossimo divisi da una parete di vetro. «Questa cosa tra noi... non ce la faccio. Ieri sera è stato davvero bello, ma è stata una storia di una notte, mi dispiace.»

La fissai. «Stai scherzando? Mi stai prendendo in giro?» Se n'era andata da neanche due ore, mi aveva baciato e promesso che ci saremmo rivisti presto. Avevamo deciso di provarci, nonostante tutti gli ostacoli che avremmo dovuto affrontare, perché quello che c'era tra noi era troppo importante. Cosa diavolo era successo nel frattempo?

Scosse la testa con più determinazione. «No, non è uno scherzo, ma la mia decisione. Non è stata facile per me, credimi, ma è meglio per tutti e due se la accetti.»

«Accetti?» Avrei dovuto accettare che mi parlasse come se fosse una politica in campagna elettorale? Col cazzo! «Non accetterò nulla se non mi dici cos'è successo nell'ultima ora e mezza. Cosa ti ha spinto a prendere questa decisione dopo che ti sei svegliata tra le mie braccia stamattina? I tuoi genitori? Hanno forse preteso che eseguissi di nuovo i loro ordini?»

«No» rispose lei abbassando gli occhi. «Non è colpa loro.»

«Okay, e allora che c'è? Sei uscita da quella porta e hai capito che non ti importava niente di me? Che quello che abbiamo fatto era solo una storia di una notte? Magari volevi solo sapere cosa ci trovava tua sorella in mio fratello? Come ci si sente a scopare un Coldwell? È così?»

«Jess, ti prego, smettila» mi supplicò sottovoce.

«Cazzo, allora smettila di trattarmi come uno sconosciuto che hai rimorchiato in un bar!» sbottai. «Io ci tengo a te, Helena, più di quanto tu possa immaginare! Quindi dimmi che cazzo sta succedendo!»

«Non posso!» gridò, lasciando infine trapelare le sue emozioni. La disperazione, l'impotenza. Potevo leggergliele negli occhi azzurri prima ancora che esplodessero. «Non posso dirtelo, Jess! Non posso più dirti nulla! Non posso!»

Alle sue parole, mi scattò qualcosa dentro che mi fece subito venire in mente Trish. Immaginai mia madre che al buio, alle tre del mattino, architettava uno dei suoi stratagemmi. E sapevo quanto fosse ossessionata dalla mia relazione con Helena. Quella era opera sua. Era chiaro.

«Che cos'ha Trish contro di te?» chiesi cupo. «Con cosa ti sta ricattando?»

Helena scosse solo la testa in silenzio e si premette una mano sulla bocca per non piangere. In due passi la raggiunsi prendendola tra le braccia, e per un breve istante lei me lo permise, ricambiando il mio abbraccio. Poi però si staccò, come se si fosse ricordata di non potersi avvicinare a me. Probabilmente era proprio quello che Trish le aveva chiesto di fare.

«Va bene, allora glielo chiederò io stesso.» Mi diressi verso il ripiano della cucina dove c'era il mio cellulare.

«No!» esclamò Helena spaventata. «Se scopre che lo sai, non rispetterà la sua parte dell'accordo. E deve farlo, altrimenti la mia famiglia è rovinata!»

Non riuscivo nemmeno a sbuffare di fronte a tanta freddezza. In generale a mia madre non fregava un cazzo della mia vita, ma per una volta che ero di nuovo felice, architettava uno dei suoi intrighi? *Proprio come con Adam*, pensai amaramente. Dopotutto la storia si ripete sempre.

«Bene, allora ti propongo un altro accordo.»

La guardai negli occhi con serietà e cercai di mantenere un tono calmo, anche se avrei voluto urlare. «Tu mi dici cos'hai concordato con mia madre, e io in cambio ti prometto che non le dirò mai che lo so.»

«Passerai la vita a farle credere di non saperlo?» Helena si asciugò le lacrime. «No, Jess. Non ti farei mai una cosa del genere.»

«Pensi che sia più facile passare la vita a chiedermi per cosa mi ha barattato la donna di cui mi sono perdutamente innamorato?» chiesi sottovoce, lasciandole intendere quanto questo mi facesse male. Non perché intendessi manipolarla come aveva fatto mia madre, ma perché volevo che sapesse quanto fosse importante per me.

Vidi Helena in difficoltà, ma non dissi una parola. Se voleva andarsene, non l'avrei fermata. Spettava a lei decidere se meritassi o meno la sua fiducia.

«Mi ha offerto l'affare Winchester» rispose infine. Incrociò le braccia come se avesse bisogno di proteggersi, ma non da me. «Mentre stavo tornando a casa, mi ha intercettata e mi ha spiegato la situazione finanziaria dei miei genitori. Che hanno fatto degli investimenti sbagliati e che ormai sono spacciati. Tuttavia, era disposta a ritirarsi dall'affare, se in cambio avessi promesso di lasciarti perdere e di non contattarti mai più.» Helena parlava velocemente, quasi mangiandosi le parole. «Io ho rifiutato. Solo che poi… sono tornata a casa e mio fratello mi ha detto che mio padre era in ospedale perché era finito sotto una macchina, da ubriaco, dopo il fallimento delle trattative... e io... dovevo fare qualcosa... così l'ho chiamata e le ho detto che accettavo l'accordo.»

In un attimo scoppiò a piangere e la strinsi forte tra le braccia. Finalmente si lasciò andare, ma non desiderava soltanto essere stretta, bensì anche ricambiare l'abbraccio.

«Mi dispiace molto per quello che è successo a tuo padre» dissi, maledicendo quella città e i suoi abitanti ancora più del solito. Che razza di mondo era quello in cui un uomo metteva a repentaglio la propria vita solo perché aveva perso un affare? In cui sua figlia ventenne era l'unica che poteva salvarlo rinunciando alla propria felicità?

«Capisci adesso, Jess?» chiese con un filo di voce. «Non voglio perderti, ti prego credimi, è l'ultima cosa che vorrei. Mai in tutta la mia vita mi sono sentita così appagata come con te, così a mio agio, così me stessa.»

Le sue parole placarono in parte la mia rabbia, procurandomi un groppo in gola. «Ci dev'essere una soluzione.»

Presi il viso di Helena tra le mani, accarezzandole le guance con i pollici. Trovare soluzioni era il mio lavoro, dovevo escogitarne una anche a quel problema. «Una volta che i tuoi genitori avranno vinto l'appalto, Trish non potrà più ostacolarli» mi venne in mente. «Cos'altro potrebbe fare, se continuassimo a vederci?»

«Sai che troverebbe altri modi per minacciare la mia famiglia» disse Helena. «È Trish Coldwell. Con lei nessuno è al sicuro.»

«Non ho paura di lei» le ricordai.

«Ma io sì» sussurrò. «Ho paura di quello che succederebbe ai miei genitori e a mio fratello se non rispettassi l'accordo.»

Aprii la bocca per dirle che avremmo trovato un modo per nascondere i nostri incontri a mia madre, o che avrei potuto influenzare Trish senza rivelarle di essere a conoscenza dell'accordo. Ma le parole mi si bloccarono in gola. Perché questa era la verità: potevamo lottare, e io lo avrei fatto con tutto me stesso, ma non potevamo vincere. In fin dei conti, io ero un Coldwell e lei una Weston. Le nostre famiglie non avrebbero smesso di distruggere quello che c'era tra noi, finché non ne saremmo usciti distrutti. Eravamo condannati prima ancora di incontrarci.

Non avevamo mai avuto una chance.

Quella conclusione mi fece mancare la terra sotto i piedi. Perché, nel momento in cui ammisi quella crudele verità, capii anche che dovevo lasciare andare Helena. Ero pronto a tutto per lei, assolutamente tutto. Per questo dovevo lasciare che si sacrificasse per la sua famiglia.

«Abbiamo già perso così tanto.» Appoggiai la fronte alla sua, senza più lottare contro il groppo in gola. «Perché adesso dobbiamo perdere anche noi?»

«Perché esistono persone che sopportano più di altre.» Helena mi accarezzò la guancia. «Perché amano più degli altri. Proprio come noi.»

Mi baciò in lacrime e io ricambiai, dimostrandole per l'ultima volta quello che provavo per lei. Avrei voluto abbracciarla, per ritardare il più possibile il momento in cui mi avrebbe abbandonato. Non avevo il coraggio di lasciarla andare. Ma Helena fu più forte di me. Un attimo prima era ancora lì, con le labbra premute sulle mie. L'istante dopo si staccò e corse verso la porta. La aprì e uscì di fretta senza voltarsi.

Lasciandomi alle spalle.

Solo.

Mi sforzai di respirare ma non ci riuscii, cercai di muovermi ma non ne avevo la forza. Così rimasi dov'ero, in mezzo alla stanza, che sembrava rimpicciolirsi intorno fino a ridursi a un puntino buio, dove mi trovavo io.

In tutti quegli anni avevo creduto di conoscere bene la solitudine. O la perdita. Ma mentre fissavo la porta chiusa, con quel terribile dolore al petto, ebbi una certezza: era qualcosa di diverso. Niente nel mio passato mi aveva preparato a tutto ciò. Non avrei mai pensato che perdere Helena potesse essere così crudele. Perdere l'unica persona che avrebbe potuto essere *tutto* per me.

Mi sentivo morire.

Ringraziamenti

Secondo alcuni nella vita di uno scrittore esistono progetti molto speciali, che sono diversi da tutti gli altri. Progetti che si amano, si sentono e vivono un po' più intensamente. La storia di Helena e Jess è uno di questi. Nel momento in cui i due personaggi hanno iniziato a prendere vita, avevano già conquistato il mio cuore, e ho amato, riso e soprattutto sofferto con loro come con nessun'altra coppia prima. Questo libro è mio al cento per cento e ho potuto scriverlo grazie a un sacco di persone fantastiche.

Innanzitutto ringrazio la mia editor Stephanie Bubley. Difficile spiegare quanto abbia significato per me la tua fiducia in questa storia. Fin dal primo momento ho avuto la sensazione che quello che stavo facendo fosse buono e giusto, e, forte di quel sostegno, ho potuto scrivere libera come l'aria. Ma anche la stima e l'empatia dimostratami in fase di revisione, unite alle tue utilissime osservazioni, hanno reso la stesura di *Westwell* davvero speciale.

Grazie a tutto il team dell'editore LYX per aver dato una casa a me e ai miei libri quando mi sentivo piuttosto smarrita. L'amore e la dedizione che mettete in tutte le vostre storie sono unici. Un ringraziamento molto speciale va a Simone Belack, perché senza il tuo entusiasmo contagioso *Westwell* non farebbe parte del catalogo LYX. Non vedo l'ora di realizzare i nostri prossimi progetti insieme.

Ringrazio Melike Karamustafa per aver esaminato con occhi freschi il mio testo e aver scovato tutte le incongruenze che non riuscivo più a vedere. E per il meraviglioso commento al capitolo 34, di cui ancora mi rallegro.

Ringrazio di cuore la mia agente Gerlinde Moorkamp. Per essere come sei e per aver arricchito la mia vita al di là della nostra collaborazione professionale. E naturalmente anche perché so di poter contare sempre su di te. Grazie anche a Silke Weniger, Anna Avrutina e Anne Kästner, che si prendono cura di me e di tutte le mie esigenze di scrittrice.

Grazie alle mie più care compagne in questo mondo editoriale a volte impegnativo: Kira, spero che non smetteremo mai di parlare per ore di copertine, font e della giusta dose di kitsch. Merit, grazie per avermi permesso di conoscerti e di analizzare proprio *tutto* insieme. Sono felice che ci accomuni non solo l'amore per Eden ed Eli, ma anche la parte superiore delle braccia. Sarah, grazie per aver condiviso la mia tazza *Westwell 3* e aver trovato una GIF di Harry adatta a ogni situazione della vita. E per le tue meravigliose parole sulla quarta di copertina. Tanja, mia guru, sono sempre felice quando parliamo e ricevo tuoi podcast di mezz'ora. Sei davvero speciale.

Alle mie lettrici-cavia Mimi, Sara, Beril e Charleen. Grazie per il vostro sostegno e per i vostri feedback intelligenti e costruttivi, non soltanto estremamente preziosi, ma anche molto motivanti. Siete fantastiche!

Ringrazio la mia famiglia per il sostegno incondizionato, la fornitura di candele profumate e i costanti richiami all'ordine: «Lavori troppo». Dovremmo vederci più spesso, anche soltanto per tosare il cane qualche volta in più. Vi voglio bene.

Felix, cosa posso dire? Senza di te non avrei mai potuto scrivere nessuno di questi libri, lo sai. Il tuo barometro delle emozioni è un indicatore così importante per me, non solo nella vita reale ma anche per le mie storie, siano esse fantasy o New Adult. Grazie per esserci sempre e per leggere tutto quello che scrivo.

E per concludere, grazie infinite a tutti coloro che hanno letto *Westwell* e hanno fatto entrare Helena e Jess nei loro cuori - soprattutto a quelli che, nonostante il finale sospeso, sono stati abbastanza coraggiosi da iniziare a leggere la serie prima dell'uscita dei due volumi successivi. Continuerà presto, lo prometto. Siete i migliori!

Indice

WESTWELL

Della stessa serie
di prossima uscita

IN LIBRERIA A OTTOBRE 2023

IN LIBRERIA A GENNAIO 2024